通用管理系列教材 · 市场营销

Modern Selling

现代推销学

（第3版）

张雁白　陈焕明　编著

中国人民大学出版社
· 北京 ·

图书在版编目（CIP）数据

现代推销学/张雁白，陈焕明编著．—3版．—北京：中国人民大学出版社，2018.9
通用管理系列教材．市场营销
ISBN 978-7-300-26236-9

Ⅰ.①现…　Ⅱ.①张…②陈…　Ⅲ.①推销-高等学校-教材　Ⅳ.①F713.3

中国版本图书馆CIP数据核字（2018）第209007号

通用管理系列教材·市场营销
现代推销学（第3版）
张雁白　陈焕明　编著
Xiandai Tuixiaoxue

出版发行	中国人民大学出版社		
社　　址	北京中关村大街31号	**邮政编码**	100080
电　　话	010－62511242（总编室）		010－62511770（质管部）
	010－82501766（邮购部）		010－62514148（门市部）
	010－62515195（发行公司）		010－62515275（盗版举报）
网　　址	http://www.crup.com.cn		
经　　销	新华书店		
印　　刷	北京宏伟双华印刷有限公司	**版　　次**	2011年6月第1版
规　　格	185 mm×260 mm　16开本		2018年9月第3版
印　　张	20 插页1	**印　　次**	2021年1月第3次印刷
字　　数	470 000	**定　　价**	39.00元

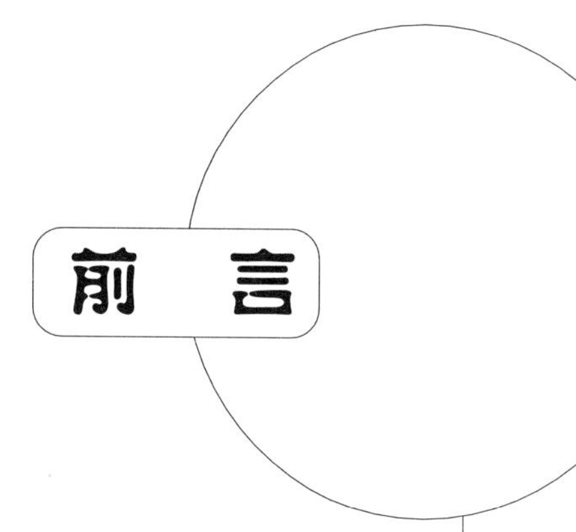

前言

市场经济越发达，职业分工就越细化，推销就是社会分工的产物。推销是一个既古老又现代的职业，是从古至今经商的人都要采用的手段和技巧之一。说它古老，是由于推销术存在的历史较长，在中国，上至春秋战国，下至汉唐时期，都有推销商品的商人，如孔子的学生子贡就是个商人，是孔子的学生中最富有的一个；白圭是战国时期的商人，是商人的祖师，他专门经营农副产品，并有“乐观时变”“薄利多销”“智、勇、仁、强”“四字”要诀等经商理论。这些大商人都是在经商过程中善于运用推销术进行商品销售的精明人，经商成就了他们的事业和人生。古代的推销术与商人经商过程是统一的，推销的职能不明确，推销的技巧和经商的技能区分不那么清楚，做生意的人本身就是推销的人。到了20世纪初的美国，推销作为伴随工业化社会生产方式产生的企业的一个职能开始受到重视。尤其是50年代以后，现代推销作为专门的职业在消费者主权意识迅速觉醒的西方国家受到企业更多的青睐，成为企业开展市场营销的重要手段。至今，在发达资本主义国家，科技的进步使得工业制造系统具有弹性，能够实现定制式、个性化生产及一对一地满足客户的特殊需要，因此，推销职业对于满足消费者的这种个性化需求就显得更加重要。随着互联网的发展、网络商务平台的增多，各种实体企业越来越多地参与其中，网上企业的销售形式更多的是把推销融入促销策略之中，并以弹出对话框提供语音服务的形式呈现，以配合促销策略的运用。由此可见，现代推销更加专业化、技能化，有一定的理论模式作为依据，涉及的学科知识更多，对从业人员的要求也更高。

作为一个专门的职业，推销有着与其他很多职业相同的方面，即这一职业有它的职业技能要求，有职业技巧，同时，它又有自身特殊的要求，即它要求受过专门的职业训练，有一定的专业知识和相关知识的基础做保证，它要求从事这一职业的人不能局限于推销技能的运用，还要具备心理学、社会学、市场营销学、公共关系学等多学科知识，具有管理推销工作的能力，等等。现代社会市场竞争环境越来越复杂，没有接受专业训练的推销人员必然受到知识储备不足的局限。为此，了解推销技能、掌握推销理论及相关知识是每一个要从事推销工作的人必须做到的。

本书共分6篇16章：

第1篇是现代推销学导论（第1章），探讨了现代推销的含义、特点与推销过程，阐述了推销的地位、职能与作用，对现代推销学的产生与发展，推销学的研究对象、研究内容与研究方法进行了分析。

第2篇为推销人员素质篇（第2章、第3章），分析了推销人员的素质，指出推销人员首先要具备良好的职业道德和推销思想，不道德的推销行为是推销人员的大忌。推销人员的知识储备是开展推销工作的基础，它决定推销人员的工作能力。推销人员的职责就是推销职能的具体化，体现在推销人员的行动中。推销人员在与顾客打交道的过程中，应该讲究推销礼仪，遵守礼仪规范，以有助于推销工作的顺利进行。

第3篇为推销理论篇（第4章、第5章），阐述了推销方格理论、埃达模式、迪伯达模式、埃德帕模式、费比模式等推销理论。这些理论是在推销过程中针对不同顾客所采用的理论知识，推销人员应该熟练运用。

第4篇为顾客研究篇（第6章～第8章），阐述了顾客需求及其需求变化的理论、顾客需求与推销的关系、消费者个性心理特征及其购买行为分析等内容。这些内容需要心理学、管理学和营销学等知识基础作为理解的前提。

第5篇为推销技巧与策略篇（第9章～第14章），从关系推销理论及其原理入手，阐述了推销过程的渐进式阶段，包括推销拜访前的准备、寻找潜在顾客、约见和初次会晤、推销面谈、异议的处理、促成交易以及建立联系等七个步骤。在每一个阶段，都有相应的推销技巧，并提出关系推销的附加值。

第6篇为销售管理篇（第15章、第16章），分析了销售组织管理和销售人员自我管理的有关问题。销售组织管理强调团体销售的技巧和团队的作用。进行销售人员的招聘选拔、培训、激励、考核评价等是销售管理的完整过程，不能忽视任何环节。而推销人员如何管理好自己的时间是决定其推销工作成败的重要问题。这一篇是开阔学生视野的主要内容，通过学习，学生能够整体把握销售管理技能。

修订后的教材具有如下特点：

1. 系统性。本书全面系统地介绍现代推销学的基本概念、基本理论和推销策略与技巧。

2. 科学性。准确阐述现代推销学的基本理论和方法技巧，充分体现学科的科学性。

3. 实践性。从实践出发，充分借鉴国内外推销界的典型案例、关注热点和实例，作为课堂教学的内容之一，理论与实践相结合，使学生容易掌握、消化和应用推销知识。

4. 与时俱进。部分章节增加了网站推广、网上购物等与当今信息时代息息相关的内容和案例，使教材具有明显的鲜活特性，更具阅读吸引力。

5. 引导学科发展。关系营销理论在现代推销学中的应用和实践是推销理论与实践的新发展和研究方向，它是顾客导向型的推销理论，指导推销人员和管理者以顾客为中心，注重顾客参与和体验，指导推销人员换位思考，以取得推销的成功。鉴于此，顾客关系管理、网络推广、交叉销售、线上线下的销售与推广策略等都成为本学科研究的重要内容。

衷心感谢本书参考文献的作者和前辈、同仁，是他们的思想光辉引导着我们，启发了我们的智慧；感谢本书前两版作者的工作成果，是他们的认真撰写使得第3版的修订工作顺利进行；感谢中国人民大学出版社的石岩编辑，她为本书的修订倾注了很多宝贵的时间和精力。

由于编者水平所限，缺点和错误在所难免，敬请读者和学术同仁批评指正。

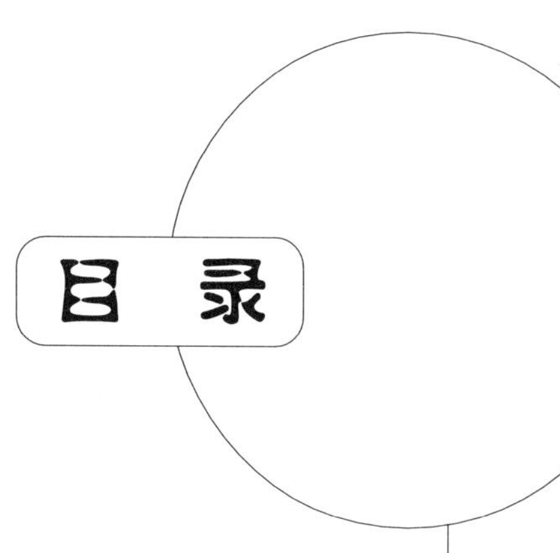

目录

第1篇 现代推销学导论

第2篇 推销人员素质篇

第3篇 推销理论篇

第4篇　顾客研究篇

第5篇　推销技巧与策略篇

第 6 篇 销售管理篇

第 1 篇

现代推销学导论

第1章

现代推销学概述

- 掌握现代推销的含义及特点；
- 了解推销的基本类型；
- 明确推销过程；
- 掌握推销与市场营销的区别；
- 明确推销的地位与作用；
- 了解现代推销学的发展；
- 掌握现代推销学的研究内容。

引例

汤姆·霍普金斯论推销

汤姆·霍普金斯（Tom Hopkins）是当今世界第一位推销训练大师，全球推销人员的典范，被誉为“世界上最伟大的推销大师”，接受过其训练的学生在全球超过500万人。

汤姆·霍普金斯在初踏入销售界的前6个月，屡遭败绩，穷困潦倒，于是决定把最后的积蓄投资到世界第一激励大师金克拉一个为期五天的培训班上。没想到，这五天的培训成为他生命的转折点！在之后的岁月中，他潜心学习钻研心理学、公关学、市场学等理论，结合现代推销技巧，在短暂的时间里获得了惊人的成功。

他是全世界单年内销售最多房屋的地产业务员，平均每天卖出一幢房子，3年内赚到3 000万美元，27岁就已成为千万富翁。至今，汤姆·霍普金斯仍是吉尼斯世界纪录保持者。

汤姆·霍普金斯目前是国际培训集团的董事长。他每年出席全球75次研讨班，向全世界梦想获得巨大成功的人们传授销售知识，分享自己毕生的成功经验，被公认为

“销售冠军的缔造者”。如今全世界销售培训课程90％以上都来源于他的销售培训系统。

汤姆·霍普金斯同时也是世界500强企业销售系统和管理的长期培训顾问，曾与美国前总统布什、英国前首相撒切尔夫人等同台演说。

汤姆·霍普金斯曾经说过：“推销是一项报酬率最高的艰难工作，也是一项报酬率最低的轻松工作。所有的决定均取决于自己，一切操之在我。我可以成为一个最高收入的辛勤工作者，也可以是一个最低收入的轻松工作者。”

他指出推销具有以下优点：一是让你有表达的自由。让你仍保有自我，本质上是在做你自己想做的一种行业。二是让你能达到你所期盼达到的成功，在这个行业中，除了你自己，没有人能限制你的收入，收入是永无止境的。三是在推销行业中每天所要面对的不同挑战鼓舞你奋勇向前，这些挑战是你几乎无法在其他工作中面临的。四是推销是一个可以从低成本得到高利润的行业。投资于销售业的成本只占连锁店老板所投入成本的很小的百分比。五是推销非常有趣。生活应该是有乐趣的，如果你对自己所做的一行没有乐趣，就不值得去做。当你努力为家人赚大钱的时候，没有理由享受不到工作的乐趣。六是当你的顾客买了你的商品离开时，你是满足的。七是推销激发你的自我成长。只有你自己能限制你的成长，如果你想多赚一点，那么就要多学一点，同时你也要再多努力一点，也就是说，你的工作时间会比较长，但你所下的功夫是不会白费的，在未来时日所得的超额报偿将是你的回馈。没有任何工作的成败比推销更取决于你对工作的进取心，加强能力是唯一途径。

评析：实际上，推销职业不仅对于推销人员个人有着强大的吸引力，它对于社会和企业都发挥着重要作用，本章将探讨这个问题。同时，推销又是一项需要勇气、毅力、体力和聪明才智的工作。

推销既是一门科学，又是一门艺术。现代推销学是一门涉及多学科的综合性应用学科。本章将在分析推销定义与特点的基础上，介绍现代推销学的产生与发展，并对现代推销学的研究对象与方法进行讨论，为其后的学习打下基础。

第1节 现代推销与市场营销

一、现代推销及其特点

（一）现代推销的性质

推销，是附加价值的创造过程。

——陈纪元

推销是一种令人自我骄傲的职业，你必须喜欢自己所从事的这项工作，才能为工作神魂颠倒，你脑海中只有一个念头：自己的产品或服务一定会得到顾客的青睐。

——汤姆·霍普金斯

商业只有两项基本职能：销售和创新。

——彼得·德鲁克

我们处在一个推销的时代，每天每个人都在推销。有的人在推销有形的实体产品，如电视机、汽车、商品房等；有的人在推销没有实体的服务，如酒店的服务员、按摩师、导游等；还有的人在推销观念、构思、策略等，如广告公司、策划公司的方案设计人员，大学教师等。究竟什么是推销？可以说仁者见仁、智者见智。

现代推销（人员推销）的含义应该这样来界定：现代推销是基于信任的专业化销售活动，在这种活动中推销人员以传播、推销自己的意愿和观念及推销商品为具体目的，并通过艺术性的说服等手段，确认、激活和满足顾客的需求，为顾客提供价值，以此建立、发展并巩固与顾客之间的关系。

通过这个定义，我们可以从以下几个方面来理解推销：

（1）推销是基于信任的一种销售活动。

（2）推销意味着推销方有责任和义务帮助顾客发现问题、解决问题，提供相关信息、产品或服务。

（3）推销人员与顾客进行良好沟通、建立良好关系是推销成功的保证。

（4）推销方通过满足顾客的需求为顾客提供价值。现代社会最需要销售人员在建立、发展和增强顾客关系的过程中关注顾客价值的交付。顾客价值（customer value）由顾客感知价值和顾客感知成本决定。

（5）为了满足顾客的需求，要提供良好的售后服务。售后服务也是顾客价值的组成部分。

（6）要贯彻“顾客满意”原则。

（二）现代推销的特点

1. 主动性

推销完全不同于有固定场所的坐店经商的经营方式，而是采取主动出击、寻找潜在顾客、上门推销产品的策略。推销的主动性主要体现在推销行为之中，推销行为的主动性又贯穿于推销过程的始终。从潜在顾客的寻找到与顾客建立联系，从激发顾客的购买兴趣到唤起顾客的购买欲望，从顾客异议的转化到买卖双方的成交，都是推销人员主动行动的结果。

2. 灵活性

推销是两个或更多的人之间的一种灵活的、直接的和互相作用的关系。一方可以就近观察另一方，双方都可以从对方细微的反应中了解其情绪、意见和要求。这就有利于推销人员随时掌握顾客的购买动机，灵活运用推销原理和技巧，恰当地调整推销策略和方法去解答顾客的疑问，协商解决有争议的问题，抓住时机促成交易。

3. 针对性

推销人员与顾客见面之前，必须首先确定潜在顾客的范围，然后有针对性地向推销对象传递信息并进行沟通与说服，满足顾客的真正需求，为顾客提供价值。这是广告等手段所无法比拟的。

4. 双向性

在整个推销过程中，买卖双方都在向对方传递信息，所以，推销过程就是一个信息双向传递的过程。一方面，推销人员向顾客传递有关产品、企业、市场、服务等信息；另一方面，顾客也通过语言等手段，对推销人员传递的信息做出反应，或向推销人员传递新的信息。因此，调查了解顾客对企业产品和服务的意见与要求对推销成功非常重要。

5. 互利性

推销的直接效果就是卖出商品或服务。但是，这个结果是在解决顾客的需求问题的基础上获得的。推销双方的目的不同，导致利益追求和行为观点的不同。这种差异是客观存在的。对于推销人员来说，就是要通过不懈的努力逐步缩小差异，使双方利益达成一致，达到互惠互利的“双赢”结果，为长期合作奠定基础。

6. 完整性

推销人员承担整个销售过程中的工作，从寻找与选择顾客、接近与拜访顾客、面谈与磋商，直到达成交易，甚至提供售前的咨询、售中的合同履行和售后的培训、维修及零配件提供等服务，所以，人员推销工作是最完整的系统流程。

（三）推销的基本类型

根据不同行业的特点开展的推销活动有很大的区别，形成了不同的推销分类。

1. 零售业推销

零售部门的推销人员（售货员）面对的顾客是主动到商店（百货商店、服装店、超级市场、专卖店）购买产品的人。他们大多已经有比较明确的购买需求，他们来商店的目的是寻找能满足他们需求的产品。因此，零售业推销的重点在于为顾客提供服务，而不是推销。当然，如果售货员博学广览，态度和蔼可亲，能够想顾客之所想，那么，这项工作也同样会提供脱颖而出的机会。现代社会零售行业对人力资源的要求越来越高，因为消费者的素质在提高，大专以上学历的人才在这个行业会有更大的发展。

2. 贸易推销

在这种推销工作中，推销人员（经纪人）是独立的销售代理商，但他们并不真正拥有产品实体，他们从零售商那里得到订单，然后转到生产企业，由生产企业负责把产品运到零售地点，经纪人从中收取一定的佣金。这样的销售人员应该具有一定的学历，懂得把握市场机会，才能胜任贸易工作。

3. 直销

直销是相对于设店销售而言的无店铺销售方式，它既包括推销人员上门推销有形的和无形的（包括保险、金融、广告及信息咨询等行业）产品、进行面对面的销售，也包括邮购、电话、电视、网络推销等。它是厂家直接对消费者的推销，直销对象是最终消费者，直销产品直接用于消费，而不能再进行转手。因此，这里的推销人员应是专职的，受过专门的推销训练，并具有一定的学历。

4. 使命推销

使命推销的主要任务是鼓励顾客向分销商购买某种产品。典型的使命推销是为某制药商推销新药。推销人员走访或向医生游说，介绍某种新药的使用方法和疗效以及可能的副作用，以鼓励医疗单位购买这种新药。

工业品贸易推销人员也常常从事使命推销，除了帮助分销商增加产品库存外，往往也直接与最终用户打交道，向他们宣传产品的优点，鼓励他们更多地购买。

5. 工业品推销

工业品推销是最具创造性和挑战性的。这主要是由于工业品购买过程复杂，参与人数众多，要求推销人员具有高超的推销技巧。他们不仅要让顾客了解产品的近期利益，也要了解它的长远效益。推销人员必须经过专门的推销培训，并且把推销作为专门的职业。

上述后三种推销人员都是专职的人员，对他们的要求很高，其选拔也很严格。

（四）推销过程

推销工作经过无数推销人员的实践，总结出具有指导性的完整的七个步骤。在实际推销工作中，会经历其中的几个步骤或者全部过程。从第 9 章开始及其后的各个章节，我们将深入分析探讨每个步骤。这些步骤如图 1－1 所示。

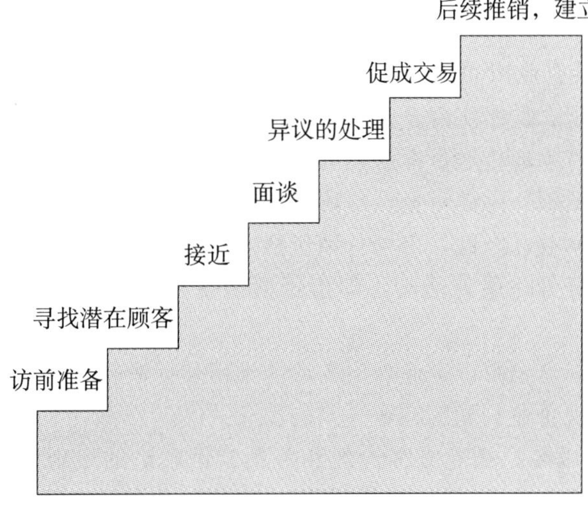

图 1－1　推销过程

资料来源：罗纳德·B. 马克斯. 人员推销：第 6 版. 北京：中国人民大学出版社，2002.

1. 访前准备

这是推销工作的起始阶段。推销人员对他们的行业、公司、产品或服务、竞争对手和顾客越熟悉，推销成功的可能性就越大。

2. 寻找潜在顾客

推销人员在很多情况下应能够鉴别潜在顾客，并使他们成为真正的顾客。在这一过程中，推销人员可以采用电话、信件以及见面等方式。还有一种方式是直接登门拜访。在这个阶段，推销人员拜访顾客之前要收集更多的信息。

3. 接近

又称为约见与初次会晤。推销人员与顾客的第一次见面，必须吸引顾客的注意力和引起顾客的兴趣，给顾客留下良好的第一印象，否则，后续的推销行动可能会不起作用。

4. 面谈

包括面谈的内容，即面谈过程中的问题识别、产品演示等。在面谈中还要注意倾听的技巧。

5. 异议的处理

推销人员要解决顾客有关购买的一切问题。

6. 促成交易

推销人员在确保顾客愿意购买的前提下，结束销售访问。

7. 后续推销，建立联系

过去，这一过程仅仅等同于售后服务；现在，这一过程意味着在购买者和推销人员之间建立长期的、经常的联系。

二、推销与市场营销的关系

（一）市场营销观念的变革推动推销观念的更新

20世纪50年代以后企业树立的市场营销观念已成为今天各类企业开展市场经营活动的基本指导思想。这一观念是指实现企业各项目标的关键在于正确识别目标市场的需要和欲望，并且比竞争者更有效地传送目标市场所期望的产品或服务，进而比竞争者更有效地满足目标市场的需要和欲望。由此可见，市场营销以购买者为中心，强调通过满足顾客的需要和欲望来创造企业利益，因此，市场营销包括市场调研、产品开发、定价、分销、促销、信息反馈、售后服务等一系列活动，即市场营销活动上延到产前调研、下伸至售后服务。

与此相适应，推销观念也由以企业为出发点的推销和促销转变为以发现、创造顾客的需求并通过满足需求实现企业利润的顾客导向的观念。

20世纪八九十年代以来，随着顾客价值和关系营销理论的出现，市场营销观念进一步发展，即重视顾客满意度、顾客忠诚度和顾客价值的提升，以实现利润的增长。与之相适应，推销观念发展到在建立信任的基础上的推销与促销，为顾客提供价值，并以巩固、建立和发展与顾客的关系为终极目标，形成关系推销理论。因此，新时代的推销始终保持与市场营销理论和观念同步发展。

（二）人员推销是市场营销促销策略的重要内容

市场营销的4P策略是一个整体策略，是市场营销学的重要内容，包括产品策略、渠道策略、价格策略和促销策略四种策略组合，故也称为营销组合。人员推销是促销组合策略中的重要内容之一，二者是包容的关系，即市场营销包括推销，推销是市场营销的重要促销手段。具体来讲，我们用营销组合与促销组合的关系来分析二者的关系，如图1－2所示。

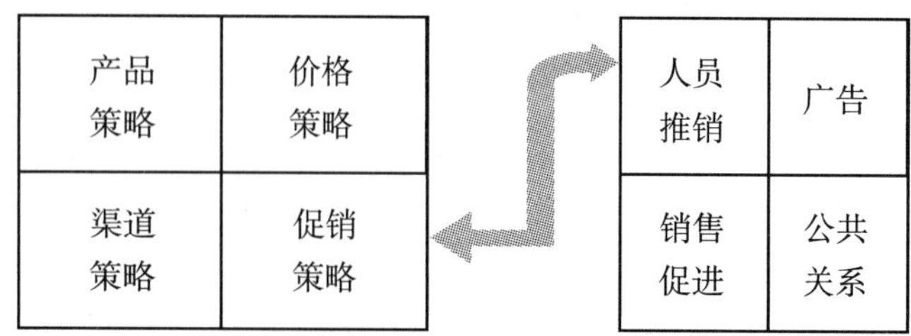

图1－2　营销组合与促销组合关系图

促销组合，是指把人员推销、广告、销售促进和公共关系四种促销方式，有目的、有计划地配合起来，综合运用。显然，促销组合策略是营销组合策略的一个组成部分，营销组合的变化会引起促销组合的变化，而促销组合策略应当根据营销组合其他因素的变化而变化，二者是相互影响、相互制约的关系。

人员推销是促销组合的一个组成部分，广告、销售促进和公共关系都是非人员推销性质的。但并不是说，人员推销与非人员推销是截然分开的。实际上，人员推销与非人员推销是相对的，它们之间存在着相互依存的关系。

综上所述，营销（marketing）、促销（promotion）和人员推销（personal selling）三者是一种包含关系，人员推销在企业营销活动中占有重要的地位。这也是我们研究人员推销（以下简称“推销”）的目的所在。

第 2 节　推销的地位与作用

一、推销的地位

推销工作拥有什么样的社会地位是与其本身的性质直接相关的。前面讲过，推销是一种专业化销售，就像医生、律师、设计师等职业一样，推销也是一种职业，是由经过专门培训的人员从事的工作。那些成功的企业越来越认识到选用有才能的职业推销人员的重要性，这些推销人员能够有效地与顾客进行接触和沟通，并为企业带来良好的口碑效应，因此，各个企业在选拔、聘用、培训和激励销售人员方面给予更多关注。

推销在国外是一个令人羡慕的职业，正是推销人员的努力，向社会推广新产品、新服务，增加了整个社会的财富。在美国，推销人员的政治地位排在第 11 位，其经济地位排在第 6 位，与医生、律师相当，推销人员的平均年薪超过 25 万美元，经过训练的优秀推销人员可超过这个平均数的一倍。在日本，每年都要举行优秀推销人员的业绩比赛，优胜者有资格加入“百万美元俱乐部”或“绩优俱乐部”。得到大奖的推销人员名扬四海，荣誉备至。可见，推销在社会经济生活中扮演着非常重要的角色，具有其他职业不可比的地位。

小贴士　乔·吉拉德——爱岗敬业的典范

据公开资料显示，直到退休时，乔还是推销员，自从他 35 岁开始进入汽车销售行业，他就没有转过行。他在汽车销售领域创造了多项传奇：

1. 连续 12 年被《吉尼斯世界纪录大全》评为世界零售第一。
2. 受美国总统接见。
3. 连续 12 年平均每天销售 6 辆车——至今无人能破。
4. 被吉尼斯世界纪录誉为“世界最伟大的销售员”——迄今唯一荣登汽车名人堂的销售员。

乔·吉拉德创造了 5 项吉尼斯汽车零售世界纪录：

（1）平均每天销售 6 辆车；

（2）最多一天销售 18 辆车；
（3）一个月最多销售 174 辆车；
（4）一年最多销售 1 425 辆车；
（5）在 12 年的销售生涯中总共销售了 13 001 辆车。
乔·吉拉德做到了汽车销售的极致，至今无人超越。

二、推销的职能

推销的职能是由推销工作的性质决定的，是推销工作的内在要求，包括：

（一）客户挖掘与开拓市场

识别潜在客户、寻找客户线索、开拓市场是推销的重要职能。企业生产的产品要有一定的销路，这个销路就是“卖给谁”和“谁来买”。解决这个问题的一种有效方法就是通过推销去进行客户挖掘，识别出潜在客户，找到目标市场的客户线索，进而促进产品的销售。

为了达到维持和扩大销售额（量）的目的，推销工作必须不断地开拓市场，把潜在市场变为现实市场，把市场机会变为企业的盈利机会，把潜在利润变为真实利润，使企业发展壮大，为企业创造价值。

（二）提供信息

推销能够提供顾客的多方面信息，如需求信息、商品使用与消费信息、售后服务信息以及顾客对于商品或服务的改进意见与要求等，从而有利于企业建立完整的顾客数据库，有利于企业进行有针对性的顾客管理、传递顾客价值，有利于企业更好地满足顾客需求。同时，通过推销工作把企业的产品信息、销售信息等传递给顾客，让顾客了解企业生产的动态，了解企业的新产品、新技术、新发明、新服务、新的促销策略等，能够增强顾客购买企业产品的信心。

（三）推销产品或服务

推销的目的就是推销商品或服务。通过卓有成效的推销活动实现企业商品或服务的价值，转移商品的使用价值，实现商品或服务的效用，创造和提供顾客价值。

（四）建立商誉，树立企业形象

通过不断地为顾客增加价值来提高商誉，巩固与顾客的关系。根据关系营销理论，现代推销不仅要与顾客建立关系，把商品销售给顾客，进行售前、售中和售后服务，而且要及时处理顾客的抱怨，主动处理顾客的紧急交货要求，帮助顾客解决困难和问题，满足顾客的各种需求，从而消除顾客的后顾之忧，在顾客中建立起产品和企业的良好信誉。

三、推销的作用

在阐述了推销的职能之后，对推销在社会经济中的作用会更加容易理解。推销的作用是推销职能的外在表现，可从几个方面加以分析。

(一) 推销对社会的作用

卓有成效的推销在现代社会经济中发挥着重要的作用。

1. 推销是商品价值实现的重要推动力

在现代经济社会中，生产者与消费者是分离的，相互之间难以沟通和了解，推销则是一种最直接的沟通手段。一方面，它向消费者传递生产方面的信息，向消费者介绍、宣传产品的质量、功能、用途及售后服务等；另一方面，还可将消费者对企业及产品的意见、要求不断地收集并反馈给企业，为企业的经营决策提供依据。正是由于推销人员的努力工作，促成了一次又一次交易的实现，从而促进了工商企业和整个社会不断繁荣发展，加快了社会再生产诸环节的运动速度，加速了商品流通，实现了商品价值和使用价值的统一。

2. 推销引导与影响社会消费，促进技术进步，能改善人们的生活条件

推销活动是传播知识与文明的活动，是传播人类物质文明和精神文明的活动。因为推销品本身就是知识的结晶、文明的象征，顾客在接受推销品的同时，也接受了推销人员传播的技术、价值观念和知识。茶叶、丝绸和瓷器把古代东方文明传播到西方；咖啡豆几乎征服了整个世界。可以说，商品本身就是一种不可抵挡的进步力量。推销人员在推销活动中，起到了引导和影响购买与消费的作用，起到了传递购买标准和教育消费的作用。

(二) 推销对企业的作用

1. 推销是实现企业经营目标的决定环节

通过推销人员的工作努力为社会不断提供新的产品，实现产品从生产领域向消费领域的转移，实现产品的价值，不断地完成企业的经营任务，获得经营收入，实现经营目标。

2. 推销促进企业提高竞争能力和应变能力，不断生产出适销对路的产品

推销过程就是竞争过程，它既检验了本企业的竞争能力，又可以在和同行业的推销竞争中找出自己的劣势和不足，扬长避短，尽快提高竞争能力，同时，推出适应市场需要的产品，促进产品的销售。

3. 推销活动有助于锻炼、培养企业的经营管理人才

经营人才是企业最重要的人力资源，推销工作是与各种顾客打交道的工作，非常锻炼这些人员的业务能力、人际沟通能力、自我管理能力和应变能力，并提高他们的抗风险能力。这些能力的增强就使得那些成功的推销人员转变为经营的高手，进一步走向管理工作岗位。

许多高层管理职位也日渐由那些从事过推销工作或者具有营销部门工作背景的人来担当。如在美国 150 家增长最快的公司中，40%的最高主管都有过销售经历，因为销售是公司业务的主流，如图 1-3 所示。

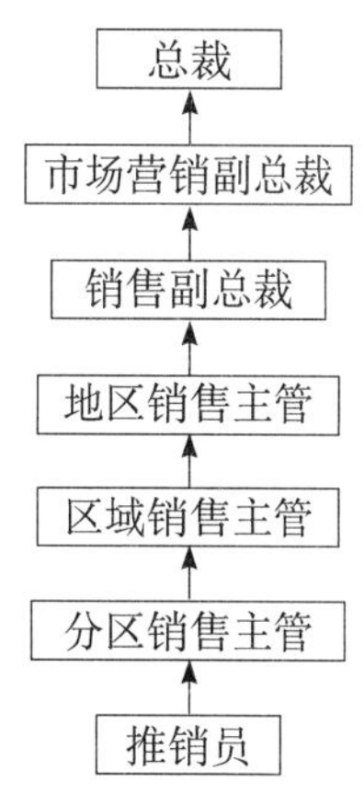

图 1-3　由销售人员晋升为公司最高领导者的典型路径

小贴士

1990年董明珠36岁，南下珠海打工，进入格力做了一名最基层的业务员。1992年38岁时，董明珠在安徽的销售额突破1 600万元，占整个公司的1/8。随后，她被调往几乎没有一丝市场缝隙的南京，并签下了一张200万元的空调订单，一年内个人销售额增至3 650万元。1994年董明珠被全票推选为公司经营部部长。1995年，董明珠晋升为销售经理。在她的带领下，格力电器在1995—2005年连续11年空调产销量、销售收入、市场占有率均居全国首位。2007年，董明珠出任格力电器股份有限公司总裁。2012年，58岁的董明珠正式被任命为格力集团董事长。她带领格力，成为中国首家营收破千亿元的家电上市企业。

第3节　现代推销学的产生与发展

一、现代推销学的产生

推销作为一种社会活动，是随商品生产的产生而产生，随商品生产的发展而发展的。在我国，关于推销的实践活动可追溯到神农时代。到了黄帝时代，已有货币作为交换手段。尧、舜、禹时代，行商阶层开始出现。这些行商为了进行交易，必然要进行宣传和说服活动，这就是原始推销活动。到了春秋时期（公元前770年—前475年），商业更加发展，推销的形式也更加多样化。在以后的社会发展中，推销一直起着不可低估的作用。张骞出使西域，郑和下西洋，开辟了东西方丝绸之路和海上丝绸之路，这无疑是具有伟大历史意义的推销之路。20世纪80年代随着我国改革开放，建立社会主义市场经济体制，国外有关推销的理论逐步引入我国，在大学里设立市场营销专业，把推销学作为重要的专业课程予以设置，推销学在我国得到了前所未有的发展，实践中广泛应用。企业需要大量的推销人员，各类学校不断地输送营销人才到企业从事推销工作，各个企业自己也培养、选拔销售人才，现代推销学理论在国外输入的著作和教材的影响下推动国内学者进行研究，并出版了各种版本的推销学教材。目前，在国内学者的共同努力下，推销学理论在我国进一步发展，并与实践相结合，推销学的内容体系更加完善，与国外学者的研究几近同步。

在西方尤其是美国，关于推销的研究在最早的市场学教材中就大量论述过。当时的市场学几乎等同于推销学，因为人员推销技巧、推销手段与策略的研究是当时市场学的主要内容。20世纪30年代的大萧条使企业更加注重对推销术和广告术的研究。1958年，世界著名的推销专家海因兹·M. 戈德曼（Heinz M. Goldmann）的《成功推销的经典指南：如何赢得顾客》（*The Classic Manual of Successful Selling—How To Win Customers*）问世，标志着现代推销学的产生，奠定了现代推销学的理论基础。

二、现代推销学的发展

现代推销学自 20 世纪 50 年代产生以来，体系不断完善，理论不断充实，观念不断更新，内容更加丰富。

1. 现代推销学体系更加完善

与我国社会经济发展情况相结合，现代推销学框架体系更加完善，其内容涉及推销理论、推销人员、顾客研究、推销程序、推销礼仪、推销管理等各个方面。现代推销学真正从管理的角度分析推销问题，分析、研究顾客的购买心理与行为，研究推销人员的推销态度，研究销售管理等与人相关的问题，研究推销程序、推销技巧与策略等推销技术，研究推销人员与人交际沟通的各种礼仪等。这样，这门学科的体系就更加合理、科学，更具应用性。

2. 现代推销学的理论内容综合性更强

现代推销学运用多种学科知识来构建，包括通过市场营销学、管理学、心理学、广告学、谈判学以及社会学、公共关系学等多学科的理论知识的融合来构建本门学科，综合性更强。这也符合本学科随着企业推销实践的发展而发展的趋势。

3. 现代推销学的发展对于推销职业的专门化普及起到了重要作用

推销学的创立与发展使推销活动成为一个既有理论根据又有行为规范的、专业性很强的专门职业。如今从事这项工作的人数在迅速增长，尤其是女性推销员的人数在增加。女性推销员更会体察人情冷暖，能够更好地与人相处，这一点已成为许多人的共识。美国一项针对 3 000 名经理人员的调查发现，经理们认为女性往往比男性更易于贯彻执行上司的意图，其言谈举止也比男性更加亲切，另外还有绝不亚于男性的可信赖性。

4. 现代推销学的发展使推销概念普及化、广泛化

“人人都是推销员”是得到越来越多的人认可的标语口号，人们认识到，不仅营利性组织需要推销它们的产品与设计的服务项目，而且各种非营利组织也需要推销；不仅推销人员需要向顾客推销自己与产品，而且任何人都需要推销自己。在现实生活中，人人都有推销之举，如小孩向父母推销可爱与要求，希望得到帮助与爱护；求职者在申请职位时，会把自己生活中的任何一点闪光处都记取和抛出，这是在推销；工作以后，为求加薪升职，员工会创造机会，不断地在工作中表现，这也是推销；教授推销的既有各种共通的科学知识，也有他们个人的见解，更包括他们个人对社会、对人生的看法，他们推销的是一种思想、一种价值观念。他们与推销人员的区别只不过在于，他们是一时的客串，推销人员却是以推销谋生罢了。

5. 现代推销学的发展使推销学研究的核心由“满足需求”转向“提供顾客价值”

20 世纪 50 年代以来，推销学一直贯彻市场营销学的核心理念，即“满足顾客需求”。但是，随着营销学理论的进一步发展，关系营销理念成为当代企业信守的新观念，现代推销学的核心观念也转变为为顾客提供价值。为此，推销学的重点就是研究顾客追求的价值是什么，如何在满足需求的基础上提高顾客价值，并在推销过程中灵活运用推销理论和技巧促进顾客购买，达到推销效益和顾客价值的最大化，从而巩固、加强买卖双方的互利关系。

6. 现代推销学的发展推动企业内部推销组织及其成员整体素质的提高

现代推销活动不是靠组织中单个人的业绩来实现其经营目标，而是通过组织中的成员专业分工明确、人员搭配协调、人员素质整体水平较高来完成推销任务，实现企业经营目标并获得企业长远发展壮大的。健全的推销组织是企业发展的根本保证，高素质的推销人员是企业的宝贵财富，二者缺一不可。现代推销学理论对于企业选拔、招聘、培训与激励推销人员，健全推销管理组织机构起到了指导作用。

第4节　现代推销学的研究对象与方法

一、现代推销学的研究对象和研究内容

（一）学科性质和研究对象

现代推销学是一门涉及多学科的综合性科学，是应用科学。其研究对象是现代推销活动及其一般规律。换句话说，它研究的是商品交换过程中的推销主体为实现产品与货币在买卖双方之间转移的一系列推销方法、理论、技巧与策略的运用及其变化规律。

（二）研究内容

现代推销学的研究对象决定了它的研究内容。主要有以下几个方面：

1. 对推销基础理论的研究

这是本门学科立足的根本。掌握基础理论是推销人员的首要任务。具体包括：推销的性质与职能、推销学的核心概念、交易推销与关系推销理论、推销模式理论、推销程序研究以及对推销管理的系统研究等。

2. 对顾客的研究

顾客是推销人员推销产品的对象，是买方的主体。顾客可以是产品的最终消费者，或者仅仅是购买者。顾客有现时购买者和潜在购买者之分。推销的成功在很大程度上取决于推销人员对于顾客心理活动的把握。因此，对顾客的需求及其规律、顾客心理活动及其变化规律、顾客特征及其表现等的研究是现代推销学的一项重要内容。

3. 对推销人员的研究

推销人员是推销活动的主体之一，在企业与顾客之间进行信息传播、推销产品，为顾客提供价值。因此，对推销人员的职责范围、素质要求、推销能力的自我开发与管理等方面的研究，有利于企业选拔、培养和造就优秀推销人员，提高推销队伍的整体素质，促进企业以至社会经济的发展。

4. 对推销程序及其策略的研究

推销程序就是推销的步骤或过程。这是许多推销人员在推销工作实践中总结出来的一系列推销阶段；同时，在推销过程中还要学会运用各种推销策略与技巧。推销人员遵循这些程序和策略、技巧工作，就会少走弯路，早出业绩。推销人员在实践中要结合产品、环境、顾客等相关因素，灵活运用这些程序和策略，达到事半功倍的效果。

5. 对推销管理的研究

现代推销学是具有管理导向的应用型学科。如何管理推销人员也是本门学科的重要研究内容，包括对推销人员的选拔、录用、培训、工作激励、业绩考评、奖惩制度等的管理措施与方法的研究，对推销人员个人管理的研究等。

二、现代推销学的研究方法

（一）综合性的研究方法

由于推销学是一门综合性学科，就要运用综合性的研究方法，即运用有关学科的研究方法来研究现代推销活动过程及其一般规律。

（二）理论与实际相结合的研究方法

既要有正确的理论指导，也要注重实际应用。现代推销学是一门应用型学科，学习本门学科要注重理论联系实际，通过实践来检验、校正书本知识。同时，要对实际问题进行分析、总结，抓住本质，掌握规律，上升到理论高度，更好地指导实践。

（三）系统论方法

现代推销学是一门体系完整的学科，各项内容之间相互联系、相互制约，共同发挥作用。同时，由于推销活动是一个外在的开放的系统，现代推销学也是一个开放的系统，不仅受到很多内部因素的影响，而且更多地受到外部因素的影响。因此，必须运用系统论的方法整合各个因素，使之相互协调，并注意整体与局部的关系，保持系统对环境的动态适应性，善于吸收推销领域的新观点、新理论、新方法，着眼全局，把握整体。这样才能使我们的学习与研究取得新的进展，不断推动推销学的发展。

基本概念

现代推销　　市场营销　　关系营销　　促销组合
现代推销学

思考题

1. 什么是现代推销？推销就是要：
（1）将顾客不需要的产品卖给他们。
（2）将顾客可用可不用的产品卖给他们。
（3）将肯定能满足顾客某种需要的产品卖给他们。
你认为哪种看法正确？
2. 简述推销的特点。
3. “推销对我们的经济毫无用处”，这个观点正确吗？
4. 有哪些推销类型？哪种类型的推销更富有挑战性？为什么？
5. “酒香不怕巷子深”，这个观点正确吗？

6. 请解释推销的各个步骤。
7. 什么是营销组合？推销如何与之相适应？
8. 人员推销与广告有何异同？
9. 推销的职能与推销的性质是什么关系？与推销的作用又是什么关系？
10. 什么是关系营销？它在未来将如何影响推销？
11. 21世纪，哪些发展有可能改变推销人员的工作？
12. 简述现代推销学的研究内容。
13. 为什么要学习现代推销学？

案例分析

原一平的新挑战

1904年9月27日出生在日本长野县的原一平，家境富裕，父亲德高望重又热心公务，在村里担任若干要职，为村民排忧解难，深受敬重。

原一平在家中排行最末，从小长得矮矮胖胖的，很得父母亲的宠爱。可能是被宠坏的缘故，原一平从小就很顽皮，不爱读书，喜爱调皮捣蛋，捉弄别人，常常与村里的小孩吵架、殴斗。老师教育他，他竟然拿小刀刺伤了老师。他就是一个“小太保”，没有人敢欺负他。1924年，21岁的原一平从私立东京商业专科学校毕业。1926年，他担任日本观光旅行协会营业部经理。

1930年3月27日对于原一平来说是个不平凡的日子。27岁的原一平揣着自己的简历，走入了明治保险公司的招聘现场。一位刚从美国研习推销术归来的资深专家担任主考官。他瞟了一眼面前这个身高只有145厘米、体重50公斤的家伙，抛出一句硬邦邦的话：“你不能胜任。”

原一平惊呆了，好半天才回过神来，结结巴巴地问：“何……以见得？”

主考官轻蔑地说：“老实对你说吧，推销保险非常困难，你根本不是干这个的料。”

原一平被激怒了，他头一抬：“请问进入贵公司，究竟要达到什么样的标准？”

“每人每月10 000日元。”

“每个人都能完成这个数字？”

“当然。”

原一平不服输的劲头上来了，他一赌气：“既然这样，我也能做到10 000日元。”

主考官轻蔑地看了原一平一眼，发出一声冷笑。

就这样，在主考官蔑视的目光下原一平进入了明治保险公司，勉强当了一名“见习推销员”。没有办公桌，没有薪水，还常被老推销员当“听差”使唤。在最初成为推销员的7个月里，他连一分钱的保险也没拉到，当然也就拿不到分文的薪水。为了省钱，他只好上班不坐电车，中午不吃饭，晚上睡在公园的长凳上。

问题：

1. 原一平后来的工作成绩如何，你知道吗？
2. 原一平具有推销员的哪些特质？

第 2 篇

推销人员素质篇

第2章

推销人员的基本素养

- 明确推销道德及其基本原则；
- 掌握推销思想（观念）的主要内容；
- 明确推销人员的知识构成；
- 了解推销人员的能力；
- 明确推销人员的职责。

引例

一支烟的代价

钱刚到一家私营公司去推销办公用品。他很专业地为几位部门负责人介绍了产品的样式、质量以及价格。因为他们公司本来就有较高的商业信誉，很快，老总就表达了购买意向。他告诉钱刚，如果质量通过检测，他就会签订6万元的合同单。

“6万元”，钱刚压抑住自己的兴奋，赶紧给办公室里每个人递上早已准备好的高档烟，并一一给他们点上。当看到一直在办公室抹桌子的上了年纪的老头时，钱刚扫了他一眼，“这个人无关紧要”，他递烟的手收回来了。

当钱刚再次来到该公司联系送货业务，准备签订单时，后勤主管通知他，他们不打算订购这批产品了。钱刚傻眼了。

“能告诉我原因吗?”

“我们老总的丈人嫌你的报价高，建议老总买其他公司的产品。”

“可老总的丈人怎么会知道呢?”

“你呀，谁叫你两眼看人低，舍不得一支烟呢？老总的丈人说了，你这个毛头小伙子眼皮往上挑，做人不踏实，所以你来推销的产品也得不到完全的保证。”

钱刚回想当日的情形，如梦初醒，悔之晚矣。

评析：作为一个推销员，诚信、踏实是一条赢取顾客的金科玉律。礼节周全、一视同仁，是推销员必备的品德与修养。这个案例从反面说明了在现代公司，推销人员的素质已变成了事业成功的法宝。

第1节 推销人员的素质

销售箴言

销售高手是训练出来的！

素质是一个具有多重含义的概念。《辞海》对素质一词的定义为：

（1）人的生理上的原来的特点，如才智、能力和内在涵养，即才干和道德力量。

（2）事物本来的性质，如人的体质、品质和素养。这是从素质的自然性来说的。

（3）完成某种活动所必需的基本条件。是指人与生俱来的以及通过后天培养、塑造、锻炼而获得的身体上和人格上的性质特点。这是素质的社会性特征。

在高等教育领域，素质应是第三个定义，那就是大学生从事社会实践活动所需具备的能力。它反映的是可以通过不同方式表现出来的人的知识、技能、个性与驱动力等。素质是判断一个人能否胜任某项工作的起点，是决定并区别绩效差异的个人特征。

推销人员的素质是指推销人员应当具备的知识水平、道德修养以及能力等方面的综合素养。通常包括思想品德素质、知识结构、能力素质、身体素质等。下面就上述四个方面加以分析。

一、推销人员的思想品德素质

良好的推销道德和推销思想，富有进取心、自信心和高度的事业心，满怀热情地为企业和顾客服务，是推销成功的第一步，也是做好推销工作的前提。

（一）具有正确的推销道德和推销思想（观念）

修养的本质如同人的性格，最终还是归结到道德情操这个问题上。

——爱默生

道德常常能填补智慧的缺陷，而智慧却永远填补不了道德的缺陷。

——但丁

1. 推销道德

所谓推销道德，是指推销活动行为规范的总和。正确的推销道德会导致正当的推销行为，使企业利益、顾客利益和社会利益相一致；不正确的推销道德会导致不正当的推销行为，使企业利益、顾客利益和社会利益相悖。

我们知道，法律是约束人的行为的，但法律又是源于道德的，道德到了无法约束人的时候，才会成为法律。换言之，法律是强制的道德，道德是自觉的法律。

市场经济绝不能光讲法制，还必须高度重视道德对市场秩序和推销人员行为的调控。

推销活动是一项塑造形象、建立声誉的崇高事业，它要求推销人员必须具有优秀的道德品质，诚实严谨、恪尽职守的态度和廉洁奉公、公道正派的作风。

遵守推销道德应坚持的基本原则是：诚实守信、负责、公平。

（1）诚实守信。

> 世界上根本没有什么东西叫作诚实的领带、西装、鞋子或者帽子，唯一能够诚实的只有你。
>
> ——乔·吉拉德

推销人员在市场推销活动中要讲诚信、守商道。市场经济的核心是信用经济，守信是市场经济活动得以正常进行的基本保证。唯有诚实守信，才能为推销人员赢得信誉。谁赢得了信誉，谁就能在市场上立于不败之地；反之，就要被市场淘汰。讲信用必须信守承诺，即信守明确的承诺（如合同、协议）和隐含的承诺（如推销出一件合格商品就隐含地承诺了对该商品的质量负责）；不从事欺骗性活动，不传播虚假信息，不强买强卖；以诚待客，讲究礼节，遵守时间。

小贴士　赫克金法则

美国的一项调查表明，优秀推销员的业绩是普通推销员业绩的300倍。资料显示，优秀推销员与长相无关，也与年龄无关，和性格是内向还是外向无关。那么，究竟什么样的人才能成为优秀推销员呢？美国营销专家L. 赫克金有句名言："要当一名好的推销员，首先要做一个好人。"这就是赫克金营销中的诚信法则。

资料来源：吴健安，等．现代推销学．2版．大连：东北财经大学出版社，2008.

小贴士

邰勇夫在接受采访时说："做推销员15年，最值得我炫耀的就是没给任何一家企业、任何一位老板丢失过一分钱的货款。我在中国最早、规模最大的一家微波炉厂任湖南、重庆、广西、贵州四个地区的推销员时，首次出差的第一件事就是租仓库，仓库租好了，厂里马上发货，每个仓库一个十吨箱或一个大货柜车或更多一两个火车皮，我管四个地区就租了四个大仓库，存货最多时有500多万元的货，全由我一个人管理，谁要货，只要我一张白条。后来我在顺德一家小家电公司做推销员负责内蒙古市场时，老板给了我600多万元的铺货权。

"一个曾经与我同宿舍的推销员，第一次出差租仓库不断有电话回厂，第二次出差厂里给他发了10万元的货有电话回来，第三次出差厂里给他发了100万元的货，此君一去不返，从此销声匿迹。但这样的事情我想都不敢想。为什么？因为我要做一个永远的推销员，我不想砸自己的信誉。"

（2）负责。即要求推销人员在市场经济活动中对自己的一切经济行为及其后果承担政治、法律、经济、道义的责任。责任可以转化为动力，对于任何组织和个人来说，只有当他认识到自己所做的一切是一种无法推卸的责任并敢于负责时，他才会更坚定地走向自己的目标。而任何逃避责任的行为，都是不道德的，也是愚蠢的。推销人员的一言一行在对自己所代表的企业负责的同时，更应对社会负责，对消费者负责。为此，必须坚决抵制推销质次价高、有害他人身心健康或有害社会安定和发展的商品。推销人员应对消费者讲真话，如实介绍商品的品质和功能，向消费者提供能真实、有效地满足其需要的商品，千方百计帮助消费者解决各种困难和问题，以赢得消费者对品牌的信任，扩大商品的市场占有率。坚持负责原则，需要推销人员具有高度的自觉性和勇气，有时甚至需要牺牲一定利益，才能做到真正意义上的负责。

（3）公平。公平是社会生活中的一种普遍道德要求，它是以每一个社会成员在法律上、人格上平等为根据的。坚持公平原则涉及两个方面：一方面是推销人员在向推销对象推销产品或服务的过程中必须公平。无论男女老少，贫富贵贱，都有充分的权利得到他们应得的一切，不受丝毫侵犯。缺斤短两、以次充好、乱涨价、欺人坑人的推销手段，都是有违公平原则的，是不道德的。另一方面是推销人员在与竞争者的推销竞争中必须公平，而不是不择手段、弄虚作假。那种只图一己之利，诋毁甚至诽谤竞争对手的产品，欲置对手于死地的推销行为是不道德的。推销人员应充分发挥自己的聪明才智，通过公平合理、正大光明的竞争，去追求“阳光下的利润”。

综上所述，推销道德的具体体现：一是对企业的忠诚；二是对顾客的诚实。

2. 推销思想（观念）

推销思想即推销观念，它是推销人员进行推销活动的行动指南。正确的推销思想（观念）要求推销人员在推销工作中要竭尽全力地为国家、企业着想，全心全意地为顾客服务，把顾客需要的满足程度视为检验推销活动的标准。

正确的推销观念包括：需求第一观念、竞争观念、效益观念、服务观念、时间观念以及信息观念。

（1）需求第一观念。推销的目的就是满足消费者的需求，为消费者提供有价值的产品或服务。推销工作如果离开了消费者的需求，就会失败。因此，推销人员应时刻牢记“顾客是我们的衣食父母”“顾客需求第一”等思想观念，努力成为顾客的好朋友、好伙伴、好顾问，为顾客排忧解难。

（2）竞争观念。拥有竞争观念的推销人员才能激发斗志、勇往直前。推销人员要敢于参与竞争，在竞争中讲究推销的方式方法和策略技巧，善于学习新知识，增强各种能力，不断提高自身修养和素质，更好地为顾客服务。

（3）效益观念。这一观念包括两个方面，即企业效益和社会效益。企业效益对于推销工作来说，就是推销的结果要具有效益性，达到期望的销售额或利润目标。社会效益的范围更加广泛，包括促进社会的文明进步，注重环境保护，遵纪守法，保护消费者合法权益等。

（4）服务观念。服务蕴涵在产品整体概念中，围绕产品本身的服务跟进才是真正意义上的产品销售。为此，推销人员服务意识的强弱、服务水平的高低就成为企业在市场竞争中争取顾客的重要手段。“IBM就是服务”的口号为IBM获得竞争优势起到了重要的推动作用。海尔的“真诚到永远”的五星服务理念及其到位的售后服务为其赢得顾客创造了先决条件，很多消费者在购买家用电器时都会想到海尔的服务好，都会在个人及家庭财力充足的条件下首选海尔。由此可见，推销人员树立服务观念，在推销过程中以热情周到的服务态度、主动的产品介绍和可靠快速的售后服务等手段满足顾客的需求，就能够巩固和发展顾客关系，使企业得到持续的发展并获得竞争优势。

(5) 时间观念。鲁迅先生说过，时间就像海绵里的水，只要去挤，总还是有的。另外，“时间就是金钱，效率就是生命”这句话在人们心中已经成为至理名言。推销人员要善于把握时间，善于利用空闲时间，充分利用每一分每一秒，提高时间的使用效率。

(6) 信息观念。强烈的信息观念意味着推销人员应重视信息，能够使信息资源传递的经济价值为推销工作所用。现代社会信息高度发达，推销工作更离不开信息的支持，如政府信息、竞争企业发布的信息、各相关利益企业信息，各种 QQ 群、微信群信息，微博信息等此起彼伏、应接不暇。推销人员不仅要发现信息，还要会分析重要信息和一般信息。信息是推销工作的强大推手。推销人员抓住信息提供的市场机会，就能够取得推销活动的成功。

(二) 强烈的事业心和开拓精神

强烈的事业心是成功的首要条件，它包括对工作满怀热情，富有进取心，为企业和顾客的利益着想，积极的人生态度和创业敬业精神。

热情是推销人员最重要的品德之一，它是成功的动力。热情和推销人员的关系就像蒸汽和火车头一样，热情具有影响力，推销人员在思想上具有服务精神，在行动上有热忱的服务态度，才能赢得顾客，赢得推销竞争。

富有进取心就是不服输的劲头。推销人员比别人更应具有积极的人生态度，坦然、成熟地面对和处理挫折与失败、鼓励与成功。推销大师原一平认为，如果你认为每一位成功者都只有成功的经验，那就错了；其实，没有人比成功者拥有更多失败的经验，他们从失败中吸取宝贵的教训，百折不挠，锲而不舍，终必能反败为胜；未曾失败过的人一旦遇到失败的打击，即坠落痛苦的深渊中不能自拔，每天闷闷不乐，自怨自艾，直到自我毁灭。

千万要记住，未曾失败过的人一定也未曾成功过，要把失败当作成功的垫脚石。伟大的发明家爱迪生在发明电灯的过程中，做了无数次失败的实验，最终才确定用钨丝来做灯丝，延长了电灯的使用寿命。有人问爱迪生：“你失败了 1 200 次吗?”爱迪生回答：“不，我成功了，因为在这些实验中，我发现了 1 200 种材料不能用来发光。”

一个优秀的推销员应对自己的推销事业具有自豪感，这种自豪感来源于严肃认真的责任感和充分发挥才能的强烈愿望。没有自豪感和事业心，就很难成为优秀的推销员。

推销人员不仅要寻找与发现“上帝”，而且要能诱导与创造“上帝”。这就需要具有相当的开拓精神和饱满的工作热情。“只要有 1%的成功可能性，就要用 100%的行动去争取”，这就是百折不挠的精神在推销活动中的体现。

(三) 坚定的自信心

人的品行基本上是取决于自信的。

——索洛维契克

一个人真正需要的按钮，是他的信心之钮。世界上所有成功之人，他们对自己都充满信心，以信心克服所有障碍。

——乔·吉拉德

自信心就是相信自己，对自己有信心。作为推销人员，要敢于把自我推销出去。但很多推销人员经常缺乏自信，一怕自己干不好；二怕被顾客拒绝，“不买”“不要”；三是认为自己不是干推销的料，于是就没有了信心。事实上，没有所谓天生当推销员的料，人人可以去当推销员，差别只是在于勤奋的程度不同而已。

自信具有感染作用——只要你同自信的人交往，他们的自信就一定会感染你，让你慢慢自信起来。

自信具有鼓励作用——自信可把一个障碍看成一条小沟，而自卑则把一个障碍看成一个深深的泥潭。

自信具有示范作用——自信者总有因自信而成功的经历。当你走入悲观的境地时，自信者可用成功的示范去鼓励你，让你看到光明的前景而毅然崛起，建立起自信。

自信心的最大敌人是懒惰和恐惧。懒惰造成畏缩，畏缩导致自信心的丧失。在恐惧的阴影的笼罩下，你害怕尝试，害怕别人的批评，害怕失败，害怕自己没有能力，害怕失去亲爱的人，害怕死，等等。你可以抄下下面这句话，签上名，把它背下来：“我相信，我自己有能力达到我的明确目标。因此，我要求自己采取坚韧、积极和不断的行动，以获取这项成功。”如果你能把这句话背诵下来，每天睡前大声朗读一遍，那么它将逐步影响你的整个生活，使你变成一个充满自信、有铁的意志的推销员。推销活动成功与否主要取决于三个要素：推销人员相信自己所代表的企业；推销人员相信自己所推销的产品；推销人员相信自己。

那么如何才能树立起自信呢？一方面应自我肯定，乐观进取，充满信心与荣誉感，即自信的人表现在志在潮头，勇于面对现实，有较快的生活节奏；另一方面要清除信心垃圾。主要有以下几个方面的信心垃圾：

- 缺乏成功的经验；
- 受过失败的打击；
- 不正确的归因；
- 悲观的人格；
- 自卑者的熏染；
- 懦弱的性格；
- 不光彩的经历。

也许你的信心垃圾还不止这些。但无论多少，你唯一要做的就是清除，将这些垃圾及时清扫出去，让你的自信充满整个自我。

> 性情的修养，不是为了别人，而是为自己增强生活能力。
>
> ——池田大作

（四）顽强的自制力

自制力即慎独精神，是心理素质的一个方面，指在独处状态下能控制自己的情绪，约束自己的言行的能力，遇事沉着冷静，不能冲动。一方面，推销员多为单独行动，处于一种无人直接管理的工作状态。如果没有高度的自制力和慎独精神，就会脾气暴躁，情绪不稳定，容易受诱惑，背后批评上司，导致忧郁症、自闭症，做出粗野的行为等。另外，容易与客户发生争执，注意力不佳，意志薄弱，酒品不佳，性格孤僻，经常闷闷不乐，健忘，缺乏幽默感等个性，也是推销成功的障碍。另一方面，推销人员的工作都是与物、财及权力打交道。既存在着是非难辨的问题，又存在无人监督的现实。在更多情况下，要靠推销人员善于律己、独善其身的良好职业道德，才能赢得各方的信任与支持。推销人员缺乏正义感，没有正确的金钱观，心术不正，不守信，不诚实，泄露机密或者携款潜逃等，都会导致推销失败。

小贴士

马云在中国是人们耳熟能详的公众人物，之所以这么说是因为他是阿里巴巴集团创始人，他开发的淘宝网是人们网上购物的首选平台，创立的第三方网上支付平台——支付宝更是代替了银行卡成为人们购物付款的不二选择。马云还是菜鸟网络科技有限公司董事长，现在马云是阿里巴巴董事局主席。马云的成就令世界瞩目、世人尊敬！他是中国的骄傲，是中国的世界名人。回溯马云的成长轨迹，在了解马云的成长历史中，对于年轻的推销人员励志进取是很好的激励。

回顾

马云1964年9月10日出生于浙江省杭州市，非独生子女。曾经三次参加高考，1984年他参加第三次高考时由于英语成绩优异被破格录取到杭州师范学院外语本科专业。进入大学后马云成了品学兼优的好学生，凭借出色的英语稳居外语系前五名。之后马云当选学生会主席，还担任了两届杭州市学联主席。可以说，考上大学是马云人生走向辉煌的转折点，也是他成为年轻人创新创业典范的新起点。

再回顾一下马云上大学前的境况

马云在12岁时买了台袖珍收音机，从此每天听英文广播，对英语日渐感兴趣，13岁起因为打架记过太多，曾被迫转学到杭州八中。之后马云参加中考，考了两年才考上一所极其普通的高中，其中一次数学只得了31分。

1982年，马云第一次参加高考，首次落榜，数学只得了1分。马云充满了挫败感，之后他跟表弟到一家酒店应聘服务生，结果表弟被录用，自己遭拒，老板给出的理由是马云又瘦又矮，长相不好。后来马云做过秘书、搬运工人。马云高考落榜后，父亲马来法见他意志消沉，让他蹬三轮车给杂志社送书。

1983年，马云第二次参加高考，再次落榜，数学提高到了19分。马云的父母劝他死了上大学的心，好好学门手艺。之后马云又开始骑着破旧的自行车，穿梭于杭州的大街小巷。马云知道自己的短板是身材矮小、长相不好。但他的优点是做事执着、锲而不舍，认准目标排除万难、勇往直前。

1984年，马云不顾家人的极力反对第三次参加高考，这次数学考了89分，但总分离本科线还差5分。由于其外语成绩优异，马云被杭州师范学院破格录取进入外语本科专业，幸运地成为一名大学生。

点评

上大学前的马云，其求知欲望、改变命运的心理诉求非常高，持之以恒拼搏向上的奋斗精神、顽强的自制力构成了他人格品质的基因，是他考上大学的基础，也是他后来走向人生巅峰的根基。

（五）丰富的想象力

即推销人员要有艺术家的心。优秀的推销员应具备描述公司前景和产品利益的能力。富有想象力的陈述不仅能消除顾客的排斥心理，还能给自己带来满足感和自信心，增强说服力，帮助顾客早下订单。

想象力还是促使个人达到预定工作目标和朝更高目标奋进的推动力。

二、推销人员的知识结构

> 知识，只有当它靠积极的思维得来，而不是凭记忆得来的时候，才是真正的知识。
>
> ——列夫·托尔斯泰

所谓知识结构，就是各种与推销工作相关的知识在推销人员头脑中的构成及其比例关系。俗话说，不怕口袋空空，就怕脑袋空空。推销人员具备合理的知识结构能够为其发挥更好的能力做储备，为此，推销人员要具备广泛的知识基础（见图2-1）。

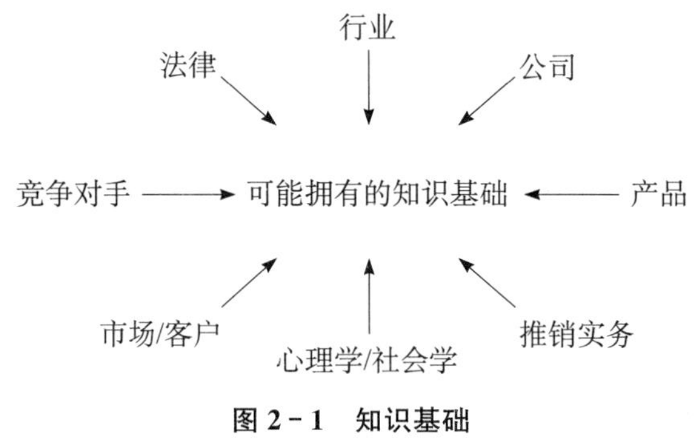

图2-1 知识基础

（一）行业知识

了解本行业的历史、现状以及发展前景，国家有关的支持或限制性政策，本行业在国民经济中的地位、规模与结构，本行业的技术创新能力和优势，本行业对于推销人员的要求，等等。推销人员了解的行业知识越多，对于其推销工作的指导性越大。

（二）企业和产品知识

企业的发展史，企业规模、经营方针、规章制度，企业在行业中的地位，定价策略，付款方式、付款条件等。从产品材料的采购地点、价格到产品的加工制作，从产品的结构、性能到使用、保养、维修都要有所了解，尤其是高科技领域的产品应知道得更多一些。

（三）市场和客户知识

从市场需求总趋势到个别顾客的购买动机类型，从影响行业的社会环境因素的发展变化到对具体产品销售带来的某些影响等。推销人员只有掌握了市场知识，运用市场运行的基本原理，努力挖掘市场潜力，开发潜在顾客，才能更快地打开工作局面。

（四）竞争对手知识

竞争是双方或多方自觉或不自觉的一种抗衡与较量，或者说，竞争是市场主体为获得有利的产销条件即投资、经营条件而自觉或不自觉地抗衡与较量。社会经济的发展就是各个市场主体通过自觉或不自觉的竞争达到优胜劣汰从而不断地螺旋式上升与进步的过程。企业要在市场上立于不败之地，就需要推销人员承担了解竞争对手的重任。推销人员要了解竞争对手的产品特点、目标市场营销策略、生产规模、价格水平、服务质量、付款方式等各个方面的内容，从而在推销工作中做到知己知彼，战之能胜。

（五）推销实务知识

包括与顾客交际、洽谈的技巧，处理各种顾客异议与困难的技巧，开展公关活动的技巧，宣传鼓动技巧，语言、表情、动作等表达技巧，以及商品结算、买卖合同的内容等实务性知识。

（六）法律知识

推销人员要了解国家规范经济活动的各种法律，特别是与推销有关的经济法规，如经济合同法、反不正当竞争法、产品质量法、商标法、专利法、价格法以及广告法等。

（七）心理学知识

推销人员要了解和掌握心理学的基本原理，尤其是消费者购买心理等基本知识，了解消费者的类型、消费者的个性特征与购买动机理论，了解消费者购买决策的步骤及消费者在各个购买决策阶段所体现的心理特征，以便有的放矢地为消费者服务。

（八）社会学知识

首先要了解国情，了解社会消费意识和消费水平，了解影响推销的社情民风、乡习旧俗等，懂得与人交往的行为规范和相关礼仪，从而更加有效地开展推销工作。

三、推销人员的能力素质

才能来自独创性。独创性是思维、观察、理解和判断的一种独特的方式。

——莫泊桑

光有知识是不够的，我们还必须应用知识；光有意志是不够的，我们还必须见诸行动。

——歌德

能力是知识的外在表现，同时，又与推销人员的个性相关。推销人员的能力包括观察能力、分析判断能力、灵活处事能力、表达与沟通能力、社交能力、创新能力、学习能力。这些能力的有机结合构成了推销人员的综合能力素质和能力结构，缺一不可。

（一）观察能力

观察是人们有计划、有目的、有步骤的知觉。推销人员应具有敏锐的观察力，以发现潜在问题，捕捉一切对自己的发展生存有利或不利的信息。这就要求推销人员养成冷静、细心、严谨的逻辑思维。锻炼和提高自己的观察力，可参考以下几方面做法：

- 要明确观察任务。
- 要用系统的观点看事物。既要看到事物的全貌，又要看到系统内部的层次。
- 要依赖平时的知识、技能。
- 观察事物要有顺序、有步骤，才能抓住主次，抓住特征。
- 调动更多的感觉器官参与观察活动。

（二）分析判断能力

只有在良好的观察力的基础上，才能有更准确的判断力。判断力来自人们对事物的真正理解，理解是判断的基础。

我们经常从一个人的服饰仪表来判断他的身份，如公司职员、经理、生意人、农民、军人等。对企业组织的判断道理也是相同的，然后依不同组织的特点实施不同的战略和战术。

（三）灵活处事能力

灵活处事能力即应变能力，是在遇到意想不到的情况时能使自己在不利的形势下扭转局势，或在遇到突发事件时能处乱不惊，果断、果敢地处理问题。

小案例

有一个推销员正在商场中向一群顾客推销钢化玻璃杯，他首先向顾客介绍产品，宣称其钢化玻璃杯掉到地上是不会坏的，然后进行示范表演，他拿起一个杯子猛地摔向地面，结果，杯子出人意料地打碎了，他自己十分吃惊，顾客更是目瞪口呆。面对这样尴尬的局面，这个推销员急中生智，不急不慢地笑着对顾客说："看见了吧，这样的杯子就是不合格品，我是不会卖给你们的。"接着，他又摔了几个杯子，都完好无损，赢得了顾客的信任。

（四）表达与沟通能力

和蔼可亲的态度是永远的介绍信。

——培根

1. 表达能力

表达能力包括文字表达能力和口头表达能力。表达能力在任何类型的推销工作中都需要。没有一种职业像推销工作这样，对表达能力的需要如此迫切，它与推销能否获得成功又是如此息息相关。你的口才如何取决于你是否掌握足够充裕的词汇量，以及能否恰当地选取最有效的表达词句，使它清楚、诚挚、确定地表达出来。同时，要讲究说话的艺术性，如幽默风趣、生动形象、富于情感、文明礼貌、热情友善等。

同时，声音的魅力也很重要，推销大师原一平认为："任何一次谈话，抑扬顿挫、语速的变化与语调的高低，必须像一支交响乐队一样，搭配得当，才能成功地演奏出和谐动听的美妙乐章。"他总结了说出有魅力的声音的七个诀窍，即语调要低沉明朗——明朗、低沉、愉快的语调最吸引人；咬字清楚，段落分明，为此要练习大声朗诵；说话的快慢运用得当，就像开车时有中速、高速、低速，依实际路况做出调整，同样在说话时，也要依实际状况，调整快慢；运用"停顿"的奥妙；音量的大小要适中；词句须与表情互相配合；措辞要高雅，发音要准确。

应当怎样表达？首先，要向表达对象正确清晰地表达。其次，语言要有针对性。再次，表达方式要有艺术性。艺术性是指语言表达的灵活性、创造性和情境适用性。最后，恰当地使用肢体语言。

2. 沟通能力

沟通是为了一个设定的目标，传递信息、情感、思想，并且达成共同协议的过程。沟通包括三个环节：表达、倾听和反馈。

图 2-2 展示了一个经典沟通模型。在这一模型中，发送者要传达某一信息，他必须将这一信息进行编码，使其成为一种可接受的形式，然后选择合适的媒介传达经过编码的信息。接收者对信息解码，就是将其翻译成对其有意义的信息。信息被接收者解码后，就会对接收者产生一定的影响。

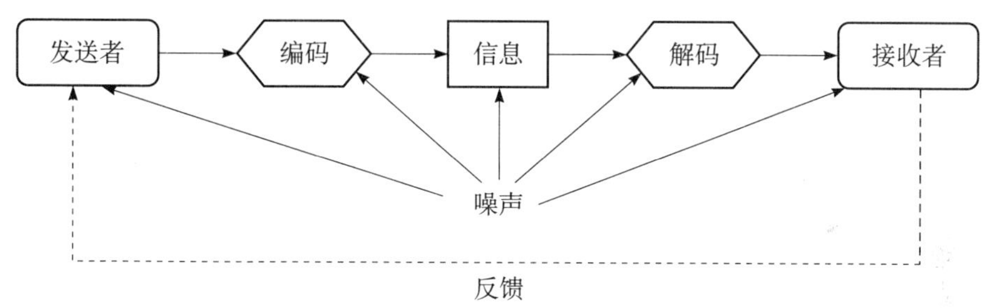

图 2-2　沟通模型

在图 2-2 中，噪声就是来自其他因素的干扰，并且噪声足够大的话还会对信息造成扭曲。因此，来自发送者的信息所使用的词语和符号要相同，信息要具有一致性，避免使用术语和容易使人误解的词语。如应说"这台机器每分钟能复印 100 份文件"，而不应该说"这台机器复印很快"。

要认识到沟通具有双向性。也就是说，不能把顾客看成是被动的只是接收信息的一方，不能让顾客觉得是被推销人员控制的一方。针对不同的顾客，沟通的方式也要进行调整，不能对不同的顾客采用相同的沟通方式、千篇一律的表达。沟通必须有接收者的反馈，才能检验传送的信息是否同发出去的信息一致；同时，通过顾客的反馈才能更好地了解顾客的需求和愿望，从而把握好推销的进程。

在沟通过程中有效的倾听是非常重要的。推销人员要像擅长讲话一样擅长倾听。

因此，推销人员要注意积极倾听，使顾客确信自己是重要的，这也是对顾客的尊重。推销人员要善于运用提问的方法提出问题，以示对顾客说话的回应。

（五）社交能力

推销人员必须是开放型的，应具有较强的社交能力。从某种意义上说，推销人员是企业的外交家，需要同各种顾客打交道。因此推销人员要善于与他人建立联系，相互沟通，取得信任，且能长期维持关系；诚信待人，给人诚恳、实在、值得依赖的感觉；具有亲和力，笑脸迎人，谦逊有礼，给顾客留下良好的第一印象，能在各种场合应付自如，圆满周到。

（六）创新能力

> 创新是指把一种新的生产要素和生产条件的“新结合”引入生产体系。它包括五种情况：引入一种新产品，引入一种新的生产方法，开辟一个新的市场，获得原材料或半成品的一种新的供应来源，新的组织形式。
>
> ——熊彼特
>
> 创新是一个民族进步的灵魂，是国家兴旺发达的不竭动力。
>
> ——江泽民

创新是一种商业行为，而绝不是单纯的技术行为，决定创新成败的标准是其市场表现，即将一个新的创意转化为消费者的满意和愉悦，并最终转化为销售额和利润。创新是企业发展的源泉。

任何职业都需要创新能力。推销工作无定式，必须注重不断创新。推销人员在推销工作中的方法创新、手段创新及其运用，都会起到意想不到的效果，使推销工作更加顺利、更有成效。推销创新是推销人员适应市场、环境和竞争变化的自我组织、自我超越的结果。

（七）学习能力

学习能力就是学习的方法与技巧，有了这样的方法与技巧，学习到知识后，就形成专业知识；学习到如何执行的方法与技巧，就形成执行能力。学习能力是所有能力的基础。

在信息高度发达的当代社会，知识更新速度非常快，要想成为优秀的推销人员，就要具有不断学习的能力，向强者学习，向优秀推销员学习，勤于思考，善于总结。要养成日总结、周总结、月总结、季总结、年总结的习惯。

上述各种能力集中到不同推销人员身上会有不同的能力表现。这种不同的能力表现就是推销人员之间的差异性。一个优秀的推销人员应该能力全面、重点突出、兼具其他方面的能力。

四、推销人员的身体素质

身体健康包括生理健康和心理健康。

（一）生理健康

推销人员应精力充沛，头脑清醒，行动灵活。一个人若没有充沛的体力，就会有力不从心的感觉，难免要不时停下来休息以积聚精力，各方面的动作自然会慢半拍。在现代竞争十分激烈的市场当中，慢半拍则意味着别人捷足先登，意味着你的客户会被别人挖走。因此，要当好推销员，必须具有健康的体魄。应注意以下几点：

- 要保持良好的心态；
- 要学会放松自己；
- 每天坚持运动；
- 要注意饮食卫生和预防疾病；
- 要保证充分的休息。

（二）心理健康

心的陶冶，心的修养和锻炼是替美的发现和体验做准备。

——宗白华

人的心理状态直接影响人的身体健康，影响推销工作的成效。增进人的心理健康的途径主要有以下几个。

1. 认识自我，接纳自我

在现实生活中，不能客观地进行自我评价和接纳自己的那些自以为低劣、难以启齿的缺陷，是阻碍人们朝更高的心理健康水平发展的首要障碍。当然，一个人不能接纳自己，就不可能在现实生活中有勇气表现自我。每个人都具有两面性，每个人的某些方面都可能超过别人或劣于别人。因此，客观地认识自我，必须从多方面、多途径、多层次全面地了解自己，充分地实现自我接纳。

2. 明确生命的意义，有正确的人生观和强烈的事业观

人的工作具有社会的、道德的意义，同时，它还是保护和增进心理健康的重要因素。人生的意义、自我价值的确立和显示，要通过工作来实现；个人身体的、心理的和社会的发展，也要凭借工作来完成。为此，要具有坚定的自信心、成功的欲望、顽强的意志、稳定的情绪以及克服被拒绝的恐惧。

3. 在紧张的工作中，学会消遣，享受生活

一个人若把生活、工作看成是一种负担，就会消极被动地应付生活和工作，失去自我控制、自我把握生活的能力，实际上心理健康水平在逐渐下降。

推销人员不断提高自己的心理健康水平，保持热情乐观的心境与和谐愉悦的情绪，既可以保证推销工作的顺利进行，也可以保证身体健康。

综上所述，推销人员的素质是指一个合格的推销人员在思想道德、文化知识、才干能力、言谈举止等方面所具有的素养与心理和生理条件。推销人员在实现企业目标、促进企业发展中起着重要作用。这就要求推销人员必须具备较高的素质。为了使推销人员更好地胜任推销工作，企业应对他们进行培养和训练，推销人员自己也应在推销实践中不断地进行自我训练。

第 2 节　推销人员的职责

推销不是在真空中进行的，它是一种联系广泛、错综复杂的开放性的社会活动。因此，推销必然时时受到各种内外部因素的影响和制约。

一、影响推销的因素

（一）顾客的类型

顾客可分为两类，即新顾客和老顾客。开发新顾客比继续为老顾客提供服务要困难得多。开发新顾客重在推销，而对老顾客重在保证服务质量。

（二）推销人员的素质

有些推销活动的重点在于向顾客提供服务，其他推销活动的目的在于说服顾客购买某种产品。作为一名卓有成效的推销人员，应该至少具备这样两项基本素质：一是善于从顾客的角度考虑问题；二是对于成功具有强烈的欲望。为此，企业要十分重视推销人员的选拔、培训和组织管理，努力提高推销人员素质，激发其工作热情，为推销的成功奠定坚实的基础。

（三）购买决策的重要程度

对推销人员来讲，顾客购买决策的重要性是影响他们推销行为的重要因素。推销人员必须了解顾客购买的哪一类商品是重要的，哪一类是一般的商品，才能有针对性地进行推销并收到良好的效果。

（四）推销活动的地点

企业内部销售人员的主要任务是负责处理订单。地域推销人员的主要工作是在顾客的业务所在地或顾客居住地进行推销。因此，地域推销人员的责任重、能力要求高。

（五）产品特性

有形产品的推销比无形产品的推销要容易得多，因为人们比较容易认识它们所能带来的利益，而无形产品（如保险、商标权、著作权等）给人们带来的利益不是显而易见的，这无疑给推销人员提出了更高的要求。

二、推销人员的职责

推销人员的职责与现代推销的职能基本上是一致的。推销的职能是与推销的性质相关的，是推销工作的内在要求；推销人员的职责是把推销工作的职能外化，是推销人员履行推销职能的具体行为，并且这些行为是企业可以用一些指标来衡量其效果和效益的。

（一）销售产品

企业雇用推销人员，主要目的是完成推销任务，实现企业的销售利润。推销人员不完成销售任务、不创造销售利润，是不可能得到企业的赏识和认可的。销售产品是推销人员的首要职责，是推销人员履行其他职责的前提。因此，推销人员应该加强推销洽谈的训练，掌握推销谈判的技巧，创造优异的推销业绩。

（二）树立良好的企业形象

企业形象是顾客对企业的总体看法和印象。推销人员的言谈举止代表了企业的形象，影响着顾客的购买行为。基于这一点，就要求推销人员首先应注重个人形象。穿着要干净整洁，使顾客认为你是可以信任的、有修养的人，给顾客留下良好的第一印象。其次，要注重言行得当。推销人员在与顾客的交往过程中态度要诚恳，要热情主动，要用正面的语言表达对自己公司的认同，给顾客留下你所代表的公司的美好形象的联想，真正树立企业形象。

（三）开拓与进入目标市场

推销人员只有开拓与进入目标市场，才能把潜在市场变为现实市场，把市场机会变为企业的盈利机会，把潜在利润变为真实利润。为此，推销人员应做的工作有：分析目标市场需求变化的影响因素，开展公关活动，制定企业产品的销售网络计划，实施开拓。拜访率和成功率是考核推销人员的重要指标。

（四）收集市场信息

推销人员直接与顾客打交道，对顾客需求和市场信息的变化最清楚，推销人员理所应当承担市场信息收集的任务。市场信息的范围广泛，主要有：

- 供求信息。推销人员有责任把顾客的要求传递给企业，促进企业按需生产。
- 价格信息。商品市场价格的现状及其变化趋势的信息。
- 竞争者信息。市场上竞争者的状况和竞争者动态的信息。
- 环境信息。国家的政治、经济、科技、环保、法律法规等发展变化的信息。

上述市场信息对于企业获得竞争优势、巩固产品及品牌形象、维系忠诚顾客以及企业的长远发展都具有重要影响。优秀的推销人员能够抓住有利的信息，迅速开展推销工作，赢得竞争的主动，为企业带来效益。

（五）提供服务

现代推销不仅要把商品销售给顾客，而且要帮助顾客解决困难和问题，满足顾客的各种需求，建立起产品和企业的良好信誉。在推销过程中，既要为顾客提供售前的信息咨询、培训服务，又要为顾客提供售中的热情接待、介绍商品、包装商品、免费送货、代办各种销售业务、满足顾客的合理要求、为顾客提供方便等，还要为顾客提供售后安装、维修、包退、包换，跟踪了解、解决消费者的困难和问题，提供零配件等，以消除顾客的后顾之忧。推销人员的言行举止时时刻刻都代表着企业形象，推销人员应时刻记住宣传自己的企业和树立企业形象的职责，从而使顾客相信自己的企业。

扩展阅读

怎样做一个好的推销员

一身西装、一个皮包、步履匆匆、挤公共汽车、吃快餐、住星级酒店……这就是营销员群体的一些特征。他们每天都在向人们提供便利、信息、服务，正是他们的努力，今天你才能在方便的地点挑选各种各样的商品，并得到满意的服务。你可以随时随地在生活的每个角落遇到具有这种特征的人，其中 80%是营销员。

今天正在从事营销或者与销售相关工作的人员是一个庞大的社会群体。一项统计表明，这一群体的人数已接近5 000万，也就是说每20个人中就有1名营销员。同时另一项统计数据表明，营销员中10%的人从事营销工作，80%的人从事推销工作，还有10%的人从事一种模糊状态的工作。也就是说，营销是核心，推销是主体。广大的营销员主要从事的是推销工作，怎样做好推销员是一个共性的话题。

国内推销员市场正处于一种数量上供过于求、质量上供不应求的局面。为什么？

（1）劳动力或者人才整个供给量大。每年毕业的大中专院校学生、每年找工作的年轻人，没有相应的工作岗位可以就业。

（2）国家以前没有对从事营销的人员进行资格认证，没有进入此行业的社会、企业认可的资格证，也就是行业的进入壁垒比较低。

（3）每个推销员实现的平均交易额相对较低，国内有85%的推销员年成交额在50万元以下，大部分集中在20万元左右。

（4）每个推销员代理、交易的业务相对单一，一般推销员只代理或者推销一种产品，就像国内一些公司每个产品要成立一个事业部，分别配置推销人员进行产品销售，造成推销人员的增长速度远远大于实际销量的增长速度，没有充分利用与优化推销员资源。

（5）市场竞争加剧，生产厂家增加，产品同质化程度提高，要把商品卖出去，优秀的推销员必不可少。找不到优秀的推销员，暂时就只能以量取胜，再进行训练、培训、优化、淘汰。推销人员的增加、销售费用的上涨、产品价格的下降、利润的减少、市场投入的压缩、品牌建设的停滞，使产品竞争力下降，销售受阻，企业往往又将问题归结到人的质量上。

从上面的数据可见，从事营销的人员数量相对较少。推销是一项单一的工作，营销是一项全面的、整合的工作，也反映了人员质量上的不足。

在这种情况下，企业对推销员的选择又有哪些要求？先凑数量，再造质量。在凑数量阶段，见人就招，没有规范、严格的招聘考评。在人才市场上将应聘者简历一看，顺便问几个问题，就招用了。一个快速发展的公司往往在2～3年内推销人员急剧增加。良莠不齐，鱼目混珠，有的投机倒把，有的坑蒙拐骗，有的携款潜逃，有的暗度陈仓……“一粒老鼠屎坏一锅汤”，所以前几年乃至现在提到“推销员”，消费者仍心有余悸，不敢轻易接受。

造质量阶段是大部分企业目前所处的阶段。在这一阶段，企业对推销员有“德在首，经验尾随其后，肯吃苦、经磨炼，多培训、共进步”的要求。

德在首。德是道德素质，是一个人的品性、良心。在推销员市场供过于求的状况下，对其个人品质的要求排在第一位。没有工作经验，可以给你时间摸索；没有技能，可以给你找师傅带；不知道要求与流程，可以多培训；你要求上进，可以给你一片天空。但唯独不能允许品德低下、有不良嗜好的人进入销售团队。德行是一个人在几十年的生活中养成的，是不容易改掉的，企业若因个人能力而忽视个人品德，将为此付出数倍的费用。所以招聘时，应查看简历，工作经历，任职、离职原因，有没有不良记录……

经验尾随其后。在人才市场、报纸招聘广告上，你可以看到几乎每则信息的要求都有一条：有2～3年工作经验。尤其在华南、华东沿海地区，外资企业、民营企业更是如此，许多刚毕业的人被拒之门外。为什么？按供求理论来分析，在推销员供过于求的情况下，企业有权也应该去挑选素质较高的人从事销售工作，企业培训后马上可以上岗，迅速进入工作状态。按经验曲线的理论可知，有工作经验的人工作效率相对高一些，培训投入也相对小一些。

肯吃苦、经磨炼。陈安之老师说过："业绩好不好，就看你认真不认真。业绩不好，就是你不够认真。"今天的推销或销售工作已不同于以往，以前销售人员一年只出差 3～5 次，每次最多一个月，现在一年要工作 365 天，每天早 8 点到晚 10 点，还不一定能干出好业绩。认不认真，首先就是能不能吃苦。起早贪黑，早出晚归，每天能扫街多少家，每天能打多少通电话。今天的推销员不仅要吃苦，还要有毅力，经得起磨炼。今天已经被客户拒绝了 25 次，你还敢不敢走进第 26 个客户的店面？

多培训、共进步。企业将推销员看成自己的一项资源，甚至是一项资产，目的就是促使资产良性运营，实现资产增值。必须对推销员进行质量提升，手段是不断培训与激励。一些跨国公司走人才本土化之路，一是它们有自己的制度、机制、体制，二是它们非常重视培训。肯德基等公司每年用于培训的资金是几亿元，它们坚信人才是培养、培训出来的。我们再来分析推销员工作的目的：一是生存，二是发展。生存就不用说了，每个人都想获得高收入。主要是发展。发展靠什么？靠自己能力的不断提升。能力提升的主要途径是多学习、多总结、多思考、多接受培训。不管是企业还是推销员个人都需要培训，以共同进步，实现共同的目标。

通过以上分析，我们可以看出，新环境下，企业对推销员的要求已经发生变化。你清楚这种变化吗？你也开始改变了吗？

推销是推销企业、产品、个人还是观念或理念？不同的人有不同的理解，我们赞成推销观念。推销的理念是贯穿一条主线——关心客户（用户）利益，真心实意帮助客户，让客户赚钱或获得更大利益。推销是一门综合学科，市场营销学、心理学、消费者行为学、推销学等多门学科综合在一起，才组合成推销或营销的一个学科体系，尤其是心理学在推销中的运用较多。实际推销过程中，大家都经常去研究分析客户、消费者的心理，却很少去研究分析推销员的心理。

基本概念

素质	推销道德	推销原则	推销观念
自信心	自制力	知识结构	沟通

思考题

1. 什么是推销人员的素质？推销人员的素质包括哪些方面？你认为应该如何培养这些素质？
2. 推销原则是什么？讨论三种主要的不道德行为。
3. 推销人员应具备哪些工作能力？你认为还有哪些内容？试说明。
4. 为什么说身体健康包括生理健康和心理健康两个方面？推销人员尤其要注重有一个良好的心态，你是如何看待的？
5. 为什么说推销人员应该是人中之杰？
6. "江山易改，本性难移"这句话对吗？为什么？
7. 现代推销人员应具备哪些观念？
8. 现代推销人员应为企业承担哪些推销职责？

案例分析

两块钱换回来的工作

在一次招聘会上，某著名外企人事经理说，他们本想招一个有丰富工作经验的推销人员，结果却破例招了一位刚毕业的女大学生，让他们改变主意的只是一个小小的细节：这个学生当场拿出了两块钱。

人事经理说，当时，女大学生因为没有工作经验，在面试一关即遭到了拒绝，但她没有气馁，一再坚持。她对主考官说："请再给我一次机会，让我参加完笔试。"主考官拗不过她，就答应了她的请求。结果，她通过了笔试，由人事经理亲自复试。

人事经理对她颇有好感，因为她的笔试成绩最好，不过，女生的话让经理有些失望。她说自己没工作过，唯一的经验是在学校参加过学生会。找一个没有工作经验的人做业务销售不是他们的预期，经理决定收兵："今天就到这里，如有消息我会打电话通知你。"女生从座位上站起来，向经理点点头，从口袋里掏出两块钱双手递给经理："不管是否录取，请都给我打个电话。"

经理从未见过这种情况，问："你怎么知道我不给没有录用的人打电话？""您刚才说有消息就打，那言下之意就是没录取就不打了。"

经理对这个女生产生了浓厚的兴趣，问："如果你没被录取，我打电话，你想知道些什么呢？""请告诉我，在什么地方我达不到你们的要求，在哪方面不够好，我好改进。""那两块钱……"女孩微笑道："给没有被录用的人打电话不属于公司的正常开支，所以由我付电话费，请您一定打。"经理也笑了："请你把两块钱收回，我不会打电话了，我现在就通知你：你被录用了。"

记者问："仅凭两块钱就招了一个没有经验的人，是不是太感情用事了？"经理说："不是。这些面试细节反映了她作为推销人员具有良好的素质和人品，人品和素质有时比资历和经验更为重要。第一，她一开始便被拒绝，但却一再争取，说明她有坚毅的品格。推销是十分繁杂的工作，没有足够的耐心和毅力是不可能做好的。第二，她能坦言自己没有工作经验，显示了一种诚信，这对推销工作尤为重要。第三，即使不被录取也希望能得到别人的评价，说明她有直面不足的勇气和敢于承担责任的上进心。员工不可能把每项工作都做得很完美，我们接受失误，却不能接受员工自满不前。第四，女生自掏电话费，反映出她公私分明的良好品德，这更是推销工作不可或缺的。"

个人评论：(1) 坚持、坦诚、责任心、专业这几点都是公司比较欣赏的个人品质，即使对于个人，坚持、坦诚和责任心也是人际交往很重要的品质。(2) 应聘一个公司，你就需要知道这个公司最注重的是哪个方面，就需要仔细考虑来突出自己在公司所需要的方面的特质。(3) 头脑对于一个人永远是最重要的，有思想、有行动，是一个人成功最重要的亮点。

资料来源：百度文库。

问题：

1. 人事经理为什么录用了涉世未深的女大学生？
2. 女大学生的举动说明她具备推销员的哪些素质？

第3章

推销礼仪

本章要点

- 明确推销人员的礼仪对销售工作的重要意义；
- 了解仪容修饰的内容和技巧；
- 掌握仪态礼仪和规范的着装礼仪；
- 了解推销人员与顾客打招呼、握手、介绍、递接名片的礼仪；
- 了解推销人员致谢及礼品馈赠的礼仪。

引例

安琪的着装经历

在过去的6年间，安琪的老板一直在说她的着装不够职业。安琪穿着很传统，但问题是她不在意在哪买，买什么牌子的鞋、手表和小提包等。他要求安琪穿衣服要成熟一些，让人看起来不仅要帅气而且很稳重。

安琪从小就接受传统的教育，她历来认为不管做什么工作，衣服不是关键，也没必要花上几千元买那些大牌服装去会朋友、做生意、见客户。另外，安琪也是一个接受过高等教育的金融分析师，她深深懂得金钱的时间价值是最大财富，她还年轻，需要用钱，所以，很自然省钱是她必须具备的观念。

有一次，安琪去出席一个行业会议，会议主持人对她说："安琪女士，你的发言很不错。但你穿的服装太不相配了。你应该懂得，你是一个年轻的女士，要在一个有经历的、以男人为主体的行业中，博得他们的喝彩。可是，你穿的衣服看起来就是一个20岁出头的毛孩子。"

安琪为这次会议结果感到很伤心，她试图去证明这种理论的正确性。于是她叫上可以称为成功人士且年长些的朋友米歇尔，一同去逛街。她买了一套合身的名牌黑色三件套、一双黑色的莫罗伯拉尼克（Manolo Blahnik）皮鞋、几件拉尔夫劳伦

(Ralph Lauren) 有领衬衫、一条珍珠项链和一对耳环，还有一个LV小提包，这些东西几乎花掉安琪一年的积蓄，付钱时她手都有些发抖。唯一感到欣慰的是，她的银行卡还有足够的钱来付款！

一年前的这次疯狂购物之后，安琪就成天带着这个小提包，穿上那双黑皮鞋，花在那套黑色外套上的干洗费用比那套衣服的价钱还要多。

然而，结果很令人吃惊。安琪的鞋和小提包受到她遇到的男男女女的恭维，她的客户、同事、朋友无不为之赞赏。以前说她是小姑娘的那个会议厅邀请她回去做几次报告，人们都问安琪在哪买的这套衣服，并邀请安琪作为嘉宾参加行业高管的聚餐，参加各种顾客聚会。坐在她旁边的一个身价6 000万美元的人甚至还对安琪说，你的鞋真不错！

过去一年的经历证明，安琪的老板对她说的那番话是对的。我们不是说你要放弃你持有的价值，而去疯狂购物，或者随便放弃适合你的目标，而是你应该明白你的顾客是谁，为了最好地为他们服务，你应该怎么穿着，使你的工作更加容易达到目标。我们穿着专业和成熟是为了能够显示我们的工作特点、我们的工作价值，看起来更专业。第一印象是很重要的。

在过去6年，安琪从穿着随意到花钱买下别人认为是成功体现的名牌，确实让她工作更加顺利。她的朋友米歇尔说得对："为你所要的地位而着装，而不是为你现在所处的职位而着装。"无论你喜欢与否，确实千真万确，跟安琪一样的年轻人，就这样去做吧。

评析：职业素养在推销人员与顾客接触的过程中首先体现在着装打扮上。女性推销人员着装的职业化、高级化会产生朝气蓬勃、敬业有加的效果。同时，给人的联想也是正面的、积极的、专业的，有利于推销人员提升业绩和建立良好的人脉关系。

第1节　推销礼仪的重要性

在日常生活和工作中，礼仪能够调节人际关系，从一定意义上说，礼仪是人际关系和谐发展的调节器。人们在交往时按礼仪规范去做，有助于加强人们之间互相尊重，建立友好合作的关系，缓和与避免不必要的矛盾和冲突。一般来说，人们受到尊重、礼遇、赞同和帮助就会产生吸引心理，形成友谊关系，反之会产生敌对、抵触、反感，甚至憎恶的心理。

一、有利于提高个人素质

推销人员的素质就是推销人员个人的修养和个人的表现。教养体现细节，细节展示素质。作为从事推销活动的人员，应该从自我做起，在每一件小事上都注重礼仪修养，做到内慧外秀，才能树立起良好的个人形象。

二、有利于建立良好的人际沟通

企业在从事经营活动的过程中，难免碰到这样或那样的事情，如果处理不当，不仅顾客对推销人员的印象不佳，而且还会影响企业的形象。如果人们都能够自觉主动地遵守礼仪规范，按照礼仪规范约束自己，就容易使人际的感情得以沟通。推销礼仪能消除分歧，增进理解，达成谅解，协调与顾客的关系，使之趋于和谐，建立起相互尊重、彼此信任、友好合作的购销关系，进而有利于企业的营销发展。

三、有利于提升组织的形象

礼仪的基本目的就是树立和塑造企业及个人良好的形象。所谓个人形象，就是个人在公众观念中的总体反映和评价。良好的礼仪修养是推销人员必备的素养，是推销工作的前提。知礼、守礼才能保证与人正常交往、良好交往，才能赢得人们的尊敬，塑造良好的个人形象，同时也塑造良好的组织形象，从而更好地开展推销工作。否则，不仅损害个人形象，也损害组织形象。比尔·盖茨说过，“企业竞争，是员工素质的竞争”，进一步讲就是企业形象的竞争。

第 2 节　推销人员的第一印象

> 你给客户的第一印象 95%是由穿着打扮而来的。这是因为大部分的时间里，衣着遮蔽了身体的 95%。
>
> ——博思·崔西

所谓印象，就是人们对一个人、一件事的意识上的所接收的特性和品德。基于对人们长期养成的行为、沟通方式和姿态的观察，在人们相见甚至几秒钟内，对方就能确认对你的意识上的判断，这就是所谓的印象。

第一印象是指两个素不相识的人第一次见面时形成的印象。第一印象往往是通过潜在顾客对推销人员的外部特征的知觉，获得对他们的动机、情感、意图等方面的认识，最终形成的对推销人员的印象。

自然界中光速比音速要快，人们都是先见闪电而后听到雷声。那么在商务交际活动中，人们能够在你还没介绍自己之前，根据对你的外在状态，也就是第一印象，就判断出你的人格或所代表的公司的一些特性（如你的教育水平、影响能力、信心、权力，公司的理念、文化和服务标准等）。同样，你的顾客就是根据你所体现的外观信息来决定是否购买你的产品、接受你的服务。

小贴士

“我长期工作于关注与观察各种各样的人们的场所，”凯瑟琳·瑞克，一位 30 岁、从事教育评估服务的统计员说，“我们经常谈到的一种概念就是光环效应，意思就是，如果我们知道某个人一些正面的事情，那么就对那个人有一种正面的印象，即使有时也知道他的某些负面东西。光环效应同样存在于人们对外表的印象，如果某人着装得体，看起来很舒服，我们就对他的能力更加有信心，尽管以前我们并没有跟这个人说过一句话。既然存在光环效应，我们为何不尽量向人们展示自己的美好之处呢！这就是为什么我们总强调第一印象的重要性。”

综上所述，推销人员在与潜在顾客初次接触时，为了给其留下美好的第一印象，应当做到以下几个方面。

一、服饰整洁，仪表端庄

首次见面，推销人员不要总是想着怎样卖东西，而要想着怎样给顾客留下好印象。在服饰方面，要注意是否搭配、适宜，应与环境协调，这样可以缩小与顾客的距离。因此，在仪表方面，会面前要先行检查一下，如发型是否合适、头发是否凌乱、胡子是否刮净、化妆是否得体等。

二、举止文明

举止文明是给人留下深刻印象的一个重要因素。不文明礼貌的行为会给人带来极大的反感，例如，不停地眨眼、摸鼻子，脚不停地抖动，玩弄东西（特别是顾客的名片）等。举止文明礼貌应做到：进门时无论门关着还是开着，均应敲门；见到顾客时首先问好；在顾客未坐定时不应先坐下；递送名片时应双手送上；交谈时要目视对方；告别时应使用礼貌的告别语，特别是推销不成功或不理想时。

三、态度诚恳

尤其在顾客拒绝购买产品时，不应有任何反感的表示。即使这次没有成功，也要对顾客的接待表示感谢，并承诺当顾客需要时，仍可为其提供服务，为以后的交往创造条件。

四、尊敬顾客

给顾客留下美好印象的重要一点是让顾客受到尊敬。优秀的推销员把销售的过程看成是信息传递和感情沟通两个过程的统一，这两者既互相影响又互相促进。

五、为顾客着想

从事推销工作，如果只想怎样把产品卖出去，而不考虑顾客所关心的问题，往往会遭到拒绝，也不会给顾客留下良好的印象。推销人员设身处地地站在顾客的立场上考虑问题，通常是化解拒绝的有效途径。

第3节　推销人员的仪容

推销人员应该是充满魅力的人。魅力是一种能够吸引人的力量，是一个人内在美和外在美的统一。其中，人的仪容是魅力的一个组成部分，它不仅反映其主体的审美能力，也反映其文化、道德、礼仪水平，因此，仪容既具有自然属性，也具有社会属性。推销人员与各种人打交道，在各种场合露面，更应重视自己的仪容仪态。仪容是指人的容貌。仪容是仪表的重要组成部分，由发式、面容以及人体所有未被服饰遮掩的肌肤（如手部、颈部）等构成。仪容在人的仪表美中占有举足轻重的地位。

一、仪容修饰的要求

修饰是对人的仪容、发型进行修整妆饰，使其外在形象达到整洁、大方、美观、典雅效果的基本手法。

（一）修饰的首要标准是整洁

要经常保持面部及身体各个部位的整洁、卫生。包括皮肤要干净，经常洗脸、梳头、理发、修剪指甲和鼻毛等。要科学地选用清洁、保养用品。

（二）修饰要自然

所谓自然，就是艳而不俗，淡而不灰，柔和顺眼。

（三）修饰要有整体感

修饰是一项整体工程，整体形象的协调统一方为美。

（四）修饰要注意突出重点

修饰的重点是突出自己最美的部分，使其更美，还要巧妙地运用修饰技巧，弥补不足之处。

（五）修饰要与环境气氛统一

不同的环境有不同的背景、光线条件和社交气氛，因而人与环境处于一体，与环境相容为宜。

二、仪容修饰的内容

（一）头发的修饰

1. 要干净

常洗、常理、常梳、常整。

2. 长短要适宜

男士头发一般 7 厘米左右。前发不及额，侧发不及耳，后发不及领；女士头发不长于肩部，如长于肩部，要做技术处理，如盘起来、挽起来或梳起来。

3. 发式自然

不能将头发染成五颜六色。发型的选择要时尚、大方、得体，不要标新立异。

（二）胡须及体毛

在正式场合，男士留着乱七八糟的胡须，一般会被认为是很失礼的，而且会显得邋里邋遢。个别女士因内分泌失调而长出类似胡须的汗毛，应及时清除，并予以治疗。

（三）鼻腔要干净

鼻腔要随时保持干净，不要让鼻涕或别的东西充塞鼻孔，经常修剪一下长到鼻孔外的鼻毛，严禁鼻毛外现。

（四）清洁口腔

牙齿洁白，口无异味，是对口腔的基本要求。要坚持每天早、中、晚三次刷牙。另外，在会见重要顾客之前忌食蒜、葱、韭菜、腐乳等让口腔发出刺鼻气味的食物。

（五）手部

手是肢体中使用最多、动作最多的部分，要完成各种各样的手语、手势。如果手的形象不佳，整体形象将大打折扣。对手部的具体要求有三点：清洁，不使用醒目甲彩，不蓄长指甲。

第4节　推销人员的仪表

仪表是指推销人员的外表。在人际交往的初级阶段，推销人员的外在形象在开口说话之前就已进入顾客的意识中了。推销人员是否得到其谈话对象的重视、尊敬和好感，其外表非常重要。正所谓“人靠衣装，佛要金装”，推销人员一定要先从着装打扮和调理外表着手。

一、服饰着装

所谓服饰，包括服装和饰品两部分。服饰是社会风尚的象征，是个性美的展现。因此，服饰的选择能够体现出人与服饰、精神与形体的和谐，体现出人的性格特点、文化修养、审美能力和情感需求，也体现出人的地位、财富、成功与否及职业特征。可以说，服饰浓缩了社会的历史、政治、经济、文化和科技状况，浓缩了一代又一代人对美的认识、情感体验和价值取向。衣着应与自身形象相和谐。这里的自身形象有两层含义，一是指所从事工作的职业形象，二是指自身的身材长相。由于推销人员职业特性的要求，在穿着方面应表现出稳重、大方、干练、有涵养。

（一）强调着装的意义

（1）着装是别人对你的印象的一种外表依据，同时它还是影响你自信的因素。把自己打扮得好看而得体可以让你更自信。

（2）着装会对行为产生很大的影响。当你在工作时，着职业装，就会改变你的形象，从休闲形象进入专业模式，这个形象变化就会让你在行为上表现出专业姿态，增加你的专业魅力。

（3）一种无所谓的专业态度会使你失去有价值的客户，影响你的组织目标的实现。一种清晰、坚定的专业态度可以提升你的专业魅力，更能吸引和保持顾客。这种坚定的专业态度首先来源于对着装的选择。

（4）一般来说，对男士与女士强调着装都是很重要的，但是对女职员尤为重要。同时，女士的发型、着装和化妆对自信心和成功有很明显的影响。

（二）着装的 TOP 原则

TOP 原则是国际上公认的穿衣原则。TOP 是英文 time（时间）、object（目的）、place（地点）三个单词的首字母缩写。

1. T 原则

是指服饰打扮应考虑时代的变化、四季的变化及一天各时段的变化。服饰应顺应时代发展的主流和节奏，不可太超前或太滞后；服饰打扮还应考虑四季气候的变化，夏季应轻松凉爽，冬季应保暖舒适，春秋两季应增减衣服并防风；服饰还应根据早、中、晚气温的变化及是否有活动而调整。

2. O 原则

是指服饰打扮要考虑行动的目的。参加公事活动，服饰打扮自然要稳重大方；而与朋友出门旅行，则应穿得轻松舒适些。

3. P 原则

是指服饰打扮要与场所、地点、环境相适应。在严肃的写字楼里，穿着拖地晚礼服送文件将是什么情景？在工作场所就应穿职业装，回到家里就应穿家居服，不同的时空应选择不同的服饰。

总之，TOP 原则的三要素是互相联系、相辅相成的。人们总是在一定的时间、地点，为某种目的进行活动，因此，服饰打扮一定要合乎礼仪要求，这是工作、事业及社交成功的开端。

小贴士

22 岁的会计经理埃米莉·奥斯沃得对着装有很深的体会。她说："当我刚毕业时，我妈总告诉我，你不要只为你现在的职位需要而穿着，你要为你所想要的职位而穿着。三个月之后，在这家公司，在 300 位跟我一样的员工中，我被提升了，在 35 位会计经理中，我是最年轻的。当我去见年龄大的客户时，我总是着正式职业装。说实在的穿着职业装确实不舒服，但它确实正面地影响到我的工作姿态和自信。着正装对我的形象提升起到很重要的作用，第一印象确实很重要。"

二、男性的着装礼仪

（一）西装的着装规范

西装是全世界最流行的男性服装，是正式场合着装的首选。鉴于西装在对外活动中往往充当正装，面料的选择应力求高档。藏蓝色西装是推销人员的首选，灰色或棕色也可以，越是正规的场合，越讲究单色西装。男性穿西装，被认为是在一定场合下的必然要求。即使你再有个性，即使西装穿着再怎么不舒服，在一些正式、半正式场合，男性也都必须穿西装。这一方面表示对该事件的重视；另一方面也可显示良好的个人气质和修养。

推销人员要想使自己所穿着的西装真正称心合意，就必须在西装的款式、穿法、搭配等方面严守规范。

1. 拆除商标

购买回来的西装一定要记得拆除左衣袖上的商标、纯羊毛标志以及其他标志。

2. 保持西装外形的平整洁净

西装要定期干洗，穿着前熨烫平整。只有穿起来平整挺括、线条笔直，西装的美感才能充分地展示出来。皱皱巴巴的“抹布西装”只会让观者皱眉。

3. 注意内衣搭配

西装的标准穿法是西装里面直接穿着衬衫，而衬衫之内不穿棉纺或毛织的背心、内衣。不穿衬衫，而让T恤衫直接与西装配套的做法，更是西装穿着的大忌。

4. 慎穿毛衫

在西装上衣之内，原则上不允许穿毛衫。如果在冬季时实在寒冷难忍，也只宜穿上一件薄型V领的单色羊毛衫或羊绒衫。色彩、图案繁杂的羊毛衫或羊绒衫、扣式的开领羊毛衫或羊绒衫穿在西装里面，会大煞风景。

5. 不卷挽西装衣袖和裤管

在正式场合，推销人员应该时刻注意细节方面的问题，如不能卷起西装裤的裤管，或者挽起西装上衣的衣袖，悉心呵护自己的整体形象，以免给人以粗俗的感觉。

6. 正确系好西装纽扣

西装纽扣是区分款式、版型的重要标志。能否正确地给西装系好纽扣，直接反映出对西装着装礼仪的把握程度。西装最下面的纽扣一般是不系上的。

7. 用好西装的口袋

西装的口袋，特别是上衣袋，装饰作用多于实用价值。所以，不能在口袋里装太鼓的东西，比如手机、烟盒等物，以免鼓鼓囊囊，使西装整体外观走样。

8. 掌握四不要

衣袖不要过长（最好是在手臂向前伸直时，衬衫袖子要露出2～4厘米）；衣领不要过高（一般以衬衫后领口露出西装后领口1～2厘米为宜）；雨天不要穿西装；不要只穿一套西装。

（二）衬衫的穿着礼仪

1. 面料

和西装一起穿的衬衫应是长袖的纯棉、毛制品为主的正装衬衫。以棉、毛为主要成分的也可以。

2. 颜色

正装衬衫必须是单一色，白色是最好的选择。蓝色、灰色、棕色、黑色也可以考虑。正装衬衫以没有任何图案为佳。较细的竖条衬衫在普通商务活动中也可以穿着，但不要和竖条纹的西装搭配。印花、格子以及带人物、动物等图案的都不是正装衬衫。

（三）鞋袜的搭配

对于推销人员来说，在推销时间，除非有特殊需要，有制服的一般要求着制服，没有的则需要选择规范的职业装。男性不要穿圆领衫，不要穿凉鞋，更不能穿拖鞋，必须穿袜子。

1. 鞋

选择和西装配套的鞋子，只能选择深色的单色皮鞋。黑色牛皮鞋和西装最搭配。磨砂皮鞋、翻毛皮鞋不适合与西装搭配。在正式场合穿的皮鞋应当没有任何图案、装饰。

2. 袜

和西装、皮鞋搭配的袜子最好是纯棉、纯毛的深色或单色的袜子，忌穿白色袜子，一般来说深色袜子比较正式。

（四）领带的选择

对领带的极致描述就是："领带是男人的第二张脸。"一条漂亮的领带，一个完美的领结扣，配上笔挺合身的西装，可以完全衬托出一位优秀男士的魅力和气质。男性的装束不像女性那样复杂，饰物的佩戴更是简约。除了手表、眼镜等物品外，唯一能让自己在一大堆款式相近、颜色相仿的"西装群"中脱颖而出的就是领带。首先，必须选择一条适合自己的领带；其次，还要学会完美地打出一个领结扣。

三、女性的着装礼仪

女性的职业服装比男性的更具个性，但是有些规则是所有女性都必须遵守的，每个女性都要树立一种最能体现自己个性和品位的风格。职业女装有三种基本类型：西服套裙、夹克衫或不成型的上衣，以及连衣裙或两件套裙。在这三种类型中，每一种都要考虑颜色和面料。西服套裙是女性的标准职业着装，可塑造出职业女性的形象。

（一）西服套裙的穿着礼仪

套裙可以分为两种基本类型。一种是用女士西装上衣和任一条裙子进行自由搭配组合成的"随意型"；另一种是女式西装上衣和裙子成套设计、制作而成的"成套型"或"标准型"。单排扣上衣可以不系扣，双排扣的则应一直系着（包括内侧的纽扣）。穿单色的套裙能使身材显得瘦高一些。

1. 面料

一套在正式场合穿的套裙应该由高档面料缝制，上衣和裙子要采用同一质地、同一色彩的素色面料。

2. 色彩

以冷色调为主，应当清新、典雅而凝重，以体现女性推销员的典雅、端庄和稳重。职业套裙的最佳颜色是黑色、藏青色、灰褐色、灰色和暗红色。精致的方格、印花和条纹也可以接受。买红色、黄色或淡紫色的两件套裙要小心，因为颜色过于抢眼。

3. 套裙的长短

一般认为，裙短不雅，裙长无神。最理想的裙长是，裙子的下摆恰好达到小腿肚最丰满的地方。套裙中超短裙的裙长应以不短于膝盖以上15厘米为限。

4. 鞋袜的选择

和套裙配套的鞋子应该是皮鞋，并且以黑色的牛皮鞋最好。和套裙色彩一致的皮鞋也可以选择。女士穿裙子应当配长筒丝袜或连裤袜，颜色以肉色、黑色最为常用，肉色长筒丝袜配长裙、旗袍最为得体。女士袜子一定要大小相宜，太大容易往下掉，或者显得一高一低。尤其要注意，女士不能在公众场合整理自己的长筒袜，而且袜口不能露在裙摆外边。不要穿带图案的袜子，因为它会使人注意你的腿部。应随身携带一双备用的丝袜，以防袜子勾丝。

5. 手提包和手提箱

手提包和手提箱最好是用皮革制成的；手提包上不要带有设计者标签。女性的手提箱可以有硬衬，也可以用软衬。最实用的颜色是黑色、棕色和暗红色。手提包的颜色应与鞋相配，手提箱则不必。

（二）女士着装禁忌

成功的职业女性应该懂得如何适宜地装扮自己，但在日常生活中，职业女性的着装常会出现以下问题。

1. 过分时髦型

现代女性热爱流行的时装是很正常的，但有些女性盲目地追求时髦。一个成功的职业女性对于流行的选择必须有正确的判断力。

2. 过分暴露型

夏天，许多职业女性不够注重自己的身份，穿着颇为性感的服装。这样的着装可能会将个人才能和智慧埋没，甚至会被看成轻浮。职业女性即使在炎热的夏季，也应注意自己仪表的整洁、大方。

3. 过分正式型

这个现象也是比较普遍的。其主要原因是没有适合的服装，着装过于平淡朴素。

4. 过分潇洒型

最典型的样子就是一件随随便便的T恤或罩衫，配上一条泛白的“破”牛仔裤，丝毫不顾职业形象。

5. 过分可爱型

服装市场上有许多可爱俏丽的款式，并不适合在推销工作中穿着，这样的着装会给人不稳重的感觉，令顾客的信赖感大打折扣。

第5节　推销人员的仪态

一、推销人员的基本仪态——走姿、坐姿和站姿

走姿、坐姿和站姿是日常生活行为的三部曲，如何走得正确、坐得优雅、站得舒适又有气质，其中学问不少。

（一）走姿

走姿正确，很自然地就会流露出自信、精神的气质，同时也给人以专业的信赖感。保持优雅的走姿有四句口诀："以胸领动肩轴摆，提髋提膝小迈步，跟落掌接趾推送，双眼平视背放松。"

（1）双腿并拢，直而不僵，身体挺直，身体重心落于脚掌前部，下巴微向内收。双脚应笔直地走，脚尖朝前，切莫呈内八字或外八字。着地时膝盖应伸直，后脚跟先着地。

（2）双手自然垂在两侧，双臂随着脚步自然地前后轻轻摆动，切勿同手同脚。

（3）抬头挺胸，收腹直腰，腰部应用力，收紧小腹和臀部，背脊挺直，切勿垂头丧气。

（4）肩平不摇，步幅适中均匀，两脚落地一线，脚印正对前方。

（5）步度是跨步时两脚之间的距离。标准步度是本人的一脚之长。

（6）步位是指两脚下落到地面时的位置。男性行走时步位一般要求两脚跟交替前进在一线上，两脚尖稍外展，走出两条平行线。女性走路时步位要求是两脚轮换前进，踩在一条直线上，称"一字步"。

（7）端正、稳健、轻盈、有节奏感、充满活力，鞋跟不要发出太大声响。

（8）眼睛平视前方，切勿左顾右盼，经过反射玻璃或镜子前，更不可停下来梳头、补妆或整理服装。

（9）尽量靠右行走，携带吊挂式皮包时，应挂在右肩上；携带手提式皮包或袋子时，应提在右手；携带手拿式皮包或牛皮纸袋时，应拿在右身侧或偏右侧。

（10）行进间迎面遇见熟人，点头微笑招呼即可，若要停下交谈，注意不要影响他人行进。

（二）坐姿

坐姿是指人们就座时和坐定之后的一系列动作和姿势。一般来讲，坐姿应当高贵、文雅、舒适、自然。基本要求是：腰背挺直，手臂放松，双腿并拢，目视于人。坐与站是最容易表现仪态是否美好的动作，动态的美扣人心弦，静态的美亦令人心动。美的坐姿是一种文明行为，它既体现形态美，又体现行为美。

1. 入座时一定要不紧不慢，不慌不忙

大大方方地从座椅的左后侧接近它，然后不声不响地轻轻坐下。不要大大咧咧地一把拉过椅子，"扑通"一声地把自己扔进座椅里。入座时搞得响声大作，是没有教养的表现。所以入座时切忌用力过猛。尤其是走向他人对面的座椅入座，可采用后退步接近属于自己的座椅，尽量不要背对自己将要与之交谈的人。女性若坐下之后所要面对的是异性，则通常应当在入座前用手将裙子拢一下，显得娴雅。要是面对一位异性坐定之后，才大模大样地前塞后掖自己的裙摆，难免会有失庄重。

2. 以优雅的坐姿来体现自己的良好修养，要注意男性和女性坐姿的不同基本要求

通常男性入座后，人体重心要垂直向下，腰部挺起，上身垂直，不要给人以"瘫倒在椅子上"的感觉。坐时，大腿与小腿基本上成直角，双膝应并拢，或微微分开，两脚平放地面，两脚间距与肩同宽，手自然放在双膝或椅子扶手上，头平稳，目平视。需要侧坐时，应上体与腿同时转向一侧，头部向着前方。如有需要，可交叠双腿，但一般是右腿架在左腿上。注意在社交场合，绝不要首先使用此姿势，因为这会给人以显示自己地位和优势的不平衡感觉。此外，4字形叠腿方式和用手把叠起的腿扣住的方式是绝对禁止的。叠腿、晃动足尖则更显得目中无人和傲慢无礼，应该禁止。此外，在座椅上，不能两腿叉开，伸得老远，或是脚藏在座椅下，甚至用脚勾着座椅的腿，这都是非常失礼的举动，也会给人传递错误的知觉感受，造成不必要的麻烦。

女性的坐姿是否优美，是影响印象的重要因素。通常女性可采用的坐姿有如下几种，除了双腿必须完全并拢，尤其是膝部以上必须完全并拢这一点相同之外，它们之间的区别主要在于坐定之后的腿位与脚位有所不同。

（1）双腿垂直式。具体要求是：双腿垂直于地面，双脚的脚跟、膝盖直至大腿都需要并拢在一起，双手自然放在双腿上。这是正式场合的最基本坐姿，可给人以诚恳、认真的印象。需注意这种坐姿脊背一定要伸直，头部摆正，目视前方。如两膝张开，会给人很散漫的印象。

（2）双腿叠放式。这种坐姿要求上下交叠的膝盖之间不可分开，两腿交叠呈一直线，才会造成纤细的感觉。双脚置放的方法可视座椅的高矮而定，既可以垂直，也可与地面呈45度角斜放。脚尖不应翘起，更不应直指他人。采用这种坐姿时，切勿双手抱膝，且不能两膝分开。穿超短裙时应慎用。

（3）双腿斜放式。坐在较低的椅子上时，双脚垂直放置的话，膝盖可能会高过腰，较不雅观。这时最好采用双腿斜放式，即双腿并拢之后，双脚同时向右侧或左侧斜放，并且与地面形成45度优美的“S”形。当坐沙发时，这种姿势最实用。需注意两膝不宜分开，小腿间也不要有距离。

（4）双脚交叉式。具体做法是双腿并拢，双脚在踝部交叉之后略向左侧或右侧斜放，坐在主席台上、办公桌后面或公共汽车上时，比较适合采用这种坐姿，感觉比较自然。应当注意的是，采用这种坐姿时，膝部不宜打开，也不宜将交叉的双脚大幅度地分开，或是向前方直伸出去，否则会影响到从前面通过的人。记住：不造成对别人的困扰是基本礼仪中最基本的一条。

（5）双脚内收式。其做法是：两条小腿向后侧屈回，双脚脚掌着地，膝盖以上并拢，两脚稍微张开，这也是变化的坐姿之一，尤其在自己并不受注目的场合，这种坐姿显得轻松自然。

（6）脚踝盘住收起式。椅子较低时，除了可斜坐之外，还可以将脚踝盘起，往椅子下面靠，但像沙发这样下面没有空间的椅子，就不可采取这种姿势。若是柜台或酒吧内的高脚椅，就可以采取这种坐姿。

除以上介绍的女性就座的基本方法外，女性就座时还要注意以下两个要点。第一，在正式场合就座时，背部要保持挺直。不应倚靠在椅背上，尤其是不应把头靠在椅背上。第二，应注意就座后双手的位置。一般坐下之后，双手可自然地放置于双腿之上。双手一左一右地扶住座椅两侧的扶手，双手分别放在两腿之上，双手抱膝，双手插在两腿之间，双手垫在臀部下面，双手抱在胸前，双手抱在脑后，双手前伸趴在桌上或以手抚摸脚等动作，都是不雅观的，也是非常失礼的。

要善于利用坐姿来表示对他人的敬意。面对不同的情况，可以选择不同的坐姿，以适当的坐姿来表示对他人的尊重和敬意。比如，前去拜访长辈、上司或贵宾时，自然不宜在落座后坐满座位，甚至像与家人拉家常一样架起“二郎腿”。若是只坐座位的 1/2，对对方的敬意无形中会溢于言表。当然，也没必要只坐椅子边上，那样会显得有些过于虚伪。在与来宾会晤时，如双方对面而坐，最好彼此间有 1 米左右的距离，使双方在调整各自的坐姿时不至于腿部“打架”。如双方并排而坐，则有必要目视对方，以示恭敬。此时最好的办法是上身微侧，双手叠放于侧过身来一侧的那条腿上，双脚亦同时并拢，向同一方向倾斜。

（三）站姿

我国素有“站如松、坐如钟、卧如弓、行如风”之说，优美而典雅的站姿是发展人的不同质感动态美的起点和基础。良好的站姿应该是直立、头端、肩平、挺胸、收腹、梗颈。具体要求上，男女略有不同。

1. 男性站姿

男性站立时，应将身体的重心放在两只脚上，头要正，颈要直，抬头平视，挺胸收腹不斜肩，两臂自然下垂，从头到脚成一条线。双脚可微微分开，但最多与肩同宽。站累时可向后挪半步，但上体仍须保持正直。这种站姿从外观上看有如挺拔的青松，刚毅端庄，精神饱满。

男性站立时需注意：在任何场合都不宜斜靠门或墙站立。两腿交叉站立也是十分不雅的，这是一种轻浮的举动，极不严肃；同时交叉腿的动作也是一种防卫性信号。有时一只脚踝紧靠在另一条腿上，而以脚尖或脚掌触地，也会给对方一种缺乏自信、紧张的感觉，至少是不够大方。所以如果去谋职，千万不要有这种动作。既然出去工作，就要表现自己的能力和信心，因而应采用开放式姿态——两脚分开，两腿成正步或一前一后，抬头挺胸，眼睛看着对方，给人以坦率、自信的感觉或印象。

站立时，手不宜插在腰间，这是一种含进犯性意识的姿势，如在男女之间，这种姿势还有“性的侵略”的潜意识。不可双手插于衣裤袋中，实在有必要时，可左手或右手插于左或右前裤袋，但时间不宜过长。与人站立谈话时，浑身扭动、东张西望、斜肩叉腰均属轻薄浮滑举动，应注意避免。

2. 女性站姿

女性要想使自己具有优雅迷人的站姿，关键要让自己的双脚、双膝、双手、胸部和下颌等五个部位都处于最佳的位置。

双脚的脚跟应靠拢在一起，两只脚尖应相距 10 厘米左右，其张角为 45 度，呈 V 字状。两只脚最好一前一后，前一只脚的脚跟轻轻地靠近后一只脚的脚弓，将重心集中于后一只脚上，切勿两脚分开，甚至呈平行状，也不要将重心均匀地分配在两条腿上。

在正式场合双膝应挺直，而在非正式场合则伸在前面的那一条腿的膝部可以略微弯曲。不论处于哪一种场合，双膝都应当有意识地靠拢。这样方能确保双腿自上而下地全方位并拢，并使髋部自然上提，避免双腿的“分裂”、臀部撅起等极不雅观的姿势。

双手在站立时若非拎包、持物，则最好是将右手搭在左手上，然后贴在腹部，同时应当注意放松双肩，使双肩自然下垂。不要耸肩、斜肩，或是弯臂、端肩。在非正式场合，双手自然下垂贴放在身体两侧未必不可，但在正式场合这样做，就毫无美感可言了。不要把手插在口袋或袖子里，也不要双手相握，背在身后。前一种做法显得自由散漫，后一种做法则看起来老态龙钟。

站立时胸部应略向前方挺出，同时要注意收紧腹肌，挺直后背，使整个身体的重心集中于双腿中间，不偏不斜。这样，不仅能使自己看起来精神振奋，线条优美，而且不会出现凹胸、挺腹、弓背等难看的姿势。

下颌要微内收，脖颈要挺直，双目要平视前方，以使自己显得自然放松。不要羞于抬头正视于人，好像做了“亏心事”，也不要下颌高扬，用鼻孔“看人”，给人以目空一切之感。此外，还要避免探脖的恶习。

总之，女性在正式场合最优雅动人的站姿应当是：全身直立，双腿并拢，双脚微分，双手搭放在腹前，抬头、挺胸、收腹、目视前方。

需要指出的是，在公共场合站立过久，难免有些疲惫。如果此刻需要休息，那就应当寻找一张空闲的椅子，然后坐下来。切不可因没有熟人在场，而满不在乎地放松对自己的严格要求。不要倚墙而立或随便找个地方凑合着一靠，站不像站、坐不像坐。要是在此刻再偷偷地交替着将鞋子半穿半脱趿拉着，为“辛苦”的双脚放风透气，那就太不“秀气”了，应坚决避免。

二、微笑的艺术

微笑能建立信任。纵观历史，在任何时代、任何地区以及任何民族中，微笑都是表示友好意愿的信号。推销时微笑，表明你对与顾客交谈抱有积极的期待，蕴涵着友善、亲切、礼貌和关怀。

（一）微笑不要假装

应该笑得真诚、适度、合时宜。推销人员想要笑得真诚很容易，只要把顾客想象成自己的朋友或亲人，就可以自然大方、真实亲切地微笑了。

（二）微笑要发自内心

当一个人心情愉快、兴奋时，都会自然地流露出这种笑容。这是一种情绪的调节，是内心情感的自然流露，绝不是故作笑颜、故意奉承。发自内心的微笑既是一个人自信、真诚、友善、愉快的心态表露，同时又能营造明朗而富有人情味的生意气氛。发自内心的真诚微笑应该做到笑到、口到、眼到、心到。

（三）微笑要适度

微笑很美，能给人以美的享受，但也不能随心所欲，随便乱笑，不加以节制。

第6节　与顾客见面时的礼仪

与人交往的第一步就是见面。见面及见面时的礼节就是推销人员留给公众的第一印象的重要部分。例如一位年轻的女士与一位先生握手，自认为很淑女、很懂礼貌，相反表现出来的却是不懂礼貌，没有见过世面，不够落落大方。

一、介绍礼仪

与顾客进行社会交往首先要从认识开始。互相认识通常要借助于介绍。介绍在人与人之间起到桥梁和沟通的作用，是人们开始交往的第一步，也是推销活动中使用很频繁的一种礼仪形式。成功的介绍凭借几句话就可以缩短人与人之间的距离，为进一步交往开个好头。

根据不同的形式，介绍可以分为自我介绍和他人介绍。

（一）自我介绍

在不同场合，遇见对方不认识自己，而自己又有意与其认识，当场没有他人从中介绍时，往往需要自我介绍。

1. 表情礼仪

自我介绍时，应举止庄重、大方，讲到自己时可将右手放在自己的左胸，表情坦然，不要慌慌张张。在自我介绍的过程中，自信心起着关键的作用。

2. 介绍内容

首先应大大方方地向顾客道一声问候以提醒注意，然后说出自己的姓名、工作单位、身份，以及结识对方的意愿。如果对方表现出结识的热情和兴趣，还可以进一步介绍一下自己的学历、专长、兴趣。若想和对方继续保持联系，可留下名片，但不能要求顾客也这样做。在自我介绍时，切忌不顾对方反应，滔滔不绝地自我表白，给人留下唐突无礼的印象。

（二）他人介绍

这也是最常见的介绍形式。由第三者把一方介绍给另一方，这样，介绍人、被介绍人和接受介绍的人形成了一个三角关系。

1. 介绍顺序

在介绍两个人互相认识的时候，总的要求是：把被介绍人介绍给你所尊敬的人。在社交场合，一般应是：

（1）把男性介绍给女性；把地位低者介绍给地位高者；把年轻的介绍给年长者；把未婚女性介绍给已婚女性；把儿童介绍给成人；同级、同年龄时，将后来者介绍给先来者。

（2）在实业界，不分男女老幼，社会地位较低的人总是被介绍给社会地位较高的人。介绍时，先提某人的姓名是一种敬意。例如，“张经理，我可以介绍李明给您认识吗?”

（3）在正式场合，引荐某人去认识某人，可以说：“××，请允许我介绍一下××。”

（4）当被介绍人同性别或年龄相仿或无法辨别其身份、地位时，可随意介绍，如“我来介绍一下，这是李新，这是赵敏”。

2. 为人介绍时的礼仪

（1）介绍时，应当表现出结识对方的热情，要面朝对方。介绍时除了女性和长者外，三人一般都要起立。也有不便起立的场合，如在会谈进行中、宴会桌边，大家已端坐，就不必起身，只略微欠身致意就可以了。

（2）把手掌伸开去（手心与地面成45度），向着被介绍一方，原则上不可以用手指指点或者拍打被介绍一方的肩和背。

接受介绍的人对他人的介绍要做出礼貌反应，如“哦，你好”“认识你很高兴”“久仰大名”等，不要无动于衷、不感兴趣。

（3）介绍时要注意实事求是，掌握分寸，不能胡吹乱捧。

（4）介绍姓名时，一定要口齿清楚，发音准确。把易混的字咬准，对同音字、近音字必要时要加以解释。

（5）被介绍时，双方应该注视对方，不可东张西望，心不在焉，或者是羞羞怯怯，不敢抬头。被介绍的双方在介绍完之后，应该互相握手问好。

（6）为他人介绍时，还可以说明被介绍者与自己的关系，便于新结识的人互相了解与信任。

二、称呼礼仪

（一）称呼同志、师傅

在我国，一直通用的称呼是“同志”，前面也可冠以姓氏或名字，适用于任何场合，后来，“师傅”一词又遍及各个行业。

（二）称呼身份

身份是指一个人的职务、职称、职业，如经理、教授、服务员、记者等。可以直接称呼，也可以在身份前冠以姓氏或名字，如王厂长、张主编、吴医生等，这是一种比较常用的方式。

（三）相对年龄的称呼

根据年龄大小，一般同事或朋友之间可以称呼老王、小李。关系较为密切的人之间或年长者对年少者，可以直呼其名而不称姓。

（四）称呼老师

对新结识的人，如果年长于自己，可称之为“老师”。有时，实在不知应如何称呼对方时，可用“老师”这个称呼，尤其在文化艺术界更显得尊敬有礼，更普遍。

（五）仿欧称呼

随着对外开放，西方的称谓逐渐成为一种得体而优雅的时髦和风尚，特别是在商务交往、公关活动以及国际交往中更是使用普遍。

在特定的商业经营、服务行业、生意场合中，对不熟悉的管理人员、服务人员，统统直接称呼“先生”“小姐”“女士”，对熟悉的人也常常在前面加姓氏称呼，如“黄小姐”“徐女士”，其中先生、女士使用频率最高。

（六）简称

中国人的语言讲究节奏感和简练，故称呼以2～3字为宜，如果超过3个字，就有累赘感，有时自行将其简化，如陈总司令、钱总工程师、王总经理可简称为陈总、钱总、王总，刘工程师简称为刘工等。当然，这类简称只能在非正式场合使用，在正式场合还是应该用全称。

三、名片礼仪

（一）名片的递送

1. 递送名片的顺序

（1）一般是地位低的先递给地位高的，男性先递给女性，年轻的先递给年长的。但是，如果对方先把名片递了过来，也不必谦让，应当大方地收下，然后再将自己的名片递过去。

（2）若同时向多人递送名片，应按照职务的高低或年龄大小顺序递送，且不可遗漏。如分不清职务高低和年龄大小时，则可先和自己对面左侧方的人交换名片。

2. 递送名片的礼仪

向对方递送名片时，应面带微笑，注视对方，将名片正面面向对方，字的正方向朝着对方，用双手的拇指和食指分别持握名片上端的两角送给对方（如果是坐着，应当起立或欠身递送），同时说“您好，我是××，请多指教”或“我的名片，请您收下”之类的客套话。千万不能用食指与中指夹着名片递过去。

3. 递送名片的时机

（1）伴随长辈或上司拜访，绝不能比他们更早递出名片，以示尊重。

（2）会议时或用餐时，不可递出名片。

（3）在未确定对方的来历之前，不要轻易递出名片，否则，不仅有失庄重，而且可能日后被冒用。

（4）为了尊重对方的意愿，尽量不要向他人索要名片。

（二）名片的接受

接受时应起身，面带微笑注视对方；对方递上名片，应双手接下，手持的高度约在胸部；接过名片时应说“谢谢”并仔细看一下，按名片上的姓名、职务称呼对方，不巧念错了，一定要致歉，表现出认识对方的极大兴趣和对其的尊重；然后回敬一张本人的名片。

（三）名片的存放

放在左胸的内衣袋或者名片夹里，以示对他人的尊敬。切不可一边与人交谈，一边将名片胡乱搓揉、摆开，或随意地扔在桌面上。交谈时，可以把对方的名片放在面前，并不时提及对方的姓名和头衔。要注意，不要把谈话内容、约定事项等记在对方名片上。特别要注意的是，名片要妥善保管、整理，定期过滤。

四、交谈礼仪

交谈礼仪是指人们在交谈活动中应遵循的礼节和应讲究的仪态等。交谈包括听和说两个方面。

（一）交谈中的聆听礼仪

外国有一句谚语："用十秒钟的时间讲，用十分钟的时间听。"社会学家兰金早就指出，在人们日常的语言交往活动（听、说、读、写）中，听的时间占45%，说的时间占30%，读的时间占16%，写的时间占9%。这说明，听在人际交往中居于非常重要的地位。

在人们面对面的交谈中，讲与听是对立统一的，认真地去听可以收到良好的谈话效果。听，可以满足对方的需要。认真聆听对方的谈话，是对讲话者的一种尊重，在一定程度上可以满足对方的需要，同时可以使人们的交往、交谈更有效，彼此之间的关系更融洽。因此，能够耐心地倾听对方的谈话，等于告诉对方"你是一个值得我倾听你讲话的人"，这样在无形中就能增强对方的自尊心，加深彼此的感情。反之，对方还没有把将要说的话说完，你就听不下去了，最容易使对方自尊心受挫。

1. 聆听的方式

交谈中善于聆听的确有许多好处，但要真正做到洗耳恭听，仅仅对人抱有尊敬之心还不够。也就是说，听不仅要用耳朵，还要用心，用整个身心。但有些人做不到这一点。他们听时心不在焉，或左顾右盼，或处理他事，或摆弄东西，或不时走动。这种方式最易伤人自尊心，使说者不愿再讲，更不愿讲心里话。因此无法收到好的效果，还会影响双方的关系。也有的人，听时虽然很认真，但却挑其毛病，或者频加批判，或速下判断，或发出争论，这种方式使人讲话时不得不十分小心，字斟句酌，同时也担惊受怕，不敢吐露真情，从而影响交谈正常而深入地进行。这两种听的方式都不利于交谈的进行。其实最好的听的方式是，站在对方的立场去听，去反应，去认识，去理解，去记忆，因为这种听的方式既能使听者集中注意力全神贯注地听，又能较好地理解说话者的原意，使对方受到尊敬和鼓舞，愿意讲真话、说实话，并发展彼此友好的往来关系。

2. 聆听应注意的问题

除了听的方式外，在聆听对方谈话时还要注意以下方面。

（1）选择一个安静的环境进行交谈，以减少外界噪声的干扰。如果交谈环境不理想，比如外界干扰、噪声太大，或者室温过高、过低，要尽力设法摆脱。同时保持冷静，不受个人情绪和当时气氛的影响，这样才能保证有效地倾听。

（2）设法使交谈轻松自如，不要使对方感到拘束，同时消除心理上的障碍，不要预先存在想法，不可显示出不耐烦的样子，也不要过早地做出判断，因为过早表态往往会使谈话夭折。要少讲多听，不要随意打断对方。

（3）注意谈话者的神态、表情等非语言传播手段，这些往往会透露出话外之意。

（4）注意自己的身体语言。在他人讲话时，应尽可能地以柔和的目光注视对方，与对方进行心灵上的交流与沟通。要学会用声音、动作去呼应，也就是说，要随着说话人的情绪变化伴以相应的表情。身体稍稍倾向于说话人，面带微笑。在说话者谈到要点，或是其观点需要得到理解和支持时，应适时点点头，或是简洁地表明一下自己的态度，或通过一些简短的插话和提问，暗示对方自己对他的话确实感兴趣，或启发对方，以引起感兴趣的话题。这样做会使对方感受到无声的鼓励或赞许，赢得其好感。

（二）交谈中的说话礼仪

说话应该说是一门综合艺术，与人的知识修养、道德修养、审美修养、礼仪修养以及社会阅历、气质风度等有直接关系。

保持谦虚，三思后言。交谈主要是在两个人之间进行，为了礼貌，任何人都不可能也不应该想怎么说就怎么说，必须顾及对方的情感和情绪，防止祸从口出，无意伤人，引起不必要的麻烦和矛盾。谦虚慎言，自我克制，不仅能满足对方的表现欲，还可以为自己提供机会，使自己显得更成熟、更稳重、更有涵养。切忌把话说得太满、太绝、太俗、太硬、太横。说话时应注意的事项有：

（1）话题应尽量避开个人隐私和不宜在友好交谈中出现的事情。

（2）话题应尽量符合交谈双方的年龄、职业、思想、性格、心理等特点。比如，同是 40 岁的女士，一位安于现状，不思进取；另一位不甘落后，仍在努力拼搏，你如在第一位女士面前夸奖第二位女士，肯定会引起此女士不快，谈话亦无法继续下去。

（3）应尽量寻找双方都感兴趣的话题，使谈话富有创新性和吸引力，始终在趣味盎然的氛围中进行。所谓“道不同不相为谋”，志同道合是双方走到一起交谈的前提。

（4）再好的谈资也要看对象、分场合。一个关心国家政治经济发展的人对一个只知道埋头做生意的人，大谈政治体制改革、经济发展格局，不容易引起对方的共鸣，谈话也很难进行。

（5）适度幽默，轻松活泼。恩格斯说过，幽默是具有智慧、教养和道德的优越感的表现。幽默是智慧、爱心和灵感的结晶，是一个人良好修养的表现。日本心理学家多湖辉把幽默称作“语言的酵母”，创造出幽默，就创造出快乐及令人回味的思索。幽默能表现说话者的风度、素养，使人在忍俊不禁之中，借助轻松活泼的气氛赢得对方的好感，完成推销任务。

（6）控制声调、表情等因素。20 世纪 70 年代，美国心理学家阿尔培特曾经通过研究，给友好合理的谈话立了一个公式：“7％的说话内容＋38％的声调＋55％的表情”。的确，只有在说话时语调平静，音量适中，音质柔和饱满，表情轻松自然，面带微笑，才会给人以客气、礼貌的感觉。就拿最简单的一个字“请”来说，如果用不同的声调和表情来说，就会产生不同的感觉、不同的含义。

五、握手礼仪

握手在人类社会中起源较早。据说原始人表示友好时，首先亮出自己的手掌，并让对方摸一摸，表示自己手中没有武器。后来逐渐演化成为现在的握手礼。

握手有许多规矩，握手的姿势、方式、顺序、力度、时间等常常代表了不同的态度和礼遇。

（一）握手时的姿势

握手时应站立相握，除非年老体弱或身有残疾者，否则不能坐着握手。年轻者对年长者或身份低者对身份高者时，握手时应欠欠身子。

（二）握手的方法

用右手相握，不可用左手握手。

（1）伸出右手，右臂自然向前伸出，四指并拢，虎口张开，拇指伸直，手的高度大致与对方腰部上方齐平，同时上身前倾。握手时要精神集中，双目注视对方，面带微笑。熟人之间也可以一边握手一边互致问候。

（2）手伸出时应使手掌处于垂直状态，这是一种自然平等的姿态。否则，掌心向下握对方的手，会显出高人一等的支配欲，是权力的象征；掌心向上又会显示出过分谦卑。

（3）用右手握手后，左手也加握，以表示更加亲切和尊重对方，此种握法常用于看望德高望重的人和久别重逢的朋友等。男性对女性一般不采用此种方式握手。

（三）握手时的礼仪

男性握手时不能戴手套、戴帽子，这是礼貌的问题，当对方伸出手后，应迅速脱去手套上前相握。有身份的人或女性可戴着薄手套同他人相握。军人戴军帽与对方握手时，应先行举手礼，然后再握手。握手后不能当场擦手。

（四）握手的顺序

两人见面，谁先伸手握手，也是对人的尊敬问题，一般次序是：

（1）年龄较大、身份较高的人先伸手。年龄较小、身份较低的人不宜先伸手，而要等对方伸手后，立即上前回握。

（2）女方首先伸手。男女之间，当女方伸出手后，男方再伸手轻轻地握。如果女方不伸手，或无握手之意，男方可点头示意或鞠躬。一般来说，男女初次见面，女方可以不和男方握手，只点点头即可。

（3）主人首先伸手。主人与客人之间，主人有先伸手的义务。当客人到来时，不管客人的身份、性别，主人都应首先伸手表示欢迎。若是等到客人伸手，则显得主人有怠慢之感。

（4）朋友、平辈见面，谁伸手快谁更为有礼。无论是谁先伸出手，对方都应该毫不迟疑地回握，以避免一方一直伸着手，无所适从。

（五）握手时的注意事项

（1）握手时用力应适中。过于用力给人一种居心不良的感觉，而握手时有气无力则给人一种不诚恳的感觉。

（2）男士同女士握手时，应只握住对方的手指部分，且不能十分用力，只需象征性地轻轻一握即可，同时要避免松而无力，显得缺乏热情。

（3）握手的时间不宜过长，3～5秒即可。如果要表示真诚和热烈，可以长时间地握手，并上下摇晃几下。男士与女士相握时，切忌握住女士的手久久不松开。

（4）多人同时握手注意不要交叉，可待别人握完再握。在聚会场合，如果人较多，可只与主人和熟人握手，对其余的人点头致意即可。

（5）不要用湿手、脏手同他人握手。

（6）别人伸出手时，不可拒绝或慢慢腾腾地伸出手。不可一边握手，一边左顾右盼，东张西望，心神不定。

（7）为了避免尴尬场面发生，在主动和人握手之前，应该首先想一想自己是否受对方欢迎。

第7节　售后礼仪

优秀的推销人员都清楚，达成交易并不是销售的结束，而是下一次销售的开始。有资料显示，赢得一个新顾客所花费的成本是维持一个老顾客的6倍。因此，老顾客才是最好的顾客，只要留住他们，他们就会成为企业及产品忠实的介绍人。所以，推销人员必须树立这样的观念：老顾客是你最好的顾客！

一、致谢礼仪

"谢谢！"这句话虽然只有两个字，但是如果运用得当，就会让人觉得意境深远、魅力无穷。在必要时，推销人员对顾客给予自己的关心、照顾、支持、喜欢、帮助，表示必要的感谢，这种做法不是虚情假意、可有可无的，而是必须的。

（一）合作成功，及时表示感谢

一句礼貌的"谢谢你"应当在每一笔交易结束时自然而然地表达出来。

（二）即使面对顾客的抱怨也要心存感谢

凭借顾客的抱怨，可能得以与顾客之间建立另一种新的关系。推销人员要向表示不满的顾客表达销售者的诚意，把抱怨当作另一个机会的开始，这比不在意抱怨更为重要。

二、赠送顾客礼品的礼仪

赠送商务礼品是一门学问。送给谁、送什么、怎么送都很有奥妙。

（一）礼物轻重得当

一般来讲，礼物太轻又意义不大，很容易让顾客误解为瞧不起他，尤其是对关系不算密切的人，而且如果礼太轻而想求别人办的事难度较大，成功的可能几乎为零。但是，礼物太贵重，又会使接受礼物的人有受贿之嫌，特别是对重要客户更应注意。

（二）送礼间隔适宜

送礼的时间间隔也很有讲究，过于频繁或间隔过长都不合适。一般来说，以选择重要节庆、寿诞送礼为宜，送礼者既不显得突兀虚套，受礼者也心安理得，两全其美。

（三）了解风俗禁忌

送礼前应了解收礼人的身份、爱好、民族习惯，避免出现不应有的麻烦。

（四）礼品要有意义

礼物是感情的载体。任何礼物都表示送礼人的特有心意，或酬谢，或求人，或联络感情等。所以，选择的礼品必须与送礼人心意相符，并使受礼者觉得礼物非同寻常，备感珍贵。实际上，最好的礼品应该是根据对方兴趣爱好选择，富有意义、耐人寻味、品质不凡却不显山露水。因此，选择礼品时要考虑：

（1）宣传性。要宣传推广企业形象。

（2）纪念性。使对方记住自己，记住自己的公司、产品和服务。

（3）独特性。要做到人无我有，人有我优。不可千人一面，否则就有敷衍了事之感。

（4）时尚性。不仅要与众不同，还要注意时尚。

（5）便携性。礼品不易碎、不笨重，便于携带。

基本概念

推销礼仪　　第一印象　　着装　　坐姿

站姿　　见面　　礼品

思考题

1. 推销人员给顾客的第一印象包含哪几个方面？
2. 微笑的艺术有哪些？
3. 与顾客见面时的礼仪有几方面？
4. 售后礼仪有哪些？
5. 为什么推销人员必须注重自己的推销形象？

案例分析

行为决定前途

弗莱德·爱德华，一线数据库经理，在工作期间，满身很不专业的行为，都说他是个不拘小节的人。他写的电子邮件满篇拼写和语法错误。他还公开用公司的电脑在网上购物，他工作小隔间里一下午都响着流行音乐。终于有一天，他的主管玛丽·凯莉说了说他：“爱德华，你是个不错的员工，但你应该学点商务礼仪。无论你工作业绩多出色，如果你不注意你的行为，你是不会得到提升的。”爱德华把主管的话记在心里，在这之后，他试图从行为上表现为一个有素质的员工。写电子邮件有了很大的改善，不在办公室上网购物了。他也不在办公室播放音乐了，只在上下电梯时听听音乐。两个月过去了，爱德华迎来季度考核。玛丽·凯莉对他说：“我一直在观察你的行为和工作状况，很不错。代表公司去印度参加国际创造与发明大会，怎么样？”爱德华高兴地接受了任务。对于他来说，这可是千里挑一的好差事！

问题：

1. 根据案例，阐述推销工作行为的重要性。
2. 如何克服工作中的不拘小节，保持良好的工作状态？

第 3 篇

推销理论篇

第4章

推销方格理论

本章要点

- 明确推销方格和顾客方格的含义；
- 掌握推销方格与推销心态类型；
- 掌握顾客方格与顾客心理类型；
- 理解推销方格与顾客方格的关系。

引例

“聚件成套”销售法

日绵公司主要经营陶瓷器生意。在日本，它经营的高级陶瓷器非常畅销，于是公司董事长土桥久男就准备把业务拓展到美国。

刚开始，陶瓷器在美国并不好销。经过仔细的调查研究后，土桥久男发现，过去专门销售陶瓷器的百货公司效率很低，运转速度慢，产品销量不大，不如改用超级市场来销售。于是，他把陶瓷器摆到了纽约的各家超级市场里，使之占据了橱窗的醒目位置，销量上升很多。但他认为销量还可以扩大。通过对美国大众消费习惯的分析，他制定了一个“聚件成套”的计划。

“聚件成套”的具体做法是：第一步，在超级市场推出四个一组的陶瓷咖啡杯，同时赠送购买者四个咖啡碟。第二步，当咖啡杯卖出相当数量的时候，以较高的价格开始出售糖罐，因为喝咖啡要加糖，所以买了咖啡杯，就要买糖罐。第三步，当糖罐卖出相当数量的时候，再以更高的价格开始出售陶瓷勺子和托盘。前后推出的这几种产品在花样、色泽、质地等方面完全一致，风格也完全一样，购置全了可配成一套喝咖啡的用具。

有了销售计划，土桥久男又凭着卓越的经商才干和口才，说服了超级市场的经营者，使自己的“聚件成套”的计划得以实施，最后日绵公司获得了丰厚的利润。

美国是个咖啡消费大国，推出咖啡陶瓷用具是有的放矢，而且美国人对日常用具很讲究配套和特色。土桥久男运用“聚件成套”的销售方法，先以低价和馈赠吸引美国顾客购买，再以高价出售配套的糖罐、勺子等，利用美国人对日用品讲究配套的心理特点，分阶段地实施销售计划，使美国人欲罢不能，最终达到了扩大陶瓷器销售量的目的。

评析：运用“聚件成套”销售法在美国市场销售咖啡陶瓷用具，是土桥久男的推销方法的创新。他利用美国人讲究日常用具的配套和特色，美国人喜欢喝咖啡必用咖啡具的心理，运用推销技巧来推销高品质咖啡具，同时也为公司获得了丰厚的利润，达到了双赢的目的。

第1节　推销方格理论

一、推销方格的由来

任何一个推销人员在进行推销时，必然会面临两种关系，明确两个具体目标：一是自己如何迎合顾客，与之建立良好的人际关系；二是如何说服顾客，达成交易，完成销售任务。这两个目标，前者注重的是“顾客”，后者关心的是“推销”。在具体的推销活动中，不同的推销人员对这两个目标的侧重点是不同的。不同的心理形成不同的推销人员的态度，导致不同的推销工作业绩。美国管理学家罗伯特·R. 布莱克和J. S. 蒙顿在管理方格理论基础之上，研究了推销人员和推销对象之间的人际关系和交易关系，建立了现代推销的推销方格（sales grid）理论，这是现代推销理论的重大突破。该理论是从推销人员对待顾客及推销工作、顾客对待推销人员及需求紧迫性两个方面分析双方在推销活动中的表现，由此分析推销过程中双方关系的一个理论模式。该模式在分析推销成功的可能性时，把对推销过程的影响因素归结为双方的人际关系及对交易的重视程度两个方面。布莱克和蒙顿教授从推销学的角度出发，用平面坐标系来表示推销人员对这两种关系和两种目标的重视程度组合，其中纵坐标表示推销人员对顾客的关心程度，横坐标表示推销人员对推销任务的关心程度。纵横坐标各九等分，数字越大，表示推销人员关心的程度越高。纵横坐标合成81个交点，每个交点表示一种关心程度组合，即推销心态，这个坐标方格图就是推销方格图，如图4-1所示。

简言之，推销方格是描绘推销人员对顾客及完成推销任务的关心程度与相互关系，反映推销人员推销心理状态的推销方格图案。

二、推销方格理论分析

推销方格的纵轴表示推销人员对顾客的关心程度，横轴表示推销人员对推销任务的关心程度，方格中数据的大小表示其关心的强度。最典型的五类推销人员是图中的四个角和正中所表示的情况。

(一) (1，1) 型，事不关己型

(1，1) 型推销人员对推销成功与否及顾客感受的关心程度都是最低的。事不关己型

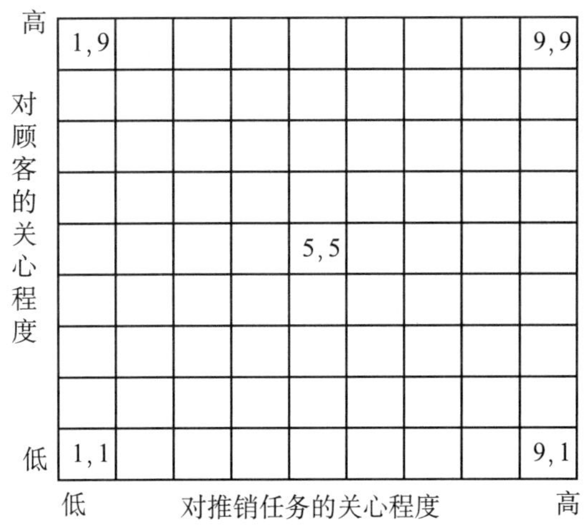

图4-1　推销方格图

的推销人员对本职工作缺乏责任心。究其原因，一是推销人员主观上不努力，缺乏进取精神；二是推销人员所在公司没有适当的激励措施和奖惩制度。因此，要改变这种推销态度，就要推销人员严格要求自己，树立积极向上的人生观。同时，公司也要建立明确的奖惩制度，鼓励上进，鞭策后进，激发推销人员的工作热情。

（二）(9，1) 型，强行推销型

(9，1) 型推销人员认为，既然由我负责这一顾客，并向其硬性推销，我便应施加压力，迫使其购买。因此，他们为提高推销业绩，不惜采用各种手段，全然不顾顾客的心理状态和利益。强行推销是第一次世界大战之后产生于美国的一种推销方式，推销人员与顾客被形象地比喻为拳击台上的两个选手，推销人员要坚决把顾客打倒。强行推销不但损害了顾客的利益，而且损害了企业的市场形象和产品信誉，导致企业的经济利益受损，最终使推销活动和推销人员给顾客留下极坏的印象，影响了推销行业的发展。在此之后，强行推销被温和推销代替。企业界和学术界达成共识：对顾客无益的交易也必然有损于推销人员。

（三）(1，9) 型，顾客导向型

持这种心态的推销人员认为，我是顾客之友，我想了解他并对其感受和兴趣做出反应，这样他会喜欢我。这种私人感情可促使他购买我的产品。他们可能是不错的人际关系专家，因为他们始终把与顾客处好关系放在第一位，但并不是成熟的推销人员，因为在很多情况下，对顾客的百依百顺并不能换来交易的达成。这其实是强行推销的另一种表现。现代推销要求把顾客的利益和需要放在第一位，而不是把顾客的感受摆在首位。

（四）(5，5) 型，推销技术导向型

持这种推销态度的推销人员既关心效果，也关心与顾客的人际关系。这类推销人员心理态度平衡，作风扎实，既不一味地取悦顾客，也不一味地搞强行推销，而是采取一种比较可行的推销战术，稳扎稳打，力求成交。在推销工作中，这类推销人员既不愿意丢掉生

意，也不愿意丢掉顾客，四平八稳，和气生财。当交谈中与顾客产生矛盾，顾客提出异议时，他们总是采取折中的方法，尽量避免不愉快。这种推销心态实质上是在一种和平的气氛中巧妙地运用推销技巧达成交易，虽然注重顾客的购买心理和说服技巧，但忽视顾客的实际需要。因此，从现代推销理论角度讲，这类推销人员可能是业绩卓越的成功者，但不一定是理想的现代推销专家。因为他们虽然照顾了顾客的购买心理，但却忽视了顾客的利益和实际需要，往往说服顾客购买了一些不必要的东西，因此这类推销人员也不理想。

（五）（9，9）型，解决问题导向型

持这种推销态度的推销人员既关心顾客，又关心推销效果；既尊重顾客的购买人格，也关心顾客的实际需要。他们善于研究顾客的购买心理，发现顾客的真实需要，把握顾客的问题，然后展开有针对性的推销，利用自己所推销的商品或服务帮助顾客解决问题，同时也完成自己的推销任务。在推销工作中，这类推销人员既了解自己，又了解顾客，既了解推销品，又了解推销，有强烈的事业心和责任感，真诚地关心顾客，乐于帮助顾客，能够把自己的推销工作和顾客的实际需要结合起来，在最大限度地满足顾客需要的同时取得最佳的推销效果。世界超级推销大师齐格·齐格勒说："假如你鼓励顾客去买很多的商品只是为了自己可以多赚钱，那你就是一个沿街叫卖的小贩。假如你鼓励顾客购买很多商品的目的是为了顾客的利益，那你就是推销的行家，同时你也得益。"因此，这类推销人员是最理想的。

扩展阅读

董明珠是如何做到的

1954年，董明珠出生在江苏南京的一个普通家庭，兄弟姐妹7人，她最小。她靠自己的努力，考上了安徽省芜湖干部教育学院，毕业后在南京一家化工研究所做行政工作，然后结婚生子，平淡幸福。1984年，儿子2岁的时候，董明珠的丈夫突然去世。那年她才30岁。30岁丧夫，还要一个人拉扯一个2岁的孩子。在很多人眼里，董明珠这辈子不会有戏了。

然而，丈夫去世6年后，36岁的董明珠决定：不再接受老天不公的安排，要做自己命运的主人。她把8岁的儿子托付给母亲抚养，独自一人南下闯荡。

1990年，36岁。董明珠南下珠海打工，进入格力做了一名最基层的业务员。

1992年，加入格力第2年，董明珠在安徽的销售额突破1 600万元，占整个公司的1/8。随后，被调往几乎没有一丝市场缝隙的南京，并签下了一张200万元的空调订单。一年内，个人销售额猛增至3 650万元。

1994年，40岁。格力内部出现了一次严重危机，部分骨干业务员突然"集体辞职"，董明珠经受住了诱惑，坚持留在格力，被全票推选为公司经营部部长。

1995年，41岁。董明珠晋升为销售经理。在她的带领下，格力电器在1995—2005年连续11年空调产销量、销售收入、市场占有率均居全国首位。

2005年，51岁。荣登美国《财富》杂志全球50位最具影响力的商界女强人榜。

2007年，53岁。出任格力电器股份有限公司总裁。

2012年，58岁。董明珠被正式任命为格力集团董事长。她带领格力，成为中国首家营收破千亿元的家电上市企业。

2015年，61岁。董明珠终于实现了10余年的愿望，格力跻身世界500强，家用电器类全球排名第一，年纳税额150亿元。

如今64岁的她确实完全凭借自己的努力完成了自己的人生大逆转。到今天，她已为格力奋战了28年之久。

“让世界爱上中国造”是董明珠的梦想，正是她的全球化眼界和为中国人谋幸福生活的决心促使格力公司在技术研发上成为中国空调业技术研发费用最高的企业。目前，格力电器在国内外累计拥有专利超过8 000项，其中发明专利2 000多项，是中国空调行业中拥有专利技术最多的企业。此外，格力空调、格力电饭煲等格力家电产品都在国内外市场上名列前茅。

若是没有当年董明珠的坚持，就没有现在的世界名牌格力。2016年格力电器实现营业总收入1 101.13亿元，净利润154.21亿元，纳税130.75亿元，连续15年位居中国家电行业纳税第一，累计纳税达到814.13亿元。

谈及自己和格力的关系，董明珠说：“没有格力就没有我，当然没有我也没有格力。……我坐的这个位置决定了我对格力的责任，作为公司的一把手，我绝对不能让格力有任何伤害。”

董明珠认为，身体健康固然重要，但是不能为了长寿而长寿，如果人活着可以创造更多价值，她宁可少活10年。

继2014年摘得“中国最具影响力的25位商界女性”桂冠之后，2015年董明珠再次将“榜首”称号收入囊中。

现在的格力已经把产品线延伸到新能源领域，相信在董明珠的带领下，格力电器的发展会越来越辉煌。

资料来源：格力官网，有改动。

第2节　顾客方格理论

一、顾客方格与顾客心态

在推销活动中，顾客对商品推销活动的看法可以概括为两种情况：一是对推销人员的看法；二是对购买活动本身的看法。这两个方面形成了顾客购买过程中的两个目标：

（1）希望与推销人员建立良好的人际关系，为日后的长期合作奠定基础。

（2）通过与推销人员的讨价还价，为自己赢得较多的消费者利益，或者以其他有利条件达成交易。

由于购买者态度的差别，不同顾客对于以上两个目的的重视程度也有所差别，客观地存在着影响推销实效性的各种顾客类型。布莱克与蒙顿依据顾客对这两方面问题的关心程度不同，建立了顾客方格图，如图4－2所示。在方格图中，横坐标表示顾客对自己完成购买任务的关心程度，纵坐标表示顾客对推销人员的关心程度，也是从低到高依次划分为9个等级，它实际上是分析了顾客的不同购买态度。

二、顾客方格理论分析

在图4－2中，横坐标方向用数字1～9表示顾客对购买的关心程度，纵坐标方向用数

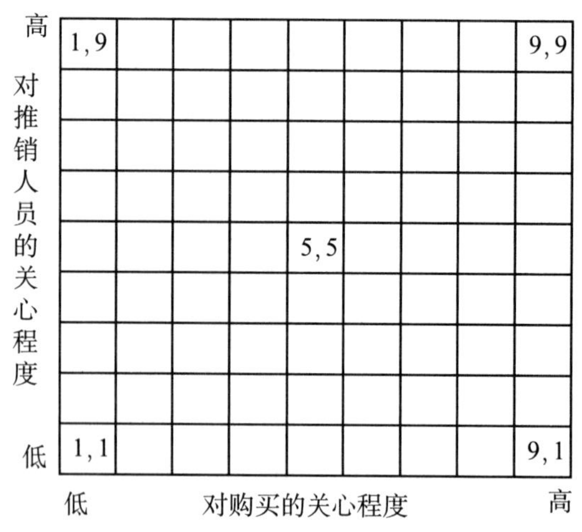

图4-2 顾客方格图

字1～9表示顾客对推销人员的关心程度，数值越大说明对某一个方面的关心程度越高，数值越小说明对某一方面的关心程度越低，其中具有代表性的心态有五种，每一种心态都有各自的特征。

（一）漠不关心型

漠不关心型处在图4-2中（1，1）的位置上。持有这种购买心态的顾客既不关心购买，也不关心推销人员，认为"买不买与自己无关"，或者"买好买坏自己不负责任"。具体表现为尽量避免做出购买决策，经常躲避或敌视推销人员。在现实生活中，这类顾客通常没有购买决策权，一般受命于人。

（二）软心肠型

软心肠型处在图4-2中（1，9）的位置上。持有这种购买心态的顾客对上门的推销人员极为关心，对购买行为则不关心。他们极易被推销人员说服，一般不会拒绝推销品。这类顾客往往感情重于理智，他们非常喜欢营造一种良好的推销氛围，但对购买决策却比较轻视。

（三）防卫型

防卫型处在图4-2中（9，1）的位置上。持有这种购买心态的顾客只关心自己的购买行为，而不关心推销人员，甚至敌视推销人员，认为推销人员都是不诚实的人，对推销人员十分冷淡，本能地采取防卫态度。面对这类顾客，推销人员不应急于推销商品或服务，而应该首先推销自己，要以实际行动说服和感化顾客，消除偏见，赢得信任，在此前提下再引导顾客去分析可从购买中获得的利益。

（四）干练型

干练型处在图4-2中（5，5）的位置上。持有这种心态的顾客既关心自己的购买行为，也关心推销人员的推销工作。购买商品时比较冷静、理智，也比较重视感情，有一定的自信心。他们的消费常受流行时尚的影响，属于勇敢类的购买者。对待这类顾客，推销人员应该以事实和证据说话，但必须让顾客自己去决策。

(五) 寻求答案型

寻求答案型处在图4-2中 (9，9) 的位置上。持有这种心态的顾客既高度关心自己的购买行为，又能与推销人员保持很好的关系并与之合作。这类顾客的购买行为非常理智，而不会因感情冲动购买，他们清楚地知道自己的实际需要，希望购买到自己所需要的商品，欢迎能够帮助自己解决困难的推销人员。在现实生活中，这类顾客属于成熟型的消费者，他们根据自己的实际需要来决定是否购买。

第3节 推销方格与顾客方格的关系

通过对各种不同推销人员态度和顾客态度的分析，我们可以看出他们各具特点，各有所长。其中，(9，9) 型推销人员态度和顾客态度是最成熟、最理想的心态，但不能强求所有的推销人员均以一种心态对待推销，也并非只有持解决问题导向型心态才可能获得推销成功，更不可能期望顾客都是寻求答案型的。在实际推销活动中，任何一种心态的推销人员都可能接触到各种不同心态的顾客。因此，推销的成效不仅取决于推销人员的心态，而且取决于推销人员的心态与顾客的购买心态是否协调。例如，顾客导向型的推销人员虽然不是理想的推销人员，但若遇到软心肠的顾客，就可能创造出好的推销成绩。也就是说，不同推销人员态度与不同顾客态度的不同组合，会产生不同的推销效果。布莱克和蒙顿教授设计了一个简明的有效组合表，如表4-1所示，初步揭示了推销人员态度和顾客态度的组合及推销能否顺利完成的关系及规律。

表4-1 推销有效组合表

推销人员方格	顾客方格				
	1，1	1，9	5，5	9，1	9，9
9，9	+	+	+	+	+
9，1	0	+	+	0	0
5，5	0	+	+	−	0
1，9	−	+	0	−	0
1，1	−	−	−	−	−

表中“+”表示能有效地完成推销任务；“−”表示不能有效地完成推销任务；“0”表示介于上述两种情况之间，可能完成推销任务，也可能完不成推销任务。

实践证明，在推销活动中，推销人员的主观能动作用是十分重要的，推销心态越是趋向于 (9，9) 型，推销效果就越佳。西方学者的调查证实，(9，9) 型推销人员的推销效果比 (5，5) 型推销人员高3倍，比 (9，1) 型推销人员高7倍，比 (1，9) 型推销人员高9倍，比 (1，1) 型推销人员则高大约75倍。

在错综复杂、千变万化的推销活动中，没有哪一种推销心态对所有顾客都是有效的；同样，不同的购买心态对推销人员也有不同的要求。因此，成功推销的关键取决于推销心态与购买心态是否吻合。由此可见，推销人员的销售活动能否成功，除了自身的努力以外，还要看顾客是否愿意配合、推销人员能否准确地把握顾客购买的心态等。如果推销专家遇到无论如何也不愿意购买推销品的顾客，即使他有再高明的推销技巧，也很难成功。相反，如果迁就顾客型的推销人员遇到软心肠型的顾客，双方都特别关心对方，尽管推销人员不算是一个优秀者，但他依然能够取得销售的成功。

值得注意的是，由于外界与内部多种条件的影响，推销人员与顾客的心态类型是十分复杂的，并没有绝对精确的划分。可以说，世界上有多少个推销人员，就有多少种推销心态；同时，有多少个顾客，就会有多少种购买心态。推销与购买心态也绝非简单地受关心对方与关心商品两方面因素的影响，所以推销方格理论只是大致上概括出了两种心态的组合，仅供分析时参考，还应该结合实践经验的积累，不断加以充实和完善。从推销人员的角度来看，推销人员越是趋向于问题解决型，其销售的能力就越强，达成销售的可能性就越大。因此，要成为出色的现代推销人员，健康的销售心态是不可缺少的。推销人员应树立正确的销售态度，加强培训与锻炼，调整与改善自我销售心态，努力使自己成为能够帮助顾客解决问题的问题解决型推销人员。

扩展阅读

销售冠军的十种心态

态度决定一切。态度是一个人对待事物的一种驱动力，不同的态度将产生不同的驱动作用。好的态度产生好的驱动力，注定会得到好的结果，而不好的态度也会产生不好的驱动力，注定会得到不好的结果。同时，对待任何事物不是单纯的一种态度，而是各种不同心态的综合。

1. 积极的心态

首先我们需要具备积极的心态。积极的心态就是把好的、正确的方面扩张开来，同时第一时间投入进去。一个国家、一个企业肯定都有很多好的方面，也有很多不够好的地方，我们就需要用积极的心态去对待。企业有很多不尽合理的管理，可是我们应该看到企业管理风格的改变。也许在销售中遇到了很多困难，可是我们应该看到克服这些困难后的一片蓝天。同时，我们应该就正确的、好的事情第一时间去投入，唯有第一时间投入才会唤起你的激情，唯有第一时间投入才会使困难在你面前变得渺小，好的地方在你眼前光大。

积极的人像太阳，走到哪里哪里亮。

消极的人像月亮，初一十五不一样。

某种阴暗的现象、某种困难出现在你的面前时，如果你去关注这种阴暗、这种困难，那你就会因此而消沉，但如果你更加关注这种阴暗的改变、这种困难的排除，你会感觉到自己的心中充满阳光、充满力量。同时，积极的心态不但使自己充满奋斗的阳光，也会给你身边的人带来阳光。

2. 主动的心态

主动就是“没有人告诉你而你正做着恰当的事情”。在竞争异常激烈的时代，被动就会挨打，主动就可以占据优势地位。我们的事业、我们的人生不是上天安排的，是我们主动去争取的。在企业里，有很多事情也许没有人安排你去做，有很多职位空缺。如果你主动行动起来，那么不但锻炼了自己，同时也为自己争取这样的职位积蓄了力量，但如果什么事情都需要别人来告诉你，你就已经落后了，这样的职位也挤满了那些主动行动的人。

主动是为了给自己增加机会，增加锻炼自己的机会，增加实现自己价值的机会。社会、企业只能给你提供道具，而舞台需要自己搭建，演出需要自己排练，能演出什么精彩的节目，有什么样的收视率，决定权在你自己。

3. 空杯的心态

人无完人。任何人都有缺陷，有自己相对较弱的地方。也许你在某个行业已经小有声誉，也许你已经具备了丰富的技能，但是你对于新的企业，对于新的经销商，对于新的客户，你仍然是你，没有任何的特别。你需要用空杯的心态重新整理自己的智慧，吸收现在的、别人的正确的、优秀的东西。企业有企业的文化，有企业发展的思路，有自身管理的方法，只要是正确的、合理的，我们就必须去领悟、去感受，把自己融入企业之中，融入团队之中。

4. 双赢的心态

亏本的买卖没人做，这是商业规则。你必须以双赢的心态处理你与企业之间、企业与企业之间、企业和消费者之间的关系。

你不能为了自身的利益去损害企业的利益。没有大家焉有小家？企业首先是一个利润中心，企业没有了利益，你也肯定没有利益。同样，我们也不能破坏企业与企业之间的双赢规则，只要一方失去了利益，必定就会放弃这样的合作。消费者满足自己的需求，而企业实现自己的产品价值，这同样也是一种双赢，任何一方的利益受到损害都会付出代价。

5. 包容的心态

作为销售人员，你会接触到各种各样的经销商，也会接触到各种各样的消费者。这个经销商有这样的爱好，那个消费者有那样的需求。

我们是为客户提供服务、满足客户需求的，这就要求我们学会包容，包容他人的不同喜好，包容别人的挑剔。

你的同事也许与你有不同的喜好，有不同的做事风格，你也应该予以包容。

水至清则无鱼，海纳百川有容乃大。我们需要锻炼同理心，我们需要接纳差异、包容差异。

6. 自信的心态

自信是一切行动的原动力，没有了自信就没有了行动。我们对自己服务的企业充满自信，对我们的产品充满自信，对自己的能力充满自信，对同事充满自信，对未来充满自信。我们是将优良的产品推荐给消费者去满足他们的需求，我们的一切活动都是有价值的。

如果你充满了自信，你也就会充满干劲，你开始感觉到这些事情是我们可以完成的，是我们应该完成的。

7. 行动的心态

行动是最有说服力的。千百句美丽的雄辩胜不过真实的行动。我们需要用行动去证明自己的存在，证明自己的价值；我们需要用行动去真正地关怀我们的客户；我们需要用行动去完成我们的目标。如果一切计划、一切目标、一切愿景都只停留在纸上，不去付诸行动，计划就不能执行，目标就不能实现，愿景就是肥皂泡。

8. 给予的心态

要索取，首先学会给予。没有给予，你就不可能索取。我们要给予同事以关怀；我们要给予经销商以服务；我们要给予消费者满足需求的产品。给予，给予，还是给予。唯有给予是永恒的，因为给予不会被别人拒绝，反而会得到别人的感激。

9. 学习的心态

竞争在加剧，实力和能力的打拼愈加激烈。谁不去学习，谁就不能提高，谁就不会创新，谁的武器就会落后。同事是老师；上级是老师；客户是老师；竞争对手是老师。学习不但是一种心态，更应该是我们的一种生活方式。

21世纪，谁会学习，谁就会成功，学习成为自己的竞争力，也成为企业的竞争力。

10. 老板的心态

像老板一样思考，像老板一样行动。你具备了老板的心态，你就会考虑企业的成长，考虑企业的费用，你会感觉到企业的事情就是自己的事情。你知道什么是自己应该去做的，什么是自己不应该做的。反之，你就会得过且过，不负责任，认为自己永远是打工者，企业的命运与自己无关。你不会得到老板的认同，不会得到重用，低级打工仔将是你永远的职业。

什么样的心态将决定有什么样的生活。唯有心态正确了，你才会感觉到自己的存在；唯有心态正确了，你才会感觉到生活与工作的快乐；唯有心态正确了，你才会感觉到你所做的一切都是理所当然的。

基本概念

推销方格　　　　顾客方格

思考题

1. 顾客购买你的产品时，主要考虑哪些因素？
2. 根据推销方格理论，可以将推销人员划分为哪几种类型？
3. 面对漠不关心型的顾客，推销人员应该采取何种有效的对策？
4. 在产品推销的过程中，如何将推销方格与顾客方格有效地协调起来？

案例分析

强行推销的尴尬

商场推销员向顾客推销一件衣服，为了让顾客买下这件衣服，推销员与顾客进行了一系列对话：

推销员：这件衣服对你再合适不过了，你穿蓝色的看上去很高雅，而且这件衣服的式样也正是你这种工作所需要的。

顾客（犹豫地）：不错，是一件好衣服。

推销员：当然了，你应该马上就买下它，这种衣服就像刚出炉的热蛋糕，你不可能买到更好的了。

顾客：嗯，也许，我不知道。

推销员：你不知道什么？这是无与伦比的。

顾客：我希望你不再给我这么大的压力，我喜欢这件衣服，但我不知道我是否应当买别的颜色的衣服，我现在已有一件蓝色的了。

推销员：照照镜子，难道你不认为这件衣服给了你一种真正的威严气质？你知道你可以承受得了，而且60天之内可以不必付款。

顾客：我还不能确定，这得花很多钱。

推销员：但当你再回来时，或许这种衣服已经没有货了。

问题：

1. 推销员是否了解顾客的需求？如何了解顾客的需求？
2. 顾客的购买主权是否得到了尊重？推销员的做法是否属于硬性推销？
3. 该顾客属于什么类型的人？如何引导她产生对衣服的好感？

第5章

推销公式理论

本章要点

- 了解埃达推销模式的含义与特点；
- 熟悉埃达推销模式的适用性；
- 掌握埃达推销模式的具体内容及运用步骤；
- 了解迪伯达推销模式的含义与特点；
- 熟悉迪伯达推销模式的适用性；
- 掌握迪伯达推销模式的具体内容；
- 掌握埃德帕、费比模式、推销三角理论、环境适应理论、购买公式理论、行为等式理论的具体内容。

引例

给你的顾客一个“家”

位于得克萨斯州奥斯汀的TacosOnWheel是一家专门制作墨西哥玉米卷的饮食服务公司。公司决定推出移动玉米卷销售，也就是在售货车上销售墨西哥玉米卷。在开始运营之前，公司对市场做了细致的调查，在推广过程中很好地运用了埃达(AIDA)促销模式。

首先，公司制定了一项为期4个月的公关宣传活动，介绍公司的服务品种、厨师水平和产品独特的风味。主要的推广方式是做直邮宣传，对不同的目标顾客进行细分，诸如地理位置、年龄和购买心理、购买频度等，开展有针对性的推广宣传，目的就是引起顾客对产品的关注。

同时，公司通过市场调研，决定对千禧一代开展促销活动，购买玉米卷赠送饮料，激起年轻一代的购买欲望。市场调研和销售经验表明，如果开展很有吸引力的促销活动，会唤起大量的千禧一代年轻人的购买兴趣，从而形成忠诚购买行为。

在上述产品推广宣传之后，为了让人们能够很方便地了解公司的墨西哥玉米卷及其方便购买特点，TacosOnWheel公司在当地的报纸和社交媒体推出广告，利用互联网功能，推出玉米卷移动销售车服务。由于其有效的推广宣传，产生了人们争相购买的轰动效应。

更为重要的是，在推广宣传之后，公司必须给顾客一个市场定位，所以公司必须有一个“家”，以方便顾客的经常性购买。因此，TacosOnWheel公司除了必要的广告之外，也在社交媒体，比如在脸书上注册，建立了公司的网站。这样，TacosOn-Wheel公司很快地吸引了当地大量的顾客，使墨西哥玉米卷的移动销售业务快速开展并获利。

评析：在物质极大丰富的西方国家，尤其是生产快速消费品的企业竞争更加激烈，而具有特色的食品如何进行推销也是要遵循推销理论的。埃达推销模式是适合快速消费品推销的理论，运用这一模式使得本案中的墨西哥玉米卷取得了移动销售的成功。实践证明，经过验证的理论能够放射出灿烂的光芒。

第1节 埃达推销模式

一、埃达推销模式的含义及其适用范围

埃达模式1928年由E. K. 施特朗（E. K. Strong）提出，最初应用于广告业，后经海因兹·M. 戈德曼在50年代的进一步扩展和完善，形成推销中有效的推销模式理论，即引起顾客注意→唤起顾客兴趣→激起顾客购买欲望→促成顾客的购买行为。注意（attention）、兴趣（interest）、欲望（desire）、购买（action）四个英文单词的首字母分别是a，i，d，a，因此推销的步骤又被音译为埃达模式（AIDA）。埃达模式适用于顾客比较被动的情况。比如在商店销售中，向顾客推销他计划购买之外的产品。这种模式也适用于一些易于携带的生活用品和办公用品的推销、新推销人员以及对陌生推销对象的推销。埃达模式四个阶段的完成时间和先后顺序不是固定不变的，可视推销的实际情况灵活运用。

二、埃达模式的推销步骤

（一）引起顾客注意

在面对顾客开始推销时，推销人员必须想方设法引起顾客的充分注意。统计显示，引起顾客注意的时间只有5～8秒，在这个时间内，推销语言恰当，推销展示有效，就会引起顾客对产品或服务的注意，而转入下一个推销阶段，否则顾客将失去注意，这就意味着你将失去这个潜在的顾客。因此，要将顾客的注意力集中到你所说的每一句话和每一个动作上。集中顾客注意力应做到：

1. 说好第一句话

戈德曼认为，顾客最初感兴趣的就是推销人员所说的第一句话。如果这个头开得好，

顾客就乐意听下去。推销人员在开始推销前首先应该考虑6个方面：

（1）如何用简单的话语向顾客介绍产品的实用价值？

（2）顾客对产品的具体要求，并向顾客提出某些问题，包括考虑这些问题是否符合顾客的实际情况，是否与顾客的切身利益紧密相关。

（3）运用哪些恰当的实例可以引起顾客的兴趣？

（4）怎样帮助顾客解决他的问题？

（5）如何向顾客提供有价值的资料，并使他乐于接受我的产品？

（6）与顾客进行推销谈话时，注意初始语言的运用，尤其是拜访陌生人时，第一句话往往是制胜的法宝或失败的根源。记住，要善用你的第一句话，以达到事半功倍的效果。

2. 把顾客的利益和问题放在第一位

关注顾客的利益和存在的亟待解决的问题是现代推销方法的一个重要的着眼点。无论用什么理论分析，现实中人们最感兴趣的问题就是自己的切身利益。推销人员最重要的任务就是要让顾客意识到你的产品或服务能给他们带来所想要的利益，如果一开口就推销产品，绝大部分情况下将无人问津。

3. 保持与顾客的目光接触

“眼睛看着对方讲话”，不仅是一种礼貌，也是推销成功的条件。让顾客从你的眼睛里感受到真诚、尊重与信任。抓住顾客的心应把捕捉顾客的目光作为着眼点。而保持微笑是引起人们对你的注意的万能法宝。

4. 与众不同

“你看看，他又来了，又是老一套。”这种让顾客厌倦的情绪会阻碍顾客购买。推销人员不能用同样的推销方法去面对不同的顾客。人们对习惯的东西会熟视无睹。推销工作是学会与别人不同，与自己的过去不同，与顾客的期望不同，让顾客对你和你的工作有新鲜感，惊讶、好奇等都会吸引顾客的注意力。

（二）唤起顾客的兴趣

首先要集中顾客的注意力，才能进而引起顾客的兴趣。引起顾客的兴趣是整个推销过程中最有挑战性的阶段，在引起注意之后，如何让顾客愿意花费宝贵的时间来对你的产品或服务产生兴趣，这就很关键了。按戈德曼的观点，示范是引起顾客兴趣的最有效的办法。示范是通过对产品功能、性质、特点的展示以及使用效果的示范表演等，使顾客看到购买产品后所能获得的好处和利益。心理实验表明，听见的事情，3小时后只有10%的人能记住，而看到的事情，3小时后仍有70%的人能记住。“百闻不如一见”。如果推销时能随身携带样品，一定要展示样品；不能携带的话，可以用模型、照片、图片等做示范。现代推销中，要利用现代科技的成果，如电脑、视频等电子工具，让顾客看到产品或服务的主要特征，服务过程，以及其他客户签订的合同、案例，增加顾客的信任感。戈德曼关于示范有十点提示：

（1）无论哪种产品，都要做示范。即使是保险这种无形服务产品，保险代理人也要用图表、文字、数据、照片和案例等向顾客介绍情况，给顾客留下生动的感观印象。

（2）在使用中做示范，而不是仅仅向顾客介绍产品的外观形态。特别是具有技术性特点的产品，示范就更重要了。

（3）为示范增添戏剧性。戏剧性示范能产生一种出乎意料的效果，大大增强推销的吸引力，如幽默的语言、有趣的动作等。

（4）让顾客参与示范。请顾客亲身参与推销能提高推销的成功率，就好比票友比戏迷对戏剧更加狂热。

（5）使用宣传印刷品也需要示范。推销人员不要把小册子送给顾客就了事，还要对宣传印刷品的主要内容加以解释。

（6）示范过程不要太长，也不要面面俱到。示范并不是推销工作的全部。太长太全面的示范也许会使顾客厌烦，应点到为止，精彩动人。

（7）示范要融入情感。示范过程也要讲究情感沟通。推销人员要改变顾客的消极情感，唤起顾客的积极情感，才能促使顾客改变态度。

（8）帮助顾客从示范中得出正确结论。示范应该有目的性。要善于引导顾客从示范中得出有利于推销成功的结论。

（9）不要过早强迫顾客下结论。要引导顾客自己抉择，而不是迫于某种压力做出决定。

（10）对顾客反应的期望值不要过高。对示范的反应因人而异。推销人员应经常改进示范方法去适应顾客的要求，而不应对顾客要求过高。

注意：顾客对推销的兴趣根本上来自产品本身特性的吸引力，示范工作就是要充分展示这一点。但推销人员一定要认识到，产品本身只是物体，不存在任何情感，引起顾客的兴趣在于对顾客心理的刺激，因此，推销人员本身才是这个情感刺激的来源，顾客对推销的兴趣主要来自推销人员的魅力和推销活动的吸引力。

（三）激发顾客的购买欲望

当顾客认为购买产品所获得的利益大于付出时，就会产生购买欲。按戈德曼的观点，重要的一点是要使顾客相信，他想购买的产品正是他所需要的，而他所需要的也正是他想购买的。顾客的购买欲望还取决于对满足需要方式的选择。当前阶段的推销活动使顾客对推销的产品产生兴趣后，顾客就会进一步思考是否应拥有这个产品的问题了。因此必须采取多种方法和手段刺激顾客的购买欲望。这是一个关键的阶段。在这个阶段，强化顾客对推销人员和产品的积极心态，给顾客以购买信心是非常必要的。

刺激顾客的购买欲望主要有以下几种途径。

1. 建立与检验顾客对推销的信任

这种方法具体包括在示范并吸引顾客对推销的兴趣后，及时检验顾客对所推销产品的认知程度和针对顾客的担忧与疑虑进行反复解释等手段。这种检验往往是通过对顾客提出一些判断性问题，来确认顾客对产品或服务的需求。

2. 强化情感，顾客的购买欲望更多来自情感

一般认为，顾客在考虑买与不买时是理智的。但调查表明，总是情感的选择大于理智的选择。比如老年人本应把钱花在购买保险、保健食品与娱乐上，但更多的人却愿意花太多的钱为儿女办婚事或存钱为自己准备养老。因此，要激起顾客的购买欲望，并不仅仅要求推销人员向顾客证明他需要什么，而要让顾客在情感上相信推销人员，相信推销人员所做的、所说的一切都是为顾客着想。

3. 多方诱导顾客的购买欲望

人们在选择购买时，总是通过多方权衡利弊得失后决定的。只有当顾客充分地意识到或看到好的产品或服务时，才有购买的强烈欲望。因此要千方百计对顾客进行诱导，证明你的产品会给顾客带来好处，你的产品或服务正是他所需要的。

4. 充分说理

让顾客从情感和理智方面相信和接受推销活动带给他的众多利益。情感的产生源于推销人员的服务，而理智的选择来源于推销人员对推销的产品的特性和利益的说明与展示。

（四）促成顾客采取购买行动

在推销活动中，成交是指购销双方就推销品的买卖达成一致意见的行动过程。推销活动的最终目标就是达成交易，推销产品或服务，让顾客得到他所需要的利益。因此，成交是整个推销活动的核心，其他各项工作都是围绕这个核心来进行的。

按照戈德曼的观点，达成交易有6个条件：

（1）顾客必须完全了解推销的产品或服务及它们所展示的价值。

（2）顾客必须信赖推销人员和他所代表的公司。

（3）顾客必须有购买欲望。

（4）每一次洽谈都有几个高潮和低潮，不会“机不可失，时不再来”。在整个推销过程中，成交机会存在于任何一个时刻。

（5）要经过圆满的买卖洽谈，推销过程不能走捷径。

（6）最终购买往往取决于谁掌握购买决策权。

第2节　迪伯达推销模式

一、迪伯达推销模式的含义及其适用范围

迪伯达（DIPADA）模式是国际推销权威海因兹·M. 戈德曼从推销实践中总结出来的一种行之有效的推销模式。与传统的埃达模式相比，迪伯达模式的特点是紧紧抓住了顾客的需要这个关键环节，使推销工作更能有的放矢，因而具有较强的针对性。迪伯达模式较适用于：生产资料市场产品、老顾客及熟悉顾客、无形产品及开展无形交易（如保险、技术服务、咨询服务、信息情报、劳务市场等）、顾客属于有组织购买即单位购买者等产品或顾客的推销。

如果顾客主动询问某一产品并了解有关情况，那么，在拜访这些顾客或者同他们进行业务洽谈时，也应该使用迪伯达模式。

“迪伯达”是6个英文字母D，I，P，A，D，A的译音。它表示该模式包括6个步骤。第一个步骤是准确地发现顾客的需求与愿望（definition）；第二个步骤是把要推销的产品与顾客的需求和愿望结合起来（identification）；第三个步骤是证实所推销的产品正是

顾客所需要的（proof）；第四个步骤是促使顾客接受所推销的产品（acceptance）；第五个步骤是刺激顾客的购买欲望（desire）；第六个步骤是促使顾客做出购买与成交的决定（action）。和埃达模式相比，迪伯达模式层次多、步骤繁，但其推销效果更好。

二、迪伯达模式的推销步骤

（一）准确发现顾客的需求与愿望

发现顾客的需求与愿望是现代推销理论的出发点。迪伯达模式强调这一点，要求推销人员不仅要了解购买者，还必须了解自己的企业及产品，了解本企业的销售政策，同时还要了解竞争者，即对顾客、本企业和市场三个因素有准确的把握。顾客的需要可能同时有许多种，既有明显的、可言说的，又有隐蔽的、不可言说的。特别是组织购买者，有两个层次的主体，一个是组织本身，一个是组织的个人代表。发现顾客需求的方法有很多，比如市场调查预测法、市场咨询法、资料查找法、社交发现法、同行了解法、建立信息网络法、个人观察法、连锁介绍法，等等。在这一阶段，推销人员应围绕顾客的需要，探讨顾客需要解决的问题，而不要急于介绍推销品。这种做法体现了以顾客为中心的准则，最能引起顾客的兴趣，有利于制造融洽的推销气氛，有利于消除推销障碍。

（二）把推销的产品与顾客的需求和愿望结合起来

在发现并指出了顾客的需要后，再向顾客介绍推销品，并把推销品与顾客需要联系起来，这样就能很自然地引起顾客的兴趣，达成交易。“结合”是一个必要的过程。对顾客而言，这个过程也许是主动的，也许是被动的。主动的结合是推销人员努力的结果，而被动的结合必须得到顾客的接受和认可。

结合的原则为：必须符合客观实际；必须符合顾客的利益；必须是可以证实的或令人信服；结合的技巧应不留痕迹、自然而然。

按结合的形式分，有语言结合法、行为结合法。前者是通过语言表达，说明产品符合顾客需要的特性；后者则是通过推销人员的行动把推销活动和满足顾客的需求、解决顾客的问题结合起来，用行动向顾客表明诚意，赢得信任与合作。两种方法一并使用，言行一致，能达到最佳效果。

按结合的内容分，有物的结合、产品整体概念结合、观念结合、信息结合、关系结合。

按结合的范围或路线分，有两点直接结合法、三点式和多边式结合法。

按与顾客关系网结合的不同层面分，有上行关系结合法和下行关系结合法。

从需求的角度分，有适应需求结合法、调整需求结合法、引导需求结合法。

（三）证实所推销的产品符合顾客的需求

证实就是为顾客寻找购买的理由与证据。理由和证据应该具有客观性、可信性、针对性、全面性、完善性等特征。推销人员应努力使自己的推销言之有据。推销面谈之前的准备工作中，就要收集整理各种证据并排练演示，争取在推销过程中运用自如，达到最佳效果。证据多种多样。

（1）从证据的来源分，有人证、物证和例证。

（2）从证据的获取渠道分，有生产现场证据及顾客自我经验所提供的证据。

（3）从证据的形式分，有文字证据、图片证据、光电证据。

（四）促使顾客接受所推销的产品

在第三个阶段之后，推销人员必须询问顾客是否认为所提供的证据真实可信。前三个阶段都是推销人员扮演主要角色，顾客则是第四步的主角。

推销人员在这一步要把握的原则就是明确顾客的态度，并对前段推销工作做总结。有些推销人员在使用迪伯达模式时，往往忽略了向顾客证实他对所推销的产品有需求。其实，在向顾客证实他需要购买所推销的产品以前，他一般不会把他的需求与所推销的产品联系起来。推销人员必须拿出充分的证据向顾客证明，产品符合顾客的需要和要求，他所需要的正是这些产品。应该强调的是，必须从顾客的角度，而不是从推销人员的角度来判断这些证据是否真实可信。

证实的具体方法有：

（1）询问法。通过提问的方式，搞清楚顾客对推销的接受程度。

（2）总结法。边推销边总结，强调经过前三步的努力双方达成的共识。

（3）试用法。免费试用往往是促使顾客接受产品的一个法宝。

（4）部分接受法。如果不能促使顾客全部接受推销要点，也要让顾客部分接受，这样积少成多，逐步引导顾客接受整个产品。

（5）等待接受法。有时顾客由于某种原因无法立即接受产品，推销人员就要学会耐心等待，并不断与顾客接触。长时间的等待与积极的推销相结合，可以创造良好的业绩。

（6）示范检查促进法。推销人员通过在示范过程中向顾客提出一些带有检查性的问题，试探顾客的接受程度以及是否有购买的意图。如果发现有问题，可以立即纠正补充。

（7）顾客使用促进法。即推销人员把已经介绍与初步证实的产品留给顾客使用，从而促进顾客接受产品的方法。

（五）刺激顾客的购买欲望

在推销过程中，仅仅使顾客把他的需要和推销品联系起来是远远不够的，还应该使顾客认识到：他必须购买你所推销的产品或服务。因此，当顾客接受了推销品之后，推销人员应及时激发顾客的购买欲望，利用各种诱因和刺激使顾客对推销品产生强烈的满足个人需要的愿望和感情，为顾客的购买行动打下基础。激发欲望的方法也因人而异，但有两个基本原则可供参考：一是向顾客介绍情况以刺激他的购买欲望；二是提出一些有吸引力的建议，并进行充分的说理来激发购买欲望。

（六）促使顾客采取购买行动

这是迪伯达模式的最后一个步骤。这一步要求推销人员在前面工作的基础上，不失时机地劝说顾客做出最后的购买决定。这个阶段同埃达模式的第四阶段“促成顾客采取购买行动”一致。

第 3 节　埃德帕推销模式

一、埃德帕推销模式的含义及其适用范围

埃德帕（IDEPA）模式是迪伯达模式的简化形式，它适用于有明确的购买愿望和购买目标的顾客，是零售推销较适宜的模式。

埃德帕模式针对的是有明确购买目标的顾客，采用该模式时不必去发现和指出顾客的需要，而是直接提示哪些产品符合顾客的购买目标。

二、埃德帕模式的推销步骤

埃德帕模式把推销全过程概括为五个阶段。

（一）把推销的产品与顾客的愿望联系起来

一般来说，人们总希望从购买活动中获得一定的利益，包括在一定程度上增加收入、减少成本、提高效益。推销人员应热情接待上门求购的顾客，主动介绍商品，使顾客认识到购买商品所能获取的一定利益，紧紧扣住顾客的心弦，使顾客欲罢不能，只好接近推销人员，这种效果是其他接近方法无法产生的。在实际推销工作中，普通顾客很难在推销人员接近时立即认识到购买商品的利益，同时为了掩饰求利心理，也不愿主动向推销人员打听这方面的情况，而往往装出不屑一顾的神情。如果推销人员在接近顾客时主动提示商品利益，可以使商品的内在功效外在化，尽量满足顾客需求。

在向顾客展示利益时，推销人员应该注意下述问题：商品利益必须符合实际，不可浮夸。在正式接近顾客之前，推销人员应该进行市场行情和用户情况调查，科学预测购买和使用产品可以使顾客获得的效益，并且要留有一定余地。

（二）向顾客示范合适的产品

证实的常用办法是示范。所谓示范，就是当着顾客的面展示并使用商品，以显示出你推销的商品确实具备能给顾客带来某些好处的功能，使顾客产生兴趣和信任。熟练地示范你推销的产品，不仅能吸引顾客的注意力，而且能使顾客直接对产品发生兴趣。示范最能给人以直观的印象，示范效果如何将决定推销成功与否。因而，示范之前必须周密计划。

（三）淘汰不宜推销的产品

有些产品不符合顾客的愿望，称为不合格产品。需要强调指出，推销人员在向顾客推销产品的时候，应及时筛选那些与顾客需要不符合的产品，使顾客尽量买到合适的产品，但也不能轻易淘汰产品，要做客观的市场调研及分析。

（四）证实顾客的选择是正确的

即证明顾客已挑选的产品是合适的，该产品能满足他的需要。

（五）促使顾客接受产品

推销人员应针对顾客的具体特点和需要进行促销工作，并提供优惠的条件，以促使顾客购买推销的产品。

第4节 费比推销模式

一、费比推销模式概述

费比（FABE）模式是由美国艾奥瓦大学企业管理博士、中国台湾中兴大学商学院院长郭昆漠总结并推荐的推销模式。它是推销人员向顾客分析产品利益的好方法。F代表英文单词feature，意为特征，即产品特征。A是advantage的缩写，中文“优点”的意思，即产品特点所产生的优点。B是benefit（利益）的缩写，是产品优点所带给顾客的利益。E是英文单词evidence（证据）的缩写，即推销人员以真实的证据消除顾客的异议与顾虑。如某化肥原料供应公司向化肥厂推销煤，他说：“我们供应的是山西省的一级煤，炭块率在85%以上（特征），这种煤发热点大，烟灰少，含硫量低于0.5%（优点），生产化肥上气快，产量高（利益），经某厂使用得到一致好评。今年，又有某厂向我们订了货（证据）。”

费比模式要求事先把产品特征、优点及带给顾客的利益等列出来，写在清单上，以使顾客容易了解，缩短顾客产生疑问的时间，减少异议。推销人员应做到事先准备好各种推销用语，即拟好介绍产品、指出优点的销售用语，对产品效用和价值做特别介绍的销售用语，刺激顾客购买欲望的销售用语，说明企业文化、企业营销思想的销售用语等，然后把以上各点写在纸上，牢记心中，达到运用自如、脱口而出的程度。

二、费比模式的推销步骤

费比模式一般有四个步骤：

（1）把产品的特征（feature）详细介绍给顾客。推销人员在见到顾客后，要以准确的语言向顾客介绍产品特征。特征的内容有产品的性能、构造、作用、使用的简易及方便程度、耐久性、经济性、外观优点及价格等。如果是新产品则应更详细地介绍，产品的创新在什么地方；如果产品在用料或加工工艺方面有所改进的话，也应介绍清楚所用的材料、工艺与别的产品相比有什么独特的地方；如果上述内容多而难记，推销人员应事先打印成文字和制作成视频等宣传材料，以便在向顾客介绍时将其交给顾客。因此，如何制作好这些介绍的宣传材料便成为费比模式的重要特色。

（2）充分分析产品优点（advantage）。费比模式的第二个步骤是把产品的优点充分地介绍给顾客。它要求推销人员针对在第一个步骤中所介绍的特征，找出其特殊的作用或者是某项特征在该产品中的特殊角色、特殊功能等。如果是新产品，务必说明该产品开发的背景、目的、必要性以及设计时的主导思想，相对于老产品的差别优势等。当面对的是具有专业知识的顾客时，则应以专业术语进行介绍，力求用词精确简练。在这个阶段，推销人员的语言正确性和熟练性就显得更为重要。

（3）强调产品给顾客带来的利益（benefit）。第三个步骤是费比模式最重要的步骤，推销人员应在了解顾客需求的基础上，把产品能给顾客带来的利益，比如产品内外利益、实质利益乃至社会和经济利益，尽量多地列举给顾客。在对顾客需求了解不多的情况下，应边讲解边观察顾客的专注程度与表情变化；在顾客表现关注的主要需求方面更要多讲多举。

（4）以证据（evidence）说服顾客购买。推销员在推销中要避免用“最便宜”“最合算”“最耐用”等极端描述性语句，因为这些词语会令顾客反感而显得无力。因此，推销人员应以真实的数字、案例、实物等证据，解决顾客的各种异议与顾虑，促成顾客购买。费比模式的突出特点是：事先把产品特征、优点及带给顾客的利益等列出来，这样就能使顾客更好地了解有关内容，缩短顾客产生疑问的时间，减少顾客异议的内容。正是由于费比模式具有这一特色，它受到了不少推销人员的推崇，帮助不少企业取得了销售佳绩。

第 5 节　其他推销理论

一、推销三角理论

推销三角理论是阐述推销人员推销活动的三个因素——推销人员、推销的产品或服务、推销人员所在的企业之间的关系的理论，它是为推销人员奠定推销心理基础，激发推销人员的积极性，提高其推销技术的基础理论。

推销三角理论要求推销人员在推销活动中必须做到三个相信：

（1）相信自己所推销的产品或服务；

（2）相信自己所代表的企业；

（3）相信自己的推销能力。

该理论认为，推销人员只有同时具备了这三个条件，才能充分发挥自己的推销才能，运用各种推销策略和技巧，取得较好的推销业绩。这就好比三角形的三条边，合起来就构成了稳定的三角形结构。其中，企业的产品用英文表示为 goods（产品），推销人员所代表的企业用英文表示为 enterprise（企业），而推销人员用英文表示为 myself，这三个英文单词的首字母合起来便构成了 GEM，故西方国家也称推销三角理论为 GEM 公式，译作“吉姆公式”。

（一）推销人员对企业的信任

在推销活动中，推销人员对外代表着企业，其一举一动都会影响顾客对其所代表企业的看法和印象，他们是企业形象的代言人。推销人员的工作态度、服务质量和推销业绩直接影响到企业的经济效益、社会效益和发展前景。坚持对企业的信心，相信企业能为你提供好产品，给你能发挥你的才能、实现你的价值的机会，使你自己的一切活动完全纳入企业行为中，并以你能成为该企业一员而骄傲，即一种企业自豪感。因此，只有使推销人员充分相信自己所代表的企业，才能使其具备从事推销工作应有的向心力、荣誉感和责任感，才能使其具备主人翁的工作热情，并在推销事业中发挥创造精神。连自己企业都不相信的推销人员是不可能长期对企业和顾客有所作为的。推销人员对企业的相信包括相信企业经营行为的合法性、合理性，相信企业的决策、管理能力，相信企业改革和发展的前景等。

当然，企业的优势和劣势是相对的，推销人员对本企业的信任也不应是盲目的。推销人员对企业的优劣、长短要用辩证的眼光看待，并认识到在推销人员和企业其他人员的努力下，企业的劣势可以变成优势，落后可以变为先进。企业无论大、小、新、旧，都有自己的特色，这种特色是推销人员信任的基点，也是推销技术运用的基础。

（二）推销人员对产品的相信

推销人员对自己所推销的产品应当充分相信，因为产品是推销人员推销的客体，也是满足顾客需求的载体。它给顾客提供使用价值，给顾客带来需求的满足。要想办法把自己和要推销的产品相联系，你就要把自己当成最好的顾客，让你的销售对象知道你是多么热爱这一产品。要使自己处在顾客的位置，让顾客觉得你在为他着想。

当然，推销人员对自己推销的产品也不应盲目地自信。这种自信应源于对产品的充分了解，源于对产品知识、功能效用和与其他产品相比的相对特征、优势及其合理使用的方法的充分了解。更不能过分吹嘘自己的产品，欺骗顾客，最终给推销带来失败结果，给企业带来负面影响。

（三）推销人员对自己的相信

推销人员的自信心是完成推销任务、实现自己的目标的前提。销售活动最重要的组成要素是销售员。销售员要接受自己，肯定自己、喜欢自己。如果你连自己都嫌弃自己，却指望顾客会喜欢你，那实在太难为顾客了。香港销售大王冯两努说得好："销售员成功的秘密武器是，以最大的爱心去喜欢自己。"

推销人员对自己的相信，包括相信：

（1）自己从事的推销事业的伟大意义；

（2）自己从事推销事业的智慧和能力；

（3）自己充满前途的美好明天。

推销人员的事业总是沿着从无到有、从小到大、从缺乏经验到经验丰富的方向发展的。如果遇到了几次失败或挫折，就气馁，就失去信心，是不可能干好推销事业的。

作为推销人员，你不仅仅是在销售商品，你也是在销售自己，客户接受了你，才会接受你的商品。

二、环境适应理论

环境适应理论（Right Set of Circumstances Theory of Selling）也称为环境反应理论。该理论起源于著名的动物条件反射理论，总结起来就是在一定销售环境中的某一特定的问题都会存在相应的解决可能，反过来说，没有解决不了的问题，关键是找到适当的办法。如果推销人员能够以适合某种购买者的特定环境进行促销，吸引购买者注意，唤起兴趣，从而刺激相应的购买欲望反应，那么推销就成功。

如果推销人员能够很好地了解和掌握特定的市场环境，那么所设定的市场营销计划的可预见性就更高。环境的设定包括内外因素的了解和熟悉。这是一种以推销人员为基础的理论，强调推销人员对环境状况认识与控制的重要性和技能性。

三、购买公式理论

购买公式理论（Buying Formula Theory of Selling）则是顾客导向理论，它试图回答这样的问题：在消费者购买思考过程中，是什么决定消费者做出买还是不买的决策？它基于如下事实：只要存在需求或问题，肯定也存在能满足该需求或解决问题的办法。

销售与购买过程可以分析如下：需求—解决问题（满足需求）—购买，然而购买的决定来自销售者与购买者之间连续的交流中的机会，这个所谓的购买机会必须满足另一个要素：满意。任何时候，一个人产生一种需求，对于他来说必然会有一个满意的结果。对于销售者来说，就必须提供能满足购买过程要素的两个部分：产品或服务与产品名称（品牌）。于是产生新的购买公式：需求—产品或服务（体现在产品名称）—购买—满意还是不满意。为保证购买成功，就要考虑提供合适的产品或服务和产品名称（品牌），使购买者满意。

四、行为等式理论

行为等式理论（Behaviour Equation Theory of Selling）是环境适应理论的翻版，理论创始人为 J. A. 霍华德（J. A. Howard），基于刺激反应模式并运用大量的购买行为数据。该理论解释了购买过程中的购买决策，可以看成是学习过程，该过程包括四个基本的要素：激励、暗示、反应与加强。

（1）激励。激励是一个很强的伴随购买者的反应的刺激，可分为内部激励和经历激励。内部激励源于心理需求，如饥饿、疼痛，内部激励被满足之后，经历激励则会使人们追求地位或社会承认。

（2）暗示。这是一种弱刺激，在购买决策过程中决定购买者什么时候产生反应。

对购买者购买决策的暗示刺激主要是心理暗示，这种心理暗示转化成自我暗示才能影响购买过程，但没有触动购买动机。暗示的触动来源于：产品刺激，直接接收外部产生的刺激，比如包装和价格；信息刺激：从外部获得信息产生刺激，如广告。而每个新的暗示出现会影响购买决策过程。

（3）反应。购买者受激励之后产生的意识。

（4）加强。任何对购买者的决策产生强化作用的刺激。

根据上述激励过程，我们可以有购买公式：

$$B=PDKV$$

式中，B 为反应；P 为倾向（习惯性）；D 为产生激励的强度（促销强度）；K 为潜在利益（产生可能满意度的价值）；V 为加强（就是购买决策的加强作用）。

基本概念

埃达模式　　迪伯达模式　　费比模式　　埃德帕模式

推销三角理论　　环境适应理论　　购买公式理论　　行为等式理论

思考题

1. 埃达模式的运用步骤及适用范围是什么？
2. 迪伯达模式在现实生活中有哪些运用？试举一例说明。
3. 埃德帕模式的含义及步骤是什么？
4. 费比模式的具体应用步骤有哪些？

案例分析

你们的问题我们来解决

某手表生产商对一些手表零售商店的销售状况进行了调查，发现商店的售货员对推销该厂的手表不感兴趣，手表零售商店的销售策略也有问题。厂方决定开办一所推销技术学校，并派出厂里的推销代表（包括萨姆纳·特伦顿在内），到各手表零售商店进行说服工作，目的是使他们对开办推销技术学校产生兴趣并积极配合，如安排人员参加学习等。特伦顿来到一家钟表店，运用推销模式对该店的负责人进行了成功的推销。下面是特伦顿与该店负责人迪尔的对话：

特伦顿：迪尔先生，我这次来这里的主要目的是想向你了解一下商店的销售情况。我能向你提几个简短的问题吗？

迪尔：可以。你想了解哪方面的情况？

特伦顿：你本人是一位出色的推销员……

迪尔：谢谢你的夸奖。

特伦顿：我说的是实话。只要看一看商店的经营状况，就知道你是一位出色的推销员。不过，你的职员怎样？他们的销售业绩与你一样吗？

迪尔：我看还差一点，他们的销售成绩不太理想。

特伦顿：完全可以进一步提高他们的销售量，你说呢？

迪尔：对！他们的经验还不丰富，他们当中的一些人现在还很年轻。

特伦顿：我相信，你一定会尽一切可能帮助他们提高工作效率、掌握推销技术的，对吗？

迪尔：对。但我们这个商店事情特别多，我整天忙得不可开交，这你是知道的。

特伦顿：当然，这是难免的。假如我们帮助你解决困难，为你们培训商店职员，你有什么想法？你是否愿意让你的职员学习和掌握制定销售计划、赢得顾客、增加销售量、唤起顾客的购买兴趣、诱导顾客做出购买决定等技巧，使他们像你一样，成为出色的推销员？

迪尔：你们的想法太好了。谁都愿意有一个好的销售班子。不过，如何实现你的计划？

特伦顿：迪尔先生，我们厂为你们这些零售商店的职员开办了一所推销技术学校，目的就是训练这些职员掌握你希望他们掌握的技能。我们特别聘请了全国有名的推销学导师和高级推销工程师负责学校的培训工作。

迪尔：听起来很不错。但我怎样知道他们所学的东西正是我希望他们学的呢？

特伦顿：增加你的销售量符合我们的利益，也符合你的利益，这是其一。其二，在制定训练计划时，我们非常希望你能对我们的教学安排提出宝贵的意见和建议。

迪尔：我明白了。

特伦顿：给，迪尔先生，这是一份课程安排计划。我们把准备怎样为你培训更好的销售人员的一些设想都写在这份材料上了。你是否看一下材料？

迪尔：好吧，把材料交给我吧。（特伦顿向迪尔介绍了计划。）

特伦顿：我已经把你提的两条建议都记下来了。现在，你还有什么不明白的问题吗？

迪尔：没有了。

特伦顿：迪尔先生，你对我们这个计划有信心吗?

迪尔：有信心。办这所学校需要多少资金? 需要我们分摊吗?

特伦顿：你只需要负担受训职员的交通、伙食、住宿费用。其他费用，包括教员的聘金、教学费用、教学工具等，统统由我们包了。我们初步计算了一下，每培训一个推销员，你最多支付45英镑。为了培养出更好的推销员，花费45英镑还是值得的。你说呢? 假如经过培训，每个受训职员的销售量只增加了5%的话，你很快就可以收回所支付的这笔费用了。

迪尔：这是实话。可是……

特伦顿：假如受训职员的推销水平只是你的一半……

迪尔：那就很不错了。

特伦顿：迪尔先生，我想你可以先派3个有发展前途的职员参加第一期训练班。这样，你就知道训练的效果如何了。

迪尔：我看还是先派两个吧。目前我们这里的工作也比较忙，不能多派了。

特伦顿：那也是。你准备先派哪两位去受训呢?

迪尔：我初步考虑派……不过，我还不能最后决定。需要我马上做出决定吗?

特伦顿：不，你先考虑一下，下周一告诉我，好吗? 我给你留两个名额。

迪尔：行，就这么办吧!

问题：

1. 特伦顿应用了什么样的推销模式?
2. 根据案例分析这种推销模式的各个步骤。

第 4 篇

顾客研究篇

第6章

顾客需求分析

本章要点

- 明确顾客需求的含义及其主要内容；
- 理解需求理论；
- 了解顾客需求与推销的关系。

引例

打折中的诚实

乔女士周末去百货商场闲逛，心里想着看看有没有质量好的真丝面料或者贡缎面料且价格合理的家居用品可买。乔女士家境殷实，购买商品讲究美观舒适上档次，但是她也不愿意花太高的价钱进行奢侈消费。这是我国的各种百货商场在节假日都有打折促销活动而引起的消费者对于高档商品低价格促销的购买欲使然，家庭主妇都抵挡不了商场促销的诱惑。这一天正好是“三八”妇女节，百货商场当天都有打折商品销售。

乔女士走到床上用品区时，售货员热情邀请她到某品牌商品处看看，并主动给予介绍。该品牌是国内名牌，其在央视的广告家喻户晓，此时商场正在对其部分商品打折促销，普通四件套原价1 200多元，现价700元。田园风格的床上用品对于使用欧式家具的乔女士来说很有吸引力。但是，摸摸商品的手感觉得质量与价格相比，价格还是高了，而且40支纱的纯棉面料用起来不一定舒适，她是个对床上用品讲究体验环保有舒适感的人。乔女士走到真丝面料区看到的都是万元以上的价格，让她直吐舌头。有一款100%真丝面料的六件套正在打折促销，原因是就剩下一套，价格是3 500元。这个价格令乔女士心动不已。因为她知道，真丝面料的床上用品在商场的价格都在万元以上，这套床上用品无论颜色、尺寸规格都是她喜欢的类型，而且这种面料非常环保安全，皮肤感觉爽滑舒适，唯一的缺点就是没得挑了。乔女士购买真丝面料四件套的心理价位是8 000元以内，眼前的是六件套。以下是售货员与乔女士的对话：

乔女士：这么便宜（真丝面料六件套）？

售货员：今天是“三八”节，我们总部推出这款商品打折促销。

乔女士：哦，有几件啊？

售货员：只有一件，如果有两件，起码也要6 000元以上。

乔女士：但是这一件肯定和新的不一样啊，是否有残？

售货员：这一款是新的，只不过在床上放了一段时间。不过，您放心，肯定没有脱丝等残次出现，那样的话总部就收回了。

乔女士：是这样，但价格还是很高啊。

售货员：价格已经是最低了，不能再降了。

乔女士：放了多久？

乔女士换了话题。

售货员：两个月吧，您放心，没有让人坐上去过（商场规定售货员上班必须站着）。您看，还是和刚刚打开的一样，我们保护得很好（售货员翻开床单、被罩、枕套和靠垫套让乔女士仔细检查）。

乔女士：好像不止放了两个月（乔女士很挑剔地判断说）。

售货员：组长，到底放了多久啊？

售货组长翻开记账单看了看，肯定地说，最长6个月，不超过半年。

乔女士：半年？太长了。看起来和新的一样，但是买回去就得洗。

售货组长：在商场里，放了半年的床上用品是正常现象，有的放一年多还打不了这么大的折扣呢。

售货员：是的，您看，这款真丝床品六件套网上也没有这么便宜的价格，不信您打听打听。

乔女士正好有好友开网店，她打电话给朋友，让她给搜搜网上真丝面料四件套的价格都是多少。15分钟后朋友告知网上卖的真丝床品四件套都在3 000元以上。六件套的较少，价格也更高。最后，她感觉值得拥有，决定购买眼前的六件套。

评析：顾客需求的产生既有自身经验总结产生的需求，也有营销活动引起的需求。本案中的乔女士的购买需求包含上述两个方面的原因。当然，人的需求是多方面的，为此，推销人员了解需求、研究需求产生的原因及其规律，对于成功地开展推销活动至关重要。

第1节　顾客需求概述

早年现代营销之父科特勒的一句话启动了商界变革：“市场营销最简短的解释是：发现还没有被满足的需求并满足它。”2005年9月，科特勒在“菲利普·科特勒新思维全球巡回论坛”上再一次强调：“营销需要创新，但万变不离其宗——发现并满足需求。”

把具体顾客及其对于推销活动的接受过程作为现代推销学的主要研究对象，既是现代推销学的主要研究特点，也是现代推销学与市场营销学的主要区别。因为企业推销活动的终极目的是具体顾客需求的满足，因此，具体顾客有什么需求，具体顾客需求的发展规律是什么，具体顾客对推销的认识如何，其态度和变化的原因是什么，如何发现和准确确定具体顾客的需求，如何寻找满足顾客需求的产品和方式，如何转变具体顾客对推销的态度使其接受推销人员和推销的内容，都是现代推销学主要的研究对象。

一、需求的含义

现代推销的目的就是满足顾客的需求，因此研究顾客的需求有着十分重要的价值。需求是一种经济学原理，它描述顾客有意愿和有能力来付出特定的价格获得某种特定的产品或服务的欲望。简单地说，需求就是建立在顾客购买力基础上的购买欲望。每个产品，包括产品本身的自然性，之所以能成为市场的提供物，都是受到潜在顾客的需求与需要所驱动。一般来说，人们的需要是相似的，每个人都有相同或相似的需要，但需求反映人们的某种特殊欲望，需求不是必需的。比如每个人都要吃饭，这就是需要，但有的欲望是山珍海味，而有的却是粗茶淡饭就行，这就是不同的需求。在产品和服务设计上，功能性利益一般表现为满足顾客的需要，这种需要性设计很容易被竞争对手模仿；而精神性利益就是为了满足顾客的需求，体现了产品的独特性。

需求是和人的活动紧密联系在一起的。人们购买产品、接受服务，都是为了满足一定的需求。一种需求满足后，又会产生新的需求。因此，人的需求没有完全满足和终结的时候。正是需求的无限发展性，决定了人类活动的长久性和永恒性。

需求虽然是人类活动的原动力，但并不总是处于唤醒状态。只有当顾客的匮乏感达到了某种迫切程度，需求才会被激发，并促使顾客有所行动。比如，我国大多数消费者可能都有住上更宽敞住房的需求，但由于经济条件和其他客观因素的制约，这种需求大多只是潜伏在消费者心底，没被唤醒，或没被充分意识到。

菲利普·科特勒认为，对需要加上主观约束（愿意满足）和客观约束（有能力满足）之后，就能形成需求，即顾客需求指的就是顾客有能力购买并且愿意购买的对某种产品（服务）的消费需要。

顾客需求是顾客的目标、需要、愿望以及期望，这些需求构成了最初信息来源。顾客需求信息应该是定义准确，尽可能减少含糊不清、模棱两可的语句。

二、需求的内容及产生的原因

（一）需求的内容

1. 功能需求

当一个产品可以帮助顾客实现他们认为必要的或想要的愿望，这个产品就具有了功能需求。功能需求与产品的性能直接相关。例如，人们需要整理头发，就会去买一台吹风机，购买吹风机是由于它具有帮助顾客整理发型的功能。

那些决定产品类别的核心功能需求有可能是使用另外一个产品的需求，汽车轮胎就是这样。就汽车轮胎本身来说，它仅仅是一个又笨又重的黑轮子而已。但当汽车轮胎安装在汽车上后，汽车就可以快速奔驰并且不会颠簸。同样，DVD 机可以让顾客观看 DVD 盘，但它本身并不满足什么需求。只有拥有了想观看的 DVD 盘，DVD 机才有了价值。从经济角度看，DVD 机和 DVD 盘结合在一起才是完整的产品，才能满足顾客的需求。

2. 体验需求

体验需求是顾客在拥有、使用或消费一个产品时所体验到的物质感受和情感。依据凯文・凯勒的说法，体验需求“满足了体验需要，如感官快乐（包括视觉、味觉、听觉、嗅觉、感觉等）、多样性或是认知上的刺激”。体验需求构成了内在品牌偏好。欧・肖尼斯将内在品牌偏好定义为品牌激发的感情偏好。当对产品的选择仅仅取决于“产品的内在吸引力”的时候，“顾客就会以愉悦他们的感觉和情感为标准进行购买”。

体验需求驱动了很多产品的购买。玫琳凯的美容顾问经常会组织一些类似公益性的美容知识讲座。在讲座中，美容顾问会对如何护肤提供一些建议，同时提供现场解答，一些顾客希望皮肤白嫩，另一些顾客则希望减少皱纹。美容顾问会在现场为顾客化妆，同时发放免费试用装。在体验需求的驱动下，很多人购买了玫琳凯产品。

公司通常会在设计产品时，以体验需求来加强产品的功能需求。事实上，当我们看到洗衣服时浮着的泡沫时，就更加相信洗衣粉可以有效地将衣服洗干净；沐浴后，皮肤的光滑可以加强我们对沐浴液有效性的信心；刷牙后的感觉可以增加我们对牙膏保持口气清新的信心。

3. 财务需求

当顾客消费一种产品之后，他花在其他产品上的钱就更少了。所以，所有产品的购买都受顾客的经济状况的影响，然而在许多产品类别中，购买价格只是整体拥有成本的一部分。拥有成本还包括安装、培训、维护、紧急修理及废弃处理等。一些产品承诺顾客可在其他产品和服务上省钱。例如，多年来，日本汽车公司对顾客的诉求点在于省油和更少的维修费用。使用含氟牙膏和购买日本汽车的例子，都表达了降低顾客未来支出的承诺。

4. 心理社会需求

心理社会需求与顾客在购买并拥有某产品时的个人满足感直接相关。顾客拥有、使用或消费特定产品的行为可以影响他们看待自己的方式。具体来说，顾客可能会将自己看成是勤劳的、有竞争力的、整洁的、独立的、聪明的、负责任的、自律的人。顾客通常通过使用产品来强化自身形象。顾客也会通过他们的消费行为来使他们现在的形象向理想中的形象转变。

通常，顾客所产生的心理社会需求是由环境决定的。环境包括：活动内容、日期、地点以及其他人对产品消费和使用的看法。一个人可能会在朋友和同事面前寻求一系列的心理社会需求，但当朋友和同事不在场时，他会寻求另一些需求。例如，一位女经理在白天上班时穿着职业装，而在晚上换上牛仔或休闲服。部分原因是，当她在公司上班时需要展现干练和严肃。但是，在家里，则更多是舒适和温馨，因此选择了休闲服饰。

在不同的购买情形下，只有一些需求和个人价值直接相关。那些和个人价值不直接相关的需求通过与其他需求相联系而产生意义。

与其他需求相比，心理社会需求和个人价值的关系最紧密，而个人价值是个人自我感觉的核心，因此，心理社会需求和个人价值直接相关；工具性需求和心理社会需求直接相关，和个人价值间接相关。

顾客通常是将功能需求、体验需求、财务需求和心理社会需求相联系。图 6－1 概括了这些需求，其中包括两种附加的需求间的关系。首先，顾客通常将体验需求和功能需求相连。例如，一些感冒药承诺不嗜睡（一种功能需求），吃了这种药的人在开车时不会睡着（一种功能需求）。而且，功能需求会产生财务需求。同样，很多客户相信补品的健康功能将节省他们将来花在健康护理上的费用。

图 6－1 描述了我们通常看到的各种需求之间的关系。对于识别顾客需求来说，这个图是一个很好的起点。

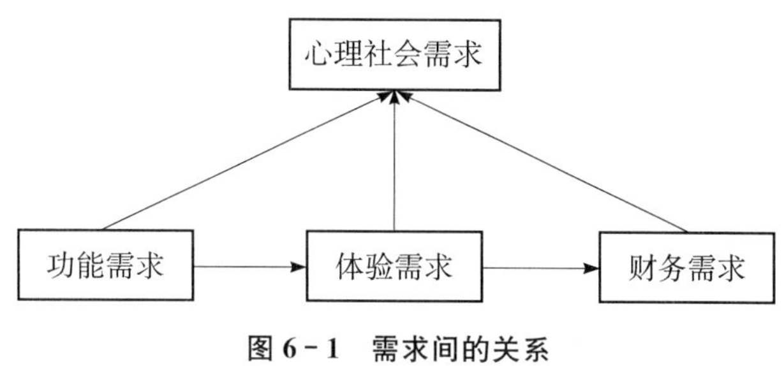

图 6－1　需求间的关系

（二）需求产生的原因

推销，说到底就是识别需求并予以满足。顾客需求是多样化的，就像买沙发，有人喜欢真皮，有人喜欢布艺；有人喜欢欧美风格，有人喜欢日韩风格。

我们要研究的是，形形色色的顾客需求是如何产生的？

需求源自匮乏，饿了想吃，渴了要喝，这是生理需求。人是高级动物，除了生理需求，还有精神需求。精神需求源于精神匮乏。国王问阿凡提："现有金钱和美德，你要哪个？"阿凡提答："金钱！"国王笑："我选美德。"阿凡提说："那是自然，缺啥要啥！"

从以上需求的内容可以看出，需求可以说是顾客购买动机以及购买行为的动力源。顾客需求的产生不外是以下几种形式：

（1）自然驱动力产生的需求，是指由于人的器质性器官通过人的自主神经作用而诱发形成的内在驱动力所产生的需求。例如，人的肠胃等器质性器官的蠕动和所发出的声音，就会使人产生饥肠辘辘的感觉，人们自然会产生一种对食物和其他充饥物的需要，这是人生来就具有的一种本能需求。这种需求的产生不受外界影响，属于内在刺激物引发的。

（2）功能驱动力产生的需求，是指由于人的功能性器官通过动物神经作用形成的内在驱动力所诱发的需求。例如，人们看到嫩黄碧绿的食物就会引起对食品及其他美食的需求；看到画面上清澈见底的池水会想到畅游；看到大海或听到大海的涛声会想到冲浪；看到名山大川的景色会产生旅游的需求；等等。这种需求属于外在刺激引发的。

（3）由人的自身经验总结而产生的需求。如果人们曾经购买过、消费过某个产品，并在对消费感受总结后认为产品是好的，就会把这一经验记忆并存储在大脑中，一遇到提示物的提醒或是类似情况的诱导等，就会产生对该产品的需求。

（4）人际交往引发的需求。人总是要与他人交往的。在交往与交谈中，人们会从多个角度不自觉地向他人学习购买与消费的经验，并把这些习得的经验用于指导自己的购买与消费。在消费攀比成为一种风气的地区与人群中，人际交往已成为消费者主动学习、产生需求的主要形式。

（5）因营销活动而引发的需求，是指企业或推销人员通过有意识组织的市场营销活动诱发消费者被动产生的需求。如企业不断开发出适销对路的产品，并把产品开发的信息通过各种手段传递给消费者，有意识地向消费者施加影响，使消费者产生需求，这是消费者被动学习产生需求的主要形式。消费者由学习而产生的需求，为营销人员引导、影响、教育与创造需求提供了依据。

研究需求产生的原因，不仅要知其然，还要知其所以然，本着实事求是的态度，才能为现代推销引导、影响、教育与创造需求奠定理论基础。

小贴士

史玉柱在4 000多个小时的聊天过程中，洞悉了从事网游的乐趣、激情、义愤、郁闷、心跳、欢畅、紧张、算计、张狂、好奇、窃喜、嫉妒、悔恨、无奈、宣泄、控制、霸气、说一不二、干云豪气，等等。所有这些复杂的甚至对立的情绪，他先前还没有体验过，甚至连想象都不可能，现在他却了如指掌。给所有这些情绪一种载体，一种释放机制，正是《征途》最吸引人的地方。

史玉柱的成功在于他吃透了中国人的人性。

三、需求与购买动机

动机（motive）是指个体所具有的推动其实际活动以满足其欲望和需求的内驱力，即寻求满足需要目标的内在动力。

各种各样的购买行为都是由顾客的购买动机引起的，而顾客的购买动机却是以需求为基础的。顾客个体行为的一般规律是：需求决定动机，动机支配行为。这是一个不间断的循环过程。顾客还在其中不断满足并产生新的需要，由此推动整个社会的消费和生产的持续进行。

需求转化为动机是顾客购买行为的起点。从理性购买者行为的角度分析，需求本身并不直接引起顾客采取购买的行动。只有当需求被唤醒从而转化为动机之后，顾客才会有以某种行动去达成一定目标的内在驱动力。顾客是否采取购买行动取决于购买动机的大小。

需求，特别是当前需求的强烈程度对顾客的参与水平、认知范围、产品或品牌态度的形成、采取购买行动的可能性以及如何行动等，都有直接或间接的影响。以其对顾客参与水平的影响为例，当某种需求比较强烈或者转变为一种当前的主导需求时，顾客对能满足这种需求的产品或服务就会有较高的参与水平。假设正值炎热的夏季，而你家的空调突然坏了，这时你对空调这种产品的参与水平就会迅速提高。如果你准备换一台新的空调，你就需要投入一定的时间和精力去收集空调的各种信息。例如，你可能会向同事或朋友征求意见，也可能与商店的营业员进行交谈，还可能在网上查询，然后对可供选择的空调品牌进行评价和比较，最后在不同品牌和型号中做出选择。而所有这一切在空调正常使用时你是不会去做的，因为你在夏季使用空调感受凉爽的需求已经得到满足，你并没有处于一种心理激发状态，促使你去采取上述行动。如果参与水平低，顾客就不可能对特定的产品或品牌建立较高的认知度，从而稳定的品牌态度或忠诚也将难以形成。因此，推销人员的任务之一便是提高顾客对特定产品的参与水平。

小贴士 王永庆卖米

王永庆小学毕业后到一家米店做学徒。第二年，他用父亲借来的 200 元钱做本金，自己开了一家米店。为了和隔壁那家日本米店竞争，王永庆颇费了一番心思。

当时大米加工技术比较落后，出售的大米里混杂着米糠、沙粒、小石头等，买卖双方都是不以为怪。王永庆则多了一个心眼，每次卖米之前都把米中的杂物捡干净，这一额外的服务深受顾客欢迎。

王永庆卖米多是送米上门，他在一个本子上详细记录了顾客家有多少人、一个月吃多少米、何时发薪等。算算顾客的米该吃完了，就送米上门；等到顾客发薪的日子，再上门收取米款。

他给顾客送米时，并非送到就算。他会帮顾客将米倒进米缸里。如果米缸还有米，他就将旧米倒出来，将米缸刷干净，然后将新米倒进去，将旧米放到上面。这样，米就不至于因陈放过久而变质。他这个小小的举动令不少顾客深受感动，铁了心只买他的米。

就这样，他的生意越做越好。从这家小店起步，王永庆终于成为台湾工业界的“龙头老大”。后来，他谈到开米店的经历时，不无感慨地说：“虽然当时谈不上什么管理知识，但是为了服务顾客、做好生意，就认为有必要了解顾客的需求，没有想到，由此追求实际需求的一点小小的构思，竟作为起步的基础，逐渐扩充演变成为事业管理的逻辑。”

第 2 节 需求理论概述

人类为了生存和发展，每天都产生各种消费需求，这些消费需求既有共性，又有差异，随着生产的发展而变化和演进。许多经济学家都研究过需求理论。

一、需求层次理论

具有代表性的是美国经济学家和心理学家亚伯拉罕·马斯洛的需求层次理论。他将个人需求划分为生理需求、安全需求、社交需求、尊重需求和自我实现的需求等五个层次。

（一）生理需求

这是人类维持自身生存的最基本要求，包括衣、食、住、行等方面的要求。如果这些需求得不到满足，人类的生存就成了问题。在这个意义上说，生理需求是推动人们行动的最强大的动力。马斯洛认为，只有这些最基本的需求满足到维持生存所必需的程度后，其他的需求才能成为新的激励因素，而到了此时，这些已相对满足的需求也就不再是激励因素了。

（二）安全需求

这是人类保障自身安全、摆脱事业和丧失财产威胁、避免疾病的侵袭等方面的要求。马斯洛认为，整个有机体是一个追求安全的机制，人的感受器官、效应器官、智能和其他能量主要是寻求安全的工具，甚至可以把科学和人生观都看成是满足安全需求的一部分。当然，这种需求一旦相对满足，也就不再成为激励因素了。

（三）社交需求

这一层次的需求包括两个方面的内容：一是友爱的需求，即人人都需要伙伴之间、同事之间的关系融洽或保持友谊和忠诚；人人都希望得到爱情，希望爱别人，也渴望得到别人的爱。二是归属的需求，即人都有一种归属于一个群体的感情，希望成为群体中的一员，并且相互关心和照顾。情感上的需求比生理上的需求来得细致，它和一个人的生理特性、经历、教育、宗教信仰都有关系。

（四）尊重需求

人人都希望自己有一定的社会地位，要求个人的能力和成就得到社会的承认。尊重的需求又可分为内部尊重和外部尊重。内部尊重是指一个人希望在各种不同情境中有实力、能胜任、充满信心、能独立自主。总之，内部尊重就是人的自尊。外部尊重是指一个人希望有地位、有威信，受到别人的尊重、信赖和高度评价。马斯洛认为，尊重需求得到满足，能使人对自己充满信心，对社会满腔热情，体验到自己的价值。

（五）自我实现的需求

这是最高层次的需求，它是指实现个人理想、抱负，最大限度地发挥个人的能力，完成与自己的能力相称的一切事情的需求。也就是说，人必须从事称职的工作，才能感到最大的快乐。马斯洛提出，满足自我实现需求的途径是因人而异的。自我实现的需求是努力实现自己的潜力，使自己越来越成为自己所期望的人。

人都潜藏着这五种不同层次的需求，但在不同的时期表现出来的各种需求的迫切程度是不同的。人的最迫切的需求才是激励其行动的主要原因和动力。人的需求是从外部得到的满足逐渐向内在得到的满足转化的。

低层次的需求基本得到满足以后，它的激励作用就会降低，其优势地位将不再保持，高层次的需求会取代它成为推动行为的主要原因。有的需求一经满足，便不能成为激发人们行为的起因，于是被其他需求取代。

高层次的需求比低层次的需求具有更大的价值。热情是由高层次的需求激发的。人的最高需求即自我实现就是以最有效和最完整的方式表现自己的潜力，只有这样才能使人得到高峰体验。

二、需求转移理论

（一）需求转移的含义

需求转移是指功能相同或相近的产品或服务之间（本书主要指有形产品），由于某种原因导致消费者从对一种商品的消费需求转移到另外一种商品，消费在群体内、群体间以及时间、地点的转移和扩散现象。在激烈的市场竞争中，企业之间、产品之间存在需求转移是市场竞争的根本原因所在，如果不存在需求转移，企业之间就没有相互竞争的必要了，企业将失去发展的动力，最终导致市场完全停滞，成为一潭死水。

很多研究者研究了产品之间的替代效应，在这里必须区分需求转移和产品替代的关系。产品替代与需求转移之间是相互联系的，但也是有很大差别的。产品替代是需求转移的基础，产品替代是指产品之间在功能上有相似之处，消费者可以用一种产品来取代另外一种产品；而需求转移是指消费者将对一种产品的需求转向了另外一种产品，这种转移的发生前提一般是这两种产品或服务在功能上具有相似的地方，具有相互替代的可能性，如果发生需求转移之间的产品没有可替代性，那么它们应该归属于不同的需求，不属于需求转移的范畴。举例来说，肥皂和香皂是一组可以相互替代的产品，因为它们在功能上具有相似性，但是不能说肥皂和香皂之间发生了需求转移。因此产品替代为需求转移的发生提供了可能，而需求转移是将潜在的可能性变成现实。

（二）需求转移的分类

需求转移作为一种客观存在的现象，根据不同的标准可以分为不同的种类。本书主要从企业内外、企业的高低端产品以及新老产品等方面，对需求转移的种类进行了一些简单的划分。各种划分之间并不存在绝对的界限，它们是相互贯通的。

1. 根据需求转移的产品归属划分

根据发生需求转移的两种产品是否属于同一个企业，可以分为企业内的需求转移和企业间的需求转移。对于企业内的需求转移，由于是在企业内部产品之间发生的转移，企业可以通过控制产品的价格、上市时间、改变促销策略等来调节两种产品之间的需求转移的方向和规模，从而实现企业的经营目标。对于企业内的需求转移，企业是可以在一定程度上加以控制和调节的。对于企业间的需求转移，由于产品归属于不同的组织，这是企业参与市场竞争经常会遇到的境况，也是我们所熟悉的市场博弈，是市场竞争得以存在的前提，是推动市场产品和服务不断进步与发展的动力所在。根据产品的归属划分的需求转移种类可以用以下的简图表示，如图6-2所示，图中垂直方向的直线表示的是企业内的需求转移，而水平方向的直线表示的是企业间的需求转移。

图6-2　产品需求在企业内外转移图

2. 根据需求转移的方向划分

根据需求转移发生的方向，可以划分为单向转移和双向转移。所谓单向转移，是指需求在两种产品之间，仅仅从一种产品转移到另外一种产品，而不存在逆向的关系；双向需求转移则是指需求在两种产品之间互相转移，需求可以从一种产品转移到另外一种产品，同时还存在逆向的关系，如图6-3和图6-4所示。

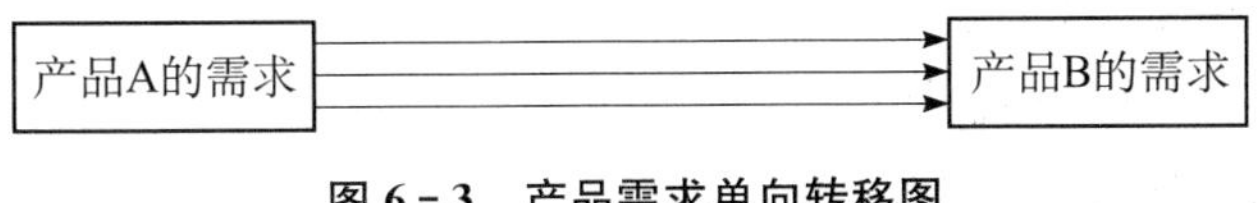

图6-3　产品需求单向转移图

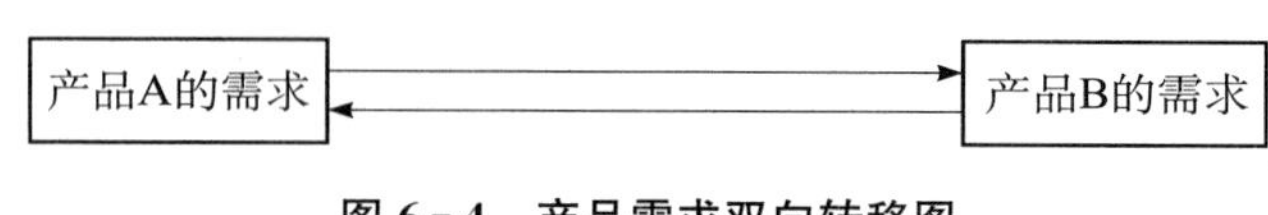

图6-4 产品需求双向转移图

3. 根据产品的市场定位划分

现在越来越多的企业为了满足不断细分的市场需求，根据不同的消费者需求提供不一样的产品或者服务，比如，很多企业提供高端产品满足高端顾客的需求，同时提供低端产品来迎合部分消费水平不高的顾客。因此根据产品针对的目标，可以将需求转移划分为从高端产品向低端产品发生的需求转移和从低端产品向高端产品发生的需求转移，如图6-5所示。当然这种划分并不是绝对的，所谓的高端和低端产品都是具有一定的动态性的，高端产品会逐渐沦为低端产品，而且对于不同消费者而言，高低端产品也是有很大的差异的。

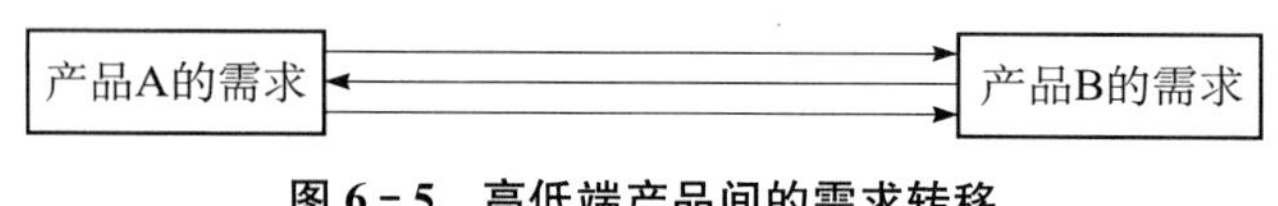

图6-5 高低端产品间的需求转移

4. 根据产品的上市时间先后划分

根据两种产品上市时间的先后，可以划分为新老产品之间的转移，如图6-6所示。图中表示的是新老产品之间存在双向转移的情况，但是还有可能只存在单向转移的情况。事实上正是由于新老产品之间存在需求转移，很多企业才花费巨资不断开发新产品。

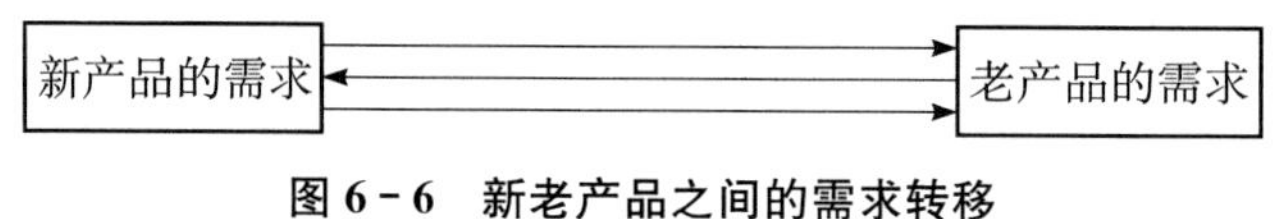

图6-6 新老产品之间的需求转移

5. “滴流”和“溯流”

在同一类型的人群中，总有个别人成为这群人的消费领袖，他们有时被称为消费的“明星”或者“领袖”。他们的购买与消费行为在同一群体内起到了示范作用，引起周围追随者与崇拜者的效仿。于是，一个产品或是一种消费便会在一个群体内传播与扩散。这种由高社会地位阶层影响低社会地位阶层，由高收入人群影响低收入人群，需求和消费在群体内和社会群体间转移的现象称为“滴流”。“滴流”按其持续时间的长短，分为“热”、“潮”、“流行”及“时尚”等。相反，消费从低社会地位阶层人群扩散到高社会地位阶层人群、由低社会地位阶层影响高社会地位阶层的消费现象称为“溯流”，例如牛仔服装的流行等。“滴流”和“溯流”是需求在群体内和群体间的转移规律。

6. 需求的时空转移

这是指需求在更大的时空范围内转移的规律。一般由发达地区向不发达地区转移。例如在我国，购买与消费有从南向北、由东向西、由边贸地区向内地、由中心大城市到郊区再向农村转移的规律。每完成一次转移所经历的时间，随着地区间沟通的加快而缩短。这种需求在时空上的转移称为时尚的“横流”现象。了解和确定需求在以上方面的转移和扩散规律，对于企业与推销人员制定推销计划、做好推销的可行性研究等有很大帮助。

上面根据不同的标准，对需求转移进行了划分，事实上这样的划分并不具有绝对的意义，各种需求转移类别之间也不是对立的，相反，它们之间是相互联系、相互依赖的。

三、需求的量变与质变规律

需求的量变与质变规律是指对于某个层次的需求而言，随着社会生产的发展和生活条件的改善，人们有从追求数量的增加转向追求质量提高的趋势，即消费者的需求会不断深化、拓展，需求的内涵处于发展之中。例如，对生理需求这一层次而言，人们首先追求的是那些能满足生理需求的物质在数量上从无到有、从少到多、从多到充足的变化。到了一定程度，人们将不仅仅满足于量的增加，而是开始追求质的升级。如对食物的追求，将从量变到质变。既要求吃得饱，更要求食品有营养，不仅色香味形俱全，而且要求能增智、减肥、健美等。人们对每一层次的需求都有这样一个由量变到质变而后再升级的过程与变化规律。

顾客的需求是推销活动的基础。顾客的需求是推销活动开展的动力。顾客的需求是推销活动不断进步与发展的动因。推销活动要不断深入研究顾客的需要、欲望和需求，满足顾客客观存在或者将来存在的需求，才能不断进步和发展。

顾客的需求理论对推销工作的指导作用是多方面的，它决定了企业市场营销活动、促销活动与推销活动的整体化。推销人员必须了解推销对象的需求层次及其具体特点，把推销任务的完成建立在满足顾客需求的基础上，确定推销对象的主要需求，从而确定推销策略的主要着眼点及推销难题解决的主要方法。推销计划的制定与执行必须符合需求的转移规律。

小贴士

海尔在保证产品品质的前提下十分重视服务，注重与顾客建立长期关系。“用户的难题就是我们的课题”，海尔从顾客需求着手，进行产品开发与改进，注重“设计人性化，使用简单化”，开发出小小神童洗衣机、小王子冰箱、大地瓜洗衣机、健康拉幕式彩电、V-CHIP防暴力彩电等一系列满足顾客需求的产品，并顺应新时代的科技要求，与微软携手推出海尔电脑e家庭，将智能、个性与人性融为一体，更好地满足以家庭消费为中心的顾客需求。海尔为了与顾客联系更加紧密，在全国各大城市都设立了“9999”售后服务热线，并开通B2C网站，努力推行“国际星级服务一条龙”，使海尔与顾客之间形成一种亲情般的关系。海尔总是不断地了解顾客的需求，然后向顾客提供意料之外的满足，想尽办法让顾客在使用海尔产品时开心、称心。

第3节　顾客需求与推销的关系

从现代推销学的原理出发，无论推销人员向顾客推销什么，最关键、最主要的是顾客需求的满足。需求是人们客观存在的一种本能与动力，只有当推销的产品能满足顾客需求时，顾客才会积极购买。因此，推销人员应该推销满足顾客需求的产品和服务。推销人员必须研究顾客需求规律，需求理论是指导推销活动的基本理论之一，是现代推销技术的核心，也是制定推销计划和推销洽谈策略的依据，是规范推销人员行为的最高标准。

一、顾客需求是推销的起点也是终点

推销活动的开展就是向顾客介绍所需要的产品或服务，并说服顾客相信推销的产品或服务能使他的需求得到满足，从而达到推销的目的。顾客的需求是市场营销的出发点，也是推销的出发点。产品是满足人们需求的有形与无形的物质或服务的综合体。顾客之所以购买某种产品或服务，是为了满足一定的需求。因此，推销人员必须认真了解顾客的需求，针对顾客的需求向顾客推荐最适合顾客的产品。顾客只有产生了需求，才可能产生购买动机并导致购买行为。满足需求是顾客购买的基本动机。推销人员若不能真正了解顾客的内在需要，推销是不可能成功的。推销人员不仅要了解推销对象是否有需求，而且要了解推销对象的具体需求是什么，既要了解他们的一般需求，又要了解他们的特殊需求，从而真正地从顾客的需求出发，向其推销适当的产品或服务。

因此，有需求的顾客才是推销活动的对象，了解顾客的需求内容与满足的方式是推销人员开展推销工作与寻找顾客的起点和终点。

二、顾客需求是推销的中心思想

无论你认为你的产品或服务有多么好，很简单的事实是，如果消费者不需要，或者他们认为没有这个需求，那么他们是不会购买的。如果你没弄清楚消费者到底需要什么，就会怎么推销也卖不出去。了解和明确顾客的需求是推销行为的中心。只有掌握这个中心意识，才能做到有效推销。

任何产品或服务都有特定的原因来驱动顾客来购买。这就是所谓的“独特销售主张”（unique sales proposition，USP）。也就是说，顾客之所以买我的产品或服务就是因为我的产品或服务独一无二。向顾客表达一个主张，必须让其明白，购买自己的产品可以获得什么具体的利益；所强调的主张必须是竞争对手做不到的或无法提供的，必须说出其独特之处，强调人无我有的唯一性；所强调的主张必须是强有力的，必须集中在某一个点上，以达到打动、吸引顾客购买产品的目的。

不同市场有不同需求特点，不同顾客有不同需求，而推销活动要做的是了解这些需求，用自己的产品或服务去满足相应的需求，这样推销才能获得成功。

小贴士

如果你想开一家文具店，那么你可以：

- 推出同城购买当日送货到家。这样可以满足那些追求快速获得满足的顾客。
- 推出购物达到1 000元以上享受5%折扣促销。这样可以满足那些经常购买追求省钱的顾客。
- 专门供给专业需求部门，从事针对性专门销售。这样可以满足有专业需求的顾客。

三、推销增强消费者的购买欲望

推销是人们有意识进行的一种社会经济行为，在推销活动中，卖方（企业或中间商）向买方（中间商或消费者）介绍有关企业现状、产品特点、价格及服务方式和内容等信息，这些循循善诱的产品知识性介绍在一定程度上对消费者起到了教育指导作用，从而有利于激发和增强消费者的需求欲望。

在消费者可支配收入既定的条件下，消费者是否产生购买行为主要取决于消费者的购买欲望，而消费者的购买欲望又与外界的刺激、诱导密不可分。推销正是针对这一特点，通过各种传播方式把产品或服务等有关信息传递给消费者，以激发其购买欲望。

在市场竞争激烈的情况下，同类商品很多，并且有些商品差别微小，消费者往往不易分辨。企业通过推销活动，宣传、说明本企业产品的特点，便于消费者了解本企业产品在哪些方面优于同类产品，使消费者认识到购买、消费本企业产品所带来的利益较大，从而愿意购买本企业的产品。

四、推销最终将促进消费者的购买行为

各种各样的购买行为都是由顾客的购买动机引起的，而顾客的购买动机是以需求为基础的。顾客个体行为的一般规律是：需求决定动机，动机支配行为。这是一个不间断的循环过程，如图 6－7 所示。顾客在其中不断满足并产生新的需要，由此推动整个社会消费和生产的持续进行。

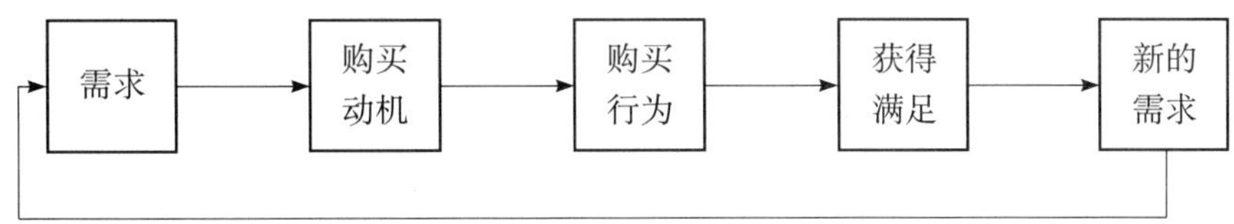

图 6－7　需求、动机和购买行为过程

推销活动的最终目的是要说服顾客采取购买行为。有时顾客由于选择机会很多，难免会犹豫不决，出现反复行为，甚至会产生复杂的心理冲突，但最终会做出购买或不购买的决策。在洽谈过程中，推销人员必须准确把握顾客购买决策过程中的心理冲突，站在顾客的角度，有理有据地为他们分析利弊关系，通过优质的产品、良好的信誉、知名的品牌、完善的售后服务，最终促使其尽快做出购买决策。

推销的要点就是强调你的产品或服务能给顾客带来什么利益。如果了解到顾客存在什么困难，那么推销就是去解决顾客的问题。为了有效地说服顾客，推销人员要经常与顾客交流，以更多了解顾客。可以问他们为什么购买，为什么不购买，以后他们打算买什么，有什么需求。这样就可以理出推销的思路，影响和促进顾客的购买信心。同时要时刻关注市场的变化和顾客的消费倾向，这样可以让推销活动适应这些变化，满足顾客的新需求。

小案例

某发电厂是小王所在公司的初次客户，需购买仪表。该厂由小王负责。小王采用许多办法与该公司的采购人员和技术人员建立了密切关系。一次，发电厂的技术人员反映有一台新购的仪表有质量问题，要求调换。小王当时正在忙于同另一个重要客户洽谈业务，拖了几天才处理这件事情，认为凭着双方的关系，发电厂技术人员不会介意，可是那家发电厂以后购买仪表时，又转向了其他供应商。

使顾客做出购买决策行为的动因可能仅仅是非常小的一件事，推销人员必须周密考虑，否则，一个很小的失误就可能使顾客改变主意。

基本概念

顾客需求　　需求层次理论　　需求转移理论　　需求的量变与质变规律

购买动机

思考题

1. 简述需求的内容及需求产生的原因。
2. 简述需求与购买动机之间的关系。
3. 简述需求层次理论。
4. 简述需求转移理论。
5. 简述需求的量变与质变规律。
6. 简述顾客需求与推销的关系。

案例分析

一种新颖盒子销路的打开

日本大阪有一家公司，经过苦心设计，研制了一种可放置茶具、餐具等物品的盒子，这种盒子可以像百叶窗那样上下移动，颇有新意，并且外形美观，可是投放市场以后，却销售不佳，盒子在仓库里堆积如山。

一位来自东京的推销人员在了解了这些情况之后，对该公司的经理说："给我1 000只盒子，让我来试试看。"仅仅过了一个月，需要盒子的订单就开始源源不断了。原来这位推销人员拿着盒子到一家家旅馆去推销。"请把这种盒子放在客房的冰箱上面，我们过去是先用白布铺在冰箱上，白布上再放置杯子、瓶起子等东西，上面再盖上白布，每天每间客房要换洗两块白布。如果把这些用品放在盒子里，就用不着天天换洗白布了，我把盒子留几个在你们旅馆里，过两个星期再来看看。"

就这样，盒子留在了旅馆，试用下来，旅馆的服务人员及旅客都觉得它很不错，于是各旅馆纷纷提出要货的要求，订单开始源源不断地出现在公司经理的办公桌上。

资料来源：百度文库。

问题：

1. 推销员在推销盒子时，是怎样激发起顾客的购买欲望的？
2. 这位推销员使用的是哪种推销方法？

第7章

消费者个性心理特征分析

本章要点

- 掌握消费者个性的概念及特征；
- 掌握消费者个性心理特征的内容；
- 明确心理特征在购买过程中的应用；
- 理解感觉与知觉的概念；
- 明确注意与记忆对消费者行为的影响；
- 明确态度与消费行为的关系。

引例

随机应变，因人而异

曾有这样一则寓言：老狼山姆在沙漠中遇见了迷路的狐狸。狐狸说："山姆先生，如果你肯做我的向导，找到通往绿洲的标志，我愿意用4两黄金和这颗5克拉的钻石买你身边的那桶水。"老狼山姆兴奋地答应了。经过两天的旅途奔波，它们找到了通往绿洲的标志，而山姆的水也用完了。"狐狸先生，你能不能给我点水喝！"老狼哀求道。"可以的，不过，你得用我那4两黄金及5克拉的钻石来换，而且如果你想多喝点，你还得多付出代价！"老狼山姆以一桶不值钱的水换得了一笔财富，最后却不得不为了宝贵的生命付出更高的代价。

为什么一桶水要拿4两黄金及5克拉钻石来交换？在推销中，推销员不也是无时无刻不在遇到此类问题吗？

为什么某些人不屑一顾的产品，而有人却愿意付出巨大的代价来得到它？为什么有人为了一顿饭一掷千金，却对另外的商品斤斤计较？答案其实很简单：顾客买与不买，取决于他对商品的需求程度，即对商品价值的认同。

评析：人们常说推销员是"见人说人话，见鬼说鬼话，人鬼不见说胡话"，虽充满调侃的味道，但也道出了推销的一个要点：一个产品包含着不同的利益，而顾客也有着不同的利益要求，推销员必须使产品利益和顾客的要求相吻合，把“特别的爱给特别的你”，才能打动顾客。推销的艺术在很大程度上就是针对顾客的不同心理做适当说明的艺术。

“人心不同，各如其面”。在日常生活中，不同的消费者有不同的个性心理和行为差异。例如，在商场里购物的一群消费者，他们视物的目光、挑选的神态、行为的姿势、说话的语气、决策的速度都各不相同。人与人之间在这些方面的差异都是由其个性的不同引起的。

在消费过程中，消费者对客观事物的反应经历着感觉与知觉、注意与记忆及态度等心理机能的作用过程。不同消费者之间存在着消费心理与消费行为的差异，同一消费者的心理和行为方式的改变实质上是心理机能的作用结果。

第1节 消费者个性心理特征的含义

一、消费者个性心理特征的含义

（一）个性的概念

“个性”由拉丁语而来，原指演员演戏时所戴的面具，后指演员自身及其所扮演的角色。心理学把这一概念借用过来，称具有一定倾向性的比较稳定的心理特征的总和为个性。它包括一个人怎样影响别人，怎样对待自己，以及他的可被认识的内在和外在的品质全貌。

（二）个性的特征

（1）个性的稳定性和可变性。个性具有一定的稳定性，只有经常表现出来的心理倾向和心理特征才能表征一个人的精神面貌，偶然的、暂时表现出来的心理现象不能算是个性。因此，个性一旦形成就比较稳定。正是因为个性具有稳定的特征，才会有人与人之间心理面貌和行为上的差异。虽然个性比较稳定，但稳定并非不变。任何人刚出生都是没有个性可言的，个性是在遗传因素的基础上，在周围环境（自然、社会环境）影响下，加之个人主观努力而形成和发展的，特别是社会重大事件或重大转折都会给人的个性打上深深的烙印，并使之发生变化。

（2）个性的个别性和共性。由于各人所获得的遗传不同，所受到的社会影响、教育以及自己如何对待它们的态度不同，因而个性也就千差万别、形形色色。如在消费活动中，消费者在购买决策时有的果敢坚决，有的优柔寡断，营业员服务时有的和蔼可亲，有的骄横无礼，凡此种种都是由个性的个别性所致。但只要是人，其身体的构造和机能总有许多相似之处，而且同时代的人不可避免地要在大致相同的社会条件下生活，这样就使人与人之间不但有个性的差异，而且必然有许多相似之处，即存在着共性。

（3）个性的生物制约性和社会制约性。人既是生物的实体，又是社会的实体，所以，个性既受生物特征的制约，如高级神经活动类型影响个性形成的难易，并使个性的某些成分表现出一定的差异，同时又受社会特性的制约，而决定个性发展方向的不是抽象的生物因素，而是现实的具体的社会因素。

个性心理结构如图7－1所示。

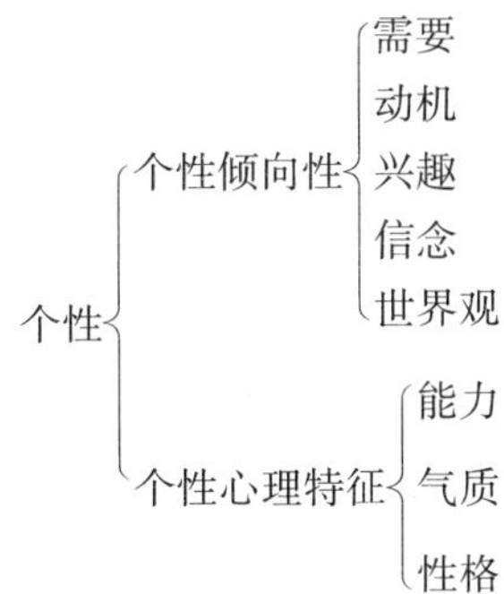

图7－1 个性心理结构示意图

个性倾向性体现为个体对现实的态度，它是人进行活动的基本动力，是个性心理结构中最活跃的因素，它包括相互作用的需要、动机、兴趣、信念、世界观等方面。

个性心理特征表明一个人稳定的类型特征，它是人在积极主动地反映客观现实中形成的稳定的构成物，主要包括能力、气质、性格等因素。

个性是一个社会范畴，它是许多科学研究的对象。例如，社会科学研究社会政治经济关系对个性形成的影响；普通心理学研究人的心理活动中个体心理特征的实质及其形成的规律性；而现代推销学研究个性则是把心理学中关于个性的基本理论应用于消费领域，研究消费者各种购买心理和行为差异产生、发展与变化的一般规律，揭示消费者的类型，并依据不同的类型因人而异地提供有效的服务，使购买活动在和睦融洽的气氛中顺利进行。

二、消费者个性心理特征的内容

（一）能力

1. 能力的概念

心理学认为，人无论从事何种活动都要具备一定的能力，而且不止一种。要成功地完成任何一项活动，必须同时具备多种能力。

所谓能力，是指人顺利地完成某种活动所必须具备的、直接影响活动效率的个体心理特征。对能力的理解应注意两点：首先，能力是顺利完成某种活动的主观条件。从事任何一项活动都需要一定的条件，既有客观方面的，也有主观方面的。能力就是人们成功地完成一项活动的主观条件，例如，人只有具备感知、记忆、思维等方面的能力，才有可能正确地认识事物。其次，能力总是与人的活动相联系的，并直接影响人的活动效率。人的能力总是体现在人的活动之中，并通过活动表现出来。只有从一个人所从事的某种活动中才能看出他具有某种能力，并从活动的效率和效果看出其能力的大小、强弱。

2. 能力的分类

能力可分为多种类型，一般认为，人的能力可分为一般能力与特殊能力。

所谓一般能力，是指顺利地完成各种活动所必须具备的基本能力，如观察能力、记忆能力、思维能力等，这是从事任何活动都需要的基本能力。

特殊能力，是指人顺利地完成某种特殊活动所必须具备的能力，因此，也可称为专业能力。如演员必须具备表演才能，职业运动员需要有良好的运动素质等。

一般能力和特殊能力在人的实践活动中紧密联系。特殊能力建立在一般能力的基础之上，是一般能力在具体活动中的特殊表现，而一般能力包含在特殊能力之中，为特殊能力的发展创造了有利条件。在人们的实践活动中，一般能力和特殊能力共同发挥作用，并且共同提高和发展。

3. 能力的差异

人的能力存在着个体差异。这种差异表现在量、质和发展水平三个方面。量的差异指某种能力高低的差异；质的差异是指能力类型的不同；发展水平的差异则指能力的整体差异。

（1）能力发展水平的差异。具体来讲，能力发展水平的差异是指同龄人在同等条件下，从事同类活动时表现出很大的能力差异，有的人轻松顺利、效果显著，有的人异常吃力、成绩平平。

（2）能力的类型差异。能力的类型差异主要指表现在认知过程中的心理品质的差异。在知觉方面，有的人属于知觉综合型，有的人属于知觉分析型。在记忆方面，有的人属于视觉记忆型，有的人属于听觉记忆型，有的人属于运动记忆型，有的人属于抽象记忆型，有的人属于综合型。

（二）气质

1. 气质的概念

“气质”一词常见于文学作品或人们的交谈中，用来描述一个人的风格、风度、某种职业特点等外在表现。而心理学中涉及的气质是指个体心理活动的全部动力，并为个体所特有的心理特征。具体而言，是指个体典型表现了心理过程的强度、心理过程的速度和稳定性及心理活动的指向性等动力方面的特点。

2. 气质的类型

心理学的气质理论最初起源于公元前5世纪，由古希腊医生希波克拉特首先提出。他认为人体内存在着血液、黏液、黄阳汁、黑胆汁四种液体，由于这四种液体各人多寡比例不同，因而形成了胆汁质、多血质、黏液质、抑郁质四种典型的气质类型。

我国古代也有人曾经提出类似气质的分类，用以表示个体的心理差异，如孔子的气质说。孔子把人分为“狂”“狷”“中行”三类。春秋战国时期的古代医学中出现了阴阳五行学说，也把人的某些心理上的差别按阴阳的强弱或金、木、水、火、土五行来进行分类。

在我国心理学界比较公认的首推苏联心理学家巴甫洛夫的高级神经活动类型学说。巴甫洛夫认为，人的气质与人的高级神经活动类型密切相关。通过研究，他发现了人的高级神经活动过程的三个基本特征，即兴奋、抑制过程的强度、平衡性和灵活性，并提出气质不是由某种神经系统的特性决定的，而是由三种特性的整合作用决定的。三种特性的不同组合形成了神经系统的四种基本类型：（1）兴奋型，即强而不平衡型；（2）活泼型，即强而平衡的灵活型；（3）安静型，即强而平衡的迟缓型；（4）弱型，即抑制型。巴甫洛夫指出，这四种类型就是传统上所说的胆汁质、多血质、黏液质、抑郁质四种气质分类的神经生理机制。

现代心理学认为，气质是人的心理活动在强度、速度和灵活性方面典型的、稳定的心理特征。人在心理活动过程中，情绪反应的强弱、意志力的程度表明了其心理活动的强度特征。知觉的敏锐度，思维的敏捷性、灵活性，以及注意力转移的快慢、难易，表明心理活动的速度和灵活性特征。

气质是人典型的、稳定的心理特点，主要是由先天因素决定的，气质的表现使个体行为常常带有独特的个人色彩。在长期的生活历程中，人的气质虽然也会发生某些变化，但变化是相当缓慢的，因而气质具有显著的稳定性与持久性。气质不具有社会评价意义，不受人的思想意识、行为动机以及活动内容的影响。

气质使每个人的行为带有一定的色彩、风貌，表现出独特的风格。一个人会以同样的风格、特点出现在他所参与的各种活动中，而不依赖于活动的内容、动机和目的。一个具有某种气质特征的消费者无论购买什么商品，也无论出于怎样的动机和在什么场合，都会以同样的行为特点表现在各种不同的消费活动中。

气质可以影响一个人进行活动的方式和效率。在消费活动中，这种现象极为普遍。如对同一商品，不同气质类型的消费者会以完全不同的方式购买。外向型的消费者往往主动询问周围顾客的看法，并愿意寻求营业人员的帮助。内向型的消费者则恰恰相反，一般不主动与人交谈，喜欢自己认真仔细地观察商品，不愿询问他人。

（三）性格

1. 性格的含义

“性格”一词原意为印记、特色、记号、标示，主要用来表示事物的特性。在现代心理学中，性格是指个人对现实的稳定态度及与之相适应的习惯化的行为方式。性格是个性心理特征中最重要的方面，它通过人对事物的倾向性态度、意志、活动、言语、外貌等方面表现出来，是人的主要个性特点即心理风格的集中体现。人们在现实生活中显现出的某些一贯的态度倾向和行为方式，如大公无私、勤劳、勇敢、自私、懒惰、沉默、懦弱等，都反映了自身的性格特点。

性格有时易与气质混为一谈。实际上，性格与气质既有联系又有区别。气质主要是指个体情绪反应方面的特征，是个性内部结构中不易受环境影响的比较稳定的心理特征；性格除了包括情绪反应的特征外，更主要地还包括意志反应的特征，是个性结构中较易受环境影响的可变的心理特征。同时，性格与气质又相互影响、相互作用。气质可以影响性格特征的形成和发展速度以及性格的表现方式，从而使性格带有独特的色彩；性格则对气质具有重要的调控作用，它可以在一定程度上掩盖或改造气质，使气质的消极因素受到抑制，积极因素得到发挥。

性格的形成主要取决于后天的社会化过程，而社会环境是不断变化的，因此，性格虽然也是一种比较稳定的心理特征，但与气质相比较易改变，即具有较强的可塑性。

性格具有社会评价意义，在个性结构中居于核心地位，是个性心理特征中最重要的方面。

2. 性格的特征

性格是十分复杂的心理现象，包含多方面的特征。一个人的性格正是通过不同方面的特征表现出来的，并由各种特征有机结合，形成独具特色的性格统一体。性格的基本特征包括以下四个方面。

（1）性格的态度特征。即表现个人对现实的态度的倾向性特点。例如，对社会、集体、他人的态度，对劳动、工作、学习的态度，以及对自己的态度等。

（2）性格的理智特征。即表现心理活动过程方面的个体差异的特点。例如，在感知方面，是主动观察型还是被动感知型；在思维方面，是具体罗列型还是抽象概括型，是描绘型还是解释型；在想象力方面，是丰富型还是贫乏型；等等。

（3）性格的情绪特征。即表现个人受情绪影响或控制情绪程度状态的特点。例如，个人受情绪感染和支配的程度，情绪受意志控制的程度，情绪反应的强弱、快慢，情绪起伏波动的程度，主导心境的性质等。

（4）性格的意志特征。即表现个人自觉控制自己的行为及行为努力程度方面的特征。例如，是否具有明确的行为目标，能否自觉调适和控制自身行为，在意志行动中表现出的是独立性还是依赖性，是主动性还是被动性，是否坚定、顽强、忍耐、持久等。

上述性格特征反映到消费者对待商品的态度和购买行为上，就构成了千差万别的消费性格。例如，在消费观念上，是俭朴节约还是追求奢华；在消费倾向上，是求新还是守旧；在认知商品上，是全面准确还是片面错误；在消费情绪上，是乐观冲动还是悲观克制；在购买决策上，是独立还是依赖；在购买行动上，是坚定明确、积极主动，还是动摇盲目、消极被动，这些差异都表现出不同的消费性格。

3. 性格理论与类型

鉴于性格在个性结构中的重要地位，心理学家高度重视对性格理论的研究，尝试从不同角度对人的性格类型进行划分。这些理论和分类方法对研究消费者的性格类型具有重要的指导意义和借鉴作用。在有关学说中，比较主要的有以下几种。

（1）机能类型说。这种学说主张根据理智、情绪、意志三种心理机能在性格结构中所占的优势地位来确定性格类型。其中，以理智占优势的性格，称为理智型。这种性格的人善于冷静地进行理智的思考、推理，用理智来衡量事物，行为举止多受理智的支配和影响。以情绪占优势的性格，称为情绪型。这种性格的人情绪体验深刻，不善于进行理性思考，言行易受情绪的支配和左右，处理问题喜欢感情用事。以意志占优势的性格，称为意志型。这种性格的人在活动中具有明确的目标，行为积极主动，意志比较坚定，较少受其他因素的干扰。

（2）向性说。美国心理学家艾克森提出按照个体心理活动的倾向来划分性格类型，并据此把性格分为内向、外向两类。内向型的人沉默寡言，心理内向，情感深沉，待人接物小心谨慎，性情孤僻，不善交际；外向型的人心理外向，对外部事物比较关心，活泼开朗，情感容易流露，待人接物比较随和，不拘小节，但比较轻率。

（3）独立-顺从说。这种学说按照个体的独立性，把性格分为独立型和顺从型两类。独立型的人表现为善于独立发现和解决问题，有主见，不易受外界的影响，较少依赖他人。顺从型的人则表现为独立性差，易受暗示，行动易受他人左右，解决问题时犹豫不决。

（4）特质分析说。美国心理学家卡特尔通过因素分析，从众多行为的表面特性中抽象出16种特质，如兴奋、稳定、恃强、怀疑、敏感、忧虑、独立、自律、紧张、乐群、聪慧、有恒、敢为、幻想、世故、实验等。根据这 16 种特质的不同结合，可以区分出多种性格类型。

（5）价值倾向说。美国心理学家阿波特根据人的价值观念倾向，对性格做了以下六种分类：

● 理论型。这种性格的人求知欲旺盛，乐于钻研，长于观察、分析、推理，自制力强，对于情绪有较强的控制力。

● 经济型。这种性格的人倾向于务实，从实际出发，注重物质利益和经济效益。

● 艺术型。这种性格的人重视事物的审美价值，善于审视和享受各种美好的事物，以美学或艺术价值作为衡量标准。

● 社会型。这种性格的人具有较强的社会责任感，以爱护、关心他人作为自己的职责，为人善良随和，宽容大度，乐于交际。

● 政治型。这种性格的人对于权力有较大的兴趣，十分自信，自我肯定，也有的人表现为自负专横。

● 宗教型。这是指那些重视命运和超自然力量的人，一般具有稳定甚至坚定的信仰，逃避现实，自愿克服比较低级的欲望，乐于沉思和自我否定。

（6）性格九分说。近年来，性格九分法作为一种新的分类方法，在国际上引起重视并逐渐流行。这种分类方法把性格分为九种基本类型，如表 7－1 所示。

表 7－1　　九分法性格类型

完美主义型	浪漫型	享乐主义者型
施予者型	观察者型	老板型
演员型	质疑者型	调停者型

● 完美主义型。其特征是谨慎，理智，苛求，刻板。

● 施予者型。其特征是有同情心，感情外露，但可能具有侵略性，爱发号施令。

● 演员型。其特征是竞争性强，能力强，有进取心，性情急躁，为自己的形象所困扰。

● 浪漫型。其特征是有创造性，气质忧郁，热衷于不现实的事情。

● 观察者型。其特征是情绪冷淡，超然于众人之外，不动声色，行动秘密，聪明。

● 质疑者型。其特征是怀疑成性，忠诚，胆怯，总是注意危险的信号。

● 享乐主义者型。其特征是热衷于享受，乐天，孩子气，不愿意承担责任。

● 老板型。其特征是独裁，好斗，有保护欲，愿意负责任，喜欢战胜别人。

● 调停者型。其特征是有耐心，沉稳，会安慰人，但可能因耽于享受而对现实不闻不问。

从上面的理论介绍中可以看出，由于有关学者在划分性格类型时的研究角度和所持的依据各不相同，因此得出的结论也各不相同。这一现象给我们以重要启示，即性格作为在社会实践中形成并随环境变化而改变的主要个性心理特征，具有极其复杂多样的特质构成与表征，只以少数因素加以分类，是难以涵盖其全部类型的。

这一状况同样适用于对消费者性格类型的研究，而且由于消费活动与其他社会活动相比更为复杂丰富、变化多端，因此，对消费者的性格类型更难以做统一界定，而只能在与消费实践的密切结合中加以研究和划分。

4. 消费者的性格类型

消费者的性格是在购买行为中起核心作用的个性心理特征。消费者的不同性格特点同样会体现在各自的消费活动中，从而形成千差万别的消费行为。性格在消费行为中的具体表现可以从不同角度做多种划分。

（1）从消费态度角度分类，可以分为节俭型、保守型和随意型。

● 节俭型的消费者在消费观念和态度上崇尚节俭，讲究实用，在选购商品的过程中较为注重商品的质量、性能、实用性，以物美价廉作为选择标准，而不在意商品的外观、造型、色彩、包装、装潢、品牌及消费时尚，不喜欢过分奢华、高档昂贵、没有实用价值的商品。

● 保守型的消费者在消费态度上较为严谨，生活方式刻板，性格内向，怀旧心理较重，习惯于传统的消费方式，对新产品、新观念持怀疑、抵制态度，选购商品时喜欢购买传统的和有过多次使用经验的商品，而不愿冒险尝试新产品。

● 随意型的消费者在消费态度上比较随意，没有长久、稳定的看法，生活方式自由而无固定的模式，在选购商品方面表现出较大的随意性，选择商品的标准也往往多样化，经常根据实际需要和商品种类的不同，有不同的选择标准和要求，同时受外界环境及广告宣传的影响较大。

（2）从购买行为方式角度分类，可以分为习惯型、慎重型、挑剔型和被动型。

● 习惯型的消费者在购买商品时习惯参照以往的购买和使用经验，一旦他们对某种品牌的商品熟悉并产生偏爱后，便会重复购买，形成惠顾性购买行为，同时受社会时尚、潮流的影响较小，不轻易改变自己的观念和行为。

● 慎重型的消费者在性格上大多沉稳、持重，做事冷静、客观，情绪不外露。选购商品时，通常根据自己的实际需要并参照以往的购买经验，进行仔细、慎重的比较权衡，然后做出购买决定。他们在购买过程中受外界的影响较小，不易冲动，具有较强的自我抑制力。

● 挑剔型的消费者在性格上表现为意志坚定，独立性强，不依赖他人，在选购商品时强调主观意愿，自信果断，很少征询或听从他人的意见，对售货员的解释、说明常常持怀疑和戒备心理，观察商品细致深入，有时甚至过于挑剔。

● 被动型的消费者在性格上比较消极、被动、内向。由于缺乏商品知识和购买经验，这类消费者在选购过程中往往犹豫不决，缺乏自信和主见，对商品的品牌、款式等没有固定的偏好，希望得到别人的意见和建议。由其性格决定，这类消费者的购买行为常处于消极、被动状态。

值得指出的是，上述按消费态度和购买方式所做的分类，只是为了便于我们了解人们的性格与消费行为之间的内在联系，以及不同消费性格的具体表现。在现实购买活动中，受周围环境的影响，消费者的性格通常难以按照原有面貌表现出来。所以，在观察和判断消费者的性格特征时，应当特别注意其稳定性，而不应以一时的购买表现来判断其性格类型。

三、顾客购买的心理特征

（一）能力在购买行为中的应用

消费者在日常购买活动中，也需要具备多方面的能力，有时甚至需要有某种特殊能力。一般情况下，消费者在购买活动中经常运用的基本能力有：观察能力、记忆能力、思维能力、想象能力、决断能力。在购买某些特殊商品时，往往还需要一定的鉴别能力、检测能力。

现实中每个消费者都具有一定的能力，但能力的大小、强弱在每个人身上的表现是不同的。这些差别除了源于人与人之间先天素质的不同之外，与后天客观因素的影响也有直接关系。影响消费者能力形成和发展的外部因素主要有以下方面。

1. 工商企业的宣传影响

现实中工商企业通过各种途径、渠道、方式所进行的广告宣传，是消费者获得信息、了解有关商品知识的一个重要途径。

随着商品经济的发展，商品生产和销售的范围日益扩大。为了适应这一形势的需要，工商企业都十分重视商品信息传播与广告宣传的作用。为了扩大商品的影响和销售范围，使消费者更广泛地了解商品的性能、质量、生产和销售等方面的信息和知识，工商企业往往通过广播、电视、报纸、杂志和街头广告牌等方式和途径，有计划、有组织、有目的地对消费者进行商品宣传。宣传内容包括：向消费者传递商品生产、销售等方面的信息；介绍产品质量、性能、保养和维修方法，规范使用操作技术等。通过这些宣传可以使消费者掌握一定的挑选、辨别、评价、比较、使用和购买等方面的知识与技能，从而获得选购商品的必要能力。

2. 消费者之间的相互学习和信息、经验交流

消费者的知识、信息来源除了工商企业的广告宣传外，还有消费者之间的相互交流、学习。现实中每个消费者接触、使用及了解的商品知识、信息都是有限的，消费者之间经常进行的信息交流以及购买与使用商品经验的相互学习，则可以从一定程度上弥补这方面的不足。通常，消费者在与家人、亲戚、同事、朋友等接触、交往时，从他们对商品的评价、使用经验、商品性能介绍等方面的随意交谈中，也可以获得一定的商品知识、信息，从而增强对商品的鉴别、挑选能力，丰富商品知识。

消费者之间的相互学习、交流从某种意义上讲，比工商界的广告宣传更具有说服力。因为信息的传播者本人也是消费者，他们的看法大多是自己在消费实践中的亲身体验，因此比较真实、可信，对消费者的影响更大。尤其在对商品的外观、造型、工艺设计、风格、式样、色彩等的选择和欣赏方面，具有较高知识水平和文化素养的消费者往往表现出较高的审美情趣和鉴赏能力。因此，消费者自身的知识水平和文化素养对其能力的形成与发展具有重要影响。

消费者的能力差异必然使他们在消费活动中表现出不同的行为特点。从消费者对有关商品的认识程度来看，他们的行为可以有以下三种不同表现。

（1）自主型消费行为。具有这类行为特点的消费者一般都有比较明确的购买目标和具体要求，并且掌握了有关商品的知识、信息，能够正确辨别商品质量的优劣，很内行地在同类或同种商品之间进行比较选择。由于他们具有较多的商品知识与购买经验，又有明确的购买目标，因此在整个购买过程中往往胸有成竹，表现出充分的自信，受外界环境影响较小。

（2）缺乏自信型消费行为。这类消费者在购买商品之前，一般只有一个笼统的目标，对于商品的具体要求不够明确。这也表明他们对商品有关的情况、信息了解较少，很难在商品内在质量、性能、适用条件等方面提出具体要求。在购买过程中，他们希望从售货员与别人那里了解更多的情况，并容易受外界环境的影响，动摇自己的看法。

（3）盲目型消费行为。具有这类行为特点的消费者往往事先没有明确的购买目标，只有一些朦胧的意识和想法，不清楚自己所要购买的商品，常常在随意浏览和观看中发现目标。这种情况下，消费者对有的商品几乎是毫无认识的，更没有购买与使用经验，对商品的了解仅仅建立在直觉的观察和表面的认识上，因而在商品选购中不得要领、犹豫不决，选择商品有很大的盲目性，容易出现因决策失误而后悔的情况。

（二）不同气质类型的顾客的购买行为特征

1. 胆汁质类型的顾客

胆汁质类型的顾客的购买行为常表现为：易兴奋、冲动，情绪变化激烈，比较外向，面部表情丰富，反应迅速，抑制力差，直率、热情，购物行动迅速，成交快，比较喜欢具有刺激性的新型商品，但稳定性、均衡性差，易与他人发生矛盾甚至冲突。

2. 多血质类型的顾客

这类顾客情感易于变化，兴奋性较高，外部表现较明显，反应较灵活，有一定的可塑性，常表现为开朗、活泼、好动、机智、灵敏，善交际和与人沟通，兴趣变化较快。这类顾客在购物时，对周围环境及人物的适应性较强，乐于向销售人员咨询，但挑选商品时目标会转移，行为中感情色彩浓，富有想象力。

3. 黏液质类型的顾客

这类顾客在购物时少言，较谨慎、细致、认真，情绪兴奋性不高，内倾性较明显，反应速度较慢，稳定性强，灵活性低。他们常自己观察商品，自己思考，不愿多与别人交流。挑选商品时表情不够明确，很少受外界影响。这类顾客的神经活动均衡性强，因而其自制力也较强，对自己熟悉和喜爱的商品易产生连续的购买行为。

4. 抑郁质类型的顾客

这类顾客购买商品时情感深藏于内心，不外露，反应速度慢，灵活程度低，内心体验深刻，语言谨慎，行动拘谨、多疑，观察商品细致，防御性较强，不轻信他人的介绍，常以自我心理评价为主，挑选商品时常犹豫不决。

（三）兴趣对消费者购买行为的影响

1. 消费者的兴趣类型

兴趣是指一个人积极探究某种事物的认识倾向。消费者在兴趣特征的指向性、广泛性、持久性、效能性上的差异，可明显地影响消费者的消费行为，具体反映在消费者购买商品种类的倾向性上。常见情况有以下几种。

（1）偏好型。此类消费者兴趣的指向性形成了对一定商品特殊的喜好。这类消费者的兴趣集中，有的甚至可能带有极端倾向，直接影响他们购买商品的种类，表现在行为上就是千方百计地购买自己喜好的商品，暂时买不到会耐心等待。

（2）广泛型。此类消费者具有多种兴趣，他们对外界的刺激（如商品广告，推销宣传方式，商品的质量、外观、色彩、包装，他人的评价等）很敏感，易受影响而重新选择目标，购买对象游移不定。

（3）固定型。此类消费者的兴趣一般比较持久。他们往往是某种商品的长期使用者，其购买行为具有经常和稳定的特点。他们与偏好型有相似之处，不同的是对喜欢的商品尚未成癖。

（4）随意型。此类消费者兴趣易变且无明显的兴趣指向。他们一般没有对某种商品的特殊偏好和固定习惯，也很难成为某种商品长期忠实的购买者，其购买行为易受周围环境和主体状态的影响。

2. 兴趣对消费者购买行为的影响

消费者的兴趣对购买行为有着重要的影响，兴趣是推动人们行为的强大的动力之一。实践表明，兴趣与认识、情感相联系。对事物没有认识就不会产生兴趣，没有情感也不会引起兴趣。只有对事物的认识越深刻，情感越强烈，兴趣才会越浓厚；反过来，对事物越感兴趣，对情感的激发就越有力，对主体认识活动的促进就越大。因此，兴趣不仅能反映人的心理特点，还会对人的行为产生重大的影响。在购买活动中，兴趣对促进消费者的购买行为有明显的影响，主要表现为：

（1）兴趣有助于消费者为未来的购买活动做准备。兴趣与注意密切相关。凡是人们感兴趣的东西，必然会引起对它的注意，并容易产生深刻的印象。如果消费者对某种商品产生兴趣，则往往会在自我生活中主动地注意收集这种商品的有关信息、资料，积累一定的商品知识，有计划地储蓄资金，为未来的购买活动做好准备。

（2）兴趣能使消费者缩短决策过程，尽快地做出购买决定并予以执行。消费者在选购某种自己感兴趣的商品时，一般总是心情愉快、精神集中，以积极认真的态度去进行。加上在选购前已对该商品有一定的了解，因而会缩短对商品的认识过程，在兴趣倾向性的支配下，容易做出购买决定，完成购买任务。

（3）兴趣可以刺激消费者对某种商品重复购买或长期使用。消费者由于对商品产生了持久的兴趣，会形成一种偏好，养成习惯，这样往往能促使他们在长期的生活中使用某种商品，形成重复性、长期性的购买行为。

在实际的购买活动中，由于消费者兴趣指向的对象及兴趣广度、深度的不同，消费者对商品的造型、式样、颜色、用途等方面的爱好、追求的强度、持久性也有所不同。如有的消费者由于情感作用于兴趣的结果，对商品常因其某些外在因素产生短暂的兴趣而极力追求，但一般都较快消失或转换；有的消费者由于意志作用于兴趣的结果，对某些适合其创造性活动或研究目的的商品有极大的偏好，形成较浓厚的兴趣，往往能持久地影响其购买倾向。

3. 消费者兴趣的形成与激发

消费者的兴趣是在一定的生活条件下形成和发展起来的，虽然它具有一定的稳定性，但并不是固定不变的，也不是先天的，它会随着自然环境、社会环境和生产环境等条件的变化而变化，即发生兴趣的转移。消费者兴趣的不断变化发展也正是商品经济不断发展的外在推动力之一。企业销售人员可以通过激发消费者的兴趣来达到扩大销售的目的。影响消费者兴趣形成和发展的因素主要有以下四个方面。

（1）社会生活条件是兴趣产生、发展和形成个体差异的决定因素。马克思主义反映论认为，外部环境（包括人生活的自然条件和社会条件）是引起人的相应行动和行为的原因。也就是说，人的一切行为的主要原因不在人本身，不在他的意识和意志中，而在人之外，在他的生活和活动的社会条件中。正是人的社会生活条件以及人在社会生产关系中所处的地位不同，制约着人们的生活途径以及实践活动的性质、范围和条件，同时也制约着人们需要的性质和内容。而需要是人们产生兴趣的基础。因此，人的社会生活条件制约着人的兴趣的形成和发展，是人的兴趣及其差异形成和发展的基本条件。工商企业应注重研究不同社会群体、不同家庭、不同文化等社会因素对消费者兴趣差异的影响，做到“以百货应百客”，满足不同社会生活条件下消费者的需要。

（2）实践活动是兴趣形成的必要条件。人的心理是人脑对客观现实的主观能动反应，这种反应是在实践活动中实现的。没有实践活动，就不能产生人对客观事物认识的需要，也就不能产生与之相应的兴趣。通过消费实践活动，人们更多地接触各种商品，从而认识它们的各种性质、特征、规律及其社会意义，产生了情感，形成了对某些商品的认识倾向。反复的实践活动就会进一步加深对商品的认识，巩固和发展已形成的兴趣。可见，消费实践可以提高人们的认识能力和人们对商品的认识水平，对于引起人们的兴趣具有重要的意义。特别是实践中经常成功，可以使人的需要不断地得到满足，兴趣就易于形成和巩固。相反，如果经常失败，要形成与之相应的兴趣就很困难。因此，工商企业应注重提高商品的质量（包括其内在、外在以及服务质量），使消费者在实践中保持愉快的情感体验，不断强化兴趣，成为“回头客”。

（3）必要的知识和技能是兴趣产生的条件。兴趣既然是认识中的倾向性，对客观事物的正确认识就对兴趣的产生和激发具有重要的意义。实践证明，当人们不具备客观事物某些方面的知识时，就不能产生对这些方面事物的兴趣，同时对于其所从事的活动也很难胜任，更不会对这方面的活动产生浓厚的兴趣。由此可见，必要的知识和技能是产生相应兴趣的不可缺少的条件。因此，工商企业应通过各种可能的途径和采取各种可能的方式，有计划、有组织、有目的地对消费者施以影响，如向消费者传递商品信息，讲解商品知识，介绍保养维修方法，示范使用操作技术等，使消费者掌握挑选、比较、评判、购买及使用等知识、技能，并产生消费的兴趣。

（4）自我教育是兴趣形成和发展的基本条件之一。外界环境与教育条件必须通过个人的自我教育才能成为起作用的因素。这是因为人的兴趣既不是先天的，又不是环境和教育机械地决定的。只有外界环境和教育条件变成个人兴趣形成和发展的需要时，才对兴趣的激发有意义。因此，在兴趣的培养与激发过程中，积极地引导消费者进行个体的自我教育有很大的意义。

一般来说，消费者对于某种事物发生兴趣时，总是带有喜欢、高兴、满意等情感体验。这种情感体验往往能通过他们的语言神态与行为动作为人们所掌握。在商业经营活动中，善于察觉消费者对客观事物特殊的认识倾向，包括他们对商业经营活动中的哪些事物感兴趣，就能主动克服消极因素，提高消费者的兴趣，从而创造良好的社会消费风气。

第2节 消费者对推销的心理反应过程

一、消费者的感觉与知觉

（一）感觉

1. 感觉的概念

感觉是指人脑对于直接作用于感知器官的外部刺激物的个别属性的一种反应。例如，对于桃子这种水果，眼睛看到的是桃子的外形和颜色，鼻子闻到的是桃子的香味，手触摸到的是桃子的外表，嘴巴品尝到的是桃子的味道。桃子作为一种外部刺激物，它的个别属性通过不同的感知器官作用于人的大脑，因此而引起的心理活动就称为感觉。

2. 感觉对营销的作用

关于感觉存在两种争论：一种认为感觉是自发反应，如自动的神经反应；另一种则认为感觉是经过学习的反应，是文明化的产物。这个问题对推销人员很重要，因为他们可以通过简单的身体刺激而使消费者产生一定的反应。如果这些反应是自发的，它们就比经过学习的更具预测性、普遍性。消费者通过以下感觉途径帮助自己进行消费决策。

（1）视觉。人眼有独立的结构，能够聚光，区别出重要的或新奇的形象，并对它进行准确聚焦、精确定位和追踪，就像远程立体望远镜一样。人体有70%的感觉器聚集在眼睛里。人们常常回忆起几天前或几年前的场景，通过思维里的眼睛活灵活现地看到它们。当然如果人们愿意，他们甚至可以将想象中的事件描绘出来。

由于视觉是占支配地位的一种感觉，因此人们对它进行了十分详尽的研究，获得了比对其他感觉更多的了解。研究发现，看到暖色（红、橙、黄）能使人血压升高，心率加快，出汗；反之，看到冷色（绿、蓝）则有相反的效果。把这些发现应用到商业环境中，如黄色电话亭使人们打电话的速度加快，黄色的墙壁和装饰使顾客更快地离开商店，快餐店里的橙色装饰可以引发饥饿感，医生诊室和医院里的蓝色和粉色可减少病人的焦虑。

一项有趣的研究显示，在美国，当潜在购买物的展示背景颜色从红变为蓝时，人们对它以及它带来的好处持有更积极的信念。另一个发现是，当美国消费者投入很少的精力去应对广告时，他们会对彩色、高亮度的广告（而不是黑白广告）产生更积极的态度。虽然关于颜色的作用的具体发现很复杂，研究的发现也各不相同，但都表明颜色对消费者行为有着重要的影响，这种影响常常在消费者未曾觉察的情况下起作用。

（2）嗅觉。嗅觉对人来说并不像对其他动物那样重要，然而气味有一种持续留存的、环绕包围的特性，使其很难被避开。气味可能是非常精确的，但在许多文化里，人们几乎不可能向他人描述一种他从来没有闻到过的东西闻起来是怎样的。人们倾向于用情感化的感觉（例如，令人讨厌的、让人愉悦的）来描述气味。你可以自己试试，你能描述一下你喜欢的点心、花、调味汁、椅子或房间的气味吗？

嗅觉是最直接的感觉，没有什么比气味更难忘。闻到童年时闻过的气味能引起童年时期相同的情绪反应。营销人员顺应这一规律，设法利用气味来影响消费者对其产品的情绪反应。

气味影响着一个人对事物和他人的评价并在许多方面影响着消费者的反应。例如，人们在有着轻淡、愉悦气味的房间里会更清醒。心理学家发现，苹果的香味有镇静作用，包括苹果在内的很多食物的气味都可使人的呼吸变得轻松，从而使他们的血压降低。随着营销人员不断寻求直接影响消费者感情和记忆的途径，香氛学和家用香氛产业已成为经济中不断成长的一部分。

（3）味觉。人们怎样品尝味道呢？味蕾极小，成年人大约有10 000个，按酸、甜、咸、苦分组分布在口腔的不同部位。每个味蕾里面有大约50个味觉细胞，它们把信息传递给神经，神经会提醒大脑。人们用舌尖来品尝甜的东西，舌根品尝苦的，两边品尝酸的，舌头的前部和表面品尝咸的。嗅觉对味觉也很重要，事实上，食物的风味包括它的质感、气味、温度、颜色和痛感（如香辛调料），以及其他许多特质。食品工程师制造出产品，想刺激尽可能多的味觉感官。人们对创造一些物质来骗过味蕾很感兴趣，如用人造甜味素和脂肪来模拟糖和饱和脂肪的味道，很多肉类和奶制品正是有了这些味道才有风味。任何时候，关于烹调方式都有多样的、相互冲突的趋势。随着经济的发展，有健康意识的消费者不断增多，他们关心食物的胆固醇和脂肪含量；也有部分消费者纵情享用高脂肪、味道浓重的食物。

显然，我们的感官不是独立运作，而是共同运作的。一项研究显示，当音乐和气味性质相同时，将令人振奋，比起它们不一致时，消费者对零售环境的看法更正面，对购物体验更满意，会花更多的钱。

（4）感觉阈限。感觉不是由某一单位的感觉引起的，而是由感觉输入的变化引起的，人们感觉到的是输入的这些差异。输入的几种差别，或感觉阈限，对营销很重要。感觉阈限包括绝对阈限和差别阈限（或叫最小可知差别）。

绝对阈限是人体感受器官能察觉到的最低水平的输入。不应将绝对阈限与意识阈限相混淆。知觉科学家认识到，有些感觉人们能注意到，有些则注意不到。如果那些注意不到的感觉超过了知觉的绝对阈限，它们仍然能够影响行为。营销人员有时会利用一些对消费者来说不易觉察到的感觉。在位于美国佛罗里达州奥兰多市的迪士尼世界，它的魔法王国使用一台叫气味机的机器，能散发橘子香味、泡泡糖味和火山味。

如果要使营销刺激影响到消费者，则必须达到绝对阈限。感知器官对环境适应得很快，因此，持续的、低层次的感觉很快成为背景，感知器官停止对它进行反应。绝对阈限可能由于生理原因而提高，比如年龄的增长。一些人接收到感觉输入的可能性会因为生理因素而变少。因此，对嗅觉，年轻人比老年人更敏感。研究发现，随着年龄的增长，嗅觉敏感性比味觉敏感性下降得更快，老年人没有胃口、营养不良就与这一点有关。

绝对阈限也随人口统计因素的不同而不同。女性似乎比男性更敏感。举例来讲，在各种涉及气味信息的任务中，女性看起来比男性表现得更出色。由于商业媒体的普及，现代社会人们生活在充满营销信息的刺激的环境里。消费者在某种程度上通过“不注意”来适应这种感觉环境，也就是使用“知觉过滤器”来筛掉不想要的刺激。

营销人员常常试图以新奇的方式来越过绝对阈限，以引起消费者的再度注意。广播或电视的广告者用来提高注意力的一种技术是改变某些频率的音量；另一种技术是剔除那些容易盖过其他声音的声音。为了避免这种效应，广告者尽可能多地消除遮蔽其他声音的噪声，这样会使声音听起来更纯粹。听觉研究者发现，人的声音在2 000～6 000赫兹之间最有效。因此，听觉工程师将语音用电子方式控制在这个波段内，以增强声音对听众的影响，甚至电视或广播广告的文案也会造成差别，因为耳朵对辅音比对元音更敏感。

（二）知觉

知觉原理说明了消费者如何对信息进行加工与分析，进而形成自己的理解和认识。

1. 知觉的概念

知觉是指人脑对于直接作用于感觉器官的外部刺激物的整体反应。例如，人们对桃子的形状、颜色、味道和口感等个别属性的感觉，经过综合形成了对桃子的整体印象，即对桃子的知觉。知觉和感觉联系密切，两者均是人脑对外部刺激物的反应，感觉反映的是外部刺激物的个别属性，而知觉反映的是对外部刺激物的整体印象。因此，感觉作为知觉的有机构成部分，是知觉的基础，知觉则是感觉的深入与发展。

但是，知觉和感觉也存在差异：一是心理过程不同。感觉是一种介于生理和心理之间的活动，知觉则是纯粹的心理活动。二是对以往知识经验的要求不同。感觉过程反映的是当前的刺激，不需要以往知识经验的参与；而知觉要经历一个对所感觉到的属性进行综合和解释的主观选择过程，这就需要以往知识经验的参与。三是生理机制不同。感觉是单一分析器活动的结果，知觉则是多种分析器协同活动进而对外部刺激物综合分析的结果。

2. 知觉的基本特征

（1）知觉的选择性。人脑并非对同时作用于感觉器官的所有刺激都做出反应，而是有选择地对其中的一部分刺激做出反应并予以加工和理解，这就是知觉的选择性。对于同时作用于感觉器官的外部刺激物来说，被选择的刺激物就是知觉的对象，而其他刺激物就成了知觉对象的背景，这就是知觉的对象与背景。

知觉的选择性保证了人脑能够排除次要刺激的干扰，而将注意力集中于某些重要的刺激或刺激的重要方面，从而更加有效地感知和适应外部环境。这是因为人脑的信息加工能力有限，不可能在同一时间内对所有作用于感觉器官的信息进行加工并形成知觉。同时，由于感觉阈限的作用，只有达到足够强度的刺激才会被消费者感知，成为知觉选择的对象。

外部刺激物的结构特征和消费者自身的需要、态度、情绪以及以往的知识经验等因素直接影响到知觉的选择性。外部刺激物结构特征的影响表现为：强度大、对比度高的刺激物，位置相近、形状相似的刺激物，以对称、趋合、连续等图形出现的刺激物等，往往容易成为知觉的对象。消费者自身因素的影响表现为：符合消费者需要或欲望的刺激物，或者消费者感兴趣或有好感的刺激物，容易成为知觉的对象。消费者的情绪或者以往的知识经验等也会影响对刺激物的知觉。推销人员应当根据目标消费者的特点，加大推销信息的刺激力度，突出推销信息与背景的差异，促进消费者对推销信息的知觉。

（2）知觉的理解性。人脑对外部刺激物的整体反应往往以一定的知识经验为基础，对所感知的客观事物属性进行加工和理解，并用词语加以概括说明，这就是知觉的理解性。由于消费者因消费实践和知识经验的不同而形成对推销信息的知觉差异，推销人员应选择不同的推销信息和传播媒体，以加深目标消费者对企业产品和服务的知觉。

（3）知觉的整体性。人的知觉之所以具有整体性，是因为在过去的知觉过程中，外部刺激物不同部分或属性之间的联系已在人脑中留下痕迹或加以保存，即使遇到并不完备的客观刺激，人们也可通过主观上的补充、替代等心理加工活动，使之产生完整的知觉。

知觉整体性的组织法则：其一，接近法则。位置相邻或时间相近的刺激物容易被人们视为一个整体。其二，相似法则。形状相像或性质相似的刺激物易被视为一个整体。其三，闭合法则。当刺激物表现为不完整的图形时，容易引起人们整体的知觉。其四，连续法则。当刺激物在时间或空间上具有连续性时，常常被人们看作同一整体。

知觉的整体性经常表现在消费对象特征的联系和整合上。例如，商品的性能、款式、品牌、包装、价格、服务等不同属性分别作用于消费者的感觉器官，使消费者形成对该商品的整体评价和印象。又如，品牌延伸利用知觉的整体性推动消费者对新产品的接受。知觉整体性在广告促销中的运用起到了增强广告记忆的效果。

（4）知觉的恒常性。知觉的恒常性是指知觉对象（外部刺激物）的物理特征虽已发生一定的变化，但其知觉印象仍然保持不变。例如，一扇门在全开、半开和关闭时所产生的视觉感受是不同的，但人们对门的知觉印象却保持不变，仍然认为门是长方形的，这就是形状的恒常性。除了形状的恒常性之外，知觉的恒常性还有大小的恒常性、颜色的恒常性、亮度的恒常性、方向的恒常性等。

知觉的恒常性特征有利于消费者排除干扰，保持对产品、品牌或企业的认知。例如，传统商品、名牌产品或老字号店铺等已在消费者心目中具有一定恒常性的知觉，这也是消费者能够排除其他推销信息的干扰或诱惑而继续惠顾的重要原因之一。但是，知觉的恒常性也会成为消费者接受新产品的心理障碍，影响新产品的推广与渗透。

3. 错觉

错觉是指在特定条件下发生的具有固定倾向的某种知觉歪曲。常见的错觉为图形错觉，包括线条错觉、面积错觉、形状错觉和方向错觉等。导致错觉的原因颇为复杂，既有知觉对象的特征，也有知觉主体的知识经验和思维推理。心理学家试图从心理和生理两个方面去寻找错觉形成的原因：一方面是从心理学的知觉理论入手，认为错觉是心理因素所致；另一方面则着重于生理学的感觉探讨，认为错觉源于视网膜神经细胞的生理作用。

错觉现象在营销活动中有着广泛的应用前景。例如，在商场的橱窗设计、商品陈列和内部装潢等方面，适当地利用消费者的错觉，则可能产生积极的心理效应。在水果货架背面安装镜子，可产生所陈列水果个大饱满的视觉效果。在宾馆房间放置大面镜子，可使房间看起来更宽敞。

二、消费者的注意与记忆

为消费者选择信息加工对象并配置信息加工能力提供理论依据的是注意与记忆理论。

（一）注意

1. 注意的概念

注意是指向并集中于特定对象的心理活动。指向性和集中性构成了注意的两个基本特征。注意的指向性是指个体的心理活动有选择并有方向地集中在特定的对象上，而偏离其他对象。注意的集中性是指个体的心理活动保持并停留在特定的选择对象上，而抑制或避开其余不相关的因素。

注意的指向性和集中性相互联系，密不可分，使得注意作为一种心理活动，具有选择、保持和加强等功能。

根据注意的目的性和意志努力程度，可把注意分为无意注意、有意注意和有意后注意三种类型。

（1）无意注意。无意注意是指既没有预定目的，又不需要意志努力的注意。例如，消费者在逛商场时无意之中为某些消费刺激所吸引而产生的注意。引起无意注意的原因有两个方面：一是刺激物的特点。例如，色彩鲜艳的产品包装、闪烁变换的广告灯箱、香味诱人的食品等刺激物，因其刺激强度、对比关系、活动变化或新异性等特征，容易引起消费者的无意注意。二是消费者本身的状态。比如，消费者的需要或消费者对刺激物的兴趣，以及消费者的情绪和精神状态等，容易引发无意注意。

（2）有意注意。有意注意是指既有预定目的，也需要一定意志努力的注意。例如，某个消费者急需购买一辆轿车，他就会有意识地努力搜寻有关轿车信息，反复衡量比较，将注意力集中于特定的汽车品牌。

（3）有意后注意。有意后注意是指虽有预定目的但无须意志努力的注意。有意后注意是在有意注意的基础上发展起来的，消费者通过有意注意对消费对象产生兴趣，即使不进行意志努力也可继续保持注意，这种注意即为有意后注意。例如，时装表演或娱乐广告可能推动消费者从有意注意转入有意后注意状态。

上述三种注意形式往往并存于消费者心理活动过程之中，既密切联系又相互转化，如无意注意向有意注意、有意注意向有意后注意的转化。

2. 注意的特征

在信息加工过程中，消费者的注意往往表现出如下心理活动特征。

（1）注意的稳定。注意的稳定是指注意对同一对象或同一活动所能持续的时间。注意的稳定性与主体精神状态和刺激物特点有关。消费者作为注意主体，对相关活动兴趣浓厚、态度积极、精神状态良好、意志坚定，则注意的稳定性就高。

（2）注意的范围。注意的范围是指注意主体在同一时间内所能清楚地把握的对象数量，亦称为注意的广度。若注意的对象位置集中，排列有序，相互关联，则注意的范围就会相应扩大。与此同时，注意主体的知识经验丰富与否、信息加工任务多寡等因素也会影响注意的范围。

（3）注意的分配。注意的分配是指注意主体在同一时间内把注意分配到不同的对象上。例如，消费者在挑选商品的同时听售货员的推销介绍。注意对两种不同对象或活动的分配，必须有一种活动是消费者所熟悉的，不必过多注意。若是同时进行的几种活动，彼此之间需有关联，否则很难进行注意的分配。

（4）注意的转移。注意的转移是指注意根据新的目标或任务主动从一种对象转移到另一种对象上。例如，消费者听过经销商介绍，又到展厅实地观看轿车。消费者在商场对比不同品牌的冰箱之后，又去了解洗衣机的相关信息。注意转移的快慢和难易取决于原来注意的紧张程度和新注意对象的性质特点。如上例，消费者听完介绍再去看车，比起挑选过冰箱又去比较洗衣机，注意的转移相对要容易得多。

3. 注意的应用

为了在推销信息过剩的环境条件下引起和保持消费者的注意，推销人员应根据注意的特征采取相应的策略与手段。

（1）变换刺激角度，以引起消费者的无意注意。其具体手段有：

- 刺激的大小。如报纸杂志上的整版广告、巨幅的户外广告等。
- 刺激的强度。如电视或广播广告播放音量加大，播音速度加快等。
- 刺激的颜色。色彩鲜艳的广告画面要比暗淡颜色更加引人注目，黑白广告反而比彩色广告更加醒目，等等。
- 刺激的变化。如闪烁的霓虹灯广告等。
- 刺激的对比。如强与弱、亮与暗、黑与白、大与小、动与静等高对比度刺激在广告促销中的运用等。

（2）培养兴趣，明确目标，以促进消费者的有意注意。许多消费者往往是在无意注意的基础上对消费对象产生兴趣，形成预定的消费目标，进而有意注意相关的产品或服务信息，最终导致购买行为。为此，应广泛利用各种宣传媒体或促销手段，充分展示产品特点和效能，培养消费者对产品的兴趣和明确预定的消费目标，促进消费者有意注意。

（3）实施多样化经营战略，以推动消费者的注意转换。不管是无意注意还是有意注意，长时间地注意某种产品或服务难免让消费者感到厌倦。许多大型零售商场推出一站式购物模式，尤其是购物中心的兴起，集购物、娱乐和休闲于一体，不仅可延长消费者在商场停留的时间，增加销售机会，而且有利于消费者的心理调节，实现购物与娱乐、休闲相结合，无意注意和有意注意相互转换。

（二）记忆

1. 记忆的含义

记忆是过去的经验在人脑中的反映。从信息加工的观点来看，记忆就是信息的输入、编码、存储和提取的过程。

人脑感知过的、思考过的、体验过的和行为过的事物都可以成为个体的经验。例如，从前见过的人，现在不在面前，我们能想起他的姿态相貌，见到他时能认出来，这就是记忆。在生活实践中见过、学过、做过的事情以及体验过的情绪，都可以成为经验而保留在我们的头脑中，在以后生活的适当时候回想起，或当它们再度出现时能认出来。这些都是记忆。

记忆是一个复杂的心理过程，包括识记、保持、再认或回忆三个基本环节。识记是识别和记住事物，从而积累知识经验的过程，是记忆的开始阶段。识记具有选择性。从信息加工的观点来看，识记就是信息的输入和编码过程。保持是巩固已获得的知识经验的过程。从信息加工的观点来看，保持就是信息的存储。存储的信息在内容和数量上都会发生变化。回忆和再认就是在不同的情况下恢复过去经验的过程。体验过的事物不在面前，能把它重新回想起来称为回忆（再现）。体验过的事物再度出现时，能把它认出来称为再认。从信息加工的观点来看，回忆和再认就是提取信息的过程。记忆过程的三个环节是相互联系、相互制约的。没有识记就谈不上对经验的保持；没有识记和保持，也就不可能有对体验的事物的回忆或再认。识记和保持是回忆和再认的前提，再认和回忆又是识记和保持的结果，并能进一步巩固与加强识记和保持。

2. 记忆的作用

记忆在人的心理活动及实践活动中起着十分重要的作用。由于记忆，人们才能保持、积累经验，从而形成各自的个性心理特征。研究表明，人的知觉如果没有记忆参与就不可能实现，没有记忆也就不可能有思维活动。就人的实践活动而言，没有哪一种活动不需要记忆这种心理现象的参与。记忆对人的实践活动具有动力作用。在商品的设计、包装、营销中利用消费者记忆的规律、特点，有助于商品的推广，提高企业效益。消费者在消费过程中科学、充分地利用记忆规律，就能购买到满意的商品和劳务（服务）。

3. 记忆的分类

（1）根据记忆内容，把记忆分为下列四种。

- 形象记忆。以感知过的事物形象为内容的记忆叫形象记忆。例如，我们去参观一个工业新产品展览会，会后对一台台新机器的形状的记忆，就是形象记忆。

● 逻辑记忆。以概念、公式和规律的逻辑思维过程为内容的记忆叫逻辑记忆。例如，有人认为“凡是流行的，都是优秀的”，这些人不顾一切追求时尚，他们的消费理念就是受逻辑记忆的影响而形成的。

● 情绪记忆。以体验过的某种情绪或情感为内容的记忆叫情绪记忆。例如，对以前参加的新产品发布会的热烈气氛及个人心情的记忆，就是情绪记忆。

● 运动记忆。以做过的运动或动作为内容的记忆叫运动记忆。例如，我们对蛙泳和自由泳一个接一个动作的记忆，就是动作记忆。

（2）根据记忆活动的特点，把记忆分为下列三种。

● 感知记忆（又叫瞬时记忆）。这是指记忆材料保持的时间为 0.25～2 秒的记忆。其特点是持续时间短，瞬息即逝，容量较小。如某电视剧中插播的商品广告，10 秒钟广告单字达 80 个，容量太大，消费者难以记忆，效果不甚理想。

● 短时记忆。这是指记忆信息保持的时间在 1 分钟以内的记忆。例如，我们从电话簿上查到电话号码，然后立刻就能根据记忆去拨号，但事过之后再问这个号码，就不记得了。消费者听营销人员的产品介绍，也主要是依靠短时记忆。感知记忆中的材料如果受到主体的注意，就会转入短时记忆阶段。商业广告应通过各种手段，使受众（消费者）越过感觉记忆进入短时记忆阶段，才能达到预期的广告效果。

● 长时记忆。这是指记忆信息的保持从 1 分钟以上直到许多年甚至保持终身的记忆。长时记忆容量极大，保持的时间长。长时记忆是对短时记忆加工复述的结果，有时富有感情的事物由于印象深刻也能一次形成长时记忆。商业广告要想使广告内容成为消费者长时记忆的材料，从而达到创造需求的目的，就必须重复向受众传播广告内容，加深消费者大脑中的痕迹。

4. 消费者记忆的心理过程

记忆的心理过程包括识记、保持、再认或回忆三个基本过程。

（1）识记。识记是记忆过程的开端，是保持的必要前提。根据有无明确的目的，可以把识记分为无意识记和有意识记。

● 无意识记。这是事前没有确定识记目的，也不用任何识记方法的记忆。对经销商、制造商而言，要成为受众（消费者）无意识记的对象和内容，需要依靠许多因素，如广告频率、广告质量、产品包装、营销策略等。

● 有意识记。这是有记忆目的，运用一定方法的识记，有时还需要一定的意志努力。

消费者通过无意识记了解商品的有关信息后，如准备购买某种商品或服务，就进入有意识记阶段。一般而言，消费者进入有意识记阶段后都是现实购买者（消费者）或潜在购买者。经销商、制造商要特别重视有意识记阶段的消费者，并通过商品展示会、商品使用说明会等方式向消费者灌输更多、更全面的产品信息，以帮助消费者做出购买决定。

（2）保持。保持是记忆的重要环节。保持不仅是巩固识记，也是实现再认或回忆的重要保证。经验在头脑中保持，会发生质和量的变化。数量上的变化表现为保存量的减少，出现遗忘。质量的变化可以表现为记忆内容的简化、概括，或者详细、合理，或者歪曲、替代等。这与个人的知识经验有关，也受到后继输入信息的影响。消费者对商品品牌的记忆保持时间较长，对一般商品价格保持的时间也较长。因此，生产商更换品牌名称、销售商改变定价策略都应慎重。

与保持相反的记忆特性是遗忘。遗忘是对识记过的内容不能再认和记忆，或者表现为错误的再认和回忆。德国心理学家对遗忘现象进行了系统的研究，发现了遗忘发展的规律：遗忘进程不是均衡的，遗忘的发展是先快后慢的。研究表明，遗忘的进程不仅受时间因素制约，也受其他因素的制约。

识记材料的意义和作用对遗忘进程有很大影响，最容易遗忘的是对识记者来说没有重要意义的、不引起兴趣的、不符合需要的、在工作和学习中不占主要地位的材料。商业广告、商品推广要注意发现、推荐本产品的社会、经济和文化价值，以引起消费者的关注并保持记忆。

识记材料的性质对遗忘过程的影响很大。一般来说，熟练的动作遗忘最慢，有意义的材料比无意义的材料遗忘得慢。商业广告的广告语要尽量使用对受众而言最有意义的、有价值的词或语言，以便受众识记、保持，避免遗忘。

识记材料的数量对于识记效果有很大的影响。材料越多，平均使用或诵读次数就越多。商业广告要使受众保持对广告内容的记忆，就应尽量使用简洁的语言，突出特色，避免多多益善。

学习程度对遗忘也有一定的影响。过度学习有利于识记材料的保持。过度学习是指学习一种材料，达到一次完全正确背诵后仍继续学习。商业广告特别是品牌推荐广告，要让消费者（受众）熟记于心，就应“狂轰滥炸”，注意推广的密度和强度。

识记材料的位置不同，遗忘情况也不一样。一般是系列性材料开始部分最容易记忆，其次是末尾部分，中间偏后一点的内容则容易遗忘。这一规律对商业广告的播出时段和播出位置，商业展示会、推广会商家和厂家位置的选择具有重要意义。

（3）再认和回忆。再认是指体验过的事物再度出现时能把它认出来。例如，消费者通过广告了解的商品在商店里出现时，消费者能把它认出来，这就是通过再认来完成的。再认的速度和确定性主要取决于两个条件：

- 对旧事物识记的巩固程度；
- 当前出现的事物与以前识记过的有关事物的相似程度。

回忆是指体验过的事物不在面前时，能把它重新回想起来。例如，某消费者准备购买一套住房，他就会调动大脑中所有的信息（过去经验），综合分析准备购买房屋的地点、结构、价位等要素，做出科学的购买决策。这时，回忆这种心理现象就发挥着重要的作用。

5. 记忆对消费者行为的影响

（1）记忆影响消费者的购买决策。记忆能力的强弱、记忆的准确性，可以影响消费者对信息的使用。商品名称、商标、包装、广告都是消费者记忆的主要内容。特别是商品的商标，是消费者识别购买商品的主要标志。

（2）科学记忆能帮助消费者把握各种信息，购买到称心如意的商品或服务。消费者购买一般商品，主要依靠无意记忆中的有关商品的价位、质量做出购买决策，这一点主要表现在消费者购买一般生活用品中。消费者购买大宗消费品（即消费支出在家庭收入中占比较大或在成本支出中占比较大，而消费数量又较少的情况）或高科技产品（相对于消费者消费水平、现状而言）时，主要依靠有意记忆完成对商品品牌、价位的选择，做出购买决定。这时，消费者是否善于运用记忆策略非常重要。消费者要善于把无意记忆的内容、对象转化为有意记忆。借助相关媒介，如报纸、网络、他人经验等，拥有较为全面、系统的商品信息，经过分析、综合，就能做出较为科学的消费决策。

（3）记忆策略对商业广告及市场营销策略的制定具有重要影响。商业广告、市场营销的受众是人，是消费者。了解并根据人的记忆规律制定广告营销策略，能提高投资的经济效益，达到事半功倍的效果。例如，理解有助于记忆。理解的效果优于建立在单纯机械识记基础上的记忆。在商业广告宣传中，有些广告在新产品与消费者所熟知的事物之间建立起联系，潜移默化地提高了记忆效果，原因就在于利用了理解有助于记忆的原理。在商品销售活动中，如果能把消费者吸引到对商品的使用活动中，则会明显调动他们活动的积极性，从而加强对商品的记忆，扩大销售。

三、消费者的态度与行动

消费者是否购买某个产品，在很大程度上依赖于他对该产品的态度。因此，很多营销努力聚焦于找出消费者对某产品持有什么样的态度，并寻求在适当情况下改变原有态度。

（一）态度概述

不管人们的职业性质如何，几乎每个人都离不开态度这个概念。比如，企业的厂长或经理关心员工的态度，因为它会影响到生产积极性和生产率；市场营销管理人员关心的是顾客对相互竞争的各种品牌的产品和服务的态度，因为这直接影响到企业的生存和发展。

1. 态度及其构成

态度是指个人对某一对象所持有的评价与行为倾向。态度的对象是多方面的，其中有人、事件、物、团体、制度以及代表具体事物的观念等。

人们对一个对象会做出赞成或反对、肯定或否定的评价，同时还会表现出一种反应的倾向性，这种倾向性就是心理活动的准备状态。所以，一个人的态度不同，就会影响到他的行为取向。

从态度的构成看，主要包括三种成分，即认知成分、情感成分和意向成分。认知成分是指对人和事物的认识、理解和评价，即通常所说的印象。它是态度形成的基础。比如，某游客认为大连是个好地方，环境整洁优美，海滨风光秀丽，气候湿润宜人，这就是游客对大连的看法。情感成分是指对人和事所做的情感判断。它是态度的核心，并和人们的行为紧密相连。比如，某游客对大连做出了评价，并认为大连是个美丽、可爱的城市，这里就清楚地看出其中有积极的情感成分。意向成分是指个人对态度对象的反应倾向，即行为的准备状态。我们研究态度中的行为成分常常根据态度中的情感成分推测。比如，某游客对大连产生了积极、肯定的情绪情感，他在心理上就积极地做各种准备，一旦外部条件成熟，就可能到大连旅游。

态度的上述三种成分一般是协调一致的。比如，某消费者在选购商品的过程中，如果认为大连商场服务优，物美价廉，所处位置方便，就会对大连商场比较满意，产生喜欢、愉快的情感，从而经常到大连商场购物。因此，态度的三种成分之间的相互一致性对我们研究消费者的态度与行为的关系是非常重要的。

2. 态度的特点

人们的态度一旦形成，就通常具有以下几个特点。

（1）对象性。态度必须指向一定的对象，若没有对象，就谈不上态度。态度是针对某一对象而产生的，具有主体和客体的相对关系。人们做任何事情都会形成某种态度，在谈到某一态度时，就提出了态度的对象。例如，对某个商店的印象如何，对商品的价格有何感觉，对服务员有什么看法等。没有对象的态度是不存在的。

（2）社会性。态度是通过学习获得的，不是生来就有的。态度不是本能行为，虽然本能行为也有倾向性，但这是不学就会的；而所有的态度都不是遗传来的，而是后天获得的。比如，消费者对某商场的态度，或者是他自己在购物的过程中通过亲身体验产生的，或者是他通过广告宣传、其他顾客的评价等形成的。

（3）内隐性。态度是一种内在结构。一个人究竟具有什么样的态度，我们只能从他的外显行为中加以推测。例如，一个员工在业余时间里总是抱着各种专业书在看，那么我们就可以从他的行为来推测他对学习持积极的态度。

（4）稳定性与可变性。态度的稳定性是指态度形成后保持相当长的时间不变。态度是个性的有机组成部分，它使人在行为反应上表现出一定的规律性。比如，某消费者在某商场购买商品后，感觉很好，从而形成了对这家商场的肯定的态度，以后当他再想购物时，很可能还选择这家商场。这也就是常说的“回头客”。回头客的多少既反映了商场服务质量的高低与商品本身是否物有所值，也反映了顾客态度的稳定与否。

当然，态度也并非一成不变，当各种主客观因素发生变化时，态度也会随之改变。仍以上例来说，如果消费者在这家商场受到营业员不太礼貌的接待或发现这家商场的商品价格太高或质量不好，他就会改变原来对这家商场的积极、肯定的态度，而产生消极、不满的情绪，可能从此不再光顾这家商场。

（5）价值性。态度的核心是价值。价值是指作为态度的对象对人所具有的意义。人们对于某个事物所具有的态度取决于该事物对人们的意义大小，也就是事物所具有的价值大小。事物的主要价值有六种：理论的价值、实用的价值、美的价值、社会的价值、权力的价值、宗教的价值。

事物对人的价值大小一方面取决于事物本身，比如，顾客对某酒店的态度主要取决于该酒店能为顾客提供什么，如地位（社会的价值）、休息（实用的价值）等；另一方面也受人的需要、兴趣、爱好、动机、性格、信念等因素制约。所以，对同样一件事，人们由于价值观不同，会产生不同的态度。对能满足个人需要、迎合个人兴趣爱好、与自己的价值观念相符的事物，人们会产生正面的态度，反之则产生消极的态度。

（6）调整性。态度的一个重要特点就是它具有调整功能。所谓调整，就是当事人在社会奖惩或亲朋意见及榜样示范的作用下改变自己态度的情况。在消费活动中最常见的就是人们根据他人或社会的奖惩来调整或改变其态度。例如，某人准备购买某高档消费品，在其同事或朋友表示了不同的看法，或看到其他消费者投诉了该商品的质量或功能后，他就很可能改变原来的态度，取消这次购买活动。

扩展阅读

从个人的角度考察，偏见的持续与个人的“权威人格”有关。权威人格又称专制人格，具有此种人格的人往往会表现出这样几种相互关联的人格特征：固守传统的等级观念，顺从、认同强有力的权威形象，敌视其他群体的成员，对周围的事物好做两分法的简单判断。由于这类人强调权力、地位，所以特别容易执着于偏见态度。此外，偏见的持续还与个人遭受的挫折和顺应的经历有关，同时与个人的年龄和地位受到的威胁程度有关。

3. 态度的形成过程

人的态度不是与生俱来的，而是在一定的社会环境中形成的。刚出生的婴儿，无所谓态度，在其发育成长过程中不断接触周围事物，从而在大脑中形成了各种印象、看法，获得了相应的情绪体验，就逐渐形成了对事物的态度。

心理学家凯尔曼提出，态度形成有三个阶段，即服从、同化、内化。

（1）服从阶段。人为了获得物质与精神的报酬或避免惩罚而采取的表面顺从行为称为服从。服从阶段的行为不是个体真心愿意的行为，而是一时的顺应环境要求的行为，其目的在于获得奖赏、赞扬、被他人承认或者避免惩罚、受到损失等。当环境中奖励或惩罚的可能性消失时，服从阶段的行为和态度就会马上消失。

（2）同化阶段。这一阶段的特点是个体不是被迫而是自愿地接受他人的观点、信念，使自己的态度与他人的要求相一致。同化阶段的态度不同于服从阶段的态度，它不是在环境的压力下形成或转变的，而是出于个体的自觉或自愿。如一个人想加入某个有吸引力的社会团体，他就会承认该团体的章程，愿意以该团体的规范约束自己的行为，接受团体对他的要求和指导，并以该团体成员的态度对待工作与生活。以大学生出早操为例，某学生坚持了一段时间以后，由于出早操给他的身体和精神都带来了好处，即使不出操没有任何惩罚，他也会主动遵守学校的这一规定。

（3）内化阶段。内化阶段是指人们从内心深处真正相信并接受他人的观点而彻底转变自己的态度，并自觉地指导自己的思想和行动。在这一阶段，个体把那些新思想、新观点纳入了自己的价值体系，以新态度取代旧态度。一个人的态度只有到了内化阶段，才是稳固的，才真正成为个人的内在心理特征。

态度的形成从服从阶段到同化阶段再到内化阶段，是一个复杂的心理过程。当然，并不是所有的人对所有事物的态度都要经历这个过程。人们对一些事物的态度的形成可能经历了整个过程，但对另一些事物可能只停留在服从或同化阶段。

小思考

人的外在行为的改变有助于其内在态度的改变吗？为什么？

答：结论是肯定的。心理学家凯尔曼提出了态度形成的三个阶段，即服从、同化、内化。态度形成的第一阶段表现为外在行为上的服从，它是态度形成的起点。

（二）态度与消费行为

态度与行为是什么关系？态度对行为是一对一的决定关系吗？了解消费者的态度就可以预测他们的行为了吗？

（1）态度与行为。有关态度与行为之间关系的探讨几乎和对态度本身的研究历史一样久远。大多数学者对态度和行为之间的关系基本上持肯定的意见，即认为一个人的态度决定了他的行为。比如，你觉得不该发展烟草工业，你就不可能抽烟。这也正如前面所说，态度是行为的内在准备状态，因而可以通过态度来预测行为。

当被询问对某事的态度时，人们通常首先回忆他们与这件事情有关的行为和经历，然后根据过去的行为推断出对该事情的态度。所以如果某人被问到他对从事某工作的态度和感受，由于他已经干了好多年，他会说喜欢这个工作。自我知觉理论认为，态度是在事实发生之后用来使已经发生的东西产生意义的工具，而不是在活动之前指导行为的工具。这种倾向是非常强的。

此研究似乎表明，我们擅长为自己的行为找理由，而不擅长去做有理由应该做的事。

小思考

美国学者研究了美国人对待外国人的态度。当被问及对外国人的态度时，多数美国人持肯定友好的态度。但是当被问及能否在自己家中接待印度访客时，之前持肯定态度的美国家庭则拒绝这一请求或者要求在餐馆而不是家中接待。为什么出现态度与行为的不一致现象？

答：美国人对印度人的态度是对待某类事物的一般态度，而拒绝接待眼前的印度人是具体条件下的具体行为，这种行为与对具体对象的态度是一致的。就像某人喜欢鲜花，这是他对鲜花的一般态度，但这并不意味他会喜欢每一种具体的鲜花。后者是具体态度，也可以称为特殊态度。

（2）态度与消费偏好。态度即便不能完全预测人们的实际行为，也可以很好地预测人们的消费偏好。所谓消费偏好，是指人们趋向于购买某类商品或到某类商场购物的心理倾向。消费偏好与消费行为直接相关。这也就是我们探讨消费偏好的原因。

态度是偏好形成的基础，心理学研究表明，态度至少有两个特征对偏好的形成具有重要影响，这两个特征是态度的强度与态度的复杂性。

态度的强度即态度的力量，它是指个体对对象赞成或不赞成的程度。一般来说，态度强度越大，态度就越稳定，改变起来也就越困难。

人们对某一对象的态度强度与态度对象的突出属性有关。而态度对象的突出属性对人的重要程度是因人而异的。任何事物都有许许多多的属性（形状、外观、价格等），人们对事物的认知是针对事物的具体属性而言的。不仅如此，对于同一个人来说，随着他的需要或目标的改变，其态度对象的突出属性也会发生变化。因此，人们有时并不是为了产品或服务本身才花钱去购买，而是因为这些产品或服务能够给人们提供某种收获。

态度的复杂性是指人们对态度对象所掌握的信息量和信息种类的多少，它反映了人们对态度对象的认知水平。人们对态度对象所掌握的信息量和信息种类越多，形成的态度就越复杂。

比如，对于某个特定航空公司的态度就可能很简单，除了起飞时间、直达服务及其他时间方面的便利外，人们往往觉得相互竞争的大航空公司之间差别很小。然而，对于整个航空旅行的态度则比对于个别航空公司的态度要复杂得多。对航空旅行的态度涉及速度、方便程度、节约时间、费用、身份、声望、空中服务、行李携带等多方面的问题。对于旅游者来说，最复杂的态度也许是对国外旅游目的地的态度。这些态度至少涉及陌生的旅馆、异国风味的食品、外国人、陌生的语言、不同的传统等很多方面。

一般来说，复杂的态度比简单的态度更难以改变。比如，对旅行支票的态度属于简单态度。如果一位旅游者对旅行支票持否定态度，只是因为他并不认为这些旅行支票真的有用，那么只要向他指出一个人离家在外时丢失钱包是多么不方便，他就会改变这种态度。然而，一个对于出国旅游持否定态度的人，要改变他的态度倾向就非常难。即使他相信别人所说的出国旅行的费用很合理，他可能也会坚持自己的否定态度，理由是文化环境陌生、饮食或传统不同等。要改变他对出国旅游的否定态度，必须改变整个态度中的许多成分。可见，态度越复杂，就越难以改变。

（三）消费者态度的改变

个体在社会化过程中形成的态度具有稳定性，但也具有可变性。为了更好地影响人去适应和改造社会，态度的改变与态度的形成是必然的，也是必须的，二者是态度运动的不可分割的组织部分。

1. 态度改变的形式

态度改变的形式主要有两种。一是态度强度的改变，即改变原有态度的强度，但方向并不改变，如从稍微反对（或赞成）改变为强烈反对（或赞成）。这种形式称为一致性的改变。二是态度方向的改变，即一种新的态度取代原有的态度，改变了态度的性质和方向。例如，原来反对的改变为赞成的，本来喜欢的改变为不喜欢的。这种形式称为不一致改变。

2. 态度改变的方法

态度改变是科技进步、社会生活条件不断变化的要求。就人的社会化而言，态度改变是不可缺少的重要因素。就产品推广、市场营销而言，关注、改变消费者的态度更是关系到生产商、销售商生存、发展的重要工作。改变态度的方法有：

（1）参与活动。引导人们积极参加活动，有助于改变其原有的态度。个人在社会中活动的性质，能决定他的态度，也会改变他的态度。研究表明，人们在活动中能增加与他人的接触、思想感情方面的交流，深入了解态度对象，获得更多的信息，从而改变原有态度，形成新的态度。活动有助于个体态度的改变。改变的程度与速度取决于参与的深度和广度。例如，某开发商开发了一个新的楼盘，市场销售不是很理想。后来，开发商组织消费者免费参观、交流，邀请消费者参与楼盘的后期设计，并监督其建造。这些活动加深了消费者对楼盘的了解和认识，从而使消费者的消费态度发生了转变，整个楼盘很快销售一空。

（2）宣传、说服。宣传、说服可以提供更多的信息，完善人们的认知，并在此基础上产生更强烈的情绪体验。这是改变态度的重要方法，特别是对于矫正错误的偏见和不恰当的态度尤为重要。宣传是社会生活、消费领域中改变人们的态度的主要方法和途径。特别是大众媒介，它无时无刻不在直接或间接地影响人们的态度。说服也是一种广义的宣传，它是通过直接接触，交换意见，从而改变消费者态度的重要方式。宣传、说服具有针对性强、沟通准确、快速等特点，能充分利用情感召唤、人际吸引，又能充分让受众表达意见，从而抓住问题的关键，加以理性说明和分析，往往能彻底转变他人的态度。

（3）群体规定。利用群体规范的强制力、约束力或者采用一定的行为手段和立法手段，迫使人们了解信息，促使其改变态度就叫群体规定。在市场经济条件下，群体规定对消费者个人的一般消费行为的态度改变没有多大作用。但在特定状况下，如战争、瘟疫等紧急状态下，群体规定对消费者消费态度的转变具有重要作用和影响。例如，在 SARS 过后，广东地区对待果子狸的态度，在“杀与不杀”“吃与不吃”之间的转变就是一个典型的例证。通过立法、税收等手段，引导、改变消费者的消费态度和消费行为，促进国家宏观经济的发展，也是利用群体规定改变态度的原理的结果。

3. 消费者态度改变的条件

消费者态度的改变虽然可起因于内在的因素，如生理状况的变化，但主要还是受到外在因素如消费品的性能、质量、装潢设计、推销方式的影响。要想有效地改变消费者的态度，就必须考虑下列条件。

（1）传播者的信用、形象。接收者改变态度的决定条件首先是传播者的信用、形象。信用较好的传播者比信用较差的传播者容易引起接收者改变态度。虽然随着时间的推移，传播者的信用好坏对消费者态度的转变没有多大差别，但就营销而言，为使接收者暂时改变态度，聘用信用好的、形象优秀的传播者是决定性的措施。权威引起人们改变态度，是由于人们很注意专家的论点，并认真加以考察。要想实现接收者（消费者）态度的转变，应充分重视消费信息的真实性与科学性。

（2）广告信息的效果。成功的广告容易引起消费者改变态度，接纳某类产品。

（3）接收者的效果。受众的知觉、需要、个性等不同，产生传播信息效果的差异。态度改变者的原有态度：如果信息与原有态度的距离过大，就应该分阶段来改变态度，否则，要求过高，不但不能改变受众原有的态度，而且会对新信息加以拒绝、排斥；态度改变者的人格特征：自尊心强的人更难以改变态度，智力高的人更不容易说服；态度改变者的社会背景：目标对象的家庭、社会地位、社会文化、居住条件等因素都会影响传播者对信息的接受。

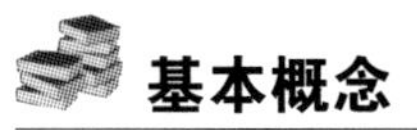

基本概念

个性心理特征　　感觉与知觉　　注意与记忆　　态度与行动

思考题

1. 消费者记忆的心理过程是什么？
2. 记忆对消费者行为有哪些影响？
3. 举例说明成功的广告怎样引起消费者的注意。
4. 消费者注意的特点是什么？
5. 消费者如何利用注意规律科学消费？
6. 学习对消费者行为有哪些影响？
7. 消费者消费态度的形成受哪些因素的制约？
8. 消费者行为的心理因素对市场营销有哪些影响？

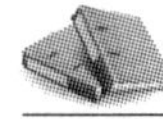

案例分析

通用的心理战术

通用食品公司在美国食品业居第三位。美国的主妇们除了超级市场，几乎不在别的地方买食品，反之食品制造商也除了供应超级市场，不做其他交易。

通用食品公司在超级市场获得较多的陈列面积，除流通设施有较强的竞争力外，还得力于针对家庭主妇心理战的秘诀。

通用食品公司随时随地发掘并观察主妇们的潜在需要，在超市推出“自我服务”的奇招，利用各种传播媒体，大肆广告，推出让光顾的主妇们对该公司食品有最大亲切感的商品项目。该公司所经常瞄准的便是美国家庭主妇平均喜好的心理倾向。譬如制作电视节目，剧中情节融合家庭伦理，使观众在不知不觉中偏向于剧中主角对该公司的喜爱，进而加深主妇们对该公司产品的共识与爱好。因此，通用食品公司的个人持股者，半数以上为家庭主妇。该公司经营的“金蛋”产品——速溶咖啡，深受主妇们的喜爱。它拥有世界上最大能力的咖啡加工厂，其营业额占全公司总营业额的1/3，创利占总利润的一半。但它并不满足于此，一直致力于生产更强有力的新产品，终于开发出冷冻干燥的制品，并增加投资，扩充设备，使冷冻干燥食品又成为受主妇们欢迎的食品。冷冻干燥食品的完全商业化很快使全美国的主妇们无论季节如何变化，随时都可买到新鲜的季节食品。

资料来源：周晓丰．推销心理与推销实务．北京：北京航空航天大学出版社，2003.

问题：

1. 通用食品公司为什么要在超市占据较大的陈列面积？
2. 通用食品公司是如何采用心理战的方法争取家庭主妇的？
3. 通用食品公司已经拥有市场占有率高、创利能力强的产品，为什么还要努力开发新产品？

第8章

购买者行为分析

本章要点

- 明确消费者购买行为模式；
- 理解消费者特征如何影响购买行为；
- 理解消费者如何做出购买决策；
- 明确组织购买行为的决定因素；
- 明确组织购买决策过程。

引例

速溶咖啡为何受冷遇

20世纪40年代，方便、廉价的雀巢速溶咖啡开始进入市场。但是，消费者对此并不感兴趣，问津者寥寥无几。

出现这种情况是令人费解的。在速溶咖啡出现以前，在家里喝上一杯咖啡要经过一番复杂的操作：首先，在市场上买回生咖啡豆，进行烘焙，将烘焙好的咖啡豆磨细，然后才能煮出一壶咖啡。而冲泡速溶咖啡，无须特殊技术和耐心，谁也不会发生配料的错误。此外，它的价格也比传统饮料便宜。既然如此，人们为什么还要抵制这种方便饮料呢？为了解答这个问题，心理学家开始调查人们对雀巢速溶咖啡的看法。他们找来一些有代表性的消费者，询问他们是否饮用了速溶咖啡，得到的答案几乎相同：他们不喜欢速溶咖啡的味道。

但是，咖啡制造商和进行调查的心理学家都不相信味道是消费者抵制这种新产品的真正原因，因为大多数人都没有讲出速溶咖啡和新鲜调制的咖啡在味道上究竟有什么区别。他们猜想，问题的根源可能并不在于味道的好坏，而是消费者心里存在一种抵制速溶咖啡的潜在动机。为此，心理学家设计了另外一种提问方式。他们特地编制了两张购物单，这两张购物单除了一张上写着速溶咖啡，另一张上写着新鲜咖啡豆以外，其余的物品全部相同。他们将两张购货单分别交给两组家庭主妇，请她们描述按得到的其中一张购物单购物的顾客是什么样的人。

心理学家设计的两张购物单如下：

购物单 1	购物单 2
1 听发酵粉	1 听发酵粉
2 块面包	2 块面包
1 串胡萝卜	1 串胡萝卜
1 磅雀巢速溶咖啡	1 磅新鲜咖啡豆
1.5 磅碎牛肉	1.5 磅碎牛肉
2 磅桃子	2 磅桃子
5 磅土豆	5 磅土豆

所得到的描述截然不同，购买速溶咖啡的顾客被认为是一个懒汉，是一个邋遢、生活毫无计划和没有贤妻照顾的人。而购买新鲜咖啡豆的顾客则被描述成有经验的、勤俭的、讲究生活的、有家庭观念的和喜欢烹调的人。

这个结果表明，人们倾向于用十分消极的词汇去描绘速溶咖啡的购买者，换句话说，速溶咖啡这种十分方便、节省时间的新产品在消费者心目中的印象不佳。消费者拒绝这种新产品的真正原因在于他们对于速溶咖啡的偏见，而不在于它的味道。在这种情况下，愿意购买速溶咖啡的人当然很少。

针对这种情况，为了使速溶咖啡打开市场，改变人们的偏见情绪和消极印象，广告的主题就需要改变。新设计的广告一改过去强调速溶咖啡又快又方便的特点，转而强调市场上销售的新鲜咖啡所具有的美味、芳香和质地醇厚的特点，速溶咖啡都一一具备。在一则杂志广告上，设计师画了一杯美味芬芳的咖啡，后面高高地堆着一大堆褐色的咖啡豆，速溶咖啡罐上写着“100%的真正咖啡”。立刻，消极印象克服了，速溶咖啡一跃成为西方咖啡业中最受欢迎的一员。消费者已经被说服了，谁也不会再认为购买速溶咖啡的人是懒汉和无能者，他们已经认识到速溶咖啡所具有的各种优点及价值。

评析：速溶咖啡的例子表明，许多不同的因素影响着消费者的购买行为。购买行为从来就不简单，理解购买行为是现代推销人员的首要任务。消费者购买行为是指为个人消费而购买产品和服务的最终消费者个人或家庭的购买行为。

全球各地的消费者在年龄、收入、教育水平和品位上有很大的不同。他们购买的产品和服务也千差万别。这些多样化的消费者与他人及周围环境相互联系，影响着他们在各种产品、服务和公司之间的选择。

第 1 节　消费者购买行为分析

一、消费者购买行为模式

消费者市场涉及的内容千头万绪，从哪里入手进行分析？市场营销学家归纳出了以下

7个主要问题，形成了以下认识框架（见表8-1）。

表8-1 消费者购买行为的7O模式

由谁购买（who）	购买者（occupants）
购买什么（what）	购买对象（objects）
为何购买（why）	购买目标（objectives）
谁参与购买（who）	购买组织（organizations）
怎样购买（how）	购买行动（operations）
何时购买（when）	购买时间（occasions）
何地购买（where）	购买地点（outlets）

（一）谁承担家庭的购买（Who does the buying?）

此问题可从三个角度来分析：第一，谁承担实际的购买（购买者）；第二，谁做出购买的决定；第三，归谁来使用。

一般而言，女性承担家庭购买的主要角色，而且大多是女性做出购买决定。随着经济的不断发展、物质生活的日趋丰富，消费者的生活方式也发生了相应的变化。特别是超市等自助商店的兴起，以及电脑等技术产品应用的家庭化等，使得男性渐渐参与购买的决定和实际的行动。很多家庭耐用消费品或者价格较高的用品，如汽车、住房，多由男性或者夫妻双方共同做出购买的决定。

同时，青少年与儿童对家庭购买的影响也越来越大，这与父母观念的转变，电视、电脑等现代媒介的渗透有着不可分割的联系。虽然在某些消费中，儿童不是直接的购买者，但是作为最终使用者，他们对于家庭的购买决定有着相当的影响力。很多制造商和中间商在拟定产品与广告政策时，已经注意到青少年与儿童的这种影响力。

（二）购买什么（What do they buy?）

市场上商品和服务的种类日趋丰富，而消费者的消费形态也越来越复杂，在购买商品和服务时，影响购买决定的因素以及做出决定的过程，都是企业营销管理者非常关心的问题。

为满足目标顾客的需要和欲望，企业首先必须“认识顾客”，并将之用于开发新产品、提供特色服务以及价格、渠道、沟通和其他营销组合。（顾客购买饮料的目的仅仅是解渴吗？到咖啡屋仅仅是为了喝咖啡吗？到电影院仅仅是为了看电影吗？）

（三）消费者为什么购买（Why consumers buy?）

消费者为什么购买，也就是通常所说的购买动机与行为。所谓动机（motivation），是行为的内在因素，由个人的需要引发，是达成满足需要的行为动力。因此，动机可以说是行为的原型，行为是动机的传达。引导人们购买某一商品和选择某一品牌的动力，称为购买动机。

现代企业从商品计划开始，便不断从事推销活动、促销活动、广告及其他市场营销活动。这些活动的目的都是促使消费者购买商品。首先以商品计划而言，产品品质、特性、功用、包装、价格等必须适合消费者的需要。如能适合消费者的需要，零售商自然乐于向顾客推销，甚至消费者也会主动选择该商品。

企业为了向零售商推销其产品，一方面对零售商举办经营指导讲座，在一定期间特价供应或给予回扣；另一方面，采取赠送店面广告材料、分发公司刊物、对零售店保证一定利润等措施。这些推销、促销活动主要是为了使零售店乐于经销其商品，并主动向顾客推荐而进行的。

由此观之，各种市场运营活动，不论直接的还是间接的，都聚焦于消费者购买商品的目标。因此，了解消费者动机对企业经营者而言非常重要。有关购买动机的调查研究将有助于企业采用准确的市场营销策略，以最大范围地争取消费者。

（四）谁参与购买（Who participates buying?）

这是针对组织购买而言的。在组织购买过程中，有多个人参与产品或服务的选择，这些人在购买决策中扮演不同的角色，对购买过程有不同的影响。实际上购买的人可能是使用者，也可能不是。

（五）消费者怎样购买（How consumers buy?）

关于消费者如何购买的市场营销的观点对于零售商与制造商同等重要，因为它会影响商品与价格政策、增进销售计划与其他经营管理的决定。以价格、服务与品牌的关系为例来看影响消费者的选择，某些消费者特别重视价格，他们购买最便宜的商品而不关心何种品牌；另一部分消费者也购买便宜的商品，但是对于品牌追求更倾向于多数人所熟知的；还有一部分消费者愿意支付较高的价格，购买他们所希望购得的品牌或服务。

现在社会生活节奏较快，多数人工作繁忙，消费者的购买习惯具有普遍趋向，多数消费者宁可支付较高价格，希望各种食物和日用品均有较佳的包装，使购买与使用较为便利。又如近年来消费者喜欢用信用卡购物，如果某一家百货商店坚持现金交易，其营业必受影响。

（六）消费者何时购买（When consumers buy?）

市场营销管理者必须了解消费者购买商品时间方面的习惯，譬如季节性、每一星期的第几天购买人数最多或者每天哪个时间段顾客最为拥挤。如果产品具有季节性，如我国的端午节、中秋节与春节，多数消费者喜欢在这三个节日期间购买礼品赠送亲友，尤其各类食品在此期间销量激增，食品企业的市场营销主管人员应密切注意这种特征，在适当时间将产品推向市场，还要注意产品设计、包装、价格与市场需要数量及各种条件的配合，才能从季节性因素赚取最大利润。

（七）消费者从何处购买（Where consumers buy?）

研究消费者从何处购买，可从两方面加以分析，即消费者在何处决定购买与消费者在何处实际购买。消费者对于大多数商品与服务在购买前已经在家中做出决定，譬如购买保险、汽车、家具与家用电器等。另一方面，某种商品则在购买现场才做决定，譬如一般日用消费品与食物等。

一个公司在商品设计与销售计划拟定以前应先了解消费者在何处决定购买的信息，如果是在商店中才做决定，就应注意商品的包装与购买现场广告，特别是在顾客自助方式的超市。假如消费者的购买决定是在家中做出的，则应借助大众媒介来影响消费者，或者派推销人员逐户推销。

消费者购买行为模式中比较有代表性的是刺激-反应模式（见图 8－1）。

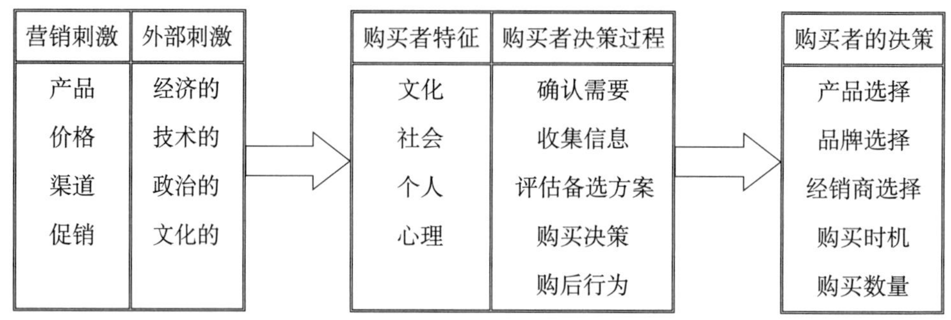

图 8－1　消费者购买行为的刺激-反应模式

市场营销因素和市场环境因素的刺激将会进入购买者的意识，购买者根据自己的特性处理这些信息，再经过一定的决策过程做出购买决定。

二、消费者购买决策过程

下面介绍消费者是如何做出购买决策的。图 8－2 展示了购买决策过程的五个阶段：确认需要、收集信息、评估备选方案、购买决策以及购后行为。购买过程早在实际购买发生前就已经开始，在购买后还会延续很长时间。我们需要关注整个购买过程，而不是只注意购买决策阶段。

图 8－2　消费者购买决策过程

消费者每次购买都要经过五个阶段。但是，在经常性购买中，消费者常常跳过或颠倒某些阶段。购买常用牙膏品牌的女士在确认牙膏需要时，会越过收集信息和评估备选方案阶段，直接进入购买决策阶段。这里我们仍将运用图 8－2 中的模式，阐述消费者面临新的复杂的购买时所发生的全部思考过程。

（一）确认需要

购买过程从购买者确认某个问题或某种需要开始，即确认需要（need recognition）。我们是否能够让顾客确认需求取决于两个要素：一个是我们现有的与我们应该有的之间的差别程度有多大，另一个就是问题或需求的重要性有多大。这就涉及顾客激励的概念了，这种激励是一种对顾客的内部刺激来感知和体验未感知的需要与需求。当一个人的正常需要（如饥饿、干渴或性）强烈到某种程度时，就变成了一种驱动力。需要也可能由外部刺激引起。例如，广告或与朋友的讨论可能让你考虑是否要买辆新车。在这一阶段，市场营销者应该进行消费者研究，找出他们的问题、需要及其产生的原因，以及如何引导消费者关注某种特定的产品。

（二）收集信息

当消费者对某种产品感兴趣时，可能会搜寻更多的信息。如果消费者的需求强烈或满意的产品恰巧在手边，他很可能购买。反之，消费者将暂时将这个需求记在心里，然后进行与之有关的信息搜索（information search）。例如，一旦你决定购买一辆新车，至少会更多地关注汽车广告、朋友的车以及关于汽车的谈话，或者你会主动在互联网上搜索，和朋友交流，或通过其他方式收集信息。搜寻的信息数量取决于驱动力的强度、最初拥有的信息量、附加信息的价值，以及从搜索中获得的满意度。

消费者可从以下渠道获取信息：个人来源，如家庭、朋友、邻居和熟人；商业来源，如广告、销售人员、经销商网站、包装和展览；公共来源，如大众传媒、消费者评审组织和网络搜索；经验来源，如对产品的操作、检查和使用。这些信息来源的相对影响因产品和购买者而异。

一般情况下，消费者得到的大多数产品信息来自商业渠道，即营销者所控制的来源。然而，最有效的信息来源是个人来源。商业来源一般起到告知作用，个人来源具有判断或评价产品的作用。现在，越来越多的消费者在购买前会先登录有关网站，浏览其他购买者的在线评论。

（三）评估备选方案

消费者使用各种信息筛选出一组可供选择的品牌之后，是如何从中选择的呢？营销人员需要了解评估备选方案（alternative evaluation），即消费者如何处理信息并选择品牌的过程。遗憾的是，没有一种适合所有购买情况的简明、单一的评估过程。相反，目前流行几种不同的评估过程。

通过某些评估程序，消费者对不同的品牌会持有不同的态度。对购买方案的比较和评估因人而异。有人注重价格，有人重视质量或方便性，选用什么样的购买方案取决于购买所花的时间和成本、拥有的信息量，以及由于选错带来的风险以及顾客对错购的失望感。

假如你备选的汽车购买方案已经缩减到三个品牌，同时，假设你主要看中四个属性——款式、油耗、保修服务和价格。而且，你已经了解每个品牌在各个属性上的表现。如果某款车的各种属性都是最好的，显然我们能够预测你会选择这款车。然而，每个品牌的吸引力无疑是不同的。如果仅基于一个属性做出购买决策，那很容易预测你的选择。如果你更重视汽车款式，你可能会购买你认为款式最好的那辆车。如果我们知道对你而言这四个属性的相对重要性，就能更加可靠地预测你的选择。

市场营销者应该研究购买者的品牌方案的实际评估过程。如果知道评估过程是如何进行的，就能采取措施去影响购买者的选择。

（四）购买决策

在评估选择阶段，消费者对品牌进行排序并形成购买意图。一般来说，消费者的购买决策（purchase decision）将是购买他们最喜爱的品牌，但有两个因素会影响他们的购买意图和最终的购买决策。第一个因素是其他人的态度。如果某个人对你很重要，而他认为你应该买价格最低的汽车，那么你选择高价汽车的可能性就会降低。

第二个是意想不到的环境因素。消费者可能将购买意图建立在预期收入、预计价格和期望产品利益等因素之上。然而，突发情况可能会改变消费者的购买意图。例如，经济开始恶化，竞争对手降低价格，等等。因此，偏好和购买意图并不总是会导致实际的购买行动。

（五）购后行为

产品被购买后，营销人员的工作并没有结束。消费者是否满意以及他们的购后行为（post-purchase behavior）也是营销人员应该关注的。什么决定了购买者是否满意？答案取决于消费者预期（consumer's expectations）与产品感知绩效（perceived performance）间的关系。如果产品未达到预期，消费者会感到失望；如果产品符合预期，消费者会感到满意；如果产品超过预期，消费者会感到高兴。预期绩效与实际感知绩效之间的差距越大，消费者越不满意。这说明销售人员应该如实介绍产品的真正绩效，以使消费者感到满意。

然而，几乎所有重要的购买行为都会产生认知失调（cognitive dissonance），或是购后冲突而引起的不适。购买之后，消费者对所选品牌的优点感到满意，庆幸避免了未购买品牌的缺点。然而，所有购买行为都涉及权衡。消费者会为所选品牌的缺点而担心，也会为没有得到未购品牌的好处而感到遗憾。因此，消费者每次购买后，或多或少都会存在不平衡感。

为什么让顾客感到满意如此重要呢？顾客满意是建立有利可图的顾客关系的关键，它能吸引和保留顾客，获得顾客终身价值。满意的顾客会再次购买，并向他人推荐该产品，而不太重视竞争品牌及其广告，他们更可能购买该企业的其他产品。许多营销人员并不满足于达到顾客的期望，他们的目标是取悦顾客。

不满意的消费者有截然不同的反应。“好事不出门，坏事传千里。”对企业及其产品的差评能很快地破坏消费者对公司及其产品的印象。不满的顾客很少投诉，多数不满的顾客不会主动向公司反映他们遇到的问题。因此，企业应该经常测量顾客满意度，建立鼓励消费者投诉的机制。这样，企业就能了解自己的业绩，以及应该如何改进。

通过研究完整的购买决策过程，营销人员或许能找到帮助消费者顺利决策的方法。例如，如果消费者因为没有发觉需要而未购买某种新产品，市场营销者也许可以通过广告信息来激发需求，充分展示该产品能为消费者解决的问题。如果消费者知道这个产品，但因为缺乏好感而不购买，营销人员就必须改变产品或改变消费者的观念。

小贴士

肯德基在中国实施了一项令顾客着迷的训练计划，旨在通过其 CHAMPS 经营规范使公司内所有人都为顾客“疯狂”，包括保持美观整洁的餐厅、提供真诚友善的接待、确保准确无误的供应、维持优良的设备、坚持高质量的产品和注重快速迅捷的服务。“是，我的顾客对我很重要！”“是，我的顾客就是我的工作。”“是，我能解决你的任何问题！”就是其中一些全力以赴满足和超越顾客期望的口号。

三、消费者购买行为的决定因素

消费者购买行为受到许多因素的影响，包括环境和市场因素、个人和心理因素、家庭和文化因素等。推销者往往想推测出消费者的购买倾向，经营者也经常以商店的布置、背景音乐以及产品的特性、价格和广告来影响消费者的购买行为。但有些因素暂时会有影响，有些因素影响比较长久。不同的因素可以影响消费者的购买行为，我们对其中最主要的文化、社会、环境、个性和心理五方面因素进行分析。

（一）文化因素

1. 文化

文化是人类欲望和行为最基本的决定因素。低等动物的行为主要受本能支配，人类行为大部分由学习得来。一个人在社会中成长，受到家庭、环境及社会潜移默化的影响，学到一套基本的价值观、风俗习惯和审美观，形成一定的偏好和行为模式。

（1）价值观：对社会生活中各种事物的态度和看法。

（2）风俗习惯：人们根据自己的生活内容、生活方式和自然环境，在一定的社会物质生产条件下长期形成，世代相传，成为约束人们思想、行为的规范。在饮食、服饰、居住、婚丧、信仰、节日、人际交往各个方面，都表现出独特的心理特征并影响购买行为。

（3）审美观：通常指人们对事物的好坏、美丑、善恶的评价，受社会舆论、思想观念等影响，并制约欲望和需求取向。

2. 亚文化

一种文化会因各种因素影响，使价值观、风俗习惯及审美观等表现出不同特征，形成亚文化。亚文化主要表现为：

（1）民族亚文化。各个民族在宗教信仰、节日、崇尚爱好、图腾禁忌和生活习惯方面都有其独特之处，并对消费行为产生深刻影响。

（2）宗教亚文化。不同的宗教有不同的文化倾向和戒律，影响人们认识事物的方式、对生活的态度、行为准则和价值观，从而影响消费行为。每种宗教都有其主要流行地区和鲜明的特点。

（3）地理亚文化。不同的地区有不同的风俗习惯和爱好，使消费行为带有明显的地方色彩。

小贴士

迪士尼的管理者在修建香港迪士尼乐园时咨询过风水大师。公园靠山面水暗示着在大量的利益和游客流入的同时有靠山保护；公园的前门偏移了12°以期带来繁荣；为了保证能量和气的循环，迪士尼将火车站至大门的通道铺成弯路；为积累财运和财富，公园内的水以湖泊、小河和瀑布的形式被战略性地大量使用。在厨房里，火炉被安放在能带来好运的位置，而有些区域标明“重点防火区”以平衡火元素并减少意外。主街上幸运的红色非常醒目。幸运数字同样被纳入整个主题公园的设施中：迪士尼乐园酒店的主舞厅面积为888平方米；其中国餐馆中的枝型吊灯有2 238枝水晶莲花，该数字读起来很像粤语中的“容易发财”；所有的迪士尼酒店均没有第4层。迪士尼商店中不出售时钟，因为“送钟”与“送终”听起来一样。乐园的破土和开业日期也选在了黄道吉日。

3. 社会阶层

社会阶层是具有相对的同质性和持久性的群体。按等级排列，每一阶层的成员具有类似的价值观、兴趣爱好和行为方式。

一个人的社会阶层通常是职业、收入、教育和价值观等多种因素作用的结果。同一社会阶层的人要比来自不同社会阶层的人行为更加相似。因此，社会阶层不仅是影响消费者行为的重要因素，而且是细分消费者市场的重要依据。

（二）社会因素

在社会生活中，人与人之间形成了各种各样的关系，这些关系对人们的消费行为产生了很大的影响。

1. 参照群体

参照群体是能够影响个人态度、意见和价值观的一群人。参照群体分为所属群体与相关群体，所属群体又分为主要群体和次要群体。

（1）主要群体：直接接触，关系密切。

（2）次要群体：直接接触，但是关系相对较为疏远。

（3）相关群体：个人不属于这一群体，但是态度、行为受其影响，如影星、歌星、球星身后大批的崇拜者和追随者。相关群体影响消费者行为的程度在不同产品和品牌中并不都是相同的。

2. 家庭

家庭及其成员是影响最大的主要参考群体。每个人所经历的“家庭”可分为：

（1）自身所出的家庭，包括父母。每个人从双亲那里养成了许多倾向性。

（2）己所生出的家庭，即配偶和子女。对购买行为产生更直接的影响，并形成一个消费者的“购买组织”。

3. 社会角色与地位

个体可能同时归属于家庭、俱乐部、组织等多个群体，其在群体中的位置由其社会角色和地位决定。角色是在群体中人们被期望进行的活动内容。每个角色代表一定的社会地位，反映了社会的综合评价。

人们通常选择适合自己角色和地位的产品。一位有工作的母亲可能扮演多种角色：在公司，她是品牌经理；在家里，她是妻子和母亲；在她喜爱的体育赛事中，她是狂热的体育迷。作为一个品牌经理，她将购买那些能显示她在公司中的角色和地位的服饰。

小贴士

韩国汽车制造商正在更为谨慎地处理与女性的关系，因为她们的购买占国内销售额的30%。现代公司已对中型轿车中的旗舰产品索纳塔引入了女性导向的优雅版（Sonata Elegance Special）。起亚公司为使汽车被女性接受而致力于时尚的外观，如运动型多用途汽车，车内的主色调有夏威夷和咖啡褐等多种独特颜色。大宇公司的拉塞蒂（Lacetti）的特征是可伸缩的驾驶杆，驾驶者可根据舒适度需要调节长度，因为女性通常比男性个子小，这一特征对她们特别有用。

（三）环境因素

你有没有过这样的经历：在一家商店突然感觉找不到出口？其实不会找不到出口，这种找不到出口的感觉是商店的设计者故意造成的。商店的设计者就是为了达到这样的效果，你在商店待的时间越长，你买的就越多。小杂货店往往把牛奶和面包分别摆放在商店的进口处和出口处，因为这是人们经常一起购买的商品，你拿了牛奶，但你必须逛完整个商店，到达出口处才能拿到面包。总之，营销者可以通过利用环境来影响消费者的购买行为。

商店的位置也会影响消费者的购买行为。星巴克在这方面做得很好，在美国，它把服务点的布置做得淋漓尽致。你开车不用几千米就可以看到一家星巴克，甚至可以在杂货店、在机场买到一杯星巴克的咖啡，更不用说走路逛街的时候了。

有些环境因素是可以控制的。如商店的格局布置、播放的音乐、背景灯光、温度甚至是气味，这些都称为背景气氛。就像你要租一处公寓，你首先要凭这些感觉来决定你喜欢与否。那么，公寓的业主会带着你去看看房间和设施。研究证明，这些感官策略的结果就是让顾客愿意多待在商店里，多购买，带着对商店的好感离开。酒店电梯旁边放面镜子就是一个例子，旅客住店等电梯时会不断地照镜子，那么就不会在意等候电梯的时间。

但不是所有的环境因素都可以人为控制的。比如天气。下雨天对有些公司就是好消息，比如制伞公司，但对别的公司可能就是很糟糕的事，如海滩商店、室外演出和高尔夫球场。汽车销售商也没什么好生意，谁会冒着大雨去买车呢。对待这些不可控因素，营销者可以通过特殊促销活动来试图改变。例如，在天气不好的情况下，许多度假场所给消费者打折扣来吸引到海滩旅游。通过网上展示也是弥补天气不好产生的影响，想想在家里就可以逛街，多舒服呀！不管室外天气有多恶劣，你都可以轻松快乐地买到你想要的商品。所以，网上销售已经成了很有效的营销手段。

拥挤是影响消费者购买行为的另一个环境因素。它对购买行为的影响存在两方面的效应。许多人都有过离开商店而没有买任何东西，就是因为太拥挤。如果商店有措施来防止过于拥挤，顾客会感到比较舒心。然而，也有报告认为，人多的商店对消费者购买心理也有正影响，这种情况称为集群效应。比如，空荡荡的餐馆往往让人却步，而热闹的餐馆却让人争相入内，甚至排号等位。当然，通过促销手段，人为制造拥挤场面来提高人气，有时会带来很可怕的后果。商场促销导致拥挤踩踏的事故常见诸报端，这样的促销就得不偿失了，也是不可取的。

（四）个人因素

购买者的行为还受到购买者的年龄与家庭生命周期阶段、职业、经济状况、生活方式、个性及自我观念等个人因素的影响。

1. 年龄与家庭生命周期阶段

人们一生中不断更换产品和服务，他们在食物、衣服、家具以及娱乐方面的品位往往与他们的年龄相关。购买情况也受到家庭生命周期阶段——家庭随着成员个人的发展和时间推移可能经历的不同阶段——的影响。营销人员常常通过定义目标市场人群所处的家庭生命周期阶段，制定适合不同阶段的产品和营销计划。

传统的家庭生命周期阶段包括单身的年轻人和有孩子的已婚夫妻。然而，今天的营销越来越迎合多样性的非传统阶段，比如未婚情侣、晚婚夫妇、丁克家庭、同性夫妇、单亲家庭、年轻的成年子女回到父母家生活的扩展家庭等。

2. 职业

个人的职业会影响他所购买的商品和服务。蓝领工人倾向于购买更结实的工作服，而高级管理人员更多购买职业服装。市场营销者试图识别对其产品和服务更感兴趣的职业群体，一家公司甚至可以专门为某一职业群体提供产品。

3. 经济状况

个人的经济状况会影响其产品选择。受收入影响较大的商品的市场营销者比较关注个人收入、储蓄和利率的变化趋势。如果经济指标显示经济开始衰退，市场营销者将着手对产品重新设计、重新定位以及重新定价。一些市场营销者针对富有的消费者，收取较高的价格。例如，劳力士将其高档表定位于“尽显优雅，张扬激情，见证永恒”。其他商家则针对目标人群采用更温和的方法。天美时推出经济型的手表，其广告词宣称“不管如何整它，天美时照走不误”。

4. 生活方式

即使来自相同亚文化、社会阶层和职业的人群，也可能具有完全不同的生活方式。生活方式（life style）是个人表达自己心理的一种生活模式。它需要衡量消费者的AIO维度，即活动（工作、爱好、购物、运动、社交活动等）、兴趣（食物、服装、家庭、娱乐等）和观点（关于自我、社会问题、商务和产品等）。生活方式不仅反映了个人的社会阶层或个性，而且概述了个人在整个社会环境中的互动模式。

如果运用得当，生活方式的概念可以帮助市场营销者了解消费者不断变化的价值观及其对购买行为的影响。消费者不仅购买产品，他们也购买产品所代表的价值观和生活方式。例如，宝马不仅销售敞篷汽车，它还推广一种返璞归真的生活方式。一位营销人员说：“人们的产品选择越来越像价值观选择。它不是‘我喜欢这水，因为它味道不错’，而是‘我觉得这辆车或这个节目更能代表自己’。”

5. 时间观念

一天中的时间，一年中的时间，人们花多长时间去逛街购物，这些都成为营销者需要研究的对象。研究者甚至将人们分为“早晨人”和“晚上人”来分析时间对购买行为产生的影响。当人们饿了，当人们发工资有钱了，他们会去逛街，会去超市，这个时候所花的钱会比平时多。日本的7-11连锁店就特别关注顾客的购物时间对购物的影响。它在收银台安装了监控系统来记录每天什么时候人最多，什么商品购买最多，商店会据此随时补充货物，目的就是使顾客能在任何时候都可以买到喜欢的商品。7-11同时也意识到现代社会人们是“时间狂人”，所以在商店兼做与生活相关的业务，代收各种生活缴费、税费、保险费等，甚至提供复印业务。全世界的公司都知道现代人最缺乏的是时间，甚至达到见缝插针的地步。有些医院设立了免下车问诊服务，为那些赶时间和不方便下车的人提供方便。互联网与智能支付等现代技术方法为人们节省时间带来了很大的帮助。

6. 个性及自我观念

每个人的购买行为都受其独特个性的影响。个性（personality）是指导致个人对自身环境做出相对稳定和持久反应的独特的心理特征。个性通常用自信、优越、善于交际、自主、防御性、适应性和进取等特征来描述。个性是分析消费者产品或品牌选择的有用变量。

品牌也有个性，消费者更倾向于选择与自身个性相符的品牌。品牌个性（brand personality）是某种品牌所具有的人类特质的具体组合。许多知名品牌都有自己独特的个性：吉普属于“强健型”，苹果属于“兴奋型”，多芬属于“成熟型”，这些品牌能吸引与其个性高度匹配的人群。

营销人员经常运用一个和个性相关的概念——自我观念。自我观念的基本前提是人们拥有的产品决定和反映了他们的身份，即“我们有什么就是什么”。因此，想要了解消费者的行为，就要先明白消费者自我观念与其拥有物之间的关系。

（五）心理因素

消费者的购买行为还会受到动机与需要、知觉、学习、态度和信念等主要心理因素的影响。

1. 动机与需要

动机是推动个人进行各种活动的驱策力。动机是行为的直接原因，促使个人采取某种行动，规定行为的方向。

动机由需要产生。消费者的购买行为是消费者解决他的需要问题的行为。

不同的人有不同的需要，人们在生理和精神上的需要也就具有广泛性与多样性。每个人的具体情况不同，解决需要问题轻重缓急的顺序自然各异，也就存在一个需要层次。亟须满足的需要会激发强烈的购买动机。需要一旦满足，则失去了对行为的激励作用，即不会有引发行为的动机。

2. 知觉

消费者的动机被激发后，随时准备行动。然而，如何行动则受他对相关情况的知觉程度的影响。

知觉是指个人选择、组织并解释投入的信息，以便创造一个有意义的个人世界图像的过程。知觉不但取决于刺激物的特征，而且依赖于刺激物与周围环境的关系以及个人所处的状况。

知觉的特点是选择性。现代社会的消费者每天都受到来自电视、广播、杂志、互联网、手机甚至墙体广告的轰炸。但这些信息不会全部进入人的头脑中，只有一些信息为人们所接受，这就是选择性接受。选择性接受的过程是：

（1）选择性注意。人们感觉到的刺激，只有少数引起注意、形成知觉，多数会被有选择地忽略。一般来说，使用惊奇刺激或冲击型广告比较有效。一项研究表明，冲击型广告的内容可以增加注意力，提高记忆效果，特别对于比较活泼的年轻人更有效果。

（2）选择性曲解。人们对注意到的事物往往喜欢按自己的经历、偏好、当时的情绪、情境等因素做出解释。这种解释可能与企业的想法、意图一致，也可能相差很大。

（3）选择性记忆。人们容易忘掉大多数信息，却总是能记住与自己态度、信念一致的东西。企业的信息能否留存于顾客记忆中，对顾客的购买决策影响很大。

3. 学习

所谓学习，是指消费者在获得信息或经历之后，改变其消费行为。这就是为什么人们不会两次购买同样不好的产品。学习不仅影响人们买什么东西，而且会影响人们的购买方式。对一种产品或一个品牌了解比较少的人比用过该产品或品牌的人需要更多的信息。因此推销时可以采用不同的方法来让消费者学习公司的产品。汽车推销员可以鼓励试驾；医药代表可以给医生留下药品和产品介绍；消费品推销员可以给消费者提供免费样品。

另一种学习是操作性条件反射，也就是让消费者通过反复的行为来得到正面或负面的结果而实现学习。比如，有奖销售，购买赠送礼物，汽车加油赠送洗车。

还有一种学习过程称为经典条件反射。经典条件反射就是将一种条件刺激与一种非条件刺激相联系，主要是依靠非条件反射作为基础，经过强化之后形成的。如在一家感觉很好的餐馆吃过饭之后（条件反射），你就会邀请你的好友（非条件反射）去这家餐馆吃饭。如果你喜欢上一个人（条件反射），你就总想出去见这个人（非条件反射）。

在消费者的学习过程中，以下几点特别需要关注：

（1）加强：购后非常满意，会加强信念，以致重复购买。

（2）保留：称心如意或非常不满，会念念不忘。

（3）概括：感到满意会爱屋及乌，对有关的一切也产生好感；反之，则会殃及池鱼。

（4）辨别：一旦形成偏好，需要时会百般寻求。

4. 态度和信念

通过实践和学习，人们获得了自己的信念和态度，它们又反过来影响人们的购买行为。

态度是人对事物所持有的持久的、一致的评价、反应，包括三个互相联系的成分：信念、情感与倾向。态度逐渐产生于与产品、企业的接触，其他消费者的影响，个人的生活经历、家庭环境的熏陶。态度一旦形成，不会轻易改变。

信念是一个人所认定的可以确信的看法。信念可以建立在不同的基础上。如“吸烟有害健康”，是以“知识”为基础的信念；“汽车越小越省油”，可能是建立在“见解”之上；某种偏好，很可能由于“信任”而来。消费者更易于依据“见解”和“信任”行事。

2008年美国银行业陷入次贷危机，美国政府宣布对美国大银行采取紧急资金援助，这一举动激起了美国人的愤怒，各大银行成为众矢之的。但同时也给没有卷入民愤和次贷危机的中小银行带来了机会。美国得克萨斯的一家小银行在它的广告宣传牌上写着：“你的银行有接受紧急援助吗？我们没有！”“只有抵制紧急援助的银行，才是有责任心的银行。”经过这些宣传之后，该银行立即吸收到了来自民间的几千万美元的新存款。

第2节　组织购买行为分析

组织市场和消费者市场的主要区别在于：购买者主要是企业或社会团体而不是个人或家庭消费者；目的是用于生产或转卖以获取利润，以及其他非生活性消费，而不是满足个人或家庭的生活需要。根据组织市场的这种特点，我们可将组织市场定义为：购买商品和服务以用于生产性消费，以及转卖、出租，或用于其他非生活性消费的企业或社会团体。组织市场的规模很大，往往是消费者市场规模的几倍。

正如个人消费者一样，组织消费者在做出购买决策之前，也经历了几个阶段，组织购买决策过程如图8-3所示。

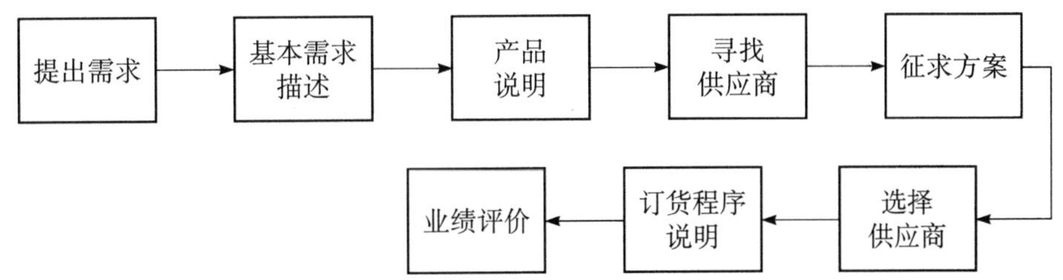

图8-3　组织购买决策过程的主要阶段

一、组织购买决策过程

（一）提出需求

当公司中有人认识到了某个问题或某种需要可以通过某一产品或服务得到解决时，便开始了采购过程。提出需求由两种刺激引起。

（1）内部刺激。如企业决定推出一种新产品，于是需要购置新设备或原材料来生产这种新产品；企业原有的设备发生故障，需要更新或购买新的零部件；或者已采购的原材料不能令人满意，企业正在物色新的供应商。

（2）外部刺激。主要指采购人员在某个商品展销会上产生新的采购主意，或者接受了广告宣传中的推荐，或者接受了某些推销人员提出的可以供应质量更好、价格更低的产品的建议。可见，组织市场的供应商应主动推销，经常开展广告宣传，派人访问用户，以发掘潜在需求。

（二）基本需求描述

提出了某种需求之后，采购者便着手确定所需项目的总特征和需要的数量。如果是简单的采购任务，这不是大问题，由采购人员直接决定。但对复杂的任务，采购者要会同其他部门的人员，如工程师、使用者等共同决定所需项目的总特征，并按照产品的可靠性、耐用性、价格及其他属性的重要程度来加以排列。在此阶段，组织营销者可通过向采购者描述产品特征的方式向他们提供某种帮助，协助他们确定其所属公司的需求。

（三）产品说明

采购组织要确定产品的技术规格，可能要专门组建一个产品价值分析技术组来完成这一工作。价值分析的目的在于降低成本。它主要是通过仔细研究一个部件，看看是否需要重新设计，是否可以实行标准化，是否存在更廉价的生产方法。此小组将重点检查既定产品中成本较高的零部件——这通常是指数量占20%而成本占80%的零部件。该小组还要检查出那些寿命比产品本身寿命还长的超标准设计的零部件。最后，该小组要确定最佳产品的特征，并把它写进商品说明书中，它将成为采购人员拒绝那些不合标准的商品的根据。同样，供应商也可把产品价值分析作为打入市场的工具。供应商通过尽早地参与产品价值分析，可以影响采购者所确定的产品规格，获得中选的机会。

（四）寻找供应商

采购者现在要开始寻找最佳供应商。为此，他们会从多处着手，可以咨询商业指导机构；查询网络信息；打电话给其他公司，要求推荐好的供应商；或者观看商业广告；参加展览会。供应商此时应大打广告，并到各种商业指导或指南宣传机构中登记自己的公司名称，争取在市场上建立起良好的信誉。组织购买者通常会拒绝那些生产能力不足、声誉不好的供应商；而对合格的供应商，则会登门拜访，查看它们的生产设备，了解其人员配置。最后，采购者会归纳出一份合格供应商的名单。

（五）征求方案

在征求方案阶段，采购者邀请一些符合资格要求的供应商提交方案。相应地，供应商会发送一份产品目录或者委派一位销售人员。但是，当产品项目复杂或昂贵时，采购者通常会要求每位备选供应商提供更为详细的书面方案或进行正式的展示。

组织市场营销者必须具备根据采购者征求方案的要求，调研、撰写和展示方案的技能。提交的方案应该是市场营销的文件，而不仅仅是技术文件。市场营销者的展示应该充满自信，使自己的公司在众多竞争者中脱颖而出。

（六）选择供应商

采购中心在做出最后选择之前，还可能与选中的供应商就价格或其他条款进行谈判。营销人员可以从几个方面来抵制对方的压价。如当他们所能提供的服务优于竞争对手时，营销人员可以坚持目前的价格；当他们的价格高于竞争对手的价格时，则可以强调使用其产品的生命周期成本比竞争对手的产品生命周期成本低。此外，还可以使用更多的手段来抵制价格竞争。

此外，采购中心还必须确定供应商的数目。许多采购者喜欢多种渠道进货，这样既可避免过分依赖一个供应商，也可以对各供应商的价格和业绩进行比较。当然，一般情况下，采购者会把大部分订单集中在一家供应商，而把少量订单安排给其他供应商。这样，主供应商会全力以赴保证自己的地位，而次要供应商会通过多种途径来争得立足之地，以图自身发展。

（七）订货程序说明

采购者选定供应商之后就会发出正式订货单，写明所需产品的规格、数目、预期交货时间、退货政策、保修条件等项目。通常情况下，如果双方都有良好信誉，一份长期有效的合同将建立一种长期的关系，从而避免重复签约的麻烦。在这种合同关系下，供应商答应在某一特定的时间之内根据需要按协议的价格条件继续供应产品给买方。存货由供应商保存。因此，它也被称作“无存货采购计划”。这种长期有效的合同将导致采购者更多地向一个来源采购，并从该来源购买更多的项目。这就使得供应商和采购者的关系十分紧密，其他供应商就很难介入。

（八）业绩评价

在此阶段，采购者对各供应商的业绩进行评估。他们可以通过三种途径来进行：直接接触最终用户，征求他们的意见；用不同的标准加权计算来评价供应商；把绩效不理想的开支加总，以修正包括价格在内的采购成本。通过业绩评价，采购者将决定延续、修正或停止向该供应商采购。供应商则应该密切关注采购者使用的相同变量，以确保为采购者提供了预期的满足。

购买阶段指的是一个组织在购买前所进行的从组织产生需要到对即将购买的商品进行评估的一系列过程。但并非每次采购都要经过这八个阶段，这要依据采购业务的不同类型而定。

总之，组织市场是一个富有挑战性的领域，其中最关键的问题就是要了解采购者的需要、购买参与者、购买标准以及购买步骤。了解了以上各点，组织营销人员就能够因势而动，为不同的顾客设计不同的营销计划。

二、组织购买行为的决定因素

组织采购人员在做出购买决策时受到许多因素影响。有些营销人员认为经济因素是最为重要的，有些人又认为采购者对偏好、注意力、避免风险等个人因素反应敏感。实际上在组织市场的购买决策中，经济因素与个人因素对采购人员的影响是同样重要的。一般来说，如果所采购的商品效用和价格差异较大，经济因素就会成为采购人员所考虑的主要因素；而如果效用和价格差异很小，个人因素的影响就可能增大。一些采购人员会根据个人所得利益的大小以及个人的偏好来选择供应商。

我们可以把影响组织购买者的因素归为四类：环境因素、组织因素、人际关系因素和个人因素（见图 8-4）。

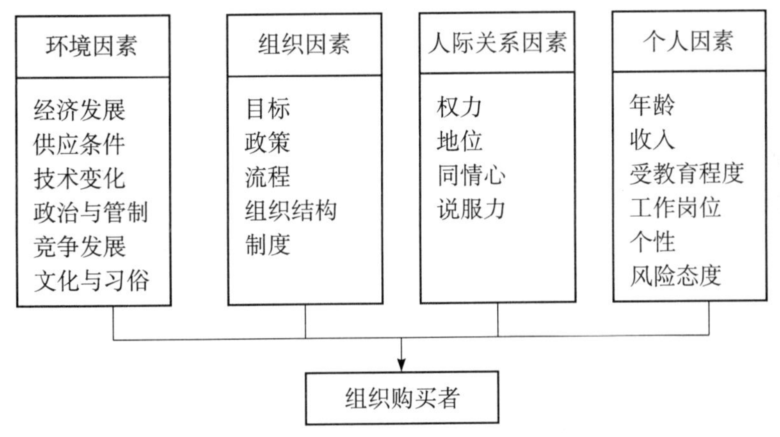

图 8-4　影响组织购买者行为的主要因素

（一）环境因素

市场营销环境和经济前景对企业的发展影响甚大，也必然影响到其采购计划。例如，在经济衰退时期，组织购买者会减少对厂房设备的投资，并设法减少存货。组织营销人员在这种环境下对刺激采购是无能为力的，他们只能在增加或维护其需求份额上做艰苦的努力。

原材料的供给状况是否紧张，也是影响组织购买者采购的一个重要环境因素。一般企业都愿意购买并储存较多的紧缺物资，因为保证供应不中断是采购部门的主要职责。同样，采购者也受到技术因素、政治因素、竞争发展因素、文化因素的影响。他们必须密切关注所有这些环境的作用力，预测这些力量将如何影响采购的有效性和经济性，并设法使问题转化为机会。

（二）组织因素

每一个采购组织都有其具体目标、政策、流程、组织结构及制度。营销人员必须尽量了解这些问题。例如，有的地方规定只许采购本地区的原材料；有的国家规定只许买本国货，不许买进口货，或者相反；有的购买金额超过一定限度就需报上级主管部门审批等。

组织内部采购制度的变化也会对采购决策带来很大影响。如对于大型百货商场来说，是采用集中采购的进货方式还是将进货权下放给各商品部或柜组，采购行为就会有很大差别；一些组织会用长期合同的方式来确定供应渠道，另一些组织则会采用临时招标的方式来选择其供应商。又如，在西方发达国家兴起的"准时生产系统"（just-in-time production systems），即适量及时进货、零库存的生产系统，极大地影响了组织采购政策。

（三）人际关系因素

采购中心通常包括一些具有不同地位、职权、兴趣和说服诱导力的参与者。决策行为会在这些参与者中产生不同的反应，意见是否容易取得一致，参与者之间的关系是否融洽，是否会在某些决策中形成对抗，这些人际关系因素会对组织市场的营销活动产生很大影响。营销人员若能掌握这些情况并有的放矢地施加影响，将有助于消除各种不利因素，获得订单。

（四）个人因素

购买决策过程中每一个参与者都带有个人动机、直觉和偏好，这些因素受参与者的年龄、收入、受教育程度、工作岗位、个性以及对风险的态度的影响，因此，供应商应了解客户采购决策者的个人特点，并处理好个人之间的关系，这将有利于营销业务的开展。

组织营销人员必须了解自己的顾客，使自己的营销策略适应特定的组织购买行为中的环境、组织、人际以及个人因素的影响。

组织市场购买行为的重要特点是：往往表现为组织与组织之间（B2B）的交易关系，看来应当比消费者购买行为更加理性，而不涉及个人情感，但实际上并非如此，因为组织采购过程中的每一个环节都是由具体的人员去完成的。执行组织采购任务的具体人员的个性与情感对于其做出相应的采购决策同样具有重要的影响，所以应注意研究组织购买行为中的个人因素，有的放矢地开展相关的营销活动。组织之间的交易关系一旦建立就会比较稳定（因为组织购买的信息收集和采购洽谈成本比较高，采购组织一般不愿轻易变更供应商），所以长期维护同购买者之间的稳定关系就十分重要。

基本概念

消费者购买行为	社会阶层	参照群体	生活方式
家庭生命周期	消费者购买决策	组织购买决策	个性与自我观念

思考题

1. 消费者如何应对公司可能开展的各种营销活动？列出影响购买行为的购买者特征，并讨论哪些特征对购买新车的决策影响最大。

2. 解释消费者购买决策过程的各个阶段，描述你或你的家人在最近的购买决策中是如何经历这些阶段的。

3. 你是如何选择你正在就读的大学或专业的？描述影响你制定决策的因素，以及你所遵循的决策过程。

4. 对比组织购买与消费者购买。

5. 列举并简要描述组织购买过程所包含的步骤。

6. 列举影响组织购买者行为的主要因素。对推销者来说，理解这些因素为什么很重要？

案例分析

为什么购买 ICA 公司自有品牌产品

位于瑞典的 ICA 公司创立于 1938 年，该公司的主要业务是销售新鲜食品、非食品辅助物和自有品牌食品。CIA 公司销售各种知名品牌的多风味食品，制定不同的价格，满足不同的顾客。公司的服务目标是最大限度地降低食品源的成本，同时提供最好质量的自有品牌产品。

ICA 公司 2011 年首次推出自有品牌系列产品 ICAbasic，这是 ICA 公司自有品牌中价格最低的产品，并以其最低价特点击败了所有的对手，迅速占据了欧洲各商店的货架。在此之前，货架上最低价格的是另一种遍销 16 个欧洲国家的产品 Euro Shopper。

经分析，在低价的自有品牌产品中，影响消费者购买行为的五种因素是：品牌和品牌相关行为（广告和口碑）、消费者的接受度、购买态度、购买目的和人口因素。虽然这五种因素影响着消费者的购买决策，但是研究表明，食品的性价比是最重要的影响因素，在同等质量的前提下，顾客还是愿意买价格低的产品。具体因素如下所示。

品牌

ICA 是知名品牌，在瑞典的消费者中有很高的声誉。而正是公司的市场优势和品牌知名度使消费者产生一种正面的消费态度。在这种情况下，公司推出自有品牌系列产品 CIAbasic，使消费者延续了很熟悉的印象，而低价的自有品牌使之更深入人心。因此，自有品牌系列具有比较强的竞争地位。

人口

一般来说，高收入人群对低价产品持有怀疑态度。由于自有品牌的低价特性，高收入人群对自有品牌产品有抵制。另一方面，低收入人群更倾向于购买低价的自有品牌产品，研究表明家庭主妇更喜欢购买自有品牌产品。

质量

大多数消费者对自有品牌产品及其低价格持欢迎态度，在质量上也认为是合适的。少数人认为便宜没好货而不愿意购买，这给自有品牌产品带来某种负面影响。

价格

价格无疑是影响自有品牌产品购买行为的最大因素。大多数消费者认为自有品牌产品的价格比其他品牌的要低，而低价能给消费者带来省钱的好处。

价值

其实价值是相对而言的，对购买产品的顾客来说，产品就是有价值的。他们得到了想要的价值即低价和合适的质量。价值是与自有品牌的印象联系在一起的。

购买态度

除了少数消费者对低价自有品牌产品的质量和购买风险的担忧之外，多数消费者对自有品牌是欢迎的。消费者的购买态度源于品牌熟悉度和对自有品牌产品的接受度。

购买目的

大多数消费者购买自有品牌产品就是因为低价，这会引起进一步的购买意向，久而久之就会形成忠诚顾客群体。

问题：

1. 你如何看待零售商店的自有品牌商品？你会购买那些商品吗？
2. 和制造企业产品品牌相比，你认为零售商自有品牌应该如何发展？

第 5 篇

推销技巧与策略篇

第9章

推销过程概述

本章要点

- 理解关系推销理论；
- 掌握关系推销的原理；
- 了解访前准备；
- 开展目标市场分析。

引例

赛百味的关系营销

赛百味是一个总部设在美国的三明治特许经营商，从20世纪70年代成立起就应用关系营销和忠诚度营销建立其市场品牌。

赛百味负责特许经营开拓的总监德密斯（Jim Demis）说，关系营销和忠诚度营销是赛百味营销战略的基石。“我们在当地的关系营销和客户忠诚度活动包括三方面：客户意识、试用和消费量。所有受许商都为全国性广告开支出资，但我们在每个区域都建立当地的部门，决定那笔钱如何花，”德密斯说，“因为当地受许商都知道，当地市场如何运用营销资金最佳。”

不论在什么地方，赛百味在很大程度上都依赖常客优惠活动塑造客户忠诚度。这包括在客户第一次惠顾时赠予会员卡，使之成为“赛百味俱乐部”会员。以后每次惠顾和购买，顾客的会员卡都会有积分。达到一定数量的消费后，他们就会被奖励一份免费赛百味产品。按照德密斯的说法，这样做十分有效，因为它鼓励顾客多消费。

唯一没有为赛百味所采用，但正在越来越多地被其他关系营销人员采用的做法是，将从当地市场的忠诚度营销活动中获得的数据库信息集中起来。德密斯说：“我们仍然相信，是在当地市场所发生的一切推动着我们业务的发展，所以我们的数据库开发是建立在单个门店基础上的。”

评析： 大部分广告和营销活动，尤其是具体的产品营销活动，往往可能造成品牌和消费者之间的关系只是昙花一现，而不是有深度的心灵之约。营销成功的关键需要长期的结果，一次性或孤立的活动无法获得长期的客户忠诚和坦诚的对话关系，这也是经销商开始注重关系营销的原因所在。

第1节 关系推销理论

一、关系推销的含义

成功的公式中，最重要的一项因素就是与人相处。

——罗斯福

关系推销是从关系营销中延伸出来的概念，在实践中逐渐被认同并加以运用。美国管理学家罗宾斯说："优秀的企业家用48%的精力建立网络。"经验告诉我们，做生意的过程，就是和商业伙伴从相识到相知，由陌生人变成熟人的过程。先做朋友，再做生意。我们不能只赚朋友的钱，而让朋友不赚钱。当大家都认为关系推销重要的时候，为建立关系搭建平台便成为重要的商业机会。

关系推销是指企业要与顾客、经销商创建更亲密的工作关系和相互依赖的关系，从而发展双方的连续性交往，以提高品牌忠诚度，巩固和扩大市场销售。

关系推销的特征可以概括为以下几个方面：

（1）双向沟通。在关系推销中，沟通应该是双向而非单向的。只有广泛的信息交流和信息共享，才可能使企业赢得各个利益相关者的支持与合作。

（2）合作。只有通过合作才能实现协同，因此合作是双赢的基础。

（3）双赢。即关系推销旨在通过合作增加关系各方的利益，而不是通过损害其中一方或多方的利益来增加其他各方的利益。

（4）亲密。关系能否维持稳定和得到发展，情感因素也起着重要作用。因此关系推销不仅要实现物质利益的互惠，还必须让参与各方能从关系中获得情感需求的满足。

（5）控制。关系推销要求建立专门的部门，跟踪顾客、分销商、供应商及营销系统中其他参与者的态度，由此了解关系的动态变化，及时采取措施消除关系中的不稳定因素和不利于关系各方共同利益的因素。此外，通过有效的信息反馈，也有利于企业及时改进产品和服务，更好地满足市场的需求。

二、关系推销的基本原理

关系推销是一种基本的、综合的与客户进行交易的方法。它包括各种技巧，其实质是推销人员必须内化的一种原理，在与客户进行交易时必须作为总指导的原理。关系推销包括以下基本原理。

（一）关系推销就是参与

传统推销观念认为，推销就是买卖双方的战斗，推销人员运用他们的能力和智慧，把他们的意志强加给顾客，而且推销人员必须是取得胜利的一方。这样的观念导致消费者采取自我保护的策略，拒绝购买推销人员推销的产品。

关系推销认为推销人员的任务不同。心理学认为，改变的最大压力来自个人，人们一旦意识到需求的存在，就会想方设法满足它。关系推销鼓励消费者谈论、发现自己的需求。问题并不是由推销人员解决的。推销人员只能起到鼓励和提供建议的作用，改变的压力来自购买者自身。也就是说，推销人员如果帮助顾客去发现产品的性能和利益，他们就会更愿意购买该产品。

（二）关系推销就是积极倾听对方讲话并及时提问

我们长着两只耳朵和一张嘴，就是要求我们听的比说的多一倍。

告诉顾客他们需要什么是没有用的，应该鼓励他们多讲。积极地倾听对方说话，要求推销人员仔细认真，做出必要的归纳总结，然后提出问题。

交易推销和关系推销的技巧不同。在交易推销中，推销人员需要感动并说服顾客，口头表达能力就显得非常重要。而在关系推销中，推销人员是问题解决者，倾听和分析技巧非常重要。

（三）关系推销是顾客导向型的

顾客购买的是产品带给他们的利益，而不是产品本身。因此，推销人员要把产品的功能转换成顾客的利益。例如，一个父亲在与孩子的对话中就运用了这一原则：

父亲：小明，吃了这药，它能治好你的感冒。

小明：不!

父亲：小明，吃了这药，你的感冒就会好了，这样你就能出去和小朋友玩了。

小明：好的。

顾客导向意味着推销人员应当对顾客的行为十分敏感。他们应该能够识别顾客的需求并向顾客演示该产品如何能满足需求、解决问题。

（四）关系推销应该换位思考

真正为顾客着想，就是在顾客并不完全理解产品本身的前提下，推销人员能够设身处地地为顾客考虑问题并被顾客理解甚至感动顾客。这在保险行业体现得非常明显。

小案例

太平洋保险公司的小陈虽然是一个推销保险产品的新手，但他有丰富的专业知识，知道如何进行目标市场定位。当“小福星终身寿险”向市场推广时，他代表公司开展推销活动。针对中国城市家庭的独生子女现状，年轻的父母都把孩子当成小皇帝，同时，也期望孩子健康成长，小陈把目标市场定位于收入水平中等的大学教师群体，这些顾客思想观念比较开放，意识超前，愿意接受新事物，注重在孩子身上投资。他在向王女士推销“小福星”保险产品时，首先阐述了这一险种的优势，在孩子成长的不同年龄阶段，该保险还能够进行不同年龄段的资金给付，比如在孩子上大学、结婚、工作等不同的年龄段，该保险都有资金给付，这些利益点对购买者很有吸引力。后来，小陈签下了很多保单，为他的事业发展提供了良好的开端。

（五）关系推销要求成熟

成熟意味着更能关心别人。成熟的推销方法要求推销人员采取非批判的态度。不成熟的人喜欢从自己的立场出发评价他人，而不是从他人的角度去了解他们。这常常会导致批评。成熟的推销人员注重顾客参与，是顾客导向型的并能够换位思考，也更能赢得推销的成功。

（六）关系推销要提供完美的服务和及时解决问题

把问题当成可以展示你的公司为顾客服务能力的一个机会。问题是公司好坏的试金石。这里要说明的是，公司解决问题和服务的完美性内容应如何体现。这些内容主要包括以下几个方面：

- 公司建立的快速解决问题的机制；
- 公司的服务热线；
- 推销人员为顾客提供的联系方式，包括固定电话、手机号码、语音信箱等；
- 要求顾客提供对服务的反馈信息；
- 提供周到完美的服务。

（七）关系推销具有附加价值

附加价值就是指向顾客提供比承诺更多的东西。例如，一个制造商可以把自己的研究人员分配到用户公司的研发部门；一个网络设备测试制造商可以利用计算机网络更快地解决顾客的问题；一个推销人员可以对顾客的商品陈列、摆放提出建议，帮助顾客解决销售问题；等等。

上述关系推销的原理会在以后的章节中详细阐述。

不难看出，关系推销的程序有七个步骤：访前准备、寻找潜在顾客、约见和初次会晤、面谈、异议的处理、促成交易、建立联系。这些步骤像一个链条一环套一环，前后衔接，任何一个环节的缺失都会使推销工作受阻。因此，推销人员必须掌握这些工作程序。下面将分章节探讨这些内容。下面富兰克林的话说明了关系推销程序之间相互制约、相互联系的重要性。

由于缺少一个钉子
由于缺少一个钉子，浪费了一个蹄铁
由于缺少一个蹄铁，浪费了一匹马
由于缺少一匹马，浪费了一个骑手
由于缺少一个骑手，失去了一个口信
由于缺少一个口信，输掉了一场战斗
由于一场战斗的失利，输掉了整个战争
这都是由于缺少那个钉子

——本杰明·富兰克林

第2节　推销拜访前的准备

一、了解所在行业

行业（profession）的基本含义是职业的类别。具体来说，行业是指从事国民经济中同性质的生产或其他经济社会活动的经营单位或者个体的组织结构体系，如林业、汽车业、银行业等。各行各业有各自的特点，在国民经济发展中的地位不同，在国家经济发展的五年计划中各行业的发展力度也是不一样的。因此，推销人员就要了解所在行业的法规、技术观念、经济形势和发展趋势。例如，政府要求汽车必须达到一定的最低行驶里程的标准，推销人员就能说服汽车制造商在汽车装配中使用铝而不是钢，因为减轻车身重量有助于达到这些标准；医生没有时间去了解新药物和新技术，药物推销人员就必须向他们介绍这些新药品和新技术；同样，计算机销售人员会向用户介绍市场上又出现了哪些新的硬件和软件；等等。推销人员越了解自己的行业，顾客就越把他们当作顾问。

二、了解自己的公司

现在各行各业都有竞争者，推销人员越了解自己的公司，才能获得越多的订单。比如，了解公司提供的各种信用条款、商品服务、装运程序等，从而提供比竞争者更有价值的产品。

推销人员需要了解公司历史、管理状况、财务状况、公司规模、公司政策、报价、数量折扣、现金折扣、消费者促销工具、运费、信用政策、订单处理程序等，如表9-1所示。

表9-1　推销人员需要了解自己公司的信息一览表

公司信息	对公司各种信息需要了解的内容		
公司历史	公司是否在行业中排名第一?	公司的产品是不是行业领先的?	公司历史是否悠久?
管理状况	公司的领导者是谁?	公司管理结构怎样?	对公司管理层了解吗?
财务状况	公司是否为上市公司?	公司的经营状况如何?	公司股票价格趋势如何?
公司规模	公司是大公司还是小公司?	是新成立的公司吗?	公司关注什么规模的顾客?
公司政策	公司关于价格、折扣、信用条款、运费等的政策是什么?		
报价	对报价单了解的程度。		
数量折扣	对于大批量购买者的数量折扣是多少?		
现金折扣	对于现金折扣的期限规定是否了解?		
消费者促销工具	促销工具包括样品、优惠券、简易包装、奖品、现场广告等。		
运费	收取运费的方式是什么？如FOB（工厂价格）、运费免收（FOB目的地价格）、统一运费、区域价格等。		
信用政策	包括货到付款、订货付现、交货前付款、延期付款等信用方式。		
订单处理程序	对订单处理系统的了解越多，就越能够符合实际地与顾客打交道。		

三、了解推销的产品

了解自己推销的产品是必须的。如果推销人员不能提供足够的信息，顾客就会从竞争者那里购买产品。推销人员应当有计划地促进自己对于产品知识的了解和更新，包括：

（1）阅读产品说明书，参加公司的培训，了解产品是如何开发以及生产的，产品的用途有哪些，产品的价格是如何确定的，能否为顾客提供特殊服务，有没有权威机构对本公司产品进行认证，等等。

（2）对于推销多种产品的推销人员，每天必须研究一种产品，并达到试着推销的程度。

（3）能够与竞争者的产品做比较，以使自己在推销产品时取胜。

（4）参观公司的生产基地，了解产品的生产过程，了解产品线的宽度和深度。

（5）寻找使用本公司产品的顾客，与他们交谈，了解在推销过程中需要特别注意的产品的重要特性。

（6）可能的话，自己应该使用公司的产品，或者推销给亲朋好友。

产品能够给顾客带来利益，而利益是建立在信任的基础上的。在推销过程中，越了解产品，越能展示推销人员的专业知识，这样就会受到顾客的信赖，推销工作开展得就越顺利。

小案例

张强进入保险公司不久，经理安排给他所在的业务室一单能为公司带来几十万元的业务，这是不止一个人啃过但都没啃下来的硬骨头。他们接手后，用了近一个月的时间跑农村、下车间，把那家公司的生产经营情况、大小客户都摸了个透，然后把掌握的情况打印成材料，登门拜访。那个经理非常傲慢地接过他们的材料，但看着看着，脸上的表情逐渐发生了变化。最后，他说："请你们主管与我的秘书约个时间。"一单期交保费70余万元的生意就这样做上了。后来，张强介绍经验说："那位经理说，你们的计划书太精细了，我不想再让第二家保险公司把我们了解得这么透彻。"

资料来源：薛善蒙．从"秦淮八艳"谈营销员的专业技能素质．中外企业文化：保险文化，2010（6）.

四、了解竞争形势

（一）企业的市场竞争地位

企业的规模及其在行业中的地位与实力决定了其在市场上的竞争地位。按照企业在行业中的竞争地位，可将企业划分为市场领先者、市场挑战者、市场追随者和市场补缺者四种类型。

1. 市场领先者

市场领先者是指在相关产品市场上占有率最高的企业。一般而言，大多数行业都有一个公认的实力最强的市场领先者。市场领先者的位置决定了它既是市场导向者，又是其他企业挑战、效仿和躲避的对象。市场领先者必须善于扩大市场需求总量，保卫自己的市场阵地，防御挑战者的进攻，并在保证收益增加的前提下提高市场占有率，从而持久地保持市场领先地位。

2. 市场挑战者

市场挑战者是指那些相对于市场领先者来说，在行业中处于第二、第三位置的企业。市场挑战者的进攻策略是多样化的，一个挑战者不可能仅靠一种策略取得成功。通常是设计出一套策略组合即整体策略，以提高自己的市场地位。

3. 市场追随者

市场追随者是指那些安于次要地位，在“和平共处”的状态下求得尽可能多的收益的企业。每一个市场追随者都要努力给它的目标市场在地点、服务、融资等方面带来有特色的优势。市场追随者还可能成为市场挑战者蚕食的对象，因此，市场追随者必须保持低制造成本和高产品质量及服务。为此，市场追随者必须确定一条不会引起竞争性报复的成长路线。

4. 市场补缺者

市场补缺者是指那些同行业中的小企业，专注于市场上被大企业忽略或大企业不感兴趣的某一部分市场，通过专业化经营获取最大限度的收益。市场补缺者的专业化技能较强，属于“术业有专攻”的类型。

（二）对竞争形势的了解

推销人员要了解自己的公司在市场上处于哪种竞争地位，不同的竞争地位对推销工作的要求是不同的。

推销人员还要通过各种信息途径了解竞争形势。比如，在推销人员和顾客打交道的过程中观察、了解他们使用哪些竞争者的产品，竞争者的产品具有什么样的吸引力；通过报纸、杂志、广告等媒体了解竞争产品的优点；通过推销人员联谊会，与竞争产品的推销人员打交道，在聊天中了解竞争产品的优缺点；通过展览会、贸易洽谈会等方式收集信息；等等。

总之，推销人员对自己的产品应当充满信心，知道竞争者的产品没有某种特性则是决定性的。

五、目标市场分析

推销人员在对行业、企业、产品和竞争形势进行彻底的研究之后，才能做好充分的准备。同时，还应当明确本公司的目标市场，以便更有效率地工作。

所谓目标市场，就是企业决定进入的市场，在这个市场上的顾客最有可能购买企业的产品。

企业的目标市场选择有五种模式：市场集中化、产品专业化、市场专业化、选择专业化和市场全面化。

市场集中化是企业选择一个分市场，实行集中性市场营销。比如，专门推销女性化妆品的推销人员集中对年轻女性消费者进行推销，治疗老年人消化功能障碍的中成药的推销人员针对老年人进行推销，等等。

产品专业化是指将一种产品向所有消费者进行销售。比如，跑步机就是针对不同年龄的具有健身要求的消费者进行销售。

市场专业化是指针对同一市场的顾客，生产他们所需的各种产品。比如，各种类型的家电产品，从洗衣机、冰箱到电视机、录像机、组合音响、微波炉、烤箱等。

选择专业化是指企业选择若干个细分市场，其中每个细分市场都能提供有吸引力的市场机会而彼此之间很少或根本没有任何联系。实际上，这是一种多角化经营模式，能够分散企业的风险。

市场全面化是指企业生产各种产品或一种产品，满足市场上所有消费者的需求，以期覆盖整个市场。比如，可口可乐公司在饮料市场上就属于这种模式。

确定了公司的目标市场模式，能够帮助推销人员寻找潜在顾客，拜访能够与之建立长期合作关系的顾客，避免时间的浪费，有利于后续推销工作的顺利进行。同时，推销人员应该按照顺序分析本公司的产品和服务所面临的商业环境。

（一）列出本公司产品和服务的所有特性和利益

即使是细微的差别，也是决定成败的关键因素，因为有些差别对顾客来说就是很重要的利益点。所以，应当从顾客的角度按照重要程度将利益排序。

（二）列举本公司的优劣势

公司的实力如何？财力雄厚吗？信誉好吗？产品质量和服务如何？生产基地离市场近吗？折扣多吗？购销条款优惠吗？

（三）分析竞争者的优劣势

在第一步列出的利益方面有哪些优势？竞争者的优势是什么？竞争者关注的产品特性和利益是什么？竞争者是否选择了特定的细分市场？本公司与竞争者的细分市场相同吗？

（四）分析行业中典型顾客的主要特征

有些顾客能够带来利润，有些则不能。推销人员首先要分析现有顾客：他们的购买量有多大？他们分为几类？增长率是多少？关系持续期可能有多长时间？能获利吗？分析的结果往往遵循二八定律，即80%的利润是从20%的顾客获得的。

（五）寻找市场上的潜在顾客

这是挖掘顾客、挑战现状的方法。实际上，随着时间的推移，有的顾客会流失，需要推销人员不断地挖掘出新的顾客源来填补流失的顾客。

（六）按照产品特性、利益及其重要性次序根据公司的优劣势和竞争的性质，分析本公司的产品和服务最适合哪一类顾客，其次适合哪类顾客

美国默瑟管理咨询公司对移动电话行业的研究表明，公司从“最好的”顾客所获得的利润比从“最差的”顾客所获得的利润高出10倍以上，而且移动通信行业60%～80%的收入是从20%～25%的顾客获得的。

扩展阅读

星巴克的客户关系

星巴克是一个奇迹，它可能是过去10年里增长最快的公司之一，而且增长势头没有丝毫减缓的迹象。自1992年在纳斯达克公开上市以来，星巴克的销售额平均每年增长20%以上。在过去10年里，星巴克的股价上涨了2 200%。星巴克也是世界上增长最快的品牌之一，它是《商业周刊》全球品牌百强之一，其品牌价值与上年相比增长12%，是为数不多在如此恶劣的经济环境下仍能保持品牌价值增长的。

不过，星巴克品牌引人注目的并不是它的增长速度，而是它的广告支出之少。星巴克每年的广告支出仅为3 000万美元，约为营业收入的1%，这些广告费用通常用于推广新口味咖啡饮品和店内新服务，譬如店内无线上网服务等。与之形成鲜明对比的是，同等规模的消费品公司的广告支出通常高达3亿美元。

星巴克成功的重要因素是它视“关系”为关键资产，公司董事长舒尔茨一再强调，星巴克的产品不是咖啡，而是“咖啡体验”。与客户建立关系是星巴克战略的核心部分，它特别强调的是客户与“咖啡大师傅”的关系。

舒尔茨认识到“咖啡大师傅”在为客户创造舒适、稳定和轻松的环境中的关键角色，那些站在咖啡店吧台后面直接与每一位客户交流的“咖啡大师傅”决定了咖啡店的氛围。为此，每个“咖啡大师傅”都要接受培训，培训内容包括客户服务、零售基本技巧以及咖啡知识等。

“咖啡大师傅”还要预测客户的需求，并在解释不同的咖啡风味时与客户进行目光交流。认识到员工是向客户推广品牌的关键，星巴克采取与市场营销基本原理完全不同的品牌管理方式。星巴克将在其他公司可能被用于广告的费用投资于员工福利和培训。

1988年，星巴克成为第一家为兼职员工提供完全医疗保险的公司。

1991年，它又成为第一家为兼职员工提供股票期权的公司，星巴克的股票期权被称为“豆股票”(bean stock)。舒尔茨在其自传《星巴克咖啡王国传奇》中写道：“‘豆股票’及信任感使得职员自动、自发地以最大热忱对待客人，这就是星巴克的竞争优势。”星巴克的所有员工，不论职位高低，都被称为“合伙人”，因为他们都拥有公司的股份。

星巴克鼓励授权、沟通和合作。星巴克公司总部的名字为“星巴克支持中心”，这表示对于那些在星巴克咖啡店里工作的“咖啡大师傅”来说，公司管理层的角色是为他们提供信息与支持。星巴克鼓励分散化决策，并将大量的决策放到地区层面，这给员工很大的激励。

许多关键决策都是在地区层面完成的，每个地区的员工就新店开发与总部密切合作，帮助识别和选定目标人群，他们与总部一起完成最终的新店计划，保证新店设计能与当地社区文化一致。星巴克的经验显示，在公司范围内沟通文化、价值和最佳实践是建立关系资产的关键部分。另外，客户在星巴克消费的时候，收银员除了品名、价格以外，还要在收银机输入客户的性别和年龄段，否则收银机就打不开。所以公司可以很快知道客户的消费时间、消费了什么、金额多少、客户的性别和年龄段等。除此之外，公司每年还会请专业公司做市场调查。

星巴克也通过反馈来增强与客户的关系。每周，星巴克的管理团队都要阅读原始的、未经任何处理的客户意见卡。一位主管说：“有些时候我们会被客户所说的吓一跳，但是这使得我们能够与客户进行直接的交流。否则在公司层面上，我们非常容易失去与客户的联系。”星巴克将其关系模型拓展到供应商环节。现在，许多公司都将非核心业务剥离，这使得它们与供应商的关系变得极其关键，特别是涉及关键部件的供应商。有些公司把所有完成的交易都视为关系，但是真正优秀的公司都认识到，在商业交易和真正的关系之间存在着巨大的差别，即是否存在信任，它们都投入大量的资源去建立与供应链上的合作伙伴之间的信任。

星巴克倾向于建立长期关系，它愿意通过与供应商一起合作来控制价格，而不仅仅是从外部监控价格，它投入大量的时间与金钱来培育供应商。在星巴克看来，失去一个供应商就像失去一个员工，因为损失了培育他们的投资。星巴克对合作伙伴的选择可以说非常挑剔，但一旦选择过程结束，星巴克就非常努力地与供应商建立良好的合作关系。第一年，两家公司的高层主管代表通常会进行三四次会面，之后每年或每半年进行战略性业务回顾以评估这种合作关系。产品和产品的领域越重要，参与的主管级别就越高。

基本概念

关系推销	目标市场	离岸价格	统一运费
区域价格	现金折扣	数量折扣	优惠券
市场领先者	市场挑战者	市场追随者	市场补缺者

思考题

1. 什么是关系推销？其原理是什么？
2. 为什么要进行访前准备？
3. 了解推销人员所在行业的准备工作有什么价值？
4. 有关公司的知识如何帮助推销人员进行推销？
5. 解释特性和利益之间的区别。
6. 竞争形势如何帮助推销人员进行推销？
7. 什么是目标市场分析？它如何帮助推销人员？
8. 推销人员什么时候应当强调产品和服务的特性？
9. 说明下面几种产品的利益：杀毒软件、移动硬盘、U盘、软盘。
10. 魏强在他的父亲开的惠特尼公司工作。该公司专营防盗门。魏强的父亲一直以广告促进销售，但是最近销售量下降了。魏强向父亲建议，自己到外面去推销公司的产品。在魏强推销之前，你能向他提供什么建议？防盗门的特性和利益是什么？

案例分析

能言善辩，阿奈特不负众望

1964年，世界造船业出现危机，法国造船业深受其害。阿奈特家族经营了两代的贝纳多船厂得不到资助，面临倒闭的困境。父亲把船厂交给最精明的女儿阿奈特·鲁经营。为了家族的荣誉与生计，并不喜爱造船行业的阿奈特·鲁只得挺身而出，坚定地向同行表示："我和兄妹属于贝纳多船厂的第三代，没有权利丢掉父辈亲手留下的宝贵技术财产，我们没有理由不争气！"

同行们都想知道这位年仅 22 岁的小姐怎样去实现这番雄心壮志，如何争夺少得可怜的订单，于是经常邀请她参加本行业的社交活动，很想从中打探点什么。然而阿奈特出场时始终带着迷人的微笑默默地听人谈论，当话题涉及造船技术和生意状况时，她便闭目养神，仿佛在打瞌睡，同行们从此不再把她放在眼里。

阿奈特开始调查、分析市场的需求变化，不久察觉到法国水上旅游将会逐渐兴起，于是她组织技术人员闭门设计，秘而不宣地制造游览、捕鱼两用船。对当地的同行，她仍是报以微笑和沉默，只是在会面会谈中少了一些笑容，同行们都以为她步履维艰，已经笑不出来了。

一年以后，"法国水上用具展览"即将在巴黎隆重开幕的消息传到阿奈特居住的小镇，造船商大多反应冷淡，也无法拿出精品参展，阿奈特却悄悄地带上所研制的两用船直奔展馆，在会场转了一圈后发现没有一艘船跟自己研制的新船相同，她紧绷的神经终于放松下来。不一会儿，喜好标新立异的富家子弟对两用船投来惊喜的目光，参观的人群也围了上来，阿奈特微笑着介绍驾驶新船的乐趣。一个客商跑来谈生意了。

客商问："小姐，这种船是你们厂造的吗？船厂在什么地方？"

阿奈特笑着回答："是我们贝纳多船厂造的，我们厂建在有着造船传统的拉克鲁瓦德维。"

"我能见见你的老板吗？"客商问。

"我就是。"阿奈特微笑着回答。

"我想订购 100 艘，价格能优惠吗？"客商显然想利用当场谈价钱对卖主的不利，要轻易地杀价。

"先生，现在一艘船定价 3 000 镑是很优惠的。按这样的低价，您每艘船能轻松地赚 300 镑。如果不是考虑各种客观因素，我本来的定价可以高一些的，那样做才比较公平。"阿奈特微笑着解释。

"根据实际情况估计，我以为这种船的价钱至少还可以降低 10%。"客商见对方当众算出转销盈利，不好意思多还价了。

"先生，您说的价钱是机制船。我的船是手工制作的，不仅外表精细光洁，而且具有古老的传统韵味，能使驾驶者产生一种思古的幽情。这样成本就比机制船高了一些。"阿奈特含笑回答。

"现在造船业不景气，什么样的船都难卖出去，所以价格是我们销售商首先考虑的因素。"客商为压价寻找理由。

"当然。不过对于使用现代技术制造的游艇，价格容易受市场波动的影响。我想先生一定会注意到工艺品的制作，越是使用现代手段就越容易贬值，使用传统手段就容易保值。"阿奈特笑眯眯地争辩。

"小姐，您真是能说会道，您的定价真的不能改变吗？"客商不甘心地问。

"价钱自然是可以改变的，不过很有限。这样吧，我另外赠送一艘特制的两用船，以表示对第一位订购者的谢意。您乐意接受吗？"

"看来我只能按照小姐的意思做这笔买卖了。买东西不还价，对我来说可是平生第一次。好吧，谢谢您的礼物。”

展览结束，贝纳多船厂收到了可以忙活大半年的订单。消息传到拉克鲁瓦德维小镇，同行非常吃惊，不明白这位只会微笑的小姐凭什么干得如此出色。

1976年，善于观察、精于分析的阿奈特纵览以往十年世界游艇的发展历史，在预测未来趋势后，适时推出“孚斯特”帆船系列。这种船乍一看似乎是一种倒退，把舒适时髦的漂亮游艇变成了扯动风帆的一叶扁舟。竞争对手无法理解，当地的同行更是嗤之以鼻。“孚斯特”送到巴黎，销售商果然漠然处之，阿奈特便频频举行推销谈判。

“先生，这是最富有时代气息的帆船。”阿奈特微笑着说。

“不，这是一种复古的小船，只能使驾驶者劳累疲乏，而游客需要的是舒适安逸。”销售商说。

“驾驶这种帆船确实容易劳累，但能使驾驶者体验搏击风浪的惊险和强烈刺激。”阿奈特解释说。

“旅游者们驾船的目的是享受，谁愿意寻找磨难?”销售商反驳说。

“旅游者是各种各样的，需要也因人而异。大多数青年游客希望能在旅游中体验一种生命的力量。”阿奈特含笑说道。

“我不否认有这种情况，但你的帆船显得太简陋了。”销售商说。

“构造简单的帆船最能发挥驾驶者的潜能，而能体现出消费者机敏、灵活、刚毅、矫健的商品，销售起来不会很困难的。”阿奈特说道。

“你是说这种帆船是一种运动器械?”销售商问。

“还可以用作旅游航行，驾驶者如果在江河湖泊里扯起风帆航行，就能产生一种享受田园风光的快感。”阿奈特微笑着说。

“那么说，这种船会有销路?”销售商疑惑地问。

“当然，这种船符合旅游者探险、猎奇、追求新异和刺激的心理需要，怎么会没有销路呢？不信的话可以试试，我同意代销，卖不出去还可以退货，佣金是很低的。”诚挚的介绍、友好的会谈、微笑的推销，终于使巴黎销售商接受了“孚斯特”。谁知它销往欧洲各国之后立即受到年轻人的青睐，随之被世界帆船协会评为“最佳航帆”，从此便畅销不衰。

资料来源：郭奉元．现代推销技术．北京：高等教育出版社，2009.

问题：

1. 阿奈特是如何说服销售商的?
2. 面对销售商的讨价还价，阿奈特是如何应付自如的?
3. 通过本例的分析，你得到了哪些启示?

第 10 章

成功地寻找潜在顾客

本章要点

- 理解潜在顾客的含义；
- 明确寻找潜在顾客的渠道；
- 掌握寻找潜在顾客的方法；
- 掌握顾客资格鉴定的内容。

引例

网站帮我找客户

盛世金农网的客服电话每天不断，工作人员时时会接到用户这样那样的询问。有新用户，要工作人员协助发布供求信息；有老用户，要网站的工作人员推荐卖家或是买家，以促进自己的销售。

2009 年 8 月末，盛世金农网的工作人员就接到一个要求寻找卖家用户的电话，他就是辽宁省沈阳市东陵区的李先生。李先生也是通过盛世金农网推行的用户回访活动结识金农网的。为了使用户的信息得到最真实可靠的宣传、保证用户的产品能得到及时的销售，盛世金农网在 2009 年 7 月推行了用户回访活动，网站的工作人员会定期对在网站上发布信息的用户进行电话回访，询问用户所需、听取用户意见，真正做到用户至上。

在回访过程中，李先生了解到盛世金农网不但可以免费发布供应信息，还可以发布求购信息。还能免费上网寻找其他用户的产品信息，为自己的产品找买家、寻卖家。随即，他就通过电话要求工作人员发布了一条求购笨鸡蛋的信息。因为急于求购，工作人员放下电话立马给他找了 4 个沈阳周边的用户，通过电话把卖家信息告诉了他，现在李先生正在跟用户商讨买卖细节呢！

李先生通过电话回访活动，进一步了解了网站信息的运营情况，从此也爱上了网络发布信息。今天李先生又拨打了网站的电话，要发布一条求购大鹅的信息，这回他倒是没有要求工作人员给他推荐用户，他深信网络销售的便捷与时尚，相信会有更多的人来关注网站信息的发布，所以他正在等待网站卖家自己的到来。有禽畜出售需求的朋友，您看到李先生的求购信息了吗？

资料来源：盛世金农网.

评析：寻找顾客的方法有很多种，而运用互联网进行买家、卖家的寻找是21世纪以来我国互联网迅速发展的一个新生事物。它告诉推销人员，寻找顾客既包括传统方法，也包括利用网络资源如网站及QQ、微信、微博等即时通信方式寻找顾客，这些新的信息利用的方法为推销人员寻找顾客活动的开展带来了便利和创新的趋势。

第1节 寻找潜在顾客

一、顾客的含义与类型

顾客是一个广义的概念，它是指购买产品以及可能购买产品的组织和个人，顾客既可能是一个机构、一家公司，也可能是个人。顾客的选择与发展经历了一个系统化的过程，即从准顾客到潜在顾客、目标顾客、现实顾客和满意顾客。具体过程如图10－1所示。

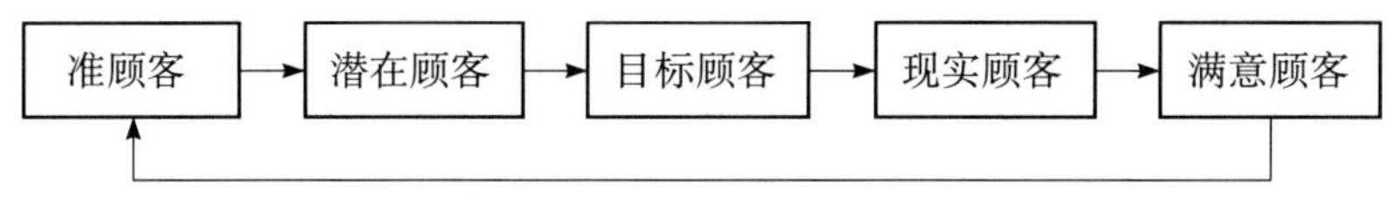

图10－1 顾客的演变

仅仅有可能购买产品或服务的顾客称为可能的潜在顾客或“准顾客”。

可能的潜在顾客如果被证实确实有需求并且具有购买能力，则成为潜在顾客。而潜在顾客是针对现实顾客而言的，是可能成为现实顾客的个人或组织。这类顾客或有购买兴趣、购买需求，或有购买欲望、购买能力，但尚未与企业或组织发生交易关系。潜在顾客包括一般潜在顾客和竞争者顾客两大部分。所谓一般潜在顾客，是指已有购买意向但尚未成为任何同类产品或组织的顾客，以及虽然曾经是某组织的顾客但其在购买决策时对品牌的认可较为随意的顾客。所谓竞争者顾客，是相对于本企业的顾客而言的，也就是竞争者所拥有的顾客群体，这类顾客既可以是中间顾客（如代理商、批发商、零售商），也可以是最终的消费者。

对潜在顾客进行评估鉴定，了解其是否有足够的购买力和购买决策权，经鉴定合格的潜在顾客才会成为实际的推销对象，即目标顾客。目标顾客是真正有可能购买产品的顾客，目标顾客是潜在顾客的组成部分，但二者却有区别。潜在顾客的范围比较广泛，指有可能购买推销人员提供的产品或服务的任何人。而目标顾客是在潜在顾客之中有足够的权力或者财力来做购买决策的个人和组织。从潜在顾客中迅速准确地找出目标顾客，能够节约推销的时间，使推销工作顺利地进行下去。

当潜在顾客成为目标顾客之后，推销人员还要通过推销努力使之成为现实顾客。所谓现实顾客，是需求已经得到满足的顾客。这类顾客既有购买需求，又有购买能力，且与企业或组织已经发生了交易关系。

如果现实顾客对企业产品或服务非常满意，并且不断重复购买，那么该顾客就会成为满意顾客。

二、寻找潜在顾客的基本步骤

在现实的推销工作中，推销人员不可能事先知道所有潜在顾客的信息，当然，也完全没有必要与每一个潜在顾客接触，而寻找潜在顾客的工作既包括获取潜在顾客的基本信息，也包括对其实施进一步的分析和判断，从而对潜在顾客进行筛选。其过程如图 10－2 所示。

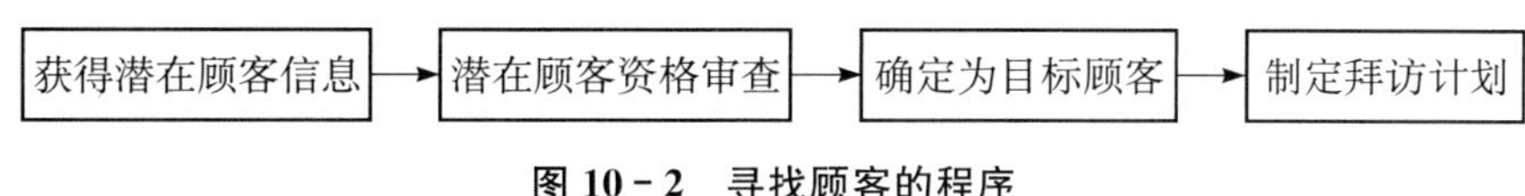

图 10－2　寻找顾客的程序

首先，推销人员必须根据推销产品的特征，提出可能成为潜在顾客的基本条件，这个基本条件界定了购买产品的顾客群体的范围、类型以及推销的重点区域。其次，根据这些条件，通过各种可能的线索和途径，运用适当的方法来找出符合这些条件的潜在顾客，获得的潜在顾客数量越多，可筛选的余地就越大。再次，对收集的潜在顾客信息进行鉴定，确定顾客资格，确认目标顾客，并对这些目标顾客进行分析、分类、建立档案。最后，根据以上工作的成果，针对目标顾客编制接触计划，进行沟通洽谈。

三、寻找潜在顾客的渠道

通常，推销人员可以从企业内部和企业外部两个渠道获取潜在顾客的有关信息。通过收集潜在顾客的信息，推销人员可以对潜在顾客的特征有一定的了解，从而逐步缩小将要接触的推销对象的选择范围。

（一）企业内部

一个管理机制健全的企业拥有一套比较完善的营销信息管理系统，这有助于推销人员确认潜在顾客的信息。因此，推销人员从企业内部寻找顾客信息是一个明智之举。具体而言，企业内部资料有以下几种。

1. 广告反馈信息

通过查询广告反馈记录，可以了解可能的潜在顾客，而不再需要大海捞针式地遍访潜在顾客，从而缩小了潜在顾客的范围。这种缩小范围的办法较为可靠，推销成功的概率也较高。另外，广告信息的反馈应该由相关部门进行分类，分别传递给各个推销人员，为其提供便捷、有效的市场需求线索。

2. 销售记录

推销人员首先应该核查公司的各种原始数据，列出一个过去 5 年内停止交易的顾客清单，分析这些顾客流失的原因。如可能之一是由于公司的推销人员停止了应有的拜访；可能之二是由于推销人员的流动致使合作关系中止。分析原因之后，推销人员应该通过电话或是其他方式了解该顾客的现状，从中发现可能的潜在顾客，让他们重新进入公司的顾客名单。

3. 客户服务电话

客户服务电话除了需要接受现有客户的产品使用功能询问、服务申请和投诉等之外，也需要接受其他非现有客户的咨询，即作为一种咨询方式对非现有客户开放，成为吸引潜在顾客的一种渠道。

4. 公司网站

在信息化时代，许多企业意识到互联网的普及带来的巨大商业价值，竞相开办公司网站，从中获得依靠商业手段才能取得的效果。网站本身也许并不能赚钱，但它是公司的一扇窗，可以涵盖公司的历史、新闻、产品与服务、订货方式、顾客反馈、联系方式等方面，因此可以吸引一些对公司产品感兴趣的顾客点击浏览。由此可以通过对网站浏览的统计查询获得一些有价值的潜在顾客线索。

（二）企业外部

从企业内部获取的资料能够更为及时地传递给一线的推销人员，并且难度低、成本小。然而，仅仅靠内部资料是不够的，还需要推销人员进一步从企业外部去寻求更多的潜在顾客信息，其中包括以下几种途径。

1. 亲戚朋友

其实亲戚朋友之间蕴藏着很多销售线索，这本身就是宝贵的客户资源。推销人员可以按以前结识的同事、同学、邻居或从其他组织中结识的人列出潜在顾客的名单。随着不断结识新的朋友，建立起新的顾客基础。

2. 顾客推荐

如果推销人员能够实施解决问题导向型推销，真正地帮助顾客解决存在的问题并为顾客提供便利，则会赢得现有顾客的信任，建立起较为稳固的顾客关系，即关系营销。满意的顾客除了自己可能重复购买外，还可能向他所熟悉或认识的朋友推荐，或者直接推荐可能的潜在顾客信息。这样不仅能够给推销人员带来持续的利润来源，还可以不断地充实潜在顾客名单，帮助推销人员扩大顾客基础。

3. 展销会

国内外现在有很多类型多样、规模不等的贸易展销会，比如国内的中国东盟博览会（南宁）、广州交易博览会（广州）、西湖博览会（杭州）、中国华东进出口商品交易会（上海）、中国国际日用消费品博览会（宁波）、中国昆明进出口商品交易会（昆明）等，参加这些展销会不仅能够在现场形成订单，而且可以扩大市场影响力，是公关营销的一种重要手段。同时，通过参展还能够激发潜在顾客的购买兴趣，为有现实需求的潜在顾客提供购买线索，缩小推销走访的范围。

4. 探查访问

对于一个缺乏经验的推销人员而言，直接上门探查访问是寻找潜在顾客的途径。上门探查访问需要推销人员花费很多时间、精力和费用，但是在这个过程中他们不但获得了寻找顾客的经验，学会了与顾客沟通的方法，也锻炼了自己的工作勇气和意志。

5. 电话簿和各种名录

在商业社会中，一些公共性质的名录如电话簿、工商企业名录、企业黄页等有很大的商业价值。只要推销人员勤于思考，花时间去研究，就可能有所收获。在我国，一般城市中的电话簿是按照党、政、工、教育、文卫、娱乐等性质划分的，首先推销人员应该通过所推销产品的属性分析出潜在顾客的类型，再从名录中有针对性地找到潜在顾客的联系信息，通过名录中的电话或其他联系方式取得联系或进行走访，以进一步确定其是否具有购买所推销产品的需求和购买能力。这些企业名录等公共资料对潜在顾客联系网络的建立有很大帮助，推销人员应该利用好这些工具，增强推销工作的针对性。

6. 自我观察

很多潜在顾客就在推销人员生活的周边，因此，推销人员需要细心观察生活、体验生活，善于观察并形成记录，反复琢磨哪些人是潜在顾客，主动搜寻潜在顾客的“身影”。经常这样反复观察、调查，也许潜在顾客就出现了。

7. 其他推销人员

由于各个推销人员推销的产品并不都是相同的，因此并不能算是竞争的关系。而顾客在购买商品时，需求又经常具有交叉性。因此，对于那些推销产品并不相同的推销人员而言，就存在一定程度合作的可能性，甚至还会有互补互助的可能性。他们可以相互提供潜在顾客信息的来源，共享信息，也可以同时推销彼此的产品，形成交叉营销，谋求共同发展。

8. 各类咨询机构

现在市场中出现了很多咨询机构，有的是政府部门、商业协会设置的面向全社会企业的信息咨询部门，有的是专业的信息咨询公司。这些咨询机构具有专业的信息调查和分析团队、较广泛的信息收集渠道和科学的信息分析技术。推销人员可以从它们那里有偿甚至无偿获得比较准确的顾客信息。

9. 商业网站

互联网上很多知名的 B2B、B2C 商业网站能够帮助企业或个人寻找客户，比如阿里巴巴网站为经销商提供了产品展示、在线沟通等网络功能，潜在顾客可以登录该网站选择合适的供应商进行洽谈，互留联系方式。这种方式减少了传统方式中推销人员车马劳顿之苦，使他们把精力更好地集中在与潜在客户沟通和商务谈判上，提高了积累潜在顾客的效率。

四、寻求顾客的方法

推销人员通过寻找新的顾客，可以了解有关潜在顾客的各种情报，包括顾客的需求、愿望、购买动机以及购买能力。推销人员可以根据这些情报，有效地判断潜在顾客能否成为目标顾客，这种判断对推销人员是非常有利的，因为只有判断出哪些顾客为目标顾客，才能提高推销工作的效率，避免浪费时间和精力。

（一）普访寻找法

1. 含义

普访寻找法也称地毯式访问法、逐户寻访法、贸然访问法，是指推销人员在任务范围内或选定地区内，用上门探访的形式对可能成为顾客的机构、公司、家庭和个人进行寻找并确定顾客的方法。

2. 原理

普访寻找法所依据的原理是“平均法则”，即认为在所有的访问对象中，必定有推销人员所要寻找的潜在顾客，而且应当是均匀分布其中，潜在顾客数量与访问对象的数量成正比例关系。因此，只要对任务范围内的可能对象无一遗漏地寻找查访，就一定能够找到可以推销的顾客。

3. 优缺点

（1）优点。

● 可以全方位地搜寻顾客，并且地毯式地铺开不会遗漏任何有价值的准顾客。

● 可与市场调查同步进行，寻找过程接触面广、涉及的信息量大，了解包括现有的各种需求、对其他产品的态度等市场需求状况。

● 这是一种传统且可靠的方法，它可以锻炼推销人员直接面对顾客的勇气和意志，直接了解市场变化、顾客需求和顾客对企业形象及产品的看法，从而提高推销人员的市场观察能力和判断能力。

● 普遍的访问方式可以对所选择的地区以及周围相关范围内的市场产生较大的影响，如同企业形象宣传活动，有利于形成企业的整体印象。

（2）缺点。

● 这种大范围、普查式的方法比较耗费时间、精力、费用、人力等成本，并且盲目性比较大，很容易遭到顾客的冷遇甚至反感。

● 在选择两种甚至两种以上的普访寻找法时，相互之间很可能存在着某种联系和影响力，其中之一失败，就有可能导致全局的失败。

4. 实施要点

● 首先要挑选一个大小合适的访查范围，即先划定合适的访问范围。推销人员要根据产品的用途、功能和潜在顾客应具备的购买能力、从事的职业、居住分布等属性进行必需的推销可行性研究，由此确定一个比较可行的推销对象范围或者推销区域。

● 提高访问的效率。该方法实施成本较高，而且带有很大的盲目性，因此，在实施前，营销部门应该对推销访问的合理范围和访问过程中推销人员的语言与动作表达技巧进行反复斟酌，设计一套切实可行的方案，尤其是斟酌好第一句话的说法与第一个动作的表现方式，以减少把大量精力放在不必要的人群上和被拒之门外的概率。

（二）“猎犬”寻找法

1. 含义

“猎犬”寻找法也称为代理人法、委托寻找法、推销信息员法，是指推销人员在企业外部选聘一批与推销品关系密切的助理人员协助自己收集情报，提供潜在顾客线索，对潜在顾客进行初步了解或帮助自己进行其他推销活动。这种方法是以一定的经济利益换取委托人的关系资源。

2. 原理

“猎犬”寻找法的依据是经济学中最小最大化原则与市场相关性原理，即推销人员用最少的推销费用和时间，取得最大的推销成果。这是因为委托销售助手在产品销售区域与行业内寻找准顾客及收集信息，再利用现代通信设备传递有关信息，然后由推销人员亲自去接近准顾客，比推销人员亲自外出去收集信息在经济上更划算。而推销人员本身只是接近那些影响力大的关键顾客，这样可以获得最大的推销经济效益。另外，行业间与企业间都存在着关联性，利用其他行业的从业人员可以较早地发现产品市场先行指标的变化，为推销工作提供及时、准确的信息。

3. 优缺点

（1）优点。

● 这种方法利用了大量临时人员，可以节约推销人员的时间，使他们把精力放在重点推销对象和有效推销工作上，避免了时间和金钱的浪费。

● 委托的助手都是经过挑选的兼职人员，他们所从事的职业都是在直接使用推销品的行业或与之对口、相关的行业，因此也有利于保证捕捉信息的有效性和扩大信息情报网。

● 临时人员所开展的调查、咨询服务等活动也有助于产品的推广，在一定范围内起到了宣传作用，扩大了产品的影响力。

● 由于某些助手可以利用职业的关系，并且以第三方的公正形象出现，说服效果可能更强。例如，汽车推销人员雇用汽车修理服务站的工作人员当推销助手，负责介绍潜在的汽车购买者，他们以专业的知识和第三方的身份，很容易得到潜在顾客的信任。

（2）缺点。

● 临时人员的选择存在困难，推销业绩往往取决于推销人员和推销助手的合作与沟通，使推销人员失去主动权。

● 推销人员的工作受限于临时人员工作效果，不确定性大。

● 推销人员的绩效与临时人员的合作程度有关，处于比较被动的地位。

● 对临时人员的管理无法加以控制，这些人也有可能是同类产品竞争者的助手。如果推销助手同时兼任几家同类产品制造厂家或经销商家的信息员，不仅可能泄露商业机密，还可能使企业与推销人员陷入不公平的市场竞争。

4. 实施要点

● 应注意推销助手的挑选与聘用，挑选时可以从推销助手所从事行业的特点、职务权限、业务范围、知识范围、业务能力、社交范围及工作态度等方面进行判定。

● 要为推销助手开办必要的培训课程，以增加他们的知识和提高收集、传递、分析信息的能力。

● 推销人员应与助手建立良好的人际关系，并通过效益与酬劳挂钩的方法来调动推销助手的积极性。

小案例

乔·吉拉德的“猎犬计划”

乔·吉拉德是世界上最伟大的销售员，他连续 12 年荣登吉尼斯世界纪录大全世界销售第一的宝座，他所保持的世界汽车销售纪录——连续 12 年平均每天销售 6 辆车，至今无人能打破。

乔·吉拉德认为干推销这一行需要别人的帮助。乔的很多生意都是“猎犬”（那些会让别人到他那里买东西的顾客）帮助的结果。乔的一句名言就是：“买过我汽车的顾客都会帮我推销。”

在生意成交之后，乔总是把一叠名片和猎犬计划的说明书交给顾客。说明书告诉顾客，如果他介绍别人来买车，成交之后，每辆车他会得到25美元的酬劳。

几天之后，乔会寄给顾客感谢卡和一叠名片，顾客以后每年至少会收到乔的一封附有猎犬计划的信件，提醒他乔的承诺仍然有效。如果乔发现顾客是一位领导人物，其他人会听他的话，那么，乔会更加努力促成交易并设法让其成为猎犬。

实施猎犬计划的关键是守信用——一定要付给顾客25美元。乔的原则是：宁可错付50个人，也不要漏掉一个该付的人。猎犬计划使乔的收益很大。

1976年，猎犬计划为乔带来了150笔生意，约占总交易额的1/3。乔付出了几千美元的猎犬费用，得到了75 000美元的佣金。

资料来源：http：//zhidao. baidu. com/question/122942138.

（三）链式引荐法

1. 含义

链式引荐法也称为无限连锁介绍法、介绍寻找法，是西方推销人员使用率最高的一种方法。它是指推销人员在访问现实顾客时，请求其推荐他认为有可能购买同种商品或服务的潜在顾客的方法。介绍内容一般为向推销人员提供潜在顾客的名单及简单情况。介绍方法有口头介绍、写信介绍、电话介绍、网络联络等。

2. 原理

链式引荐法的理论依据是事物普遍存在着相关性。有相关关系的事物有时会存在着相同的需求或者彼此了解，如一个孕妇往往与其正在怀孕的朋友联系紧密，她们彼此介绍怀孕的知识和产品。因此，推荐人员在找到一个现实顾客后，有可能通过他找到与之有联系的、可能具有相同需求特点的潜在顾客，这样不断延伸以致无穷，扩大推销人员与潜在顾客之间的联系面，使推销人员手中的顾客资源能够无限发展下去。

这种方法特别适用于寻找无形产品（如旅游、教育、金融、保险、家政服务等）的潜在顾客，这与服务行业的特点有关，因为服务产品的质量是很难衡量的，个性化程度很高，顾客更加愿意通过亲戚朋友了解产品的具体情况，更加相信他们意见的可靠性。

3. 优缺点

（1）优点。

● 减少推销人员寻找、主观判断潜在顾客的盲目性，因为现实顾客推荐的一般是自己较为了解的单位或个人，他们之间存在着长时间的信息沟通，甚至存在一定共同利益，具备一定的信任关系，所以提供的信息准确度高，内容翔实。

● 有利于取得潜在顾客的信任，进而产生购买行为意向，提高了推销的成功率。

（2）缺点。

● 由于无法预料现实顾客介绍的情况，因此事先构想的推销计划方案经常会在中途被打破。

● 这种方法必须依靠现实顾客是否愿意介绍以及是否全力介绍，但现实顾客没有进行链式引荐的义务，那么其是否介绍新的潜在顾客给推销人员，则完全取决于现实顾客的意愿。如果他们出于某种考虑而不愿配合，则会使推销人员处于被动地位。

4. 实施要点

（1）赢得现实顾客的信任。信任是链式引荐法成功的关键，因为该方法的成功首先取决于现实顾客对推销人员的信任，进而才可能引荐其他潜在顾客。这样，推销人员必须成功地将自己的推销人格和自己所推销的产品推销给现实顾客，使现有顾客感到满意，进而赢得对方信任。取得信任的方法有很多，比如推销人员要及时向介绍人支付介绍费用，定期给现实顾客发送慰问信等。

（2）对于现实顾客所引荐的潜在顾客，推销人员也要进行推销可行性研究，并做好相应的准备工作。

（3）推销人员应尽可能多地从现实顾客那里获得有关潜在顾客的信息。

（4）在对潜在顾客实施拜访后，应及时向现实顾客汇报情况，一是要表达对现实顾客的感谢；二是要继续争取现实顾客对推销工作的合作与支持。

（四）“中心开花”法

1. 含义

“中心开花”法也称为名人介绍法、影像中心法，属于链式引荐法的一种。它是指推销人员在某一特定的推销范围内发展一些具有影响力的中心人物或组织来消费自己的推销品，然后再通过他们的影响把该范围内的其他个人或组织变成自己的潜在顾客。一般而言，中心人物或组织在公众中具有很大的影响力和很高的社会地位，他们常常是消费者领袖，如政界要人、企业界名人、文体界巨星、知名学者、专家、教授、名牌大学、星级酒店、知名企业等。这些中心人物或组织的知名度高，拥有很多崇拜者，他们的购买与消费行为能在其崇拜者心目中形成示范效应和先导效应，从而引起甚至左右崇拜者的购买欲和消费行为，这就是心理学中的“光环效应”。

2. 原理

“中心开花”法的理论依据是心理学理论中的“光环效应”。所谓“光环效应”，是指人们对自己所景仰的人物十分信服并愿意追随。这些中心人物的消费行为有可能在他们的崇拜者心目中形成示范与先导效应，进而引发他们的效仿。“中心开花”法主要适用于金融、旅游、保险等无形产品及时尚性较强的有形产品。

3. 优缺点

（1）优点。

- 运用这一方法，推销人员只需要集中精力做好中心人物的推销工作，而不用再花费大量的精力和时间去逐一游说每个潜在顾客，这样就提高了推销工作后续的进展效率。
- 推销人员可以利用中心人物在某一领域的权威性和影响力，既可以发掘大批潜在顾客，又可以提高产品的知名度，提升企业形象。

（2）缺点。

- 在说服中心人物的工作上，推销人员要花费大量的时间和精力，但如果最终中心人物不愿意与推销人员合作，推销人员就会失去很多潜在顾客。
- 对于某类产品而言，中心人物的寻找与确定也存在很大的困难。
- 如果推销人员选错了顾客心目中的中心人物，就会弄巧成拙，耽误推销良机。

4. 实施要点

（1）寻找合适的中心人物是决定使用效果的关键。在寻找过程中，推销人员要进行详细、准确的市场细分，确定每个子市场的规模和特征，分析各子市场的潜在顾客可能会相信哪一类中心人物。这些中心人物可以来自商业、社会、政治、宗教等领域。

（2）努力争取中心人物的信任和合作。只要确定了中心人物，使之成为潜在顾客并形成购买，就有可能引发一大批潜在顾客。因此，只有说服中心人物，使其对企业提供的产品和服务感到满意，形成购买行为并自愿帮助企业开展推销活动，才有可能引发一大批潜在顾客。

小案例

一个流传于美国的故事

一个出版商手头积压了一批书卖不出去，眼看就要亏大本了。情急之下，出版商想出了一个点子：给总统送去一本，并频频联系征求意见。忙得不可开交的总统就随便回了一句："这书不错！"出版商如获至宝，立即大做宣传："现有总统喜爱的书出售。"还把总统说的"这书不错"四个字印在封面上。于是，出版商手头的书一夜之间被抢购一空。

不久，这个出版商手头又有一批书，他便照方抓药，又给总统送去一本，总统有了上次的教训，想借机奚落一番，就在送来的书上写道："这书糟透了。"不过，这次总统还是上了套儿，书商又大肆宣传说："现有总统讨厌的书出售。"人们出于好奇又争相抢购，这批书很快也全部卖光。

第三次，出版商又把书送给总统时，总统有了前两次被利用的教训，干脆紧闭金口不理不睬。然而，没想到的是，这次出版商还有话说。这次他的宣传语是："现有令总统难以下结论的书，欲购从速。"结果，这批书还是被抢购一空。

（五）关系拓展法

关系拓展法是指推销人员利用自己与社会各界的种种关系寻找潜在顾客的方法。它也是链式引荐法的一种，只是这种方法的启动链节是从自己的关系顾客开始，即推销人员从身边的同学、同事、师生、亲属、战友等开始，然后再逐渐发展，形成无限的关系网络，其中便蕴藏了潜在顾客。这些身边的人有的是非常亲密和熟知的，有的是较为生疏或刚刚结识的，但这些群体都是推销人员可能的潜在顾客，应该把他们列入潜在顾客的名单。

但是，推销人员的顾客都可能成为朋友，而朋友并不一定都能成为顾客。所以，推销人员在利用自己身边关系的时候，要有一定的限度，不要因自己的推销而使原来的朋友、亲戚疏远自己。

（六）广告搜索法

1. 含义

广告搜索法也称为广告探查法、广告拉引法等，是指推销人员利用各种广告直接向广大消费者告知产品的销售信息，激发消费者的消费需求，然后再向受广告吸引而前来的潜在顾客进行推销活动。根据不同的广告媒介，广告搜索法又可分为报纸与杂志广告、网络广告、电台广告、电话广告、包装广告、邮寄广告、电视广告、交通广告、室外广告等方法。推销人员可以根据产品的市场需求特点、产品属性、推销区域、推销对象特点等综合考虑分析，选择合适的广告方式。

2. 原理

广告搜索法依据的是广告学原理，即利用各类媒体技术更快速、客观并具感染力地向覆盖区域内的潜在顾客传达关于产品销售的信息，同时又要做到支付的单位广告费用更少，效果更好，更符合目标顾客收集信息的习惯。推销人员把工作重点放在接收广告后上门咨询的顾客上，直接提高了推销效果。

3. 优缺点

（1）优点。

- 现代信息传播手段具有信息传递的容量大、覆盖范围广、广告形式多样等特点，这大大拓宽了推销传递面，使得推销人员与推销对象之间的信息传递、沟通更加便捷有效。
- 一个创意新颖、主题鲜明的传播广告相当于成千上万的推销人员，这样可以大大减少推销的盲目性，节省时间成本，提高推销效率。
- 广告的先导作用可以使潜在顾客有所准备，有利于顺利实施推销访问工作。
- 广告作为前期的宣传手段不但能够为企业探查顾客，而且能够刺激需求，说服潜在顾客形成购买。

（2）缺点。

- 推销对象的消费行为难以掌握，进而影响广告媒体的选择。不同的消费群体有不同的媒体习惯，而不同的产品又只能选择与其相适应的广告媒体，这在一定程度上会影响广告产品的促销效果。
- 由于广告竞争激烈，广告类型日益丰富，广告的影响力越来越局限于某一类人群，缺乏创意的广告越来越难吸引消费者的眼球，因此，制作高质量的广告更加困难，而支付广告费用也会成为企业沉重的负担。
- 虽然新兴广告形式的出现改变了传统的广告形式，但缺乏科学的广告效果测定方法，广告效果难以测定。

4. 实施要点

（1）做好广告的创意。在产品同质化严重的市场状况下，若没有好的广告创意来区分产品理性上或感性上的卖点，就不可能使顾客对推销的产品情有独钟。因此，推销人员应准确把握广告创意的真实性、艺术性、独特性和科学性，紧扣推销主题，充分反映广告内容，并与广告诉求对象的特点、广告定位和广告总体战略保持一致。

（2）选择合适的广告媒体渠道。不同的广告媒体有不同的特性，这决定了企业从事广告活动必须对广告媒体进行正确的选择，否则将影响广告效果。因此，推销人员应根据推销产品的性质、消费者接触媒体的习惯、媒体的传播范围和媒体的费用等情况选择合适的媒体渠道。必要时可聘请专业人员咨询与管理，或委托广告公司全权代理。

（七）资料调查法

1. 含义

资料调查法也称为间接市场调查法，是指通过收集、整理现有文献资料，寻找潜在顾客的方法。这种方法注重对二手资料的收集、整理和分析，进而确定潜在顾客，实际上是一种市场调查的方法。

二手资料是指特定的调查者按照原来的目的收集、整理的各种现成的资料，如年鉴、报告、文件、期刊、文集、数据库、报表等。二手资料来源于现有的各种参考文献或历史，依据其来源分为内部资料和外部资料两个部分。内部资料是指企业内部报告系统所提供的反映企业内部情况的有关资料；外部资料是指由企业外部有关机构所保存的全部资料，比如各级政府、行业协会、调查机构等出版的各种统计数据、报纸杂志、企业目录等。企业可以通过建立资料数据库，不断地更新、存储内外部资料，方便包括推销人员在内的企业各类人员查询，寻找潜在顾客的线索。

2. 原理

资料调查法的依据是利用他人或机构已经存在的可提供线索的资料，可以较快地了解到大致的市场容量及潜在顾客的分布等。在市场经济发达的地区，各种市场经济资料门类齐全，内容丰富，及时准确地反映了当前的市场信息，应当受到推销人员的重视并加以利用。

3. 优缺点

（1）优点。

资料调查法可以帮助推销人员了解整个市场的需求情况，对市场需求产生系统认识，减少推销人员工作的盲目性，节省寻找潜在顾客的时间、费用和精力，同时也为接近顾客前的准备工作提供了必要的知识保障。

（2）缺点。

● 可供查阅的资料多为公开发布的消息，时效性较差。

● 随着信息的不断增加，信息的来源越来越丰富，这可能造成推销人员翻阅资料的时候不知如何下手。

4. 实施要点

（1）要对资料的来源与资料的提供者进行资信分析，以确认资料与信息的可靠性。

（2）为了防止查询工作的盲目性和低效率，有必要在工作实施前先设计好工作路线。

（3）注意资料的时效性和由于时间关系产生的错漏等问题。

（八）个人观察法

1. 含义

个人观察法也称为市场观察法、直观法、视听法等，是指推销人员在潜在顾客经常活动的场所，根据自身对在场顾客行为的直接观察、判断、研究和分析，寻找潜在顾客的方法。

2. 原理

个人观察法主要依据的是推销人员的职业素质。潜在顾客无处不在，具备良好的洞察能力和分析能力的推销人员善于从平时的推销工作中、媒体等各种平台上搜寻潜在顾客。

3. 优缺点

（1）优点。

● 推销人员通过观察去发现潜在顾客，开阔了自己的视野，积累了推销经验，养成了良好的思考习惯，有利于锻炼和培养推销人员的个人素质。

● 推销人员深入市场进行观察，有效地把握市场动态和发展趋势，及时了解顾客的需求偏好，为企业调整生产和营销策略提供了第一手资料。

（2）缺点。

● 由于受到个人能力、知识和经验的局限，推销工作失败的可能性也很大。

● 大多数顾客对唐突来访的推销人员都有一定的戒备心理，他们对购物过程中或日常生活中的推销类访问持排斥的态度，这样会降低个人观察法的成功率。

4. 实施要点

（1）应对推销人员进行必要的知识培训，提高他们的观察能力和分析能力，鼓励他们养成观察和思考的习惯。

（2）推销人员在利用观察法开拓市场时，不仅要积极主动，而且要耳、目、心并用，善于察言观色，根据经验准确地做出判断。

（九）网络寻找法

1. 含义

网络寻找法是指推销人员运用各种现代信息技术和互联网通信平台来搜索潜在顾客的方法。它是信息时代的一种非常重要的寻找顾客的方法。随着电子商务活动的日益频繁，网络推销逐渐盛行，推销人员可以通过大型搜索引擎（如百度、雅虎、谷歌等）和专业交易网站（如阿里巴巴），用关键词搜索和目录查询来寻找大量潜在顾客。由于各大搜索引擎的信息库信息数量和类型有所不同，如果同时使用不同的搜索引擎进行搜寻，推销人员所获得的客户信息量将更加庞大。

2. 优缺点

（1）优点。

● 该方法是一种非常有鉴别力的方法，推销人员只要在商业网站中输入关键字，就可以快速找到潜在顾客，大大节约了时间和推销成本，提高了工作效率。

● 可以通过网站获得较全面的潜在顾客资料。

（2）缺点。

● 某些企业或组织出于自身信息安全考虑，未将重要的信息公布在网上，这样就不可能得到它们的全部资料。

● 网络环境的虚拟性使其缺乏保证信息真实性的机制，很多虚假信息弥漫在网络的各个角落，推销人员在查找时难免会受到虚假信息的干扰，不能保证潜在顾客信息资料的真实性和可靠性。

3. 实施要点

（1）在使用搜索引擎前，应该事先设计好关键词，保证更全面地获得潜在顾客的信息。

（2）应确认信息的来源，并做准确记录和审核，确保信息的真实性。

（3）尽可能在多个网站上搜索相关顾客信息，以扩大搜索面，获得更多潜在顾客的信息。

（十）市场咨询法

1. 含义

市场咨询法是指推销人员利用社会上各种专门的市场信息服务公司或者国家政府管理

部门提供的咨询信息来寻找潜在顾客的方法。该方式适用于重大项目营销中的潜在顾客寻找，也适用于寻找一些地区和行业难以确定的潜在顾客。

现在市场上市场调查公司、营销策划公司等各种咨询公司大量涌现，其中既有国有信息服务公司，也有集体、个体的咨询公司，营销人员可以利用这些咨询公司来寻找潜在顾客，只需花费少量的咨询费，就能得到许多重要资料。此外，推销人员还可到国家有关行政部门去咨询，如工商局、统计局、财政局、税务局、科研设计单位以及各行业的协会或是商会等组织机构。这些企业和部门往往集中了大量的顾客资料和资源、相关行业的市场需求信息。通过咨询的方式寻找潜在顾客不仅是一个有效的途径，有时还能够获得这些组织的服务、帮助和支持，比如对客户介绍、联系、市场进入、推销方案等方面的建议。

2. 优缺点

（1）优点。

● 方便快捷，信息可靠，费用较低，与推销人员自己寻找顾客相比，更加节省费用和时间。

● 专业调研人员具有丰富的专业知识和经验技巧，能够迅速地提供可靠的潜在顾客信息。

（2）缺点。

● 推销人员往往处于被动地位，只是等待资料，因而放弃了亲自了解市场行情、把握市场动态的机会，甚至对咨询单位产生长期依赖而丧失了开拓、创新精神。

● 咨询人员提供的信息具有间接性，会存在许多主观片面的因素，甚至出现与实际情况大相径庭的信息。

3. 实施要点

要选择专业的咨询企业。在市场上有很多咨询企业以提供虚假信息来骗取钱财，因此，在选择咨询企业前应对其进行审核。审核方法有很多，比如翻阅其以前做过的咨询项目文案、询问其服务过的公司、调查公司专业人员的工作经历等。

（十一）商业活动寻找法

1. 含义

商业活动寻找法是指推销人员可以利用参加各种社交活动的机会来寻找潜在顾客。这些活动大多为经济性活动，包括各种产品博览会、展销会、订货会、洽谈会、物资交流会、学术交流会等会议形式，也包括企业举办的各种新闻发布会、各界人士联谊会以及公关活动、市场调研活动、促销活动等。这类会议不仅要实现交流和交易，更重要的是寻找潜在顾客、联络感情、沟通了解。商业活动信息的特点是：资料新、目标准，且能够通过商业活动与顾客及相关人士建立长期联系，定期进行信息交流。当然，推销人员应选择参加合适的商业活动，与本企业无关或与产品推销无关的商业活动则可以放弃。

2. 优缺点

（1）优点。

商业活动寻找法的优点是效率高，能在最短时间内接触到最多的潜在顾客，因为参加商业活动的人对该行业或推销产品感兴趣。

（2）缺点。

该方法缺点也很明显，就是费用偏高，如交易会的参与方要向主办方缴纳一定的展位费，并花一定资金进行展台的装饰设计。

3. 实施要点

（1）在活动中，推销人员要想尽办法得到潜在顾客的信息，可以选择要求顾客留下联系方式、留下名片、填写调查问卷等手段。

（2）在活动结束后，要尽快与顾客取得联系，避免因记忆失效而增加后期接触的难度。

（十二）电话或短信寻找法

1. 含义

电话或短信寻找法是指推销人员在掌握了潜在客户的名称和电话号码后，用打电话或发短信的方式与潜在顾客联系。电话和短信能够突破时间和空间的限制，是比较经济有效的接触顾客的工具之一。

2. 优缺点

（1）优点。

能够快速找到潜在顾客并获得信息反馈。接电话的人获得的信息较直接、全面，容易对推销信息的价值做出判断。而收到短信时，人们都会看到短信的内容，如果有购买意向就会及时与推销人员联系，这样也避免了打电话给他们带来的不便。

（2）缺点。

- 对于电话或手机尚不普及的地方，电话或短信寻找法会受到限制。
- 大量的电话和短信费用仍然比较高，而且打电话或发短信都有可能引起顾客和接收者的不满。
- 一些推销人员或电话接听者有很多方言土语，双方电话沟通会存在困难。

3. 实施要点

- 选择合适的通话时间，推销人员应该了解潜在客户的职业特征，选择适合对方的时间打电话，这样才能保证与对方良好的沟通。
- 精心策划电话沟通的礼仪和短信的编写。
- 通话内容、短信内容设计都应简单扼要，以尽快把事情讲清楚，避免对方没有耐心去听。

（十三）直接邮寄寻找法

1. 含义

直接邮寄寻找法包括通过邮局或私人送信员将邀请函、宣传单页直接分发给潜在顾客。同时，企业或推销人员可以构建邮件列表来推行会员制，顾客只要购买一次产品就可以成为公司的会员客户，不断收到温馨的问候和意外的惊喜。根据邮件类型的不同，直接邮寄寻找法可分为传统纸质邮件寻找法和电子邮件寻找法。

2. 优缺点

（1）优点。

● 推销人员可以分析自己的信件与潜在顾客答复之间的联系、收信者反馈调查及其成交情况，信息反馈快。

● 具有针对性强的特点，推销人员以特定的个人为诉求对象，关于诉求对象的阶层、多寡，诉求内容的强弱与形式，经费的伸缩等，均可由推销人员自由选定与自行控制。

● 电子邮件传播范围广。随着互联网的迅猛发展，据第42次《中国互联网络发展状况统计报告》，截至2018年6月30日，我国网民规模达8.02亿，互联网普及率为57.7%；2018年上半年新增网民2 968万人，较2017年末增长3.8%。面对如此巨大的用户群，只要推销人员拥有足够多的邮箱地址，就可以在短时间内向数千万目标用户发布推销信息，推销范围可以是全国乃至全球。

● 电子邮件营销的实施简单高效，使用专业邮件群发软件或者第三方提供的群发邮件平台，单机可实现每天数百万封的发信速度。而对于推销人员，不需要懂得高深的计算机知识，不需要烦琐的制作及发送过程，发送上亿封邮件一般几个工作日内便可完成。

● 电子邮件营销成本低、适用范围广，所有的费用支出就是上网费，成本比传统广告形式要低得多。而且电子邮件推销内容不受限制，适合各行各业，具有长期的宣传效果，收藏和传阅简单方便。

（2）缺点。

● 传统的直接邮寄寻找法是按每个读者的邮寄广告费计算，其成本也是较高的。

● 推销产品的功利性特别明显，往往使读者产生一种戒意。

● 垃圾邮件监管缺失，致使垃圾邮件泛滥。由于许可电子邮件推销意识薄弱，电子邮件地址信息不准确、更新不及时，产品宣传的市场定位不准确等原因，许多消费者收到太多无价值的商业性的电子邮件，往往给消费者一种滥寄垃圾邮件的印象，从而损害了电子邮件营销的形象。

● 电子邮件的可信度低下。由于电子邮件发送十分便利，只要有邮箱就能发送电子邮件，这种传播者多元化的状况导致网上虚假推销信息越来越多，假推销信息流传、垃圾信息成灾，从而影响了网络媒体的可信度，降低了推销效果。

3. 实施要点

● 推销人员首先要准确了解可能的潜在顾客的信息，包括姓名、地址、职业等，并制定目标清单或电子邮件列表。

● 根据潜在顾客的特征，认真准备印制信件内容和广告材料，或制作电子版邮件信息。

● 在传统邮寄推销中，购买或制造具有公司特色的信封，装上信件材料和封口，信封上书写地址。

● 在发电子邮件之前，最好首先获得收件人的许可，防止出现滥发邮件的现象，引起潜在顾客的反感。

● 制定明确的邮件主题，电子邮件的主题是收件人最早可以看到的信息，邮件内容是否能引人注意，主题起到相当重要的作用。邮件主题应言简意赅，以便收件人决定是否继续阅读邮件内容。

● 电子邮件推销内容要简洁。电子邮件宣传不同于报纸、杂志等印刷品广告，篇幅越大越能显示出企业的实力和气魄。电子邮件应力求内容简洁，用最简单的内容表达出推销人员的诉求点，如果必要，可以给出一个关于详细内容的链接（URL），收件人如果有兴趣，会主动点击超级链接的内容，否则，内容再多也没有价值，只能引起收件人的反感。

（十四）即时通信寻找法

1. 含义

即时通信（Instant Messaging，IM）寻找法指推销人员运用现有的网络通信工具实现的及时的、实时的信息交流和收发，从而产生效益的一种推销手段。常见的即时通信工具包括 QQ、微博、微信等。QQ 工具包括 QQ 群公告、群相册、群聊天、群名片、群邮件、新人报道、群动态、群社区、群共享、群活动等丰富多样的功能，为推销人员建立客户群，并利用客户群积极展开推销工作提供了帮助；微博推销则以企业或推销人员的微博作为推销平台，每一个听众（粉丝）都是潜在顾客，企业或推销人员利用微博向潜在顾客传播企业信息、产品信息，树立良好的企业形象和产品形象；微信推销主要体现在以安卓系统、苹果系统的手机或者平板电脑中的移动客户端进行的区域定位推销，推销人员通过微信公众平台，结合微官网、微会员、微推送、微支付、微活动等进行推销活动。特别是 3G、4G 手机的出现，将这些渠道成功融入手机移动平台，更加方便推销人员随时随地从网络上寻找客户、联系客户。

2. 优缺点

（1）优点。

● 广阔的市场。截至 2018 年 6 月，即时通信用户规模达到 7.56 亿，较 2017 年末增长 3 561 万，占网民总体的 94.3%。手机即时通信用户 7.50 亿，较 2017 年末增长 5 641 万，占手机网民的 95.2%。

● IM 工具获取没有成本，推销人员不需要支付任何费用就可以在腾讯、新浪等网站上申请自己的 QQ、微信、微博账号等。

● IM 工具使用方法简单，产品功能黏性好。以微信为例，支持联系人名单的跨平台传输，并且能够直接与手机通讯录、QQ 好友名单相连接，同时还可以搜寻 1 000 米内使用微信的好友，联系人名单的跨平台传输使得微信在寻找潜在顾客上更加成功。

● 互动性强。无论哪一种 IM 工具，都有各自庞大的潜在顾客群，即时的在线交流方式可以让推销人员掌握主动权，摆脱以往等待关注的被动局面，将产品信息主动地展示给消费者。

● 推销效率高。一方面，通过分析潜在顾客的注册信息，如年龄、职业、性别、地区、爱好等，以及兴趣相似的人组成的各类群组，针对特定顾客专门发送顾客感兴趣的产品推销信息，能够诱导顾客在日常沟通时主动参与信息的传播，使推销效果达到最佳；另一方面，IM 传播不受空间、地域的限制，推销信息可以通过 IM 在第一时间传递给消费者，有效传播率非常高。

● 传播范围大。任何一款 IM 工具都聚集了大量的人气，并且以高品质和高消费的白领阶层为主。IM 有庞大的关系网，它们的好友之间存在很强的信任关系，推销人员的任何有价值的信息都能用 IM 开展精准的扩散传播，产生的口碑影响力远非传统媒体可比。

（2）缺点。

● 由于处于网络环境，在各类IM工具中各类信息的可信度经常会受到质疑，而且过分的推销信息容易引起潜在消费者的反感。

● 在IM群中存在着从不发声的“僵尸”用户，他们虽然在群中，但根本不关注群中的相关信息，这使得推销效果大打折扣。

3. 实施要点

● 推销信息传递频率要适度，即避免信息轰炸式地频繁推送给潜在顾客，引起对方的反感。

● 推销信息内容可读性要强，推销信息内容编辑要具有可读性和趣味性，如使用风趣的语言、丰富的表情符号等，让潜在顾客有兴趣读取信息。

● 在线沟通的可亲近性。当潜在顾客对推销信息感兴趣时，会在线主动联系推销人员，但顾客与推销人员交流具有私密性，这导致同一时间可能有多位顾客与推销人员进行沟通，这时推销人员应耐心、详细地回答每一位顾客的问题并为之提供相关的建议。

扩展阅读

微信营销

“糯米酒先生”来自厦门，顾名思义是位酿造糯米酒的先生，其酒坊坐落在福建永定下洋镇廖陂村东兴楼，特点是采用传统纯手工工艺酿造客家土楼糯米酒，而永定的客家土楼早已闻名遐迩。很难想象这位来自客家土楼的先生早在2012年8月就申请了微信公共账号，名称叫“客家土楼糯米酒”。在半年多的时间里，他边摸索边积累，获得了初步成功。来看看他的成绩单：公共账号最新数据显示已有近22 500名粉丝，每月有近5万元的销售额，糯米酒定价60元/斤，多数客户一次性会购买5～10斤，因此每单价格在300～600元不等。短短数月取得如此佳绩，他是怎么做到的？我们一起来揭开其中的奥秘。

微博与微信的区别

相对于微博，微信更加精准，信息达到率更高，可以这么粗略地理解：微博就像是农村里的大喇叭，广而告之，但你不一定在家，更听不到，即使你在家也许正在专注地看电视剧，信息很快石沉大海，因此宣传效果如同散弹打鸟，而微信更像是一对一的电话营销，效果类似“狙击”，信息可精准传达到个人。

正是基于这点，糯米酒先生从开始便放弃了微博阵地，而直接把战略放在了微信上，如果不经过认真的思考和对比，是不可能做出这个选择的，更何况2012年8月公共账号还没有现在这么火，可谓先下手为强。

微信的粉丝更忠诚，如果社会知名人士在微博里公布自己的公共账号，凭借千万级别的粉丝量，会很快抓取数十万甚至上百万的粉丝，但这些粉丝需要完成“搬家”动作，愿意过去的一定是更加忠诚的粉丝或叫“铁粉”。对于大部分人来说，除非这个账号能提供不一样的价值（资讯），否则没人会主动去关注一个公共账号。公共账号是一个更精准、更专业的互动平台，但却缺少一个粉丝增长的内生机制，故获取粉丝的能力要比微博差很多。之所以谈到以上几点差异，是因为这些差异会直接影响到获取粉丝及沟通信息的方式。

如何获取第一批粉丝

第一批粉丝比较难以获得，有不少“微博达人”为了吸引关注，先给账号买几车皮

“僵粉”做引子，有的僵粉率甚至高达90%以上，不明真相的过客便很容易被吸引过去“关注”，但这招在微信里却行不通。微信缺少粉丝增长的内生机制，即我和你可以有效互通，但我和你的粉丝就很难发生关系，因此，微信粉丝的获取更多需要借助其他媒介或渠道。如果你是微博里的大V，本身坐拥数十万甚至数百万的粉丝，只需在微博里公布自己的账号便可，第一批粉丝会很容易获得，但多数人并没有如此大的影响力，更难以靠粉丝“搬家”获得增量。糯米酒先生酿造的糯米酒定价是60元/斤，无论是品质还是价值，同市场上20～30元的米酒有很大差异，因此知道自己的客户是谁、在哪里便非常重要。

为了锁定目标群体并让他们成为粉丝，糯米酒先生是这么做的：首先，他花了些时间调查厦门当地的高端厨房、橱柜企业及其店铺信息，最终锁定了10个大品牌和20个中端品牌。之后，他精挑细选了一些店铺，和同事用了近半年的时间深入到每家门店现场互动“拉粉”。我们都知道，闲逛高端厨房橱柜的人多数是有点经济实力的小夫妻，他们要么将要结婚，要么准备换新房，更重要的是这个场合更加适合搭讪，如果在超市里，人更多、环境更嘈杂，人们是没耐心停下来听你讲故事的。接下来，他们根据自己的判断，一旦遇到合适的客户，便走过去主动搭讪，并递上印有二维码的名片，当场邀请客人关注，微信公共账号的私密性较强，一般不会有泄露隐私的后顾之忧，因此多数人不会拒绝。最后，糯米酒先生施展攻心术，要求免费邮寄一瓶给客户试喝，因而同时获得了客户的第一手信息。他们会根据实际情况适度开展电话回访，进一步获得情感上的认可，最终取得客户信任。

从消费心理学上理解，只要他接受了你的试喝邀请，通常最终都会成为你的客户，只是时间问题。如此反复坚持，他们最终获得了400多位忠实客户，并在公共账号上建立了互动关系。

如何达成粉丝的量变

第一批粉丝到手后，你的信心一定会大涨，剩下的工作是继续广而告之。糯米酒先生从不放过任何一个曝光自己账号的机会，当客户来电咨询时，会直接告知账号，邀请客户关注，当然还有“利诱”的引导，诸如折扣、抽奖或线下体验等。同时，所有产品的标签上都有二维码接口，一样是“利诱”客户关注。糯米酒先生在自己的名片上印制二维码标识，一边交换名片一边邀请关注，充分利用每次机会。当然，罗马建成也非一朝一夕，获取粉丝本质上也是一种有技术含量的曝光行为，充分利用好每次曝光机会定会有收获，只是执行中也要学会总结并不断完善。还有更多曝光方式，比如DM单、展会等，更吃力点的是利用微信里的“附近的人”功能，筛选附近的目标群体，加他为好友，然后再邀请其关注公共账号。

如何营销自己

第一，线上内容。糯米酒先生并不着急在微信里做硬推销，他说得很实在，“没有必要刻意推销产品，更重要的是沟通交流”，因此除了常规的酒文化介绍、酿造工艺等，还针对性地介绍糯米酒的喝法、功效、保健知识等，客户也会直接咨询或提出各种问题，他们便组织专人一一解答。当然糯米酒先生在有些方面做得还不够，如内容本身所涉及的话题可以从酒延伸到生活、家庭等各方面，目前公共账号里仅有三个目录轮换播放，显然过于单调。另外，内容需要一定的互动性，尽量避免单向传播，多做双向互动，比如内容可以设计成题目问答或互动游戏，充分调动粉丝的参与热情，提高粉丝的黏性。第二，线下活动。他们会不定期组织线下体验活动，召集大家到客家土楼的酿造基地监督、考察，这也是调动粉丝参与的一种方式。如在一个天气晴朗的周末，小夫妻带着孩子去体验客家土楼文化，了解传统酿酒工艺，也是不错的亲子体验。在活动结束后，客户都或多或少买些产品带回家，真是一举两得。

资料来源：辛巴．微信卖酒：月销5万．酒世界，2013（5）．

小案例

"婴儿"

安德鲁的工作是把那些做工精美的布娃娃以250美元的价格售出，并请顾客收养。当然，人们是很喜欢收养"婴儿"的。安德鲁把自己的店铺装饰得和婴儿室一模一样。他还让雇员像正规医生、护士一样穿着白大褂。总之，他营造出这样一种气氛——似乎顾客们不是来买玩具，而是来领养婴儿！

要是有顾客提到玩具娃娃这个词，雇员就会立刻纠正说："没有人能够像花钱买商品一样买走'他们'。这些'娃娃'都有出生证，'他们'需要有人领养。自然，这里也就没有什么标价，我们只收领养费。"

在领养室里，一大群人的右手都举着一份领养保证书。雇员的出色表演会让很多"继父母"双眼噙着泪花。经常可以看到这样的镜头：骄傲的"父亲"忍不住大声叫起来："瞧，这个男孩！"或"我领养的是个可爱的小姑娘！"

"有些人来的时候满腹疑虑，但是几分钟后，他们就完全被这里的气氛感染了。"一位正规护士解释说，"有时，仅仅因为一个布娃娃的脸，他们就被吸引住了。譬如，太太想要一个长着红色卷发和雀斑的'小男孩'，因为'他'看起来像她的丈夫。而丈夫本来很冷淡，这一下也来了兴致，四处寻找像他太太一样长着蓝眼睛和小酒窝的'小女孩'。不知不觉中他们就像真的父母一样，自豪地走了出来。"

一位年轻的见习医生说："人们抱着刚刚领养的'婴儿'，小心翼翼、百般呵护，简直就像是对他们的第一个宝宝。他们的眼里充满了爱意，即使是那些最初持怀疑态度的丈夫也是如此。"

资料来源：邱少波．现代推销学．上海：立信会计出版社，2005：102-103．

第2节 顾客资格鉴定

一、顾客资格鉴定的含义和标准

（一）顾客资格鉴定的含义

推销人员在了解潜在顾客的信息后，还必须对其进行鉴定，看其是否具备顾客资格。顾客资格鉴定又称为顾客资格审查、顾客资格认定，是指推销人员对可能成为目标顾客的潜在顾客群体进行审查，以确定其成为目标顾客的可能性。顾客资格鉴定的实质是顾客的购买资格审查。顾客资格审查并非与寻找潜在顾客截然分开，实际上它贯穿于寻找顾客过程的始终。

（二）顾客资格鉴定的标准

推销人员在实施顾客资格鉴定时可以使用 MAN 法则。该法则认为顾客是由金钱（money）、权力（authority）和需要（needs）这三个要素构成的，即只有同时具备购买力、购买决策权和购买需求这三个要素才是合格的顾客。

首先，M 是指潜在顾客是否有购买资金，即是否有对推销产品或服务的支付能力。支付能力包括两个方面：一是顾客的现有支付能力，即顾客为购买产品可立即支付的金钱的多少；二是顾客潜在支付能力的鉴定，即顾客在未来一段时间通过劳动所得或投资回报等方式获得的可以购买推销产品的金钱。在推销活动中，具有购买需求和现有支付能力的顾客是最理想的推销对象，但也不能一味强调现有支付能力，这不利于推销局面的开拓。当推销人员确定对方值得信任并具有潜在支付能力时，应主动协助其解决支付能力问题，建议顾客利用银行贷款或其他信用方式购买，或对其实行赊销。

其次，A 是指潜在顾客是否有购买权，即推销人员极力说服的对象是否有购买决定权。在成功的销售过程中，能否准确了解真正的购买决策人是销售的关键。推销人员要注重推销的效率，向一个家庭或一个团体顾客进行推销实际上是向该家庭或团体的购买决策人进行推销，若事先不了解潜在顾客的购买决策状况，很可能会事倍功半。

最后，N 是指潜在顾客是否有购买需要，即存在于人们内心的对某种目标的渴望或欲望，它由内在的或外在的、精神的或物质的刺激引发。顾客需求具有层次性、复杂性、无限性、多样性和动态性等特点，它能够反复地激发顾客的购买决策，而且具有接收信息和重组顾客需求结构并修正下一次购买决策的功能。

顾客资格鉴定就是依据推销产品的使用价值、价格和其他特性，对潜在顾客上述三个方面的情况进行全面衡量和排序，排除其中不具备购买能力的顾客，从而确定真正的目标顾客的过程。潜在顾客只有具备上述三个条件，才能真正成为推销人员的目标顾客。

二、顾客资格鉴定的目的

推销人员进行顾客资格鉴定的目的有以下几个方面。

（一）提高推销访问的成功率

潜在顾客要成为真正的目标顾客，还需要具备一定的条件，如果不对潜在顾客加以区分就进行访问，必然会降低推销访问的成功率。而通过顾客资格鉴定，可以有效避免访问那些不可能成为目标顾客的人群，有利于提高访问成功率。

（二）节省推销访问的费用

通过顾客资格鉴定，把不符合资格的潜在顾客从访问名单中剔除，必然避免了徒劳无功的推销活动和各项费用开支。

（三）减少推销访问的时间

通过顾客资格鉴定直接确定访问目标，减少了推销人员的访问时间，提高了推销效率。

（四）提高顾客的订货率和订货量

通过顾客资格鉴定，推销人员可以针对目标顾客的实际情况，进行有的放矢的策划和实施推销策略，争取更多的订货率和订货量。

三、顾客资格鉴定的内容

（一）顾客购买需求的鉴定

1. 顾客购买需求鉴定的含义

顾客购买需求是产生购买欲望的前提，只有具有购买需求，才会产生购买行为。所谓顾客购买需求鉴定，是指推销人员通过有关资料的分析，对潜在顾客是否真正需要其所推销的产品以及可能的需求量做出审查与评估，从而确定具体推销对象的过程。

这个过程需要解决的是推销的产品是不是潜在顾客真正需要的，它能为潜在顾客解决什么问题、带来哪些价值。只有推销的产品能够使潜在顾客得到便利或其他好处，才能使买卖双方实现共赢。这就需要推销人员对顾客的购买需求进行鉴定，即事先确定潜在顾客是否真的需要所推销的产品，鉴定内容主要围绕顾客的现实需求、潜在需求、需求特点等问题。

2. 顾客购买需求鉴定的内容

（1）对现实需求和潜在需求的鉴定。现实需求是指已经发现的没有被满足的需求，这时潜在顾客已经认知推销产品，同时认为通过购买行为可以满足他们的需求。一旦鉴定潜在顾客存在现实需求，推销人员应立即将其作为开展推销活动的对象。潜在需求是指在找到的潜在顾客名单中，推销人员如果发现某些顾客虽然没有现实需求，但是在未来某段时间可能会产生需求，这也是目标顾客。推销人员应该把该顾客列为“预备梯队”，作为将来推销的重点。

（2）需求特点和欲购买数量的鉴定。

1）需要什么。推销人员首先应搞清楚潜在顾客到底需要什么样的产品，因为如果潜在顾客不需要某种推销的产品，当然不会购买。但是，有些顾客对自己的需求却不够清楚，这时就需要推销人员帮助顾客来明确其需求。因此，推销人员要对所推销的产品的用途、优点等有足够的了解，这样才能知道哪些顾客会购买这种产品。在了解所推销产品时，应抓住产品的独特卖点，即相对于其他同类产品在价格、性能、质量、使用期限、包装、售后服务等方面所具备的优势，或顾客渴望得到而市场上所有商品皆不具备的特性。

2）何时需求。需求时间是指潜在顾客做出购买决策、签约及履行合约的时间。顾客往往对自己的需求在时间上缺乏足够的认识。可通过潜在顾客的购买计划和采购计划日程做出相应的判断。了解顾客何时需要既可以提高推销工作的效率，又能够赢得顾客的好感。

3）需求多少。由于市场瞬息万变或顾客没有使用产品的经验，很多顾客很难确定产品的需求数量。作为推销人员，应该对潜在顾客的需要数量及其程度进行分析和判断，并给予一定的弹性，帮助潜在顾客审查需求水平。有些需求强烈的顾客并不在意付出的成本高低，收入高的顾客要比低收入者在购买价格、购买量上有更大的灵活性；而有些顾客虽然有很强烈的需求，但是需求量很少并且只是一次性购买，继续进行后续的推销工作并不能带来利益，推销人员需要衡量继续对其进行推销工作的价值。

4）品牌倾向。顾客可能需要推销产品，但是由于品牌影响力不同，而表现出对不同厂家产品的态度各异。有的潜在顾客会说，“我压根就没有想过购买这种品牌的产品”；有的顾客也可能说，“我从来没有听说过这种牌子”；还有的会说，“我就想买这种品牌”。只有了解潜在顾客对品牌的态度，即潜在顾客是否有对某一品牌的特别偏好，才能明确访问中应采用的推销策略。当潜在顾客没有明确的品牌倾向时，表明任何厂商的产品都没有优先性的排他优势；当潜在顾客有较明确的品牌倾向时，如果自己的产品品牌与潜在顾客的品牌倾向一致，表明自己已获得了优先性的排他优势，反之则表明自己的产品品牌已为潜在顾客所排斥。潜在顾客的品牌倾向可以在与顾客的接触中直接询问而获得。

5）期望价格。期望价格是指潜在顾客为实现某项购买而设定的心理价位或购买预算。大多数情况下，尤其是当潜在顾客具有明确的购买动机和购买计划时，都会有他们的期望价格。了解和掌握潜在顾客的期望价格，对于推销人员确定产品报价和议价的策略是非常重要的。

对推销产品需求强烈的人可能比需求少的人愿意支付更多，高收入阶层的人或财大气粗的组织比低收入阶层的人或财力弱小的组织在付款数额上有更大的灵活性。经济实力也影响购买价格和支付方式。

（3）特定需求鉴定。在顾客需求鉴定中，如果发现具有特殊需要的潜在顾客，应该继续进行鉴定，了解特定顾客需求的特点，以便在以后的推销活动中予以满足。

3. 顾客购买需求鉴定的方法

顾客需求鉴定方法主要有市场调查法、资料查询法、推销人员同行调查法、社交调查法、建立顾客信息资料库法、建立关系网络法、推销人员现场观察法等。推销人员应该从全面、联系、发展的观点出发，运用以上方法对顾客的需求进行动态的、综合的分析，既要鉴定他们的现实需求，估计现实的需求量，又要考虑顾客购买的动态性以及顾客向其他顾客推荐购买的可能性。只有这样，才能对顾客的需要做出全面、正确的评价。

总之，购买需求鉴定是顾客资格鉴定的首要项目，顾客是否有需求是推销成功与否的关键。如果顾客不需要推销产品或服务，那么，推销人员不管付出多少努力都是徒劳的。但是，在科技发达和产品丰富的现代社会里，很多顾客的需求是可以创造的，现代推销的实质就是要探求和创造需求。随着科技发展和新产品的大量问世，顾客中存在大量尚未被认识的需求。此外，顾客中往往也存在出于某种原因暂时不准备购买的情况。对属于这两类情况的顾客，推销人员不应简单地将其作为不合格顾客而草率剔除，而是应该通过推销活动来大胆地尝试创造顾客的需求。

（二）顾客支付能力的鉴定

1. 顾客支付能力鉴定的定义

所谓顾客支付能力，是指顾客能够以货币形式支付货物价格的能力，实质就是指顾客具有的现实购买能力。而购买支付能力鉴定，是指分析潜在顾客是否具有消费推销产品的经济能力，即有没有购买力或筹措资金的能力。

2. 顾客支付能力鉴定的内容

（1）对顾客现有支付能力的鉴定。单纯从顾客对商品的需求的角度来看，任何潜在的需求，如果不具备支付能力，都不可能成为现实的需求，因此，具有购买需求及现有支付能力的顾客是最理想的推销对象。

（2）应注意对顾客潜在支付能力的鉴定。一味强调现有支付能力，不利于推销局面的开拓。当推销人员确定对方具有稳定的收入来源并值得信任时，应主动协助其解决支付能力问题，建议顾客利用银行贷款或其他信用方式购买，或对其实行赊销。例如，2009年，广汽丰田携手中国银行、招商银行和丰田汽车金融（中国）有限公司三家金融机构为顾客提供购车贷款零利率的优惠活动，顾客可以通过向中国银行和招商银行申请信用卡贷款或向丰田汽车金融（中国）有限公司申请抵押贷款两种方式，申请1～3年贷款期限购买新凯美瑞，这种购车方式吸引了很多心仪新凯美瑞的消费者。

3. 顾客支付能力鉴定的方法

（1）个体顾客的购买能力审查。个体顾客的购买能力审查主要是从影响消费者购买力的各种因素，如实际收入、购买支出、消费储蓄与信贷等几个方面进行审查。

（2）团体顾客的购买能力审查。推销人员对团体顾客购买能力的审查涉及团体顾客的生产状况、经营状况、资金状况、财务状况、信用状况等方面。顾客支付能力审查的方式包括以下几种。

1）推销人员自身的观察。推销人员可亲自探访该单位情况，根据其生产经营规模、从业人员数量、技术设备条件、产品花色品种及其销路等外在特征，加上推销人员的个人经验，推断顾客的支付能力。

2）通过政府部门了解。推销人员可以从工商管理部门和税务部门了解潜在顾客的纳税情况、经营状况和授信状况；从司法部门了解其有无经济纠纷等方面的记录；从财政与审计部门了解企业的定期审计报告等。

3）通过顾客组织的内部了解。推销人员可以通过各种关系与途径从组织内部摸清推销对象的支付能力。

4）通过间接资料了解。推销人员可以通过各种媒体提供的关于该组织的信息来进行分析判断。

5）通过金融系统了解。推销人员通过银行可以了解到金融部门对顾客企业贷款信用等级的评定结果和企业的存款余额。银行出示的信用证明应该是可靠的。如果是上市公司，则可通过企业的股票信息来判断其经济实力。

6）通过会计师事务所了解。推销人员可以向会计师事务所了解潜在顾客企业的资产负债情况、经营损益情况、审计结果等，从中看出企业的整体经营状况。

7）通过其他同行了解。推销人员可以通过其他行业的推销人员，尤其是互补产品的推销人员，了解同一顾客的支付能力与偿还贷款的信用。因此，推销人员在平时就要收集潜在顾客还与哪些行业的企业存在交易，这些企业的推销人员分别是谁。

8）通过大众传播媒体了解。推销人员可留意大众媒体中关于潜在顾客的有关报道，尤其是顾客内部经营、与其他企业的经济往来、产品质量的市场反应、消费者印象等影响顾客支付能力的信息。在市场经济条件下，产品畅销、产品质量稳定可靠，则该企业的支付能力应该是可靠的。推销人员可以通过大众媒体中有关资料的追踪了解，随时分析顾客的信用状况。

（三）顾客购买决策权的鉴定

推销能否成功，还要看顾客是否有购买决策权。推销要注重效率，向一个家庭或一个团体顾客进行推销，实际上是应向该家庭或团体的购买决策人进行推销。若事先不了解潜在顾客的购买决策状况，不分青红皂白，见到谁就向谁推销，很可能事倍功半，甚至一事无成。

1. 顾客购买决策权鉴定的含义

所谓顾客购买决策权鉴定，是对将要说服的对象是否具有购买决定权的分析和判断。有些潜在顾客既有支付能力，也有购买意向，最终却无法达成产品交易，究其原因主要是他们没有购买决策权。推销人员在向企业或家庭推销产品时，一定要清楚谁是购买决策者，应该向企业或家庭的购买决策者推销产品。如果事先不对潜在顾客的购买决策状况进行鉴定，就有可能事倍功半。

2. 顾客购买决策权鉴定的内容

对推销品具有购买需求和支付能力的顾客如果不具备购买资格，也不是合格的目标顾客。因此，推销人员要对潜在顾客的购买资格进行鉴定，鉴定购买者是否具有作为市场经营主体的行为能力以及对推销品的购买是否有某些限制。购买者主要有个体购买者与组织购买者，购买者资格审查的主要内容就是审查以家庭为主的购买者及以法人资格进行购买的角色和影响因素。

在消费品市场中，以家庭为基本单位的购买行为往往由于文化背景、社会环境的差异，使各个家庭的购买决策状况不尽相同。除了大件商品外，大多数商品的购买决策权比较分散，这就为推销人员的鉴定工作增加了难度。尽管如此，推销人员仍然要认真分析潜在顾客家庭中各种微妙的关系，识别出谁是家庭购买行为中起关键作用的决策者，谁是购买产品的倡议者，谁是购买产品的使用者。对于家庭与个人购买生活资料的决策权鉴定比较容易，一般是现场鉴定。

对企业和组织的购买决策权鉴定，首先要鉴定推销对象的所有制性质、决策运行机制、组织结构、人际关系、决策系统与决策、规章制度、企业自主经营的权限等，以确定企业的购买资格；其次是鉴定具体人员在企业购买决策过程中的角色资格，从而判断购买决策中的关键人物，再根据推销品的用途、性质，联系有决策性意义的关键人物进行推销洽谈。例如，推销设备、原材料等产品，要找企业采购部经理或主管生产的副厂长；推销月饼、水果等福利性消费品，要找主管福利的工会主席。

3. 顾客购买决策权鉴定的方法

（1）对于家庭及个人的购买者资格鉴定。

1）按照家庭购买决策类型进行鉴定。首先对家庭的类型进行分类，根据不同的家庭类型选择准确的决策人。家庭购买决策权类型有：丈夫做主型、妻子做主型、协商做主型、各自做主型、孩子做主型。以上各种类型一般通过询问和观察可以确定。

2）按照家庭背景特征进行鉴定。对家庭背景特征的了解有助于推销人员对家庭结构、家庭成员消费特点和家庭中各成员的作用有更深入的认识，借此分析可把握决策者及其可能的变化。家庭背景特征主要考虑以下几个方面的内容：

一是家庭生命周期。处在不同阶段的家庭，其购买决策者是不同的。

二是家庭收入水平。顾客收入的多少决定其市场购买水平的高低。其中，收入中可任意支配的部分是影响顾客需求最活跃的经济因素，也是影响高档耐用消费品、旅游等商品销售的主要因素。家庭收入越高，其中对家庭收入做出较大贡献的一方往往拥有对购买大宗产品的决策权。

三是家庭的开放程度。例如，比较开放的家庭一般采取协商决策的方法，往往以掌握信息最多的人的意志为转移。

四是家庭稳定性。稳定的家庭中，夫妻俩的气质类型多为相反的人，比较外向的一方或比较有控制欲的一方往往处于主动地位，因而在购买决策中起决策作用。

五是家庭的心理重心倾向性。典型的小家庭是一对夫妇一个孩子，孩子成为家庭的重心，对家庭的购买决策有较大影响。

六是产品类型。例如，大件商品以丈夫做主较多，日用小商品的购买主要是由妻子做主。此外，还有很多因素决定家庭购买决策的类型，如文化水平、居住地、信仰、价值观念、性格等。

（2）法人购买的决策者资格鉴定。

1）按照购买行为类型进行审查。顾客属于全新购买类，购买的决策过程最复杂，应该进行规范而详细的顾客资格鉴定工作；顾客属于重复购买类，一般有具体的办事人员按照常规管理进行购买决策，只需进行人事变化鉴定，即对购买通知人、购买品种、数量、付款方式等方面进行鉴定即可；部分重新购买类，一般需要由企业相应的职能部门负责人进行决策，推销人员需对新加入的购买者进行鉴定。

2）对不同性质的企业决策者的审查。不同性质的企业，购买决策的类型差别较大，顾客资格鉴定应该具体问题具体分析。比如，股份制企业的重大购买决策一般由CEO做出；属于战略性的重大购买决策，由董事会做出。私营企业、独资企业则完全由董事长及其委托人进行决策。国有企业，有的属于集体领导、厂长负责制，在重大采购决策上需要集体讨论做出，有时还需要报上级主管部门批准。

3）不同购买组织和制度的审查。在上述顾客购买阶段和购买决策程序中，共有七种角色介入其中，即发现需求的购买行为提倡人、影响人、决策人、执行人、使用人、批准人和把门人。其中“把门人”是指有权阻止推销人员与主要决策者接触、有权对推销人员递交的各种信息资料进行处理的机关与人物，如秘书、办公室主任、助理等。推销人员必须对这些人做好资格鉴定工作，以便在开始推销接近活动时，有针对性地对上述七种人开展推销活动。

4）不同购买程序阶段决策人的审查。各企业尤其是各种采购中心都制定了详细的采购批准程序与制度。推销人员应了解企业的购买程序，并按程序进行鉴定，从而确认有购买决策权的具体人员。企业、组织与团体购买者的购买程序一般包括发现需求阶段、核对需求阶段、说明需求阶段、批准需求阶段、购买行动决策阶段、执行购买阶段等。在企业的购买决策中，不同部门、不同的人在购买过程中，可能分别拥有不同的决策权。推销人员应具体了解顾客单位的规章制度与办事程序，确认在顾客购买行为决策的各个阶段拥有各种权力资格的决策人。

四、建立顾客档案

（一）建立顾客档案的重要性

顾客档案是指有关潜在顾客的名称、电话、地址等基本情况，同时包括购买需求、购买愿望、购买偏好等消费行为信息，也包括推销人员拜访顾客的日期、拜访后印象等方面的信息。建立顾客档案对推销人员来说是非常重要的，它关系到推销人员的推销成功率和推销业绩。

1. 有助于推销人员抓住顾客

虽然推销人员寻找潜在顾客的途径、方法多种多样，但如果没有将信息资料及时记录下来，并建立起相应的顾客档案，有时候会导致顾客流失。因此，有经验的推销人员会经常把潜在顾客的相关信息记录下来，并根据顾客的重要程度、计划的拜访时间进行合理排列，制成一份名单，以防遗忘。

2. 有助于推销人员制定合理的拜访计划

推销人员在与顾客进行推销洽谈之前，需要制定一份严密的推销计划。在制定计划时一般要考虑这样一些问题：分析研究顾客的具体需要、合适的接触途径和方法，选择合适的谈话主题。解决这些问题需要参考顾客档案，这有助于制定较为严密的推销洽谈计划，提高推销工作的成功率。

3. 有助于推销人员安排好拜访日程

推销人员面对众多的潜在顾客，应通过对顾客档案资料的评估，将顾客区分为重要、次要和普通等若干级别，使推销工作的先后次序比较清晰。在对潜在顾客进行第一次拜访之后，推销人员应将在拜访中获得的信息补充到顾客档案中，并再次对顾客等级进行评估，调整他们的重要性次序。

小贴士　建立顾客档案：更多地了解顾客

乔·吉拉德说："不论你推销的是什么东西，最有效的办法就是让顾客相信——真心相信——你喜欢他，关心他。"

如果顾客对你有好感，你成交的希望就增加了。要使顾客相信你喜欢他、关心他，就必须了解顾客，收集顾客的各种资料。

乔·吉拉德中肯地指出："如果你想要把东西卖给某人，你就应该尽自己的力量去收集他与你生意有关的情报……不论你推销的是什么东西。如果你每天肯花一点时间来了解自己的顾客，做好准备，铺平道路，那么，你就不愁没有自己的顾客。"

刚开始工作时，乔·吉拉德把收集到的顾客资料写在纸上，塞进抽屉里。后来，有几次因为缺乏整理而忘记追踪某一位准顾客，他开始意识到自己动手建立顾客档案的重要性。他去文具店买了日记本和一个小小的卡片档案夹，把原来写在纸片上的资料全部做成记录，建立了他的顾客档案。

乔·吉拉德认为，推销员应该像一台机器，具有录音机和电脑的功能，在和顾客交往的过程中，将顾客所说的有用情况都记录下来，从中把握一些有用的材料。

乔·吉拉德说："在建立自己的卡片档案时，你要记下有关顾客和潜在顾客的所有资料，他们的孩子、爱好、学历、职务、成就、旅行过的地方、年龄、文化背景及其他任何与他们有关的事情，这些都是有用的推销情报。所有这些资料都可以帮助你接近顾客，使你能够有效地与顾客讨论问题，谈论他们感兴趣的话题。有了这些材料，你就会知道他们喜欢什么，不喜欢什么，你可以让他们高谈阔论，兴高采烈，手舞足蹈……只要你有办法使顾客心情舒畅，他们就不会让你失望。"

资料来源：http://zhidao.baidu.com/question/122942138.html.

（二）潜在顾客档案资料表

1. 顾客分析表

推销人员可以将长期积累的顾客信息资料按照时间顺序分为三大类，即现有顾客、过去顾客、将来顾客，对每一类顾客资料都要进行详细分析，力求从中发现产品销售机会。具体内容如表10-1所示。

表10-1　　顾客情况分析表

<table>
<tr><td rowspan="3">现有顾客</td><td colspan="4">哪些人</td><td rowspan="2">向我们买什么</td><td rowspan="2">不可能买什么</td><td colspan="2">能推荐哪些顾客</td></tr>
<tr><td>名称</td><td>地址</td><td>电话</td><td>采购员及主管姓名</td><td>其他公司</td><td>朋友、亲戚</td></tr>
<tr><td></td><td></td><td></td><td></td><td></td><td></td><td></td><td></td></tr>
<tr><td rowspan="3">过去顾客</td><td colspan="4">哪些人</td><td rowspan="2">为什么失去</td><td rowspan="2">如何挽回</td><td colspan="2" rowspan="2">能买什么产品</td></tr>
<tr><td>名称</td><td>地址</td><td>电话</td><td>采购员及主管姓名</td></tr>
<tr><td></td><td></td><td></td><td></td><td></td><td></td><td colspan="2"></td></tr>
<tr><td rowspan="3">将来顾客</td><td colspan="4">哪些人</td><td colspan="2">怎样才能向我们订货</td><td colspan="2" rowspan="2">他们可能购买什么</td></tr>
<tr><td>名称</td><td>地址</td><td>电话</td><td>采购员及主管姓名</td><td>他们需要什么</td><td>能满足他们的需要吗</td></tr>
<tr><td></td><td></td><td></td><td></td><td></td><td></td><td colspan="2"></td></tr>
</table>

2. 顾客资料卡

在建立顾客情况分析表的基础上，推销人员还应对每一个经过鉴定的顾客制作详细的资料卡，对卡片上的有关内容做充分的调查和了解，便于将来在接近顾客和面谈时查找，使产品推销工作系统化、表格化，进一步提高产品推销工作的效率。

在推销工作中，推销人员可以根据实际需要来设计顾客资料的具体格式。表10-2和表10-3就是两种比较常见的顾客资料卡。

表10-2　　消费者个人或家庭资料卡

<table>
<tr><td>顾客姓名</td><td></td><td>性别</td><td></td><td>住址</td><td></td></tr>
<tr><td>学历</td><td></td><td>年龄</td><td></td><td>性格特征</td><td></td></tr>
<tr><td>职业</td><td></td><td>年均收入</td><td colspan="3"></td></tr>
<tr><td>购买商品</td><td colspan="2"></td><td>购买日期</td><td colspan="2"></td></tr>
<tr><td>付款方式</td><td colspan="5"></td></tr>
<tr><td>备注</td><td colspan="5"></td></tr>
</table>

表 10－3　　顾客（组织）资料卡

组织名称		营业地址	
企业性质			
联系电话		经营规模	
销售金额			
订购商品			
交易日期			
付款方式			
收款日期			
营业状况			
信用等级			
备注			

无论采用哪种形式，一般来讲，顾客资料卡应该包括表 10－4 中罗列的内容。

表 10－4　　资料卡的详尽内容

编号	公司类顾客	编号	个人或家庭
1	公司名称	1	姓名
2	公司地址	2	年龄
3	联系电话	3	住址
4	所属行业	4	联系电话
5	员工人数	5	职业
6	注册资本额	6	职务
7	负责人	7	兴趣
8	业界信用	8	喜爱的运动
9	市场地位（占有率）	9	与本企业开始交易的日期
10	采购主管	10	交易实绩
11	采购协办人员	11	信用情况
12	公司创办日期	12	往来银行
13	与公司开始交易日	13	付款条件
14	交易实绩	14	付款日期
15	信用评级状况	15	……
16	开户银行		
17	付款方式		
18	付款日期		
19	付款条件		
20	……		

3. 顾客等级评估卡

在以上有关资料的基础上，结合 ABC 分类法，推销人员就可以根据有关标准将潜在顾客分为 ABC 级或 ABCD 级。所谓 ABC 顾客分类法，是指推销人员根据一定的具体标准对顾客进行分级管理和重点推销的科学方法。这些具体的标准可以根据不同行业的具体情况来制定，如顾客的规模大小、购买能力大小、信用高低、购买概率高低、距离远近、可能长期合作与否等。通过顾客分类，可以使推销人员的日常推销工作计划化、程序化、条例化、系统化，有助于他们开展重点推销和目标管理，保证较小的推销投入量取得较大的推销业绩。具体分级内容如表10-5所示。

表10-5　顾客等级评估卡

项目等级	具备潜在顾客要求条件的程度	计划访问次数	计划购买产品的时间	计划购买推销产品的数量
A	具备完整的购买条件	1周访问1～2次	计划当月就购买产品	
B	虽未具备完整的购买产品的条件，但是具有访问价值	隔周访问1次	2～3个月内购买产品	
C	尚不具备完整的购买产品的条件，偶尔可以访问	每月访问1次	半年内购买产品	
D	尚不具备完整的购买产品的条件，但从长远看有一定的开拓潜力	顺路访问或电话访问即可	1年内购买产品	

根据表10-5设定的级别，推销人员就可以对不同的潜在顾客的顾客资料卡进行归类，并做出相应的标识，如在卡上涂上红、黄、蓝、绿来表示A，B，C，D不同的等级，以便查找。

基于以上分类，推销人员可以按照级别的先后顺序制定推销计划。其中，A类顾客为重要顾客，要加强访问；B类和C类顾客是次要顾客，这类顾客无论从购买的数量还是获取的利润方面来看都具有很大潜力，应该访问，但是不太紧迫；D类顾客属于普通顾客，这类顾客尚待开发，许多信息还不完善，销售人员若有时间与精力的话，可以去访问这类顾客。

当然，随着推销工作的展开，推销人员对潜在顾客的认识逐渐深入，资料上显示的评级不一定与面谈或深入调查后的结论相一致，这时就需要对原先的分类做出适当的调整。

4. 顾客情况的综合评价卡

在后期的产品推销业务中，推销人员根据顾客资料卡可随时掌握顾客购买本企业产品的情况、订货时间、订货次数，并将顾客的有关资料进行汇总、分析，控制产品推销业务的增长状况；通过统计各类顾客购买额的比例是多少，发掘该顾客的潜在购买能力；依次分析与每位顾客每笔交易所花费的推销费用，并将每一笔产品交易的推销费用汇总起来，就可以清楚地了解推销费用占产品总推销额的合理比例，以此衡量以后推销业务的投入水平与产出效益。

推销人员利用顾客资料卡可以定期地对顾客进行综合评价，及时发现推销过程中存在的问题，并提出改进措施。表10-6就是一个利用顾客资料卡编制的顾客综合评价表，对推销人员完成配额任务非常有用。

表10-6　顾客情况的综合评价表

编号	顾客评比资料	评语	存在的问题	改进措施
1	顾客的基本情况			
2	每次订购产品的数量			

续前表

编号	顾客评比资料	评语	存在的问题	改进措施
3	订购产品的次数（每年）			
4	占公司推销总额的比例			
5	推销费用水平			
6	货款回收情况			
7	顾客对本公司的评价			
8	顾客对推销业务的支持程度			
9	访问计划			
10	延迟交货的情况			

基本概念

潜在顾客　普访寻找法　“猎犬”寻找法　链式引荐法

“中心开花”法　关系拓展法　个人观察法　广告搜索法

网络寻找法　顾客资格鉴定　顾客支付能力　顾客档案

思考题

1. 阐述准顾客、潜在顾客、目标顾客、现实顾客和满意顾客的区别。
2. 了解潜在顾客的渠道有几种?
3. 寻找潜在顾客的方法有几种？它们的优缺点分别是什么?
4. 顾客资格鉴定有哪几个方面的内容?

案例分析

刘伟如何寻找他的潜在顾客

刘伟是淮海大学管理学院的三年级学生，刚刚接受了一份阳光岛度假村俱乐部的暑期工作。刘伟第一次参加销售会议，经理谭园在阐述她对销售人员的希望。

谭园：我知道当你们被聘时就已经知道需要做什么。但是，我还想再次就有关事情做进一步说明。现在你们的第一项工作是销售阳光岛会员卡。每一张会员价值为 2 000 元人民币。如果你们有什么问题，直接提问。

刘伟：每笔买卖我们可以提取多少佣金?

谭园：每销售一张会员卡，你可以拿到会员卡价值的 10%，也就是 200 元。会员卡赋予会员很多权利，包括每年可以到太阳岛度假村免费入住两天，届时可以享受度假村的桑拿浴与健身，可以获得两份免费早餐。若会员平时到度假村度假的话，住宿、餐饮、娱乐、健身等都可以享受 50%的优惠折扣。而且，你还可以从会员的所有费用中提取 5%报酬。

刘伟：不错，我可以获得双份的报酬了。

谭园：不错。你销售得越多，提取的佣金就越高。

刘伟：我到哪里去寻找太阳岛度假村的会员呢？

谭园：你完全可以自己决定如何做。但是，寻找潜在顾客是你成功的关键。根据以往的经验发现，每10个你找到的潜在顾客中，你将会与其中的3个顾客面谈，最后与1个顾客成交。还有问题吗？好，可以从你的亲朋好友开始。

问题：

1. 刘伟应集中于哪一个目标市场？
2. 刘伟应该怎样寻找潜在顾客？

第11章

约见和初次会晤

本章要点

- 了解接近准备及其目标；
- 掌握约见方式和内容；
- 掌握电话约见、写信约见、上门推销；
- 理解初次会晤创造良好的第一印象。

引例

良好的印象是推销的开端

有一年夏天，原一平的公司组织员工外出旅游，在熊谷车站上车时，他看到一个空位就坐下了。当时，旁边座位上坐着一位带着两个小孩的女士。忽然之间，原一平有了向她推销保险的念头。

在列车临时停站之际，原一平买了一份小礼物送给他们，并同这位女士闲谈起来。

“您先生一定很爱您，他在哪里工作?”

“是的，他很优秀，他是H公司一个很重要的部门的负责人，他很少有时间陪我们。”

“这次旅行准备到哪里游玩?”

“我计划在轻井车站住一宿，第二天坐快车去草津。”

“轻井是避暑胜地，去那里的人很多，你们预订房间了吗?”

听原一平这么说，女士紧张起来：“没有，如果找不到住的地方可就麻烦了。”

“我们这次旅游的目的地也是轻井，我也许能帮你。”女士听后非常高兴，随后接受了原一平的建议，原一平把名片递给了她。

到了轻井，原一平通过朋友为他们找到了一家宾馆。

两周以后，原一平旅游归来。到办公室就接到那位女士的丈夫打来的电话表示感谢，并邀请他吃顿便饭。

评析：原一平巧妙地运用了开场白用语和技巧，采用小礼物和提供利益的策略引起了旁边座位上的女士的好感和感激，给对方留下了良好的第一印象，并在之后成功地得到女士丈夫的盛情邀请。可见，约见与会晤顾客的方式是不拘一格的，只要推销人员用心、有爱、有担当，一定会取得成功。

约见顾客，或称商业约会，是指推销人员事先征得顾客同意接近的行动过程。约见实际上既是接近准备的延续，又是接近过程的开始。只有通过约见，推销人员才能成功地接近准顾客，顺利开展推销洽谈。通过约见，推销人员还可以根据约见的情况进一步进行推销预测，为制定洽谈计划提供依据。此外，约见还有助于推销人员合理地利用时间，提高推销效率。当然，在某些情况下，约见顾客这个环节有时也是可以省略的，这要视具体情况而定。

初次会晤是推销人员与潜在顾客的首次真正接触，许多专家称它是推销过程中最重要的30秒。在初次见面中，推销人员必须与潜在顾客建立友好的关系并引起其注意。如果做不到这一点，接下来的推销过程将毫无意义。当然事情做起来并不简单，潜在顾客可能正在争取升职，考虑削减部门开销，或者想着下午去打高尔夫球。推销人员必须设法抓住顾客的心理，使他们将注意力集中在自己的介绍上。为了达到这个目的，许多技巧应运而生，其中有些带有炫耀性，有些是唬人的噱头，有些甚至很粗鲁。在关系推销的过程中，吸引潜在顾客注意力的基本方法是让潜在顾客参与。

第1节 接近准备

一、接近准备概述

所谓接近准备，是指推销人员在接近某一特定顾客之前进一步了解该顾客情况的过程。实践证明，要使推销获得成功，推销人员在对顾客进行访问之前，必须做好充分的准备工作，除自身准备好外，还需收集与顾客相关的各方面信息，真正做到知己知彼，从而保证推销访问工作顺利进行。在进行推销准备工作时，推销人员不要怕浪费时间。“磨刀不误砍柴工”，在准备工作中耗费的时间必将在推销访问中得到回报。接近准备工作在推销过程中的重要意义在于：

（1）有助于进一步审查准顾客的资格。

（2）有助于拟定接近策略。

（3）有助于拟定推销面谈计划。

（4）有助于推销人员避免推销工作中的失误。

（5）有助于增强推销人员的信心。

二、接近准备的主要内容

接近准备的主要内容就是收集、整理、分析目标顾客的有关资料，进行推销预测。具体包括顾客资料的准备和推销工具的准备两个方面。推销对象不同，接近准备的内容也应有差别。

（一）顾客资料的准备

顾客资料是反映顾客基本情况的信息资料，推销人员对顾客信息资料掌握得越多，就越容易接近顾客。但是顾客的种类很多，信息要求也不尽相同，因此接近不同类型的顾客，推销人员应进行不同要求的接近准备。

1. 个体顾客的有关资料

对于个体顾客，推销人员需收集的资料有：

（1）一般内容。包括姓名、年龄、性别、民族、出生地、文化程度、职称职务、信仰、居住地、联系方式等。

（2）家庭及成员情况。包括家庭成员组成、家庭收入水平、家庭住址、特殊偏好、购买与消费参照群体等个性资料等。

（3）需求内容。包括购买的主要动机，需求的特点，可能的购买能力，购买决策权限范围，购买行为在时间、地点、方式上的规律性。

2. 组织顾客的有关资料

从推销学的角度来讲，组织顾客主要是指各类工商企业。向组织顾客推销，就是向组织购买代理人和决策人进行推销，而组织顾客的接近准备也正是准备这类资料，而不是准备所有成员的资料。

（1）一般情况。包括法人全称及简称、所属产业、组织性质、所在地点、生产经营规模、成立时间与发展经历、目前法人代表及主要决策人的姓名与联系方式等。

（2）组织情况。包括近期及远期的组织目标、组织规章制度、办事程序、主要领导者的作风特点、组织结构图及职权范围的划分、人事状况及人际关系等。

（二）推销访问计划的准备

制定推销访问计划是指推销人员设计、规划并准备向顾客做推销介绍时所要阐述的主题、观点以及陈述程序的过程。在接近顾客前，推销人员应根据不同的顾客来设计规划好其推销访问计划，以使推销有目的、有计划地进行。一般来讲，在没有准备程序的情况下走进准顾客的家里或办公室，很容易导致推销失败。实践表明，推销访问越有计划，准备越充分，促成交易的机会就越大。因此，推销人员都应养成推销接近前做好推销访问计划的良好习惯。

（三）推销辅助工具的准备

在接近顾客前，推销人员应仔细检查自己需携带的推销用具。推销用具可以对难以用语言表达的内容给予直接的说明，有助于加深介绍的印象和记忆。对于推销新手，准备推销用具的意义更大，它可以弥补语言表达能力不足和对业务不熟悉的缺点。当然，推销人员由于所推销的产品不同，接近顾客的目的不同，所需的推销用具也应因情况而定。尽管如此，仍可以把推销用具划分为以下两类。

1. 推销人员自己使用的物品

包括公文包、记录本、通讯录、顾客档案或资料卡片、身份证、钢笔、计算器、梳子等。

2. 与顾客接触时展示给顾客的用品

包括名片、样品或图片资料、产品目录、价格表、推荐信函、小礼物、合同文本、收据等。

（四）心理准备

推销人员在接近顾客之前，一方面应该做最好的准备；另一方面也应该做最坏的打算。这样一来，如果访问顺利，那是意外收获；如果访问不顺利，也能泰然处之。在拜访顾客之前，以下三点心理上的准备能够帮助推销人员构筑坚固的心理防线。

1. 访问可能遭到拒绝

在拜访顾客前，告诉自己遭拒绝是自然的现象，此次拒绝是下一次成功的开始。

2. 访问可能失败

拜访之前要客观地看到，并不是每一次拜访都会成功，也不会每一次拜访都失败，只要坚持不放弃，成功可能就在下一次拜访中。

3. 预演商谈的内容

为了加强心理准备，最好在访问前预演，假想顾客可能提出的问题，自问自答一番。

第2节　约见方式

约见是整个推销过程中的一个环节。在实际推销工作中，推销人员如果忽视了约见这一必要环节，将造成整个推销工作不能正常进行，甚至完全失败。因此，在开始讨论约见的内容和方法之前，有必要讨论约见在实际推销工作中的意义。

一、约见顾客的意义

约见是推销人员事先征得顾客同意接洽的过程。约见既是接近准备的延续，又是接近过程的前奏。它在推销过程中起到承前启后的作用。

（1）约见有助于推销人员成功地接近顾客。

（2）约见有助于推销人员顺利地开展推销面谈。

（3）约见有助于推销人员客观地进行推销预测。

（4）约见有助于推销人员合理地利用推销时间。

二、约见顾客的方法

商务约见的方法有许多种，如信函约见、网上约见、媒体约见、电话约见以及上门约见等。根据顾客对象不同、环境不同，可以针对性选择。下面介绍几种常用的商务约见方法。

（一）信函（电子邮件）约见

信函约见法是指推销人员通过信函或电子邮件来约见顾客。信函约见是比电话约见更有效的方式。随着时代的进步，出现了许多新的传递媒体，但多数人认为信函比电话更显得尊重他人。常见的约见顾客的信函方式主要有：个人信件、单位公函、会议通知、请帖、便条、电子邮件等。另外，使用信函约见还可将广告、商品目录、广告小册子等一起寄上，以引起顾客的关注。

信函约见既简便快捷、易于掌握、费用低廉，又可免受上门推销的层层人为阻碍，畅通无阻地将信息传递给目标顾客。但这种方式也有一定的局限，如信函约见的时间较长，不适于快速约见；许多顾客对推销约见信函不感兴趣，甚至不去拆阅，推销人员花费较多的时间和精力撰写的约见信函往往如泥牛入海。

信函不同于面对面交谈，只能通过文字来表达，顾客只能从信函的格式、内容以及文笔来了解推销人员及其产品并做出判断。所以，推销人员一定要注意推销信函礼仪，讲究信函的写法。在互联网成为主要交际工具的今天，电子邮件更是成为商务沟通的重要媒体，也是商务约见最好的方式。电子邮件约见的要点如下：

（1）邮件内容要简明扼要，说明约见原因，提出约见时间，这样可以让接收人明了并有针对性答复，当然也可以提高交流的效率。

（2）用词用语友好、诚恳，特别注意词语的正确性，不能有错别字、病句，表明你对接收人的礼貌，也表达了发信人的自信和规范。假如病句、错字连篇，接收人如何能相信你呢？

（3）电子和互联网时代人们的学习和工作方式更加简便，但是，在商务电子信件方面千万不能体现这种“便捷性”。电子邮件不应存在复制、抄袭现象，专人专事专门的邮件，不能一信多发。

（4）电子邮件要突出主题，针对性强。信息要准确明了，不能含糊不清。当然不能以长篇大论来代替信息量。记住，短、明、全是电子邮件的原则。

（5）电子邮件要写作规范，格式规范，使用正式格式、文体和语句。

约见信函的要求与电子邮件相似，应文辞恳切、简明扼要、内容准确、文笔流畅、书写工整秀丽、投其所好。商务信函必须打印出来，落款应亲笔签名。

（二）电话约见

电话约见是推销中常用的约见顾客的方法。在推销人员与准顾客进行电话约见时，往往会碰到各式各样的问题，如果推销人员欠缺经验或临场不镇定，就会使自己陷入非常尴尬的境地，从而引起对方的质疑。为了打好与顾客面谈的基础，必须掌握电话约见的技巧。

专业的电话约见技巧包括以下几个方面。

1. 准备的技巧

拨打电话之前，要仔细核对有关资料，避免忙中出错，特别是一次准备拨打几个电话时，一定要分别核对每一个电话的正确号码、对方姓名、职务、习惯称呼、职业以及相关资料，千万不可张冠李戴。对于约见的内容，最好事先写好提纲，列出通话时要告诉对方哪些内容、说话的先后顺序、顾客可能会提出的问题以及应对办法等，以免遗漏，同时也可以防止闲聊、浪费时间。

2. 电话接通后的技巧

如果第一个接听电话的是秘书，推销人员要有礼貌地用坚定的语气说出其要找的潜在顾客的姓名。秘书多半会有一项任务——回绝上级认为不必要的电话。要想获得顾客的接见，最基本的条件是取得对方的信任。在电话中，声音成为交流的唯一纽带，对方对推销人员印象的好坏是凭推销人员的声音来判断的。因此，接通电话后，推销人员必须语气客气、语速适中、简短地介绍自己，要让秘书感觉推销人员要和上级谈论的事情很重要，但不要说得太多。

3. 引起兴趣的技巧

推销人员在简短、有礼貌地介绍自己后，在通话的一分钟内要建立自己的可信地位，让顾客觉得你是对他有用的人。要注意的是，利用电话进行初步交涉的主要目的在于取得约见机会，所以不要做任何推销，不要把自己的产品强加于顾客，只需取得顾客的信任，达到约见的效果。

4. 结束电话的技巧

在电话结束前，巧妙地利用"两者选一式的提问"提出约见顾客的时间，如"想必您一定很忙，那么下周一或周三，您哪天有空呢?"这种方式看似让顾客决定，实际是由推销人员指定恰当的时间。如果在给出的时间范围内顾客无法和推销人员见面，那么推销人员最好把见面时间提前，而不是延后，因为如果向后推，顾客回答也没空，就会无限期地推迟下去，最后不得不放弃访问。

（三）上门推销

这是推销人员与顾客当面联系拜访的方法。这种约见简便易行，极为常见，是一种较为理想的约见方式。推销人员通过这一约见方式不仅对顾客有所了解，而且便于双向沟通，缩短彼此的距离，容易达成有关约见的时间、地点等事宜。

首先，要坚定自信地大步走向接待员，面带微笑，注视对方。所有这些都传递着自信、诚实和真诚，即一种良好的职业形象。准备好你的名片，同时仍要注视对方。暂停片刻，以便让接待员准备倾听。递上名片，介绍自己。说话要清晰，可以说："也许你可以帮我。"询问你需要会见的人的姓名时，可以说："你能告诉我谁是主管吗?"要表现出礼貌和耐心，傲慢与咄咄逼人有可能毁掉机会。如果对方告诉了你主管的姓名，问一下现在可否见他，在没有事先预约的情况下，即使只能见主管5分钟或10分钟，你也应表示感激。上门推销最重要的是跨入对方的大门，所以，能够如此就应该满意。如果潜在顾客不在，弄清楚他什么时候在，是否能由秘书安排会面，询问合适的打电话的时间。如果不行，利用这个时间打听一下潜在顾客的生意情况。最后，要指名感谢接待员。这表明你的细心，不是把接待员当作一个普通的看门人，而是将他视为一个重要的人，这有助于接待员记住你，特别是相对于其他考虑不周全的推销人员。

关于上门推销的最后一点是：有时推销人员不得不接受断然的拒绝，只能去拜访下一家公司。许多公司规定，未经预约不接待推销人员。如果推销人员在拜访前不知道这一点，最好是礼貌地离开，留下名片、样品或各种促销资料。在做完推销后，即使没有收获，也要做一次跟进，致信感谢潜在顾客所花的时间及合作，这一点很重要。

上门推销方式具有五大优点：第一，有利于发展双方关系，加深双方感情；第二，有助于推销人员进一步做好拜访准备；第三，上门推销一般比较可靠，有时约见内容比较复杂，非上门推销说不清楚；第四，上门推销还可以防止走漏风声，切实保守商业机密；第五，上门推销方式也是一种简便易行的约见拜访方法。

当然，上门推销方式也有一定的局限性：第一，上门推销有一定的地理局限性。第二，效率不高。即使推销人员完全可以及时向每一位顾客上门推销，作为一种古老的方式，也是低效率的做法。第三，上门推销虽然简便易行，面释疑点，却容易引起误会。第四，上门推销一旦被顾客拒绝，会使推销人员很难堪，造成被动不利的局面，反而不利于下一次的接近和拜访。第五，对于某些无法拜访或接近的销售对象来说，上门推销方式毫无用武之地。

（四）委托约见

即推销人员通过朋友、同学、亲戚或以前的同事等来约见顾客。实践经验表明，由他人打电话或写信为推销人员约定访问时间，或安排推销人员去访问，会使获得接见的机会大大提高。

（五）广告约见

即利用各种广告媒介来约见顾客。例如，利用贸易洽谈会，展销展览会，新闻发布会，广而告之的通知，寻找新产品代理、转让机械设备的广告等。在约见对象不明或约见对象太多的情况下，广告约见是一种较好的约见方式。其特点是信息覆盖范围广、及时快捷。它可以使顾客主动找上门，有利于改变推销人员的被动地位，挖掘出大量的潜在顾客。

（六）网上约见

即利用互联网来约见顾客。通常设立专门网站或网址发布相关信息，然后通过收发电子邮件等技术手段传达约见信息。网上约见具有范围广、无时间限制、方便快捷等优点。利用互联网，推销人员可花较少的时间、较低的成本约见到较多的顾客，其便捷高效必然促使网上约见成为今后推销约见的重要方式。

三、约见的内容

约见的基本内容就是要确定推销访问的对象、事由、时间和地点，也就是要明确“四何”，即何人、何事、何时、何地。

（一）确定访问对象

访问对象是指对购买行为具有决策权或对购买决策有影响的关键人物。确定约见对象，就是要求推销人员弄清约见的对象究竟是谁，同时必须分清真正的买主和名义上的买主。真正的买主是指有决策权的人，名义上的买主是一些具体办事人员。名义上的买主虽然没有决策权，但可能对购买决策施加影响力，如果忽视了他们，他们就可能会在决策人面前贬低推销的产品，影响推销的效果。

（二）明确访问事由

一般来说，推销人员约见顾客的目的有以下几种。

1. 认识

和顾客第一次见面，可以把认识、“投石问路”以及约定谈话时间等作为目的。

2. 留下印象

对于未来的准顾客，推销人员可以把第一次见面的目的确定为给对方留下一个好印象，以便为今后创造可以继续的话题。

3. 市场调查

在实际推销工作中，推销人员以市场调查为由约见顾客，比较容易被对方接受，这既有利于收集有关资料，为进一步推销做好准备，又可以避免强行推销。

4. 正式推销

直接向约见对象推介产品。

5. 签订合同

如果各方面条件具备，可以将某次约见确定为正式签订合同。

6. 收取货款

利用收取货款作为访问事由约见老顾客，对方不好推脱。

7. 走访用户

选择适当时机走访约见顾客，既容易使顾客产生好感，又可以使一般性的走访变成正式推销。

8. 提供服务

利用提供服务作为访问事由约见顾客，往往比较受顾客的欢迎，而且可以建立推销人员的商业信誉，为后续推销开辟道路。

9. 联络感情

逢访问对象的重大喜庆日子或者习俗节日，推销人员可以利用各种形式约见顾客，甚至约见顾客的家属、亲朋好友，借以表达合作愉快、承蒙关照的感谢之意，与顾客产生感情上的共鸣，把增进与顾客的情感交流和建立良好的人际关系作为约见目的。

（三）约定访问时间

推销人员可根据顾客的工作特点来安排访问时间。例如，尽量不要选择顾客繁忙的时间（如星期一或对方休假后的第一天）拜访。

（四）选择访问地点

选择访问地点的基本原则是方便顾客、有利推销。从现代推销实践来看，访问地点一般选择在对方的工作单位或居住地，亦可选择公共场所作为会谈地点。一般来说，下述场所可供推销人员选择约见地点时参考。

1. 工作地点

如果访问对象为法人团体，那么访问地点一般是在工作地点。

2. 居住地点

如果访问对象为个人，推销的产品为日用消费品，访问地点一般是顾客的住所。

3. 社交场所

在国外，很多生意不是在办公室而是在高尔夫球场上成交的。此外，酒吧、夜总会、咖啡店、晚会、记者招待会及其他所有社交场所都可能是约见的地方。

4. 公共场所

对于某些顾客来说，工作地点和居住地点都不便于会见推销人员，并且不愿意在社交场合抛头露面。在这种情况下，把一般的公共场所作为约见地，是比较方便顾客的。

第 3 节　建立顾客关系

与潜在客户建立良好的关系，需要销售人员具有良好的心态，既不能操之过急，也不能松散懒惰。作为推销人员，必须明白这样一个事实：与潜在客户建立关系，尤其是建立良好的关系，需要一个过程，这个过程是循序渐进的，不可能一蹴而就；这个过程需要耐心，需要推销人员对潜在客户的引导、支持、维护等。急于求成、急功近利的心态，不利于与潜在客户发展关系，相反，还可能引起潜在客户的反感、反对，进而遭到潜在客户在本可以合作的情况下抵制或拒绝。

一、创造良好的第一印象

在推销过程中，第一印象可以说是最重要的印象，它对能否成功推销起着关键的作用。据相关资料统计，造成推销人员推销失败的原因 80%是留给客户的第一印象不好。也就是说，很多时候，在见面没多久客户就已经决定不与你进一步沟通了，那再讲产品就没什么意义了，或者你连讲产品的机会都没有。美国某家大公司的总裁说过："我会见推销员时，第一眼是初见面 12 英尺的观察，接着是坐定后 12 英寸的仔细观察，最后是开口后最先 12 个字组成的第一句话。我以这三条原则来断定这个推销员，也决定商品的交易。"这位总裁的话初听起来似乎过于偏颇与武断，但仔细琢磨却又不无道理，因为在人际交往中，最初的印象也就是第一印象具有很重要的作用，它往往能左右以后印象的好坏。在构成第一印象的诸因素中，仪表风度又占有非常重要的位置。所以，推销人员要想如愿地推销商品，首先要成功地推销自己，获得顾客的好感与承认。推销人员在拜访顾客特别是初次拜访时，必须注意服装整洁大方，言谈举止得体，礼貌待人，给人一种稳重精干的印象，为后面的推销打下良好的基础。

首先，要注重仪表形象。着装要得体大方，体现一个人的教养和品位。除了衣着，还要注意见面的一些细节，比如正确地称呼对方的姓名和头衔；姿势端正，以示自信；不要在客户办公室里抽烟、嚼口香糖或喝饮料，等等，展示自己人格、人品好的一面。

其次，需要特别注意目光的礼节。我们常说，"眼睛是心灵的窗户"，两人初次见面，在大概 6 秒钟内就能对彼此做出评价。这种印象主要来自人的眼睛，而无须通过语言。在此意义上说，你有 6 秒钟的时间来给顾客创造良好的第一印象。所以，在这 6 秒钟里，我们必须学会用眼睛说话。忌讳死死地盯视别人，大眼瞪小眼地看人是没有礼貌的表现。怎样做才不失礼呢？礼貌的做法是：用自然、柔和的眼光看着对方双眼和嘴部之间的区域。目光停留的时间应占全部谈话时间的 30%～60%，也就是说，既不死死盯着对方，也不眼珠滴溜溜地来回转动，看得让人心慌意乱。

最后，想好你的开场白，第一次见面如何开场是见面之前应该想好的。俗话说得好："话不投机半句多。"推销更是如此，开场白尤其是第一句话说得是否得体，将直接影响你与顾客以后的往来。开场不要谈太多产品的东西，给客户留下好印象，同时知道你是做什么的，日后他有需求就一定会找你，是你下次进一步沟通的基础。另外，适当的寒暄能营造轻松的谈话气氛，在推销谈判中的作用是十分重要的。但并不是任意的寒暄都能起到这种作用，不恰当的寒暄很可能会弄巧成拙。

二、初次会晤的开场白运用技巧

在建立了融洽的气氛之后，推销人员的任务是抓住潜在顾客的注意力。推销人员必须有所行动，迫使潜在顾客停下手头正在做的事，把注意力转向自己。推销人员的开场白就像广告的标题，应该抓住潜在顾客的心，让他们相信：只专注手头的工作而忽略推销人员的讲话，将蒙受损失。

可是，抓住客户的注意力并不容易。许多买主，特别是专业的买主，已经学会端坐在桌子后面，专注地看着来访者，不时地点头，而思路早已不知飞到了何处。

如果你是一个买主，当一个推销人员对你说，"我碰巧路过，想进来拜访一下"，或其他类似的话，你会有什么想法？这等于是说："我所要说的并不重要，但我没有其他更有意义的事情做。你可能也是一样，所以让我们谈谈吧。"这样的开场白不仅贬低了随后的陈述，而且是不尊重买主时间的表现，是极不专业的。事实上，推销拜访就像一部小说，如果不能尽早抓住读者的注意力，读者很可能就不会读完这本书。推销人员必须说点或者做点什么，以便立即激起买主的兴趣。但不要做得过分：无意义的开场白或者哗众取宠的噱头也许会立即抓住对方的注意力，但都不恰当。

早期的收银机推销中，不乏这种处置不当的例子（有些甚至是侮辱的例子）。某次，推销人员走进一家潜在顾客的商店，有意走到挂着收费单的钩子旁，撕下一张，然后扔在地板上。在店主气急败坏时，推销人员对店主如此关心收费表示惊奇，因为当时普遍存在的松懈的现金管理所造成的资金流失无疑比撕下的收费单多得多。

另外一个常见的做法是：向潜在顾客说明产品或服务的好处。推销人员可以申明："如果你使用这个机器，我可以让你节省××资金。"这个申明表示，推销人员比潜在顾客更知道如何做好工作。当潜在顾客把推销人员看成专家时，这种方法能够奏效，但在大多数情况下，他们对这种施恩式的介绍不太感兴趣。

当某人暗示自己优于别人时，这会令许多人扫兴。在会面过程中，推销人员暗示自己了解潜在顾客的一切，并且知道哪些对顾客有利，这实在不可取。一个年轻的推销人员曾提到他拜访一个建筑师的经历，在听完建筑师关于一幢建筑的计划后，他说："你不能这样做。"那个建筑师回答道："年轻人，不要对别人说他们不能做某事。"

除了凌驾于他人之上，哗众取宠和夸夸其谈也是比较常见的。这很容易让潜在顾客想起关于撒谎的推销人员的故事，从而在脑海里筑起一道防线，在推销人员面前显得谨慎迟疑。

鉴于此，建议推销人员在会谈中尽可能使用提问。这种技巧有很多好处，第一，使用提问你便没有优越感，你是在提问，不是在命令。而且，没有比参与更能吸引注意力的，仅仅倾听很难抓住注意力。没有什么比谈论自己或自己的事情更能激发对方的兴趣。所以提问十分有效，潜在顾客会透露更多关于他们需要和问题的想法，这也正是推销人员在会谈初期想捕捉的信息。

为了说明在开场白中提问比陈述更好，请比较下面两个推销办公室设备的会谈：

“我想向你展示一种近乎完美的文字处理机，它当然是市场上最好的。”

“如果你想得到一种完美的文字处理机，它应当是什么样子的呢?”

你认为哪一种会引起更大的兴趣？在买主看来，哪一种谈话不带有冒犯性？哪一种会使他更加开放？

开场白的形式无穷无尽。尽管下面收集的并不完整，但是对于学习推销的人来说，至少可以不必为缺少开场白而发愁。在大多数情况下，开场白可采用提问的形式。

（一）介绍的策略

这种方法最简单，也最不管用。推销人员说出自己的姓名和公司的名称，向潜在顾客递上名片，介绍拜访的主题：

“先生，我是利民纸业公司的职员李伟。本公司刚刚引进了一种新型的高质量喷塑纸。我可以向你介绍吗?”

这个开场白不会引起太多的注意与热情，除非随后紧跟着一个引人入胜的表述，否则不太有效。

（二）推荐人的策略

正如打电话争取一个预约一样，提及第三者，特别是一个满意的客户，是面对面访谈中很有效的方法。如果潜在顾客认识这个第三方，那将更有效，因为顾客会不由自主地集中注意力。推销人员可以这样说：

“爱克公司刚从我们这里租了一个系统，它的数据处理经理王先生提到，你们的情况可能与他们相似。”

推销人员可以递给顾客一封手写的推荐信；富有创新精神的推销人员甚至会录下介绍人的话。

如果没有潜在顾客的朋友作为介绍人，推销人员可以提起已经成为自己客户并且是潜在顾客的竞争者的名字，如：“王先生，先锋公司的李强经理有没有向您提到过我的名字?”当然，李强作为竞争者，不可能提到他，但这是一个突破口，王先生很有可能对他的竞争者所做的事感兴趣。

（三）提供利益的策略

开场白中最广为使用的大概是说明产品或服务的好处。如果买主对此感兴趣，这不失为一种好方法。例如：

“XYZ 公司有一些你可能感兴趣的新型复印机，因为我们正在设计适合你们那种特定工作的复印机。这种专为你们业务设计的机器的优点是，使你的员工工作更加高效。难道你不愿意看到你的员工能够高高兴兴地迅速完成他们的工作，并处理完那些你搁置在一边或者必须支付加班工资才能完成的工作吗?”

如果介绍的好处正中买主下怀，该策略就特别有效，这样就能很自然地发展到下一步。

以满意的客户作为推荐人来介绍产品的好处，是更加有效的方式，因为这样做的同时也就提供了利益的明证。例如，一个塑料容器公司的推销人员与一个食品公司的采购代理会谈时可以这样说："农田公司的市场经理达隆先生昨天告诉我，由于使用了塑料包装，他们公司某些产品的销售额提高了。他说，买主发现塑料容器更便于在柜子里摆放，并且用完后更易处理。"

（四）好奇策略

另一种有效的策略是通过激起潜在顾客的好奇心来赢得注意力。一个推销人员可以这样问潜在顾客："你想看一看你的邻居的产品吗？"或者"去年11月，这种导线花了布兰公司25万元，你想听一下它的故事吗？"随后，推销人员可以讲述，一个短短的电路怎样花费了25万元。

一个基金销售人员递给顾客一张名片，名片的左下角是黑体印刷的数字：12639。顾客问他是什么意思，他答道："如果你寿命正常的话，那个数字是你65岁之后吃饭的次数。如果你每顿饭花2元，那么你和你的妻子至少要花50 556元。你愿意花几分钟讨论一下退休以后的花钱效率吗？"回答是当然愿意。

（五）赞扬策略

赞扬是另外一种策略，但推销人员在使用时必须小心。对于潜在顾客来说，没有比假惺惺的奉承更一目了然、更令人恼火的。较好的赞扬应该真诚、具体，真正投其所好。

赞扬的真诚程度与赞扬的具体程度有直接关系。例如："李先生，在这个领域，您是真正的专家。"这种说法会使他不明白所指的是什么，谁这样说过。如果说得具体一点，说其他商店经理认为，他在开拓新产品时很有创新精神，这样就会提高赞扬的真诚度。要记住，当赞扬所涉及的是潜在顾客最感兴趣、最骄傲的领域时，赞扬才是最有价值的。推销人员可以这样说："刘女士，听说你重新装饰了女装部。它看上去很不错，整个装饰与你们商店的主题完美地融合在一起。你是否想知道，在你这个领域，其他人是怎样从女装部得到双倍回报的？"

赞扬一定要真诚。赞扬中可以涉及的主题有：

- 顾客墙上的匾或其他纪念品。
- 生意景象，包括内部的与外部的。
- 一个非常友好的接待员。
- 顾客最近被提升到一个更高的职位。
- 潜在顾客的家族。
- 顾客所在公司最近的成功。
- 顾客的照片。

正是通过上述策略，推销人员成功地向一位出了名难对付的唱片公司经理做了一次推销。这个人的办公室很大，给人以威慑感，一面墙上挂满了摇滚歌星和音乐家的画像。销售代表不知道音乐家是谁，但他注意到，经理的照片比别人胖得多。鉴于人们都很关心体重问题，推销人员说道："在我们开始讨论之前，我想知道你是怎样减掉40磅体重的。"此后几分钟，他们一直在交流减肥的饮食与运动之道。

（六）产品策略

展示产品的物理外形可以构成一个戏剧化的开场白。例如，一位胶水推销人员可以对潜在顾客这样说："这两片木头是用我们的胶粘住的，请你试试把它们掰开。"

产品策略的优势是它能调动潜在顾客的各个感官，提高其注意力。即使产品太大，无法随身携带，为买主进行演示，吸引他们的注意力也是可行的。当查尔斯·沃德担任日历和印刷公司布朗比奇洛公司的生产副经理时，他在美国买了第一幅版印制品。尽管这种印刷版已经在欧洲多处使用，美国顾客对它还是因价高而却步。如果组织一次好的产品发布会，高质量的印刷会有吸引力。于是沃德决定尝试一下。在从推销人员那里得到了一位屡次让推销人员碰壁的顾客的姓名后，沃德向这位顾客的接待员递上一份用版印刷的图画，让她送给她的经理，并捎上一句话："沃德先生想与你谈一下这幅画。"这位顾客对这幅画印象很深，便邀请了沃德，沃德向他展示了这一新的欧洲工艺，并提醒他，他们公司的日历是用艺术真品印刷的。你每年购买高品质的画，难道你不希望得到最好的印刷吗？沃德很快收到了订单。计算机销售人员也可以给潜在顾客送一份专门为他们制作的印刷品。卡车出租公司的推销人员可以让运输经理看一张彩色照片，然后问他："你是否愿意让你的卡车看上去永远这么好呢？"

如果买主没有问题、需要或请求，他们一般不会对推销人员的拜访感兴趣，这时，推销人员可以从提问开始，确认存在需求，而他的产品或服务正好可以满足顾客的这种需要。一般情况下，前期调查能提供一些线索。因此，推销人员可以通过提问来确认信息的可靠性，如可以问："王先生，我知道你刚刚收购了爱克公司。你们是不是需要对机器扩容？"

在缺少足够事实的情况下，推销人员可以问一些潜在顾客生意中普遍存在的问题。例如："陈女士，你们行业中有人告诉我说，他们发现自己的商业表格成本上升了。贵公司也是如此吗？"

（七）确认买主

在前期信息不足的情况下，推销人员需要在进一步会谈之前确认潜在顾客的资格。毕竟，如果没有需要的话，继续会谈将毫无意义。一个基金销售人员可以这样开始：

"李先生，如果我能向您证明可以进行高回报、低风险的投资，目前每月投资 100 美元对您有问题吗？"

在进行确认时，推销人员必须小心，不要激怒顾客。唐突地询问是否有需要、购买能力、购买决策力等问题，会使甚至最温和的潜在顾客对你敬而远之。因此，在确认之前，推销人员应该做一个铺垫，比如上述对利益的介绍，另一种表述方式可以是："李先生，我不想浪费您的宝贵时间，只想问一下……"

（八）调查策略

调查策略广泛运用于大宗工业品的推销，如 IBM、尤尼斯等公司都广泛使用调查策略。

当使用调查策略时，推销人员应首先取得对方同意，收集潜在顾客公司中与推销人员提供的产品或服务相关的信息。实际上，这是一种暴露问题并找到解决之道的正规方法。调查策略尤其受到工业品的潜在顾客的欢迎。他们认为每个公司的问题都不相同，推销人员不可能不做调查就提供答案。然而，要获得顾客公司对调查的应允，仍需推销人员的努力。调查策略包括两个推销过程：向潜在顾客推销调查的要领和推销产品或服务本身。有时，前者需要付出更多的努力，订单不过是水到渠成的自然结果。

调查策略对潜在顾客和推销人员双方都有利。对于潜在顾客来说，他们有了一个让专家研究自身经营的机会，却不需要做出购买的承诺。对推销人员来讲，调查提供了一个机会，可以发现潜在顾客公司运作中的缺陷，找到适当的解决方案，进行成本核算，进一步确认顾客的购买能力，与高层经理见面，增强潜在顾客对推销人员的信心。但推销人员无须对每一位潜在顾客都进行调查。调查很花时间，而且费用高昂，需要占用一定的公司资源（特别是不得不配合调查的技术人员），它只适用于复杂的大宗项目。

调查方法的有效性取决于互惠原则，即当我们受惠于人时，我们有义务回报。对某个公司有负债感的顾客会购买该公司的服务，以此作为对其提供的免费调查的回报。然而，推销人员必须警惕的是，产品或服务的高价格会降低这种可能性。

基本概念

顾客接近　　　　顾客约见　　　　第一印象

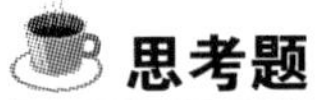

思考题

1. 接近顾客前如何做好准备？
2. 约见顾客有哪些方法？
3. 顾客约见有哪些内容？
4. 电话约见有哪些技巧？应该注意什么？
5. 写信约见的内容是什么？
6. 与潜在顾客建立关系的要素有哪些？
7. 给潜在顾客留下良好印象的要素有哪些？
8. 为什么打电话前计划是重要的？怎样增强它的效果？

案例分析

洽谈前准备

推销员小胡供职的湖南怀化一家综合性服务企业，策划了一个“十佳礼仪小姐大奖赛”的广告演出活动。他受命推销公司活动计划，以赢得广告客户，获得营业收入。

当地的工商企业不少，从哪家企业开始呢？小胡想，参与这个活动的企业必须具备两个条件：一是效益好，能有广告资金投入；二是重视广告宣传，乐于投入资金。一家制药企业——广州白云山制药总厂怀化分厂进入了他的视野。这是一家沿海地区先进企业与内陆合办的工厂，联营后通过加大科技投入、不断开发新产品、努力提高产品质量、强化销售等一系列措施，使工厂发生了很大的变化。特别是企业带来的广东人注重广告宣传、注重销售等新的营销观念深深地吸引了小胡，他决定上门推销。

厂长是一位精明的医学硕士，年龄和小胡差不多，三十刚出头。因为年龄相仿，经历相似，可以交谈的话题很多，容易相处，一见面小胡决定先不谈正事，融洽感情再说。于是自我介绍后，小胡即代表公司感谢白云山总厂对湖南特别是湘西人民的支持，对他们远离家乡、远离亲人在外艰苦创业的精神表示钦佩，并和他们谈起了工作、生活和工厂生产情况。待气氛缓和之后，小胡就将一本《公共关系》杂志递给了厂长，并翻出事先折好页的文章，请厂长指教。

推销怎么要带上一本杂志呢？原来事前小胡做了充分准备。临去之前，小胡请一位与厂里很熟的朋友为他预先约见。动身时又带上一本西安出版的《公共关系》杂志，因为里面刊登着小胡的一篇文章《公关广告的基本类型》，文章中引用了广州白云山制药总厂开展赞助型公关广告的实例，这也算是小胡和白云山总厂的联系，拿着到时肯定会帮上忙的。果然不出所料，杂志起到了作用，当厂长看到已用红线划出的白云山总厂的实例后，马上来了兴趣，不仅把实例看完，还把文章从公关广告与商品广告的不同，一直到公关广告有赞助型、服务型等七种基本类型的全文都认认真真看了一遍。待厂长看完抬起头来，小胡乘机把计划和盘托出。或许是文章的宣传效应，没等小胡解释公关广告宣传如何如何重要，厂长便对这次活动表示出浓厚的兴趣，并就其中一些技术性问题进行询问。等听到小胡圆满的回答，了解到活动安排十分周密后便欣然应允，答应投入广告费 1 万元，买下本次大奖赛活动的冠名权。很快，一份关于举办“正清杯十佳礼仪小姐大赛”的广告宣传协议书正式签署，1 万元广告费如期汇到了公司的账户上。

问题：

1. 小胡在与厂长洽谈前做了哪些准备？
2. 小胡与厂长的初次见面有哪些策略？
3. 你认为给潜在客户留下良好印象的因素有哪些？这个案例能给你哪些启示？

第12章

推销面谈

本章要点

- 明确推销面谈的原则；
- 掌握推销面谈的内容；
- 了解面谈的技巧；
- 掌握介绍产品的方法。

引例

一名推销员的成功拜访

有一位推销面谈人员，在拜访一位客户之前，打听到这位客户非常挑剔，总喜欢提出异议。于是，他在精心准备之后，满怀信心地去拜访这位客户。一见面，这位推销面谈人员就很礼貌地说："我知道您是一位非常有主见的人，对于我的推销一定会提出不少好的建议。"一边说着一边将事先准备好的36张卡片摊在客户面前，说："请随便抽出一张来。"客户从中随手抽出一张卡片。卡片上写的正是一条异议。等这位客户把36条异议读完后，这位推销面谈人员说，请把卡片翻过来读一下。每张异议的背后都标明了对异议的理解和解释。客户忍不住笑了起来。于是，双方成交了。

资料来源：李海琼．现代推销技术．杭州：浙江大学出版社，2004.

评析：面谈中顾客最有可能就是提出异议，推销人员是倾听还是解释，抑或采用说服的方式，应该视顾客的个性心理特征和性格而定。本案中的推销人员用卡片写出异议，卡片背面给出答案的方式就是一种聪明的处理顾客异议的方法，对于挑剔的顾客很管用。由此可见，任何面谈的方法与技巧的运用都不是单一的、生搬硬套的，都是在了解顾客特征的情况下有的放矢的选择。

引例说明，推销面谈是一个复杂的、内容丰富的、循序渐进的活动过程。正式的推销面谈必须按照一定的步骤和程序进行，做好每一阶段的工作。一般来说，整个推销面谈的过程包括四个阶段：准备阶段、开局阶段、讨价还价阶段和结束面谈或成交阶段。

第 1 节　推销面谈概述

一、面谈的目标

从现代推销学理论上讲，面谈的目标既取决于顾客购买活动的一般心理过程，又取决于推销活动的发展过程。因此，我们认为现代推销面谈的目标在于向顾客传递推销信息，诱发顾客的购买动机，激发顾客的购买欲望，说服顾客，达成交易。

为了实现推销面谈的目标，推销人员需要完成以下几方面的任务。

（一）说服顾客达成交易

必须向顾客全面介绍推销品的情况以及生产企业的情况，包括品牌、商标、功能、质量、价格、服务、销售量、市场地位以及生产企业的情况。顾客只有在了解相关信息的情况下，才能做出购买决策。在面谈之初，推销人员要将自己所掌握的有关信息迅速传递给顾客，以帮助顾客尽快认识和了解推销品的特性及其所能带来的利益，增强顾客对推销品以及生产企业的好感，诱发顾客的购买兴趣，为顾客进行购买决策提供信息依据。同时，推销人员在向顾客传递信息时必须客观、恰当、实事求是。

（二）准确把握顾客需求

从营销学的角度讲，只要能够发现人们的购买需求和动机，就可以预测和引导人们的购买行为。购买行为是受购买动机支配的，而动机又源于人的基本需要。为此，推销人员在面谈之初就必须找到此时此刻顾客的心理需要，并投其所好地开展推销面谈。同时，在推销面谈中针对顾客的需求展示推销品的功能，满足顾客的需求。只有当顾客真正认识到推销品的功能和利益，感受到其所带来的满足感，才能产生购买动机。一种推销品往往有多种功能和利益，但不同的顾客对该产品有不同的需求。例如，手机是一种通信工具，但不同的顾客由于性格、职业、经济状况、年龄、性别等方面的不同，对手机的需求也不同。推销人员要善于发现顾客的需求，并紧紧围绕这一需求来展示推销品的功能和利益。否则，即使推销人员向顾客传递的信息面面俱到，而顾客想要了解的功能却一带而过，也不能起到诱发顾客的购买动机、刺激顾客的购买需求的作用。因此，只有针对顾客的需求传递推销品的信息、展示推销品为顾客带来的利益，才能真正地激发顾客的购买欲望，最终达成交易。

（三）恰当处理顾客的异议

在推销面谈中，顾客收到推销人员传递的有关推销品的信息后，经过分析会提出一系列的看法和意见，这就是常说的顾客异议。顾客异议处理不好或不排除，就很难说服顾客达成交易。所以，处理顾客异议是推销面谈的关键任务。产生顾客异议的根源有两方面：

一是推销人员所发出的信息本身不全面，顾客因信息不全面而提出异议；二是顾客对推销品知识不了解或欠缺。因此，一个优秀的推销人员必须掌握尽可能多的与推销品相关的知识。例如，电脑推销人员必须是一位熟悉电脑基本制造技术和使用技术的技术人员，化妆品推销人员最好是一位业余化妆师。只有这样，才能圆满地解答顾客提出的各种问题，妥善处理顾客异议，帮助顾客加深对推销品的认识，取得顾客的信任，顺利达成交易。

（四）促使顾客做出购买决定

推销人员寻找、接近并说服顾客的最终目的是使顾客购买推销品。顾客购买活动的心理过程，历经认识阶段之后，还要经过情绪变化和意志决定这两个发展阶段。在认识明确、动机诱发之后，顾客会产生相应的情绪反应和意志行为，甚至会产生错综复杂的心理冲突。经过一番激烈的内心冲动之后，顾客就会做出购买或不购买的决策。在面谈过程中，推销人员必须准确把握顾客购买决策前的心理冲突，利用各种理智的和情感的手段去刺激顾客的购买欲望，促使顾客做出购买决定，促成交易。所以，推销人员可以采用各种方式说服顾客，强调顾客购买推销品所能得到的利益，满足顾客的特殊要求，给予顾客一些优惠，提供优质的服务，强化顾客的购买欲望，为顾客最终做出购买决定而努力。

总之，推销面谈的目标在于沟通推销信息，诱发顾客的购买动机，刺激顾客的购买欲望，促使顾客采取购买行为，最终目的还在于推销产品，达成交易。

二、面谈的原则

推销面谈的原则是指导推销人员具体面谈协调的准则。在推销面谈过程中，推销人员为了达到推销目的，可以利用各种面谈的技巧、方法去说服顾客。但推销人员无论采用何种手段、何种技巧，都要把握一个度，都必须遵循以下原则。

（一）针对性原则

针对性原则是指推销人员必须服从推销目标，使面谈具有针对性。它要求推销面谈活动必须针对推销品的用途、性能特点，顾客的需求特点及推销面谈的环境特点等来进行。

（二）鼓动性原则

鼓动性原则是指推销人员在推销面谈中用自己的信心、热情和知识去感染顾客，鼓动顾客，说服顾客，促使顾客采取购买行动。鼓动性原则要求推销人员始终抱有成功的信念，克服身份、角色的自卑心理，热爱自己的推销工作，热爱自己的顾客，同时要有丰富的产品知识及企业知识，只有这样才能说服顾客、鼓动顾客。

（三）参与性原则

参与性原则是指推销人员应设法引导顾客积极参加推销面谈，接触推销品，促进推销信息的双向沟通，增强推销面谈的说服力。参与性原则要求推销人员必须与顾客打成一片，认真听取顾客的意见，鼓动顾客操作商品，调动顾客的积极性和主动性。

（四）诚实性原则

诚实性原则是指推销人员在推销面谈过程中讲真话、凭实据，对顾客负责，不玩弄骗术。这一原则要求推销人员必须实事求是地介绍商品，出示真实的推销证明，树立良好的推销信誉，做到文明推销、合法推销。

第 2 节 推销面谈技巧

一、成功的面谈应包括的内容

面谈的内容主要是指商品的交易条件。常见的交易条件有 11 项，即标的、品质、数量、包装、检验、价格、交货、支付、索赔、不可抗力和仲裁。

（一）标的

标的，即面谈涉及的交易对象或交易内容。在货物买卖合同中，标的是指被交易的具体货物，在面谈的时候应该注意使用规范化的商品名称和同一商品在不同地区的不同叫法。

（二）品质

品质，是指货物的内在质量及其外观形态。它是度量货物使用价值和价值的依据，也是货物买卖中的主要交易条件。许多国家的有关法律规定，如果卖方所交付货物的品质不符合合同的规定，即可视为违约，买方有权要求赔偿。

因此，在面谈中必须对货物品质做出准确、全面的规定。根据货物特点和交易惯例，品质表示方法通常以样品、规格等级、品牌商标、产地名称、说明书和图样等为标准。

（三）数量

数量，是指以一定度量衡表示的个数、长度、重量、面积、容量等量的规定。数量是货物买卖的主要交易条件，它既影响合同的总金额，又与单价直接相关。许多国家法律规定，卖方所交付货物的数量如果小于或大于合同规定，买方有权部分拒收或全部拒收。注意：确定计量单位和确定扣除方法。

（四）包装

推销产品中，除少数散装货、裸货外，绝大多数货物需要包装。在货物的包装方面，买卖双方一般主要就包装材料、包装方式、包装标志和包装费用等方面进行磋商。包装分为运输包装和销售包装，它不仅有利于保护货物的使用价值，也有利于实现和增加货物的价值。

（五）检验

检验，是对所交易货物的品质、数量、包装等实施的检查和鉴定。检验合格，是卖方履约的重要标志，也是买方支付货款的前提条件。许多国家的法律与有关国际公约都明确规定或默示了买方收到货物后的检验权利和卖方对所供货物不符合合同规定需承担的违约责任。为保障买卖双方的利益和避免合同履行中的矛盾，谈判中关于检验的磋商主要有：

检验内容和方法、检验时间和地点、检验机构。

（六）价格

价格，是货物买卖谈判议题的核心，它直接关系交易各方的经济利益，也与其他交易条件有着密切的联系。货物买卖中的价格条款主要涉及以下内容：价格水平和计价方式。

1. 价格水平

价格水平即单价，它通常是在买卖双方报价的基础上经过讨价还价最终确定的，而且价格水平的确定必须联系其他各项交易条件统筹考虑。

2. 计价方式

货物买卖中通常采用固定价格，即在合同中明确规定交易价格并在合同期内不做调整；有时也采用非固定价格，即只规定作价原则或暂行价。这些均应进行具体磋商并达成一致意见。

（七）交货

将货物按照合同规定及时、完整地交付给买方，这是卖方的责任和义务，也是货物买卖谈判中的重要内容。在交货问题上，买卖双方主要应就货物运输方式、装运时间、装运地和目的地等进行磋商。其中，装运时间尤其重要，如果卖方未能在合同规定的时间内装运货物，即构成违约，买方有权撤销合同并要求赔偿。对买卖双方来说，交接货时间应争取与自己的生产计划和营销计划相吻合。

（八）支付

货款的支付，是货物买卖中的一个重要问题。在不同的支付条件下，尽管表面支付的价格总额不变，但对买方的实际支出和卖方的实际收入却可能有很大影响，所以，各方都应努力争取对自身有利的支付条件。为此，需注意以下问题。

1. 支付手段

货物买卖中的支付手段分为现金结算和非现金结算两种。其中，大多数交易采用非现金结算，并应就采用的票据如汇票、本票、支票等做出明确规定。

2. 支付时间

支付时间的早晚影响到交易双方的实际收益和风险分担，需根据自身资金周转状况商定具体的支付时间，以免日后出现分歧。对分期付款，必须明确货款首付的时间及金额和之后的分期次数及各期的时间与金额；对延期付款，应该确定具体的付款时间和进度。

3. 支付方式

货物买卖中涉及的支付方式主要有汇付、托收和信用证三种，每种方式又有多种具体形式。不同的支付方式为买卖双方带来的收益和风险也不同，应结合双方实力对比、对方资信状况和贸易惯例选择合适的支付方式。

4. 支付货币

在国际货物买卖中，还涉及以何种货币计价和支付的问题。一般情况下，应选择兑换比较方便、币值也较稳定的货币作为计价和支付货币。

（九）索赔

因一方未能全部履行合同规定给另一方造成了损失，另一方有权提出索赔。关于索赔，双方应该就以下几方面达成共识：索赔的依据，索赔损失的计算方法，索赔的有效期，索赔的程序、范围等。索赔条款是否明确直接关系到当事人的经济利益。当发生纠纷，需要进行索赔时，必须依照合同规定，在索赔时效期内按程序进行。在国际贸易中，索赔的主要方式有：赔款、罚款、罚款收货、退货还款、拒付货款、补充货物、修复、替换等。索赔的主要途径有协商、调解、仲裁或司法解决。

（十）不可抗力

不可抗力，指某些非可控的自然或社会力量引起的突发事件。不可抗力可能会影响合同的顺利履行，贸易实践和各国法律均认可不可抗力，但对其细节没有统一规定。为防止交易中一方任意扩大或缩小对不可抗力范围的解释和维护当事各方的权益，通过磋商并在合同中规定不可抗力条款是必要的。面谈中关于不可抗力的条款一般涉及：不可抗力事件的范围、出具不可抗力事件证明的机构、事件发生后通知对方的期限及不可抗力事件后合同的履行和处理等。

（十一）仲裁

仲裁是指合同当事人在产生争议不能协商解决的情况下，由仲裁机构居中做出的判断和裁决。仲裁一般有以下两个特点：一是仲裁申请的自愿性，即仲裁申请必须由当事各方一致同意并通过订立协议确定，没有仲裁申请协议的争议是不予仲裁的；二是仲裁结论的终局性，即一旦当事各方将争议递交仲裁，就排除了法院对该争议的管辖权，任何一方都不得再向法院起诉。因此，用仲裁方式解决争议，有利于保持交易关系，并且手续简便，费用较低，时间也较短。面谈中的仲裁条款应协商的问题主要包括：仲裁地点、仲裁机构、仲裁程序和仲裁费用等。

二、面谈技巧

推销面谈是整个推销活动的中心环节。在面谈过程中，推销人员要运用各种推销方法和技巧，说服顾客购买企业的产品。

（一）展示自己

世界上最伟大的销售人员乔·吉拉德曾经说过：“推销的要点是，你不是在推销商品，而是在推销你自己。”他甚至还撰写了一部名为《怎样销售你自己》的著作，来专门阐述他的这一经典思想。

推销活动是由推销人员、顾客以及商品三方面要素共同构成的。顾客要购买商品，而推销人员则是连接顾客和商品的桥梁，通过推销人员的介绍，顾客得到更多关于商品的信息，从而做出判断，决定买还是不买。在这个过程中，虽然顾客是为商品而来，但顾客最先接触到的却是推销人员。如果推销人员彬彬有礼、态度真诚、服务周到，顾客就会对其产生好感，很有可能接受其推销的产品；相反，如果推销人员对顾客态度冷淡、爱答不理、服务不到位，顾客就会很生气、很厌恶，即使其产品质量很好，顾客也会排斥。

实际上，推销与购买是推销人员与顾客之间的一种交往活动。既然是交往，只有彼此之间产生好感，相互接受，才能够继续发展并建立起比较稳定的关系。顾客首先接受了推销人员，才会进而接受其产品。因此，推销人员在推销产品时，首先要让顾客接受自己，对自己产生信任，这样顾客才会接受其推销的产品。如果顾客对推销人员有诸多的不满和警惕，即使商品再好，他也不会相信，就会拒绝购买。因此，让顾客接受自己，是推销人员的首要任务。

有一个基金销售人员在最初从事这一行业的时候，每次出去拜访客户，推销各式各样的基金，总是失败而归，尽管他也很努力。

后来这个销售人员开始思考，究竟是什么原因导致自己失败，为什么顾客总是不能接受自己……在确定自己推销的产品没有问题后，那就说明是自己身上的缺点让顾客不喜欢，导致顾客拒绝接受自己的产品。为此，这个销售人员开始进行反思，找出自己的缺点，并一一改正。为了避免当局者迷，他还邀请朋友和同事定期聚会，指出自己的不足，帮助自己改进。

第一次聚会的时候，朋友和同事就给他提出了很多意见，比如，性情急躁，沉不住气；专业知识不扎实，应该继续学习；待人处事总是从自己的利益出发，没有为对方考虑；做事粗心大意，脾气太坏；常常自以为是，不听别人的劝告；等等。这个销售人员听到这样的评论，不禁汗颜，原来自己有这么多的毛病啊，怪不得顾客不喜欢自己。于是他痛下决心，一一改正。他还把这样的聚会坚持了下来，他听到的批评和意见也越来越少。与此同时，在基金销售方面，他的业绩也越来越好，受到了越来越多顾客的欢迎。

可见，在推销活动中，推销人员自身和自己推销的产品同等重要，把自己包装好，让顾客喜欢，顾客才有可能购买产品。

（二）注意倾听

不知道大家是否注意到一个问题，为什么上帝在创造万物时，给了人类两只耳朵，却只有一张嘴巴？那就是要我们多听少说。

1. 倾听比说话更重要

大多数的人只会说话，不太会倾听，真正懂得听话的人少之又少。倾听比说话重要，因为会说话的人给人聪明的印象，而会倾听的人虽然不像会说话的人那么引人注意，却给人亲切、关怀的感觉，更具吸引力。人类的心理很奇妙，喜欢当聪明人，却不喜欢与聪明人为伍，他们情愿接近那些亲切又总是给人以关怀的人，因此倾听与说话何者更重要，也就不言而喻了。

倾听的重要性不止于此。医生要倾听病人的谈话，以了解病情，对症下药；企业主管须倾听部属的报告，以拟定对策，解决问题。人人都要倾听，以便与人沟通。问题是，“喜欢说，不喜欢听”是人性的弱点之一（但人类害怕公开、正式的谈话——演讲）。你只要留意一些非正式的聚会，或是聚餐，或是聊天，那些在旁边听别人讲话的人多么迫不及待地想开口，而且一个人讲完以后，旁边立刻有人急着接下去，甚至出现多人抢着说话的现象，你就可以知道人类是多么爱说话了！

推销人员应掌握这个人性的弱点，让顾客畅所欲言。不论顾客的称赞、说明、抱怨、驳斥还是警告、责骂、侮辱，都要仔细倾听，并适当做出反应，表示关心与重视，如此才能赢得顾客的好感与善意的回报。因此，善于倾听——用心听顾客的话，对推销的新手或是老手，都是一句终身受用的忠告。

顾客主动地说话，推销人员被动地听话，似乎前者掌握了绝对优势，而后者处于较不利的地位。其实不然，听者反而比说者更有利。因为说者每分钟的速度大约在 125 个字，而听者的思考速度则是说者的 4 倍，在说者要为其讲话内容构思费神之际，听者却有充裕的时间对顾客的意见进行剖析与检讨，以做出反应。因此，善于倾听的推销人员表面上处于劣势，其实是处于优势的。英国首相丘吉尔说过："说话是银，沉默是金。"在推销中把这句话改为"说话是银，听话是金"更为贴切。

2. 倾听的原则

倾听如此重要，那么如何洗耳恭听呢？必须把握好下列三大原则。

（1）不可分神，集中注意力，用心地听。容易造成干扰的声音，如电话铃声、收音机、电视、音乐等，应尽力排除。另外容易使人分神的景物，譬如办公室门口来来往往的人，亦应尽量避免。

听人说话是一大学问，根据美国明尼苏达大学大众传播系的研究，不论在现场听还是听录音，一般人只能记得其中的 1/2，而且在 8 小时之内，他们又会忘掉所记得的 1/3～1/2。换言之，除非有惊人的记忆力，一般人只记得讲话内容的一半，而且不出 8 小时又会忘掉大半。总而言之，一般人只听进其中的 15%～25%而已。

造成效果这么差的原因有两点：一是听者的思考速度比说者的讲话速度快，因此有许多空闲的时间胡思乱想；二是当说者的论点与自己的观点不同时，后者就很难再听下去了。

为避免倾听效果不佳，除了集中注意力用心听之外，最好的方法是，备妥纸与笔，记笔记。把顾客的谈话重点一一记下来，就不会忘记了。

（2）适时发问，帮说者理出头绪。对方说话时，原则上不要打断，可是适时地发问比一味地点头称是更为有效。一个好的听者既不怕承认自己的无知，也不怕向说者发问，因为他知道这样不但会帮说者理出头绪，而且会使谈话更具体生动。

在谈话时，经常发生说者欠思考，乱说一通，把自己弄得晕头转向、不知所云的情况。比如他就某问题要说三点理由，结果光是第一点理由，就越扯越远，没完没了，根本忘记了第二和第三点理由。这时，听者应适时发问："您的第二点理由呢？"帮说者理出头绪，言归正传。

还有一种情形是说者虽然滔滔不绝，可是谈话过于理论，不易听懂，听者可以适时插上一句"请您举个例子"，常能使说者举具体的实例来说明。这样，所有模糊不清的论点就能得到清晰的解释了。

（3）从谈话中了解顾客的意见与需要。推销人员总要找出话题，让顾客不停地讲下去，这样不但可避免因只听片段而误解，而且顾客常会不经意地泄露出内心的意图。顾客的内心常有意见、需要、疑难等，所以推销人员要让他发表意见，了解他的需要，处理他的疑问，解决他的问题。

推销人员必须从顾客谈话的内容与声调、表情与身体的动作，听出对方真正的意思。只有这样才能够掌握顾客的需要。在知道顾客的需要之后，针对其需要进行推销，则可收到事半功倍的效果。

说者与听者并非对立关系，而是听者影响说者的关系。学识渊博、口才一流的人如果碰到一个不会倾听的人，好比对牛弹琴，白费工夫；反之，善于倾听的人与一个普通的人谈话时，由于倾听者的用心与适时的点拨（发问），常会使普通人展现出渊博的知识，使谈话的过程趣味盎然。

（三）常用的提问方式

提问是收集资料的一个重要步骤，可以引导对方反思自己的困惑，有探索、澄清、肯定、提醒的作用。面谈中常用的提问方式主要有：

1. 封闭式提问

即在一定范围内引出肯定或否定答复的提问。这种提问可使提问者获得特定的资料，而一般情况下答复者也不需要太多的思考过程和时间即能给予答复。

2. 开放式提问

即在广泛的领域内引出广泛答复的提问。这类提问通常无法以“是”或“否”来答复。由于开放式提问不限定答复的范围，所以答复者可以畅所欲言，提问者也可以得到更多的信息。

3. 婉转式提问

即在没有摸清对方虚实的情况下，采用婉转的语气或方法，在适宜的场所或时机向对方提问。这种提问既可避免被对方拒绝而出现难堪，又可以自然地探出对方的虚实，达到提问的目的。

4. 澄清式提问

即针对对方的答复重新措辞，使对方证实或补充原先答复的一种提问。这种提问不仅能确保谈判双方在同一语言层面上沟通，而且可以从对方进一步得到澄清、确认的反馈。

5. 探索式提问

即针对对方的答复要求引申举例说明的一种提问。这种提问不仅可以探测到对方对某一问题的进一步的意见，而且可以发掘更多的信息。

6. 借助式提问

即借助权威人士的观点和意见影响对方的一种提问。应当注意，所借助的人或单位应是对方了解并且能对对方产生积极影响的，如对方不了解借助人，或对他有看法，就可能引起反感，效果适得其反。

7. 强迫选择式提问

即以自己的意志强加给对手，并迫使对方在狭小范围内进行选择的提问。运用这种提问方式要特别慎重，一般应在己方掌握充分主动权的情况下使用。否则，很容易陷入僵局，甚至出现破裂。

8. 引导式提问

即具有强烈的暗示性。这类提问几乎使对方毫无选择地按所设计的提问作答。

9. 协商式提问

即为使对方同意你的观点，采用商量的口吻向对方发出的提问。这种提问语气平和，对方容易接受。而且即使对方没有接受你的条件，谈判的气氛也能保持融洽，双方仍有继续合作的可能。

（四）保持控制

在探讨这个问题之前，先一起分享一个小故事。有一个法官在宣判一个杀人犯的死刑后，走到这个囚犯面前，对他说："你还有什么话对你的家人说吗？""你去死吧，你这个伪君子、混蛋，你对我的裁决不公正！"囚犯狠狠地把法官骂了一通。法官非常生气，对着囚犯非常粗鲁地数落了十多分钟，囚犯等法官一说完，脸上立刻露出了笑容，这一次，他很平静地对法官说："法官先生，您是一个受人尊敬的大法官，受过高等教育，读了很多书，可以说是一个文明人，可是，我只不过是骂了您一句，您就如此失态；而我，一个文盲，小学没毕业，大字不识一个，做着卑微的工作，因为别人调戏我老婆，我一时冲动，杀死了对方，而最终成了死刑犯。虽然我们的结果不一样，但有一点却是一样的，那就是我们都是情绪的奴隶！"

情绪控制对每个人来说都是一个很大的挑战，对于从事推销的人来说更是如此。导致推销人员产生不良负面情绪的主要有以下因素：经常遭到客户拒绝，有的客户态度甚至非常恶劣；业绩压力大，公司制定的目标好像总是完不成；如果有的同事业绩特别突出，压力就更大了。

所以，推销人员必须学会调节自己，控制好自己的情绪。可以从以下几个方面来努力。

1. 培养豁达开朗的情绪

对于推销人员个人而言，豁达往往会让自己有更好的人际关系。对于一个企业而言，宽容开朗则是创造和谐气氛的调节剂。

2. 正确面对恐惧焦虑

现代企业推销人员犹如走钢丝，压力很大，在他们的专业形象背后往往深藏着不同程度的恐惧与焦虑。

3. 平息怒气

人生中没有什么是完美的，推销人员也一样，因此，推销人员尤其要注意平息怒气。

4. 克服和避免急躁情绪

懈怠者难成大事，那些拖拖拉拉的推销人员是不能提高工作效率的。企业推销人员做事应该雷厉风行，以只争朝夕的精神迎接机遇与挑战。但这并不等于提倡推销人员办事急躁。

5. 摆脱消沉情绪

消沉情绪是对工作有巨大腐蚀作用的一种不良情绪，不仅使推销人员个人意志衰退，而且销蚀整个企业的开拓进取精神，使其陷入涣散与崩溃状态。

（五）建立信心

摆正了心态，就有利于树立自信心。正因为公司的产品对顾客有用，你才不辞辛苦地赶来向他介绍、推销。你是来帮助他解决各种问题的，你为什么没有信心？

当你意识到自己的职责就是诚恳地为顾客服务时，你就会拥有自信心。推销对你来说，不是一种负担，而是一种奉献，是一种乐趣，你的精神状况会得到很大改善，你的顾客就会用期待的目光迎接你。此时，你推销成功的先兆出现了。自信心主要来源于以下四个方面。

1. 对推销职业的自信

推销不是一种卑微的职业，是一种高尚、有意义的职业。推销是一种光荣的职业，是一种为消费者谋福利、提供方便的职业，推销是国民经济发展的一个重要部门、环节或职业。正是广大推销人员的辛苦工作，消费者才可以在最近的地方购买到想要的产品，也正是推销人员的努力工作，人们才有更多的时间去感受生活、享受生活。既然从事推销，就要正确认识推销这个职业，对这一职业充满信心。

2. 对自己的自信

小贴士

陈安之老师在培训中曾讲过一位日本推销高手的故事。每天见客户前，这位推销者都要到洗手间对着镜子，将一只手的大拇指与食指放进自己的口腔内，进行肌肉扩张，一边扩张一边大声说："我是最棒的！我是最好的！"目的是培养自己的信心。

一个没有自信的人，干什么事都不容易成功。自信是成功的先决条件。你只有对自己充满自信，在顾客面前才会表现得落落大方、胸有成竹，你的自信才会感染、征服顾客，顾客对你推销的产品才会充满信任。

学会在工作点滴中体味成就感！利用目标分解与时间管理将自己每天的工作进行分解，分解到每个事项、每个时段。及时办理，及时检查，及时总结，每完成一件事，就是一项成就，每天所有的事都完成，就是一天的成就。你只有积累这种小成就，才会有最终的成就；你只有每天去体味成就，才有信心与勇气继续走下去！

自信不等于自傲。自信产生于有学识、有能力的运筹帷幄、决胜千里的感觉。它与自傲那种腹中空空、头重脚轻的感觉截然不同。

3. 对公司的自信

公司要经常将市场发展前景、公司动态、公司变化及时告诉所有推销人员，尤其是公司获得了哪些奖励，公司开发了什么新产品，公司有什么变革措施，政府部门什么时候访问了公司，等等。信息的及时反馈、交流有助于培养推销人员对公司的自信心。

要相信公司是一家有前途的公司，是一家长远的公司，是时刻为客户、用户提供最好产品与服务的公司。

4. 对产品的自信

很多推销人员在听到公司产品有一点点不足，或者顾客反映产品有一点点小毛病时，马上就开始抱怨公司产品质量的低下，这是不利于推销的。在产品高度同质化的今天，同类产品在功能方面有什么大的区别呢？没有！只要公司产品符合国家标准、行业标准或者企业标准，就是合格产品，也是公司最好的产品，一定可以找到消费者或者购买者。在整个推销过程中，不要对你推销的产品产生怀疑，要相信你推销的产品是优秀产品之一。能不能达成交易，取决于你的认真与技巧。

现实中一些业绩不好的推销人员将原因归于产品方面。我们来分析一下：任何一家公司、任何一种产品都有推销业绩优秀的推销人员，每个公司都有推销冠军。产品有问题，他们为什么可以卖出去，并且让消费者感到满意？你为什么不行？所以说，业绩的好坏主要取决于主观条件，而不是一些客观条件，你要始终对自己推销的产品充满信心。

（六）语言有说服力

社会心理学家经过研究发现，说服别人不但要有好的口才，其实更是一种微妙的心理互动，是心理需求和心理动机在不断改变的过程，因此，仅靠观点正确不足以取信对方，而微妙的心理术像调料一样，可以让你的说服有香有色，让听者在良好的情绪下愉快地接受你的观点。经过长期研究，社会心理学家提出了许多增强说服力的心理战术，主要可归纳为以下五种。

1. 利用“居家优势”

如果邻居家的狗咬伤了你家小孩，你是应该上他家去告状，让他赔偿你的医药费，还是让他到你家里来，讨论赔偿的问题？

答案应该是后者。心理学研究发现，在熟悉的环境中，人有心理优势，底气会更足，做事感觉会更有把握。这是因为双方的信息不对称，客观上有利于自己。如果不能在自己家中或办公室里，也应尽量争取在中性环境（比如安静的咖啡馆、茶馆等）进行，这样对方也没有“居家优势”，在心理上会保持平等。

2. 寻求与对方保持一致

如果你想让同事去献血，而他对此却毫无兴趣，甚至觉得你多事，你该怎样应对呢？

许多心理学研究者都发现，如果你试图改变某人的个人爱好，你越是使自己等同于他，就越具有说服力。因为你和他的相似程度越高，他就越把你当作“自己人”，你的言行在他看来也代表了他的需要和动机，排斥心理很可能在找到共同点后逐渐淡化。

3. 体验对方的感受

如果新搬来一对夫妻，你准备拜访他们，然后请他们为残疾儿童募捐，但他们正因水管漏水问题与物业争吵，你该采用什么办法来达到你的目的呢？

平庸的募捐者很可能开门见山，直截了当地提出募捐的请求，结果很可能被对方拒绝；而如果你不直言来访的目的，而是说：“听说你们刚搬过来，想认识你们，正赶上你家的水管漏水了，让我看看能不能帮上忙？”感受对方的困难，这样就显示了对别人感情的尊重。在融洽的感情衬托下，再委婉地提出募捐的要求，就让人难以推却。

4. 提出有力证据

你准备参加一个决策会，为一项前景不被大众看好的事业寻求一大笔投资，你该如何组织发言稿，让别人转变看法？

如果你能在陈述中向听众提供可靠的资料，包括充足而真实的数据、严密而有逻辑的分析和论证，而不是个人的看法，你就会增加说服力。最好能请一些专家为你做分析，因为权威更能消除听众的先入之见，让人安心。

5. 运用典型事例

如果你要推荐一种新药给患者，是详细介绍药物的成分、功能、用法和注意事项好，还是告诉他们，有一位他们熟悉的病友用过此药后病情快速得到控制好呢？

通常大家对后一种推销方法更感兴趣，因为对病人而言，疗效才是最重要的，而身边熟悉的病友是实实在在的典型例子，比任何长篇的吹嘘都有说服力。日常生活中，要说服别人，应旁征博引使用具体例子，最好是人们熟悉的人或事物，而不要一味空洞说教。

说服别人、赢得认同的能力并不是神秘的天赋，只要观点正确，通过学习一些社会交往心理技能，增强自己言谈的说服力也就不是一件难事了。

（七）留意竞争者

在市场竞争中，企业需要分析竞争者的优势与劣势，做到知己知彼，才能有针对性地制定正确的市场竞争战略，以避其锋芒、攻其弱点、出其不意，利用竞争者的劣势来争取市场竞争的优势，从而实现企业营销目标。需要分析竞争者的内容主要有以下几个方面。

1. 产品

包括竞争企业产品在市场上的地位；产品的适销性；产品系列的宽度与深度。

2. 销售渠道

包括竞争企业销售渠道的广度与深度；销售渠道的效率与实力；销售渠道的服务能力。

3. 市场营销

包括竞争企业市场营销组合的水平；市场调研与新产品开发的能力；销售队伍的培训与技能。

4. 生产与经营

包括竞争企业的生产规模与生产成本水平；设施与设备的技术先进性与灵活性；专利与专有技术；生产能力的扩展；质量控制与成本控制；区位优势；员工状况；原材料的来源与成本；纵向整合程度。

5. 研发能力

包括竞争企业内部在产品、工艺、基础研究、仿制等方面所具有的研究与开发能力；研发人员的创造性、可靠性、简化能力等方面的素质与技能。

6. 资金实力

包括竞争企业的资金结构；筹资能力；现金流量；资信度；财务比率；财务管理能力。

7. 组织

包括竞争企业组织成员价值观的一致性与目标的明确性；组织结构与企业策略的一致性；组织结构与信息传递的有效性；组织对环境因素变化的适应性与反应速度；组织成员的素质。

8. 管理能力

包括竞争企业管理者的领导素质与激励能力；协调能力；管理者的专业知识；管理决策的灵活性、适应性、前瞻性。

三、介绍产品的方法

（一）直接讲解法

这种方法节省时间，符合现代人的生活节奏，很有优越性。在讲解时要注意重点，讲解的内容应易于为顾客了解。推销人员直接明了地向顾客介绍产品，会让顾客觉得这个推销人员的工作很有效率，还懂得替顾客着想，节省顾客的时间和精力，于是很容易被顾客接受。

（二）举例说明法

可以举些使用产品的实例，说明它具有哪些效用、优点及特点。不直接向顾客讲解，可以使顾客感到轻松和容易接受，所以间接的办法得到了广泛的应用。虽然是间接介绍产品的效用、优点及特点，但推销人员应该记住在介绍时始终不能脱离销售这个主题，否则就起不到应有的作用。要注意的是举例不能乱说一通，要真实、实事求是。和直接介绍相比，间接介绍产品会花费更多的时间和精力，但是可能会更容易被顾客接受。所以，间接介绍产品也不失为一种很好的方法。

（三）借助名人法

运用这种方法时必须是真人实事，否则后果不堪设想。利用一些有名望的人来说明产品事实上就是利用一种“光环效应”，当人们觉得某个人有威望时，就会相信他所做的决定。

（四）实际示范法

像卖玻璃刀的人那样，一刀一刀地切割玻璃，买者一目了然，看到它好用，自然会愿意购买。实际上运用这种方法等于直接向顾客介绍了产品的效用、优点及特性，效果会更好，因为它符合顾客的心理。有时推销人员还可以请顾客演示，因为顾客更相信顾客，而且顾客亲自使用了产品会更相信产品的好处。

（五）展示解说法

此法与上面的实际示范法有共同之处，都是将产品展示在顾客面前。所不同的是，前者只用实际示范使顾客相信，后者则是边展示边解说。生动的描绘与说明加上产品本身的魅力，更容易使顾客产生购买欲望。因此在展示产品时要特别注意展示的步骤与艺术效果，注意展示的气氛。

（六）文图展示法

这种方法既方便又生动形象，给人以真实感。这里不但要注意展示的真实性、艺术性，还要尽量使展示图文并茂，这样销售效果会更好。在很多时候，推销人员可以利用一些文字与图片的色彩和画面来吸引顾客的目光。只要推销人员展示得好，就会让顾客感到满意。

（七）资料证明法

一般产品的销售往往采用这种方法，因为证明资料最容易让顾客信服，如某产品获奖或经过部门认定等资料最具说服力。如果能在面谈、演示之中不知不觉地使顾客了解证明资料，效果会更好。

基本概念

面谈目标　　面谈原则　　面谈内容　　面谈技巧
提问方式　　产品介绍方法

思考题

1. 如何理解推销面谈？
2. 推销人员进行推销面谈时必须遵循的原则是什么？
3. 推销面谈的策略有哪些？
4. 推销面谈的方法主要有哪几种？各有哪些特点？
5. 推销面谈的技巧有哪几种？请任选其中一种加以说明。

测测你的情绪控制能力

从A和B中选出能代表你的看法的一句。

1. 我认为销售是
A. 派给别人的购买任务。
B. 在帮助别人实现他们的某种夙愿。
2. 我认为销售就是
A. 为自己挣钱。
B. 对顾客和自己是双赢的事情。
3. 我的情绪
A. 极易受到顾客态度的影响。
B. 不易受他人的影响。
4. 我给顾客打电话之前
A. 会犹豫半天，唯恐遭到顾客的拒绝。
B. 想打就打，从不犹豫。
5. 一旦遭到顾客的拒绝
A. 我便会精神不振。
B. 把拒绝看作顾客的正常反应。
6. 对于顾客的消极回应
A. 会影响我，内心也产生消极的情绪。
B. 顾客的消极情绪是他们自己的，与我无关。
7. 如果销售没有成功，我
A. 责怪自己的成交能力太差。
B. 会认为是时机和方案不对。
8. 我认为销售成交的最大受益人
A. 只是我。
B. 顾客和我。

9. 我把顾客的疑虑看作

A. 他们可能不买的原因。

B. 他们产生兴趣的积极表现。

10. 联系顾客时我的主要目的是

A. 售出商品。

B. 理解他们的需求或目标。

测试结果的意义

请为每一个“B”计 1 分，“A”不计分，合计出总分。

9～10 分，你有很强的情绪控制能力，推销工作中你不畏挫折，不怕拒绝，始终保持饱满的工作热情。

6～8 分，你的情绪控制能力较强，大多数情况下能控制自己的情绪。

6 分以下，你的情绪控制能力较差，易受他人情绪的影响。

案例分析

寓销于教

2000 年 5 月的一天，广东东莞某大型玩具公司的代表来到某市，在该市的大型商场、娱乐中心、公司等场所举办大型玩具展示会。

在某公司的展示区，一位西装笔挺的中年男士走到玩具摊位前停了下来，售货小姐马上走上前去。

“先生，您好！您需要些什么玩具?”售货小姐笑容可掬地问道。“想要这样的遥控玩具。”男士伸手拿起一只遥控玩具战车。

售货小姐：“您的孩子多大了?”顾客：“6 岁了！”

售货小姐提高嗓门说：“这样的年龄玩这种玩具正是时候。”说着便把玩具的开关打开。男士的视线又被吸引到遥控玩具上来。“您看，我们的这种玩具操作非常简单，遥控器上就两个遥控杆，两只手各控制一个，就可以前进、后退、转弯，不像有些遥控玩具，是按键控制，操作很复杂，小孩子操作起来难度较大，可以说有时两只手忙得不可开交还控制不好，容易打击孩子的积极性。我们的这款玩具是肯定不会出现这种情况的。”她边说边把玩具放到地上，拿着遥控器，开始熟练地操纵着，前进、后退、转弯，“小孩子从小玩这种遥控玩具，可以培养强烈的领导意识。”说着把遥控器递到男士手里。于是，那位男士也开始玩起来了。两三分钟后，售货小姐问道：“先生，您看这个遥控玩具怎么样?”

男士开始问：“多少钱一套?”“450（元)。”

“太贵了！便宜点。算 400（元）好了。”

“先生，跟令郎将来的领导才能比起来，这实在是微不足道的。”售货小姐停了一下，拿出两节崭新的干电池说：“这样好了，这两节电池免费送给你！”说着便把原封的遥控玩具战车，连同两节电池，一起塞进包装袋递给男士。

男士一只手摸进口袋掏钱，另一只手接下玩具问：“不用试一下吗？不会有质量问题吧！”

“您放心，品质绝对保证！如有质量问题，明天我们还在这里，我们将无条件退款。”售货小姐送上名片说：“我们公司在贵单位办展示，已经交了一笔保证金。”

男士高兴地交了钱，拿着玩具满意而去。

问题：

1. 那位男士为什么满意而去？
2. 推销人员在推销中采用了哪些方法来说服那位男士？
3. 这个案例给了你什么启示？

第 13 章

异议的处理

- 了解异议产生的原因；
- 明确异议处理的思路；
- 掌握异议处理的技术。

引例

有期望才有抱怨

一天，王先生带着儿子逛庙会，在一个摊位儿子吵着要买一辆 35 元的玩具小汽车，王先生当时就不怎么在意地买了一辆。可是到了第二天，不知道是儿子玩得太粗野还是玩具车的齿轮没有接合好，车子一动也不动了。王先生非常无奈，只好笑着安慰一直耿耿于怀的儿子说："没办法，这是地摊货，过几天再买一个好的给你。"

过了两天，王先生在公司附近的一家玩具商店看到了同一款式的小汽车，就花了 40 元钱如约再买了一辆给儿子。儿子很高兴地玩了起来，可是到了第二天，车子又转不动了。王先生得知儿子的使用方法无误后，判断所买的玩具车是有瑕疵的，便利用下班时间前往玩具商店理论。营业员小肖漫不经心地说"是你的小孩使用不当造成的，别找其他的理由"，并以"当场验货，货出店门概不负责"为由不予调换。王先生很生气，与他争论起来。当时围观的人不少，这时柜组经理梅佳过来，问清缘由后，便给王先生换了一辆玩具汽车，双手把小汽车交给王先生，并代表整个柜组向王先生道歉。事态得到了平息，围观的人大多赞叹：看人家负责人，真有水平，给人一种讲道理、重信誉的印象。

资料来源：倪政兴．如何成为推销高手．成都：西南财经大学出版社，2003.

评析：本案中的顾客投诉是在购买产品后出现质量问题产生的。如果说销售产品前顾客提出异议是必然的过程（“褒贬是买主”，“观者是路人”嘛），推销人员应该重视的话，那么销售产品后的投诉（更大的异议）更应引起重视，因为这时候的顾客是心里有怨气、嘴上也要据理力争的。处理得好顾客会再次购买，处理不好会影响品牌信誉和商店的声誉。本案中的销售人员就没有正视问题，出言不逊，最后还是柜组经理出面圆满解决了争议，让顾客满意而去。现代社会物质极大丰富，生产企业也好，商场也好，注重售后服务和售前服务一样重要，满意的顾客才可能成为忠诚的顾客，不满意的顾客是绝不会成为忠诚顾客的，也不会给企业带来收入。

第1节　正确对待顾客的异议

一、解决异议是成功推销的关键

推销人员经常抱怨无论他们多么努力，顾客总还是有异议。这特别让新手郁闷不已。他们经常会问经理：如何解决这一问题?

（一）正确认识异议

虽然顾客的异议会让人感到不愉快，但如果推销人员理解异议的必然性，心境也许就会平和许多。推销的过程本就是一个异议→同意→异议的循环过程，每一次交易都是一次“同意”的达成，而合作必然会带来新的问题和额外的要求，这就是异议。虽然异议总是带来烦恼，但它也是推销人员从顾客获取更多信息、影响顾客的机会。解决异议、满足需求不但是教育顾客并同其建立良好关系的绝佳机会，而且经常能创造新的销售机会。

所以，推销人员应该理解：异议是正常的；异议说明顾客仍有合作的愿望；异议是同顾客沟通、了解需求、建立联系的机会；异议所指，兴趣所在。

（二）异议产生的根源

通常顾客提出异议是有一定依据的，同时也表示顾客已经对产品或多或少地感兴趣，因此，推销人员必须以正确的心态来认识顾客的异议。推销人员应首先了解顾客异议产生的原因有哪些。

二、顾客异议产生的原因

当今社会，人的社会心理及社会关系存在着必然冲突，推销活动必定是在这种冲突中进行的。但现代推销学对此主张的是一种积极的思维方式，即不指望冲突更少，而是努力把握和化解冲突。

在推销过程中，顾客异议的原因是多种多样的。既有必然因素，又有偶然因素；既有可控因素，又有不可控因素；既有主观因素，又有客观因素。归纳起来，主要有以下四个方面的原因。

（一）顾客方面的原因

1. 顾客的自我保护

人有本能的自我保护意识，在没弄清楚事情之前，会对陌生人心存恐惧，自然会心存戒备，摆出排斥的态度，以保护自我。

当推销人员向顾客推销时，对于顾客来说推销人员就是一位不速之客，推销品也是陌生之物。即使顾客明白推销品的功能、作用，并且是自己所需要的物品，他也会表示出一种本能的拒绝，或者提出这样那样的问题乃至反对意见。绝大多数的顾客所提出的异议都是在进行自我保护，也就是自我利益的保护。他们总是把得到的与付出的做比较。因此，推销人员要注意唤起顾客的兴趣，提醒顾客购买推销品所能带来的利益，才能消除顾客的不安，排除障碍，进而达成交易。

2. 顾客缺乏商品知识

现代科学技术的发展使产品的市场寿命周期越来越短，新产品层出不穷，产品的科技含量大大提高。一些新产品，尤其是科技含量较高的产品，特点与优势并不能立即被认识和接受，从而导致了顾客异议的产生。一般来说，顾客的文化程度越低，购买与消费方面的知识越少，往往在新技术产品的购买、消费方面知之甚少，甚至无知，越容易导致异议。

因此，推销人员应从关心与服务顾客的角度出发，以各种有效的展示与演讲方式深入浅出地向顾客推荐商品，做好启蒙和普及宣传工作，使顾客正确认识商品，以便有效地消除顾客异议。

3. 顾客的情绪不好，心情欠佳

人的行为有时会受到情绪的影响。推销人员和顾客约好见面，但是顾客刚好遇到不开心的事情，就很可能提出各种异议，甚至恶意反对，借题大发牢骚，肆意埋怨。此时，推销人员需要理智和冷静，正视这类异议，做到以柔克刚，缓和气氛。反之，就可能陷入尴尬境地。

4. 顾客的决策权有限

在实际的推销面谈过程中，推销人员会遇到顾客说“对不起，这个我说了不算”“等我家里人回来再说吧”“我们再商量一下”等托词，这可能说明顾客确实决策权不足，或顾客有权但不想承担责任，或者是找借口。推销人员要仔细分析，针对不同的情况，区别对待。

5. 顾客缺乏足够的购买力

顾客的购买力是指在一定的时期内，顾客具有购买商品的货币支付能力。它是顾客满足需求、实现购买的物质基础。如果顾客缺乏购买力，就会拒绝购买，或者希望得到一定的优惠。有时顾客会以此为借口拒绝推销人员，有时也会利用其他异议来掩饰缺乏购买力的真正原因。因此，推销人员要认真分析顾客缺乏购买力的原因，以便做出适宜的处理。

6. 顾客有比较稳定的采购渠道

大多数顾客在长期的生产、经营中，与某些推销人员及其所代表的企业形成了比较稳定的购销合作关系，组织购买者尤其如此。

7. 顾客的购买经验与成见

顾客在日常购买活动中的经验往往被用以指导后续的购买行为，如果顾客在以往购买实践中有过较大的经验教训，顾客可能会牢记心间并形成对某个或某类推销品或推销人员的成见。成见是顾客认知中一个错误的知觉，在文化水平较低、购买经历较多而思想狭隘的顾客中较为常见。

（二）推销品方面的原因

推销品自身的问题使顾客对推销品产生异议的情况也有很多，大致可归纳为以下几方面。

1. 推销品的质量

推销品的质量包括：推销品的性能（适用性、有效性、可靠性、方便性等）、规格、颜色、型号、外观、包装等。如果顾客对推销品的上述某一方面存在疑虑、不满，便会产生异议。当然，有些异议确实是推销品本身有质量问题，有的却是顾客对推销品的质量存在认识上的误区或成见，有的是顾客想获得价格或其他方面优惠的借口。所以，推销人员要耐心听取顾客的异议，去伪存真，发掘其真实的原因，对症下药，设法消除异议。

2. 推销品的价格

美国的一项调查显示，有75.1%的推销人员在推销过程中遇到过有价格异议的顾客。顾客产生价格异议的原因主要有：顾客主观上认为推销品价格太高，物非所值；顾客希望通过价格异议达到其他目的；顾客无购买能力；等等。要解决价格异议，推销人员必须加强学习，掌握丰富的商品知识、市场知识和一定的推销技巧，提高自身的业务素质。

3. 推销品的品牌及包装

商品的品牌一定程度上可以代表商品的质量和特色。在市场中，同类同质的商品就因为品牌不同，售价、销售量、美誉度都不同。顾客为了保险起见，也就是顾客为了获得的心理安全度高一些，通常在购买商品时都会挑选名牌产品。

商品的包装是商品的重要组成部分，具有保护和美化商品、利于消费者识别、促进产品销售的功能，是商品竞争的重要手段之一。一般顾客都喜欢购买包装精巧、大方、美观、环保的商品。

可见，无论是品牌还是包装，它们都是商品的有机组成部分。如果顾客对它们有什么不满，也可能引起顾客的异议。推销人员应能灵活处理，企业也应该重视商品的品牌建设和商品包装。

4. 推销品的销售服务

商品的销售服务包括商品的售前、售中和售后服务。在日益激烈的市场竞争中，顾客对销售服务的要求越来越高。销售服务的好坏直接影响到顾客的购买行为。

在实际推销过程中，顾客对推销品的服务异议主要有：推销人员未能向顾客提供足够的产品信息和企业信息；未能提供顾客满意的服务；对产品的售后服务不能提供明确的信息或不能得到顾客的认同等。

对企业来讲，商品的销售服务是现在乃至将来市场竞争中最有效的手段。推销人员为减少顾客的异议，应尽其所能，为顾客提供一流的、全方位的服务，以赢得顾客，扩大销售。

（三）推销人员方面的原因

顾客的异议可能是推销人员素质低、能力差造成的。例如，推销人员的推销礼仪不当；不注重自己的仪表；对推销品一知半解，缺乏信心；推销技巧不熟练；等等。因此，推销人员能力、素质的高低直接关系到推销面谈的成功与否，推销人员一定要重视自身修养，提高业务能力及水平。

（四）企业方面的原因

在推销面谈中，顾客的异议有时还会来源于企业。例如，企业经营管理水平低、产品质量差、不守信用、企业知名度不高等。这些都会影响到顾客的购买行为，顾客对企业没有好的印象，自然对企业所生产的商品就不会有好的评价，也就不会购买。

三、处理顾客异议的时机

把握合适的时机来处理顾客异议，无疑对推销工作有很大的帮助和改观。从对一个合格的推销人员的要求来讲，这也是一种基本功。那么，什么是处理顾客异议的最佳时机呢？根据经验，可以考虑以下几种选择。

（一）在顾客提出异议前处理

推销人员在推销活动中，往往会接触顾客并敏锐地察觉到顾客可能提出的一些不同意见，并据此明确自己的思路，先发制人地抢在顾客提出异议之前将答案准备好并予以正确回答。这样使顾客提不出不同意见，有效地避免了纠正、反驳顾客的不同意见，减少了与顾客之间的摩擦和矛盾，同时也使顾客感受到推销人员的真诚、坦率，让顾客认识到推销人员没有隐瞒自己的观点，甚至非常了解他，说出了他想说而未说出来的意见，从而起到大事化小、小事化了的良好效果，避免了顾客在一些问题上的小题大做而影响推销工作的进行。另外也节约了面谈的时间，提高了工作效率。

（二）在顾客提出异议后马上处理

一般情况下，顾客提出不同的意见后，都希望能马上得到一个满意的答复，因此，果断地处理顾客提出的不同意见是推销人员处理此类问题的上策和最佳时机。推销人员千万不能回避，否则顾客的疑虑会更深，并拒绝与推销人员接触甚至拒绝购买。如果推销人员对顾客提出的不同意见不能马上回答，也必须对顾客说明其中的原因并请求其谅解，以争取顾客的大力支持与合作。

（三）推迟处理顾客的异议

作为一种特例，有时马上答复顾客提出的不同意见反而对推销工作不利，此时可以采取推迟处理的办法。许多专家认为若下列情况成立，可以采取此策略：

（1）不能马上给顾客一个满意的答复。

（2）若马上答复顾客的异议，反而对推销工作不利。

（3）顾客的不同意见将随时间的推移逐渐减少或消失。

（4）不想反驳顾客的不同意见。

（5）想避开顾客的不同意见而不进行任何反驳。

（6）顾客的不同意见离题太远。

（四）不处理顾客的异议

顾客心情不佳时提出的一些借口或不同意见最好不予理睬，那些与推销活动无关的不同意见更不应理睬。

四、处理异议的思路

处理异议的思路主要包括五个步骤：第一，倾听顾客的异议；第二，反馈给顾客对他所说内容的理解；第三，澄清顾客的问题和需求；第四，提供你的解决方案；第五，鼓励顾客采取积极的行动。

（一）倾听

推销人员应该鼓励顾客陈述事实及表达想法，从而更好地了解顾客的内心想法，这时需注意两点：

（1）面对客户的异议，推销人员首先要冷静，了解清楚两个问题：

1）顾客究竟有什么问题？当顾客产生异议时，一定要鼓励顾客表达他的异议，推销人员才能通过倾听来了解和发现顾客究竟被什么问题困扰。

2）顾客究竟是什么感受？顾客的真正感受是不是如其所述？通过倾听和观察发现顾客内心的真实感受是什么。

（2）如果没有弄清楚对方的意思，推销人员有必要积极地去问：

- 您的意思是？
- 您是否可以说得再详细些？
- 您说得很有意思，我想知道！
- 也许我还不理解，您能再说一遍吗？

（二）认同

对于顾客的表达，推销人员应该反馈给顾客对他所说内容的理解。认同可以起到以下作用：淡化冲突，提出双方需要共同面对的问题，以利于进一步解决异议。

一种有效的认同方法是重复顾客的反对意见，并将语气淡化。例如：

- 我很理解您目前的处境。
- 您有这样的想法我并不奇怪。
- 如果我处在您的位置也会感觉……
- 我有很多客户有过同您一样的感受。

（三）澄清

在认同顾客的反馈以后，澄清顾客的问题和需求，可以通过以下三个方面来进行。

（1）将异议转化为可以解决的问题。

(2) 帮助顾客使问题具体化。

(3) 再次确证你已真正理解了顾客的异议。

澄清的方法是，用你自己的话来重述异议，进行概括。例如：

- 所以，你问的是……
- 若我没有理解错，你是担心……
- 是否可以这样说，真正的问题是……

(四) 陈述

对于顾客的问题和需求，推销人员可以根据具体情况提供解决方案，比如：

(1) 用产品的其他利益对顾客进行补偿，例如顾客在颜色上挑毛病，我们可以说是打折销售，在价格上进行补偿。

(2) 将异议变成卖点。例如，阿里巴巴每天有超过 7 000 万生意人在网站上寻找生意机会，如果没有效果，你的商人朋友会花宝贵的时间来阿里巴巴发信息、查信息吗?

这里要注意客户的常用托词：

- 我考虑考虑。
- 我们决定以后和你联系。
- 我要去出差，过几天再说吧。
- 我们老板说不考虑了。
- 最近太忙了，等空一点再说。

(五) 要求

推销人员通过陈述自己的观点，以及提出相应的解决方案，来鼓励顾客采取积极的行动。

首先，鼓励顾客做出积极的决定。例如：

- 您是否同意我的看法?
- 我真的很想知道您觉得我们的服务对您有帮助吗?
- 我只是想再次明确一下您是否愿意加入我们公司?

然后再来帮助顾客做决定。例如：

那您看要不这样吧，如果可以的话，就请您恕我自作主张来帮您出个主意吧（来帮您做个决定）。

第 2 节 处理异议的技术

一、“是的，如果……”法

“是的，如果……”法是指推销人员根据有关事实或理由间接否定顾客异议的一种处理策略，适用于顾客的无知、成见、片面意见、信息不足和个性所引起的购买异议。使用此法要像拳击手，避开正面进攻，等候时机。

人有一个共性：不管有理没理，当自己的意见被别人直接反驳时，内心总是不痛快，甚至会被激怒，尤其是遭到一位素昧平生的推销人员的正面反驳。

屡次正面反驳顾客，会让顾客恼羞成怒，即使说得都对，也没有恶意，还是会引起顾客的反感，因此，推销人员最好不要开门见山地直接提出反对的意见。在表达不同意见时，尽量使用“是的，如果……”的句法，软化不同意见的口气。用“是的”同意顾客部分的意见，再用“如果”表达在另外一种状况下是否这样比较好。

请比较下面两种方法，感觉是否有天壤之别：

A：“您根本没了解我的意思，因为情况是这样的……”

B：“平心而论，在一般情况下，您说得都非常正确，如果情况变成这样，您看我们是不是应该……”

A：“您的想法不正确，因为……”

B：“您有这样的想法，一点也没错，当我第一次听到时，我的想法和您完全一样，可是如果我们做了进一步的了解后……”

养成用B的方式表达不同的意见，你将受益无穷。

“是的，如果……”是源自“是的，但是……”的句法，因为“但是”的字眼在转折时过于强烈，很容易让顾客感觉到你说的“是的”并没有包含多大诚意，而强调的是“但是”后面的诉求，因此，若使用“但是”，要多加留意，以免违背了处理客户异议的初衷。

二、顺水推舟法（利用处理法）

顺水推舟法是指推销人员直接利用顾客异议进行转化去处理顾客异议的方法。顾客异议提出了一个关于顾客的实际问题和看法，如果能将计就计，利用顾客异议中正确、积极的一面，就可变障碍为信号，促进成交。运用此法时要注意缓和顾客的情绪，对推销人员的能力要求也比较高。

三、更换法

更换法是指顾客对推销人员本身有异议时，通过更换推销人员对异议进行处理。有时顾客需要产品，仅仅因为推销人员与顾客在气质、性格、爱好等方面话不投机，或者因为推销人员礼仪不当引起顾客异议，更换推销人员就是最好、最有效的方法。

四、问题引导法

问题引导法是指推销人员通过对顾客异议提出疑问来处理异议的一种策略与方法。顾客购买异议的不确定性为推销人员分析顾客异议、排除购买障碍增加了困难，但也为问题引导法提供了理论依据。

通过问题引导可以把握住客户真正的异议点。推销人员在没有确认顾客反对意见的重点及程度前，直接回答顾客的反对意见，可能会引出更多的异议。

推销人员的字典中有一个非常珍贵、价值无穷的字眼——“为什么?”不要轻易地放弃这个利器，也不要过于自信，认为自己已能猜出顾客为什么会这样或为什么会那样，而是让顾客自己说出来。当你问为什么的时候，顾客必然会做出以下反应：他必须回答自己提出反对意见的理由，说出自己内心的想法；他必须再次审视他提出的反对意见是否妥当。

此时，推销人员能听到顾客真实的反对原因，明确地把握住反对的重点，同时也能有较多的时间思考如何处理顾客的反对意见。

五、反驳法

反驳法是指推销人员根据较明显的事实和理由直接否定顾客异议的一种处理策略，适合处理顾客的无知、误解、成见、信息不足产生的有效异议和质量异议。运用此法要注意时间、措辞等，不可滥用。

六、补偿处理法

补偿处理法是指推销人员利用顾客异议以外的、能补偿给顾客的其他实际利益，对顾客异议实行补偿的方法。运用此法应注意：因为前面肯定了顾客的异议，就应该马上给出补偿内容，否则会导致顾客丧失信心。

潜在顾客："这个皮包的设计、颜色都非常棒，令人耳目一新，可惜皮的品质不是顶好的。"销售人员："您真是好眼力，这个皮料的确不是最好的，若选用最好的皮料，价格恐怕要高出现在的五成以上。"

当顾客提出的异议有事实依据时，你应该承认并欣然接受，强力否认事实是不明智的举动。但记住，你要给顾客一些补偿，让他心理平衡，也就是让他产生一种感觉：产品的价格与售价一致。

产品的优点对顾客是重要的，产品没有的优点对顾客而言是相对不重要的。

世界上没有十全十美的产品，当然要求产品的优点越多越好，但真正影响顾客购买与否的关键点其实不多，补偿处理法能有效地弥补产品本身的弱点。

补偿处理法的运用范围非常广泛，效果也很好。例如安飞士有一句有名的广告："我们是第二位，因此我们更努力！"这也是一种补偿处理法。顾客嫌车身过短时，汽车销售人员可以告诉顾客："车身短能让您停车非常方便，若您是大型停车位，可同时停两辆车。"

七、抢先法

抢先法是为预防顾客提出异议，而抢先就顾客可能提出异议的内容进行主动处理的方法。抢先法可以缩短时间，起到防患于未然的作用。

八、推迟答复法

推迟答复法是推销人员暂时不处理客户异议，等待顾客自我提示后再处理的策略。可以在展示完产品后，留一段时间给顾客思考，让顾客对产品做进一步的了解，顾客由此也会信任推销人员，并有可能购买产品。

九、不理睬处理法

如果顾客提出的原因难以捉摸，或是无关、无效和虚假异议等，推销人员完全不用理睬。不理睬处理法可以避免浪费时间和精力，以集中精力去处理重点业务。

对于顾客的一些不影响成交的反对意见，推销人员最好不要反驳，采用不理睬的方法是最佳的。千万不能顾客一有反对意见你就反驳或以其他方法处理，那样就会给顾客造成你总在挑他毛病的印象。当顾客向你抱怨你的公司或你的同行这样一类无关成交的问题时，你都不要理睬，转而谈你要说的问题。比如，顾客说："啊，你原来是××公司的推销员，你们公司周围的环境可真差，交通也不方便呀！"尽管事实并非如此，你也不要争辩，你可以说："先生，请您看看产品……"国外的推销专家认为，在实际推销过程中80%的反对意见都应该冷处理。

十、定制式处理法

定制式处理法是指推销人员按顾客异议内容重新为顾客制造和销售符合顾客要求的产品来处理顾客异议的方法。推销人员应有准备地向企业反映顾客要求，通过改进产品、改进服务，尽量满足顾客的要求。

基本概念

异议原因　　异议处理时机　　异议处理思路　　异议处理方法

思考题

1. 如何理解推销异议的处理？
2. 推销异议产生的原因有哪些？
3. 推销异议处理的思路有哪些？
4. 推销异议处理的方法主要有哪几种？请任选其中一种加以说明。

案例分析

处理异议的技巧

客户："我没有兴趣！"

王飞："对呀先生，就是您没有兴趣我才和您谈，有兴趣的人我不会跟他谈，因为有兴趣的人已经买很多保险了！"

客户："我已经买了！"

王飞："没兴趣，又买了，真不简单，难怪我90%的客户都买了好几份保险，请问您有几份保险？"

客户犹豫一下，立即转换口气："我骗您的啦！实在是没有钱买保险。"

王飞："没关系，我刚才也是跟您开个玩笑，可是，刘先生，您知道吗？其实没钱的人才需要买保险，有钱人并不需要买保险，您说对不对？"

这样，客户无论答"是"或"不是"都很苍白，说什么都被王飞逮个正着。

此外，据王飞的说法是，越是碰到个性强的客户，这一招"是，是，所以……"的处理公式越是管用，可以成功地突破客户心理防线，并且顺利地切入问题核心，了解研究客户有没有诚意，或是为反对而反对。

一位客户表示："碰到像他这样的业务员，就算真对保险没好感，也很难不正眼瞧瞧这个人！"

王飞更相信，推销无非是贩卖一种"感觉"，对客户来说，这种"对味"的重要性并不亚于业务员对商品的专业性。

问题：

1. 如何认识顾客在推销过程中的异议？
2. 为什么顾客会有异议？
3. 你从推销员王飞的经验中获得了什么启示？

第 14 章

促成交易，赢得终生客户

- 理解交易推销与关系推销理论；
- 明确促成交易的必要条件；
- 掌握顾客表现出来的成交信号，准确把握推销成交时机；
- 掌握促成交易的基本方法和技巧；
- 了解与顾客保持联系的方法；
- 推销成交后的服务和跟踪工作。

引例

处变不惊，掌握主动权

第二次世界大战中，日本海军企图在中途岛与美国海军展开决战，将美军逐出太平洋，并拟定了作战计划。但是，美军情报机关截获并破译了日军的密码，针锋相对地制定了歼灭日本海军的行动计划。正当日美海军都在紧锣密鼓地进行战争部署时，美国芝加哥的一家报纸不知道通过什么途径获得了美国海军的行动计划，并把它当作独家新闻刊发在报纸上。美国情报机关和日本情报机关都大吃一惊，立即把这一情报报告给各自的首脑。罗斯福也大吃一惊，如此严重的泄密，其后果不堪设想。但是，罗斯福在惊诧之后又立刻冷静下来，他认为：如果对这家报纸兴师问罪，必然会惊动日本人，日本人立刻就会取消中途岛的作战计划，更加严重的是，日本人会警觉起来，对他们自己的“密码”的可靠性产生怀疑，倘若日本人“更新”他们的“密码”，美国情报机关又只好从零开始……罗斯福采取的对策是：听之任之，故作“不知”。罗斯福一装糊涂，日军首脑就真的糊涂起来，他们得出的结论是：美国人是在讹诈，他们根本没有破译日军的密码。因此，日军不但没有终止中途岛大战的计划，而且连密码也没有更换。

中途岛一战，日本海军落入美军精心设下的陷阱，损失惨重。此后，日本海军永远地失去了它在海上的优势。罗斯福总统处变不惊，大智若愚，使美国海军从此掌握了海上作战的主动权。

评析：商业上的促成交易就是一笔生意的完成。在促成交易的过程中买卖双方的斗智斗勇、大智如愚甚或尔虞我诈之术无所不用其极。而军事上的争斗就是指向一次战斗的成功。本案中美国获得中途岛战争的胜利是一次了解人性和将错就错的大智若愚式的胜利。它提醒推销人员在促成交易的过程中可以借用兵法中的谋略开展推销活动，不拘一格综合运用商战中的成交策略和兵法中的谋略来取得最后的成功。

第 1 节 交易推销与关系推销的差异

一、交易推销与关系推销的含义

交易推销所考虑的是在某个时间创造出单项交易，而不在于考虑长期关系，也称独立的单项交易（discrete transactions）。麦克尼尔（Macneil）指出，典型的独立的单项交易是以钱款为一方和以易于检验的商品为另一方的交易。独立的单项交易是与交易参与者之间在同一时间及其之前和之后的时间所做的其他交易相分离的交易，其纯粹形式是出现在始终无任何其他交易的两者之间，这在现实生活中显然是不存在的。

关系推销是长期性、不断发生的一系列关联交易，其中每一次交易都与以往的交易和未来的交易相关。未来协作的基础是预期设想、信任和计划。关系推销的参与者可被认为是旨在获取经济的、非经济的及个人的综合利益，并致力于社会性交往。由于关系推销所包含的责任和操作相对比较复杂，并且是长期延续的，参与者可能要花更多的精力来认真选择和评价交易的内容。

根据以上所讨论的差异，独立的单项交易的例子还有消费者在农贸市场买桃子，或一个食品商随意地从某供应商那里批量购买包装袋。在这类交易中，产品是很容易鉴别的，可以用现金支付并立即提走；同时，不会有长时间的交易磋商，现金付讫就结束交易，双方的相互需求也告结束。

交易推销意为企业侧重于一次性单项交易；其时间观念是短促的，其营销分析单位是单项的市场交易；营销利润源于当前的交易，尽管有时也会产生某些长期性的设想。在关系推销中，时间观念是长期性的。销售人员不仅仅关注短期交易成果，其主要目标是通过与顾客建立和维持互利关系，创造长期性的业绩。在某些情况下，单项交易可以是无利润的。

在交易推销中，除了核心产品和维系顾客的企业形象及商标外，没有更多的其他内容。当竞争对手推出类似产品时（在当今大多数市场上这是很容易做到的），在广告和企业的形象性推销战略下，顾客的价格敏感度一般是很高的。相反，推行关系推销战略的企业为顾客提供的价值要比单纯地供应核心产品更多。这类企业通过长期发展，与顾客建立了较深入、较紧密的关系，这种关系可能是技术上的，或是与经验知识有关的，或是与信息有关的，或是社会交往性的。如果这些关系处理得好，企业即可向顾客提供更多的价值，这种超额价值是核心产品本身不能提供的。当然，价格并非不重要，但在这种情况下，其重要性会有所下降。精明的关系推销行为能降低顾客的价格敏感度。

对于通常采用交易推销战略的经营个人消费品的企业来说，除了持续观察市场份额外，确实没有其他可行的检测方法。但另一方面，经营服务和工业品的企业能够比较容易地实施关系推销战略，它们几乎与所有的客户都至少能以某种方式保持紧密的交往关系，即使是经营顾客众多的市场时也能如此，因而能够直接检测顾客满意度。

在关系推销战略下，企业最终能够建立起一种持续的、及时的信息系统。这一系统将形成持续的、及时有效的顾客管理，并能源源不断地提供有关顾客的满意程度和满意情况的信息，而这在交易推销战略下是不可能做到的，或者说是很难做到且代价高昂的。

二、关系推销的决定因素

买卖双方的关系很少在完成一项购销业务后就结束了。这种关系在完成购销后会有所加深，并在购买方以后的购买决策中起着一定的作用。若首次购销业务使双方都十分满意，双方结成伙伴关系的进程就开始了。这种伙伴关系的结合程度取决于销售方的努力。伙伴关系的紧密程度将决定双方的购销业务能否继续或扩展。在讨论关系推销的运作过程之前，有必要先了解那些对营造和维持商务关系至关重要的因素。认识了这些重要因素之后，关系推销业务的执行人员就会知道自己应该从哪些方面去努力。表14－1列举了这些重要因素。

表14－1　　商务关系中的重要因素

1. 承诺	7. 结构性联系
2. 信任	8. 转换条件
3. 合作	9. 适应性
4. 共同目标	10. 非收益投资
5. 相互依赖与实力	11. 共享技术
6. 绩效满意度	12. 社会联系

下面分别就这些因素进行分析。

（一）承诺

承诺是一种继续发展买卖关系和努力确保买卖关系持续下去的要求。这种要求表明，保持买卖关系对于双方都非常重要，双方都确认保持买卖关系能为双方带来预期的利益。这种意愿对于双方获取各自的价值成果是非常关键的，双方都会去维持和发展相互维系的商务关系。伙伴意愿和相互信任是建立和发展商务关系的两个关键因素，因为这将促使双方的市场营销人员在以下三个方面做出努力：（1）以相互合作的方式投资建设商务关系；（2）抵制短期利益的诱惑，以利于开发长期性关系推销利益；（3）因坚信对方不会做出损人利己的行为，能够客观地评价潜在的风险。伙伴意愿和相互信任是关系推销的基石。

（二）信任

相互信任是关系推销的基本因素之一。买卖关系的最初建立和继续发展这一关系的意愿，都有赖于相互的信任；否则，买卖关系就无法建立，即便建立起来也会很快终止。在有关信任的定义中，绝大多数都包含着这样一个信念：相互信任的双方的行动都会最充分地考虑对方的利益。这意味着每一方都谋求协作，都愿意承担责任，都会非常看重双方商务关系的发展。相互信任还意味着双方都坚信对方的承诺完全可信，对方一定会履行其责任。要建立起信任，推销人员必须做好五件事：他们必须证明自己是可信赖的，是坦率的，是有能力的，是关注顾客利益的，并善于与顾客确立和发展和睦关系。

可信赖意味着推销人员必须在顾客心中确立务实的形象，不轻易许诺做不到的事情。基于充分依据的承诺将会不断提高可信赖程度，推销人员的行为必须与其承诺保持一致。为此，推销人员应以书面形式将关键承诺按日期记下来，并随时掌握顾客的最新需求情况，以便随时都能帮助顾客解决问题。推销人员还必须真心实意地关心顾客的利益，让顾客知道，他们可以把自身利益托付给推销人员。要确立信任，至少应使顾客感到推销人员的行为是可预见的，是能够充分关注顾客利益的。

建立信任关系的另一个关键因素是坦率。坦率意味着要向顾客说明有关问题的两个方面，对所销售的产品或服务要同时介绍其长处和短处。推销人员不能夸大所售产品或服务的功能，这一点非常重要。夸大性介绍会使顾客产生过高的期望，一旦不能实现，顾客就会非常失望。对顾客坦率会提高推销人员的信誉，顾客就会信任推销人员，就会更乐于接受推销人员。

可信赖和坦率是重要的，但推销人员还必须具备相应的能力。这类能力是指必须掌握的营销知识，这将使推销人员能够向顾客提供正确的信息。如果推销人员未充分掌握这类知识，他们就不能赢得信任。推销人员还应当做到一旦顾客有需要，就能及时提供帮助。与顾客保持及时联系的方法很多，如网页、移动电话、语音信箱、传真机、住宅电话等。随叫随到使推销人员具有专业形象，能提高顾客的信任感。

关注顾客利益意味着顾客已感受到推销人员完全理解了顾客一方的利益。要做到这一点，推销人员必须善于询问顾客的需要，主动听取顾客的意见。

获得信任的另一要素是与顾客建立密切的关系。和善的态度是最起码的要求。顾客总是乐意与友好、礼貌、谦恭的推销人员打交道。关心顾客利益、倾听顾客意见、珍惜顾客的时间等，都是营造和睦关系的方法。与顾客确立共同利益也是很重要的，共同利益越多，就越容易与顾客长时间地讨论更多的问题。通过细心观察和捕捉信号，就可以发现所存在的共同利益。通过观察顾客办公室里的图片、陈列品、各种证书以及通过探测性的简短交谈，可以发现顾客的兴趣和利益。

（三）合作

合作是指各方共同协作以实现共同目标。以向纺织业供应化学产品的 HighPoint 化学公司为例，其市场客户是非常不稳定的，因为流行期很短（通常为两年）。对于 HighPoint 公司及其主要客户来说，最大的利益就存在于合作之中，通过合作，它们能够开发新一代材料，并在流行趋势发生之前就完成有关化学品的开发研制工作。良好的合作关系应该是建立在自愿基础上的，合作不应是被迫做出的依赖性行为。

（四）共同目标

共同目标是维持商务关系的最突出的因素。共同目标是有关各方共同确定的目标，是只有通过共同行动和维持合作关系才能实现的目标。共同目标的多寡强弱直接影响顾客的满意程度。另外，共同目标不是一方为另一方设置的，而是双方内在的，因而更具活力。

（五）相互依赖与实力

买卖各方的实力与双方的相互依赖关系密切相关。相互依赖的不平衡表现为一方能够使另一方去做其正常情况下所不愿做的事情。在一方具有并实施主导控制权的情况下，不可能发展起持续性的互利关系。就像美满的婚姻一样，结成稳定商务关系的各方都应是有实力的，并能够为商务关系的发展带来有价值的贡献。在由更强大的一方所施加的强制性压力下，是不能确立起伙伴意愿、信任或协作动机的，只会导致双方不欢而散。在零售业中，这种强制性压力被称为“榨取”。例如，百货公司向小供应商提出许多附加的要求，使它们承担额外成本，如果小供应商不服从这类强硬的勒索性要求，其产品就进不了百货公司的柜台。这类小供应商若要申诉，其代价也相当高。

（六）绩效满意度

这一关键因素意味着各方特别是卖方必须在商务交易的各个方面让对方感到高度满意。买方应满足其交易伙伴的商务需要。1992—1993年，通用汽车公司实施了强硬的采购价格策略，结果是通用汽车公司节省了成本，但同时也打击了供应商。通用汽车公司这一行动的代价是削弱了未来的竞争优势，因为供应商只能维持眼前的生产供应，无力为通用汽车公司的未来需要投资开发新的配套产品。供应商开始担心，通用汽车公司接下来会不会只给它们小批量的新设计配件的订单？相互满足要求商务交易能够满足对方的商务活动期望，既要满足其在特定产品上的期望，也要满足其非产品方面的期望。

（七）结构性联系

这类联系是巩固商务关系的纽带。随着时间的推移及投资规模的扩大、相互适应程度的提高、共享技术的发展，结构性联系便会发展起来，进而使商务关系更加牢固。

（八）转换条件

转换条件是指在某种交易条件下变换交易伙伴也能完成交易。如果存在众多可供选择的高素质交易伙伴，变换交易伙伴有时就会发生，尽管结构性联系会在一定程度上阻止这种变换（结构性联系的形成成本很高）。

（九）适应性

这是指商务关系的一方改变自身的运作方法或改变产品，以适应另一方的商务活动。在商务关系发展的不同阶段，相互适应有不同的表现。在确立商务关系的初期，相互适应是提高信任度的一条途径；在商务关系的成熟阶段，则旨在巩固和扩展商务关系。相互适应能使买卖双方结成紧密的关系，并形成竞争者介入的障碍。

（十）非收益投资

这涉及一方对另一方为商务关系做出的贡献如何评价。

（十一）共享技术

共享技术涉及的范围很广，从产品技术到计算机联网系统都包括在内。共享技术除了能在初始阶段起到密切关系的作用外，还能在技术成熟和实施时加强商务关系。20 世纪 90 年代，沃尔玛在和供应商磋商供货价格时，面临着大采购商凯马特公司和西尔斯公司的竞争，处于劣势。为了迎接挑战，沃尔玛公司建立了一个每天向供应商提供各个零售店销售报告的计算机系统，并允许供应商随时进入沃尔玛所使用的决策分析软件系统。通过向供应商提供全面的销售数据、特定促销措施的效果信息和各地市场要求的差异信息，沃尔玛公司与众多的供应商建立了紧密的关系，从而赢得了竞争。

（十二）社会联系

在购销企业双方的个人之间显然能够发展起深厚的友谊，进而密切双方企业间的关系。研究表明，采购人员和销售人员之间的深厚友谊更有利于维持商务关系。社会关系便是这种个人友谊及采购人员和销售人员之间的相互迎合。

关系推销专家充分认识到这一因素在商务关系中的关键作用，并运用这一因素选择合适的伙伴，在个人友谊的基础上构建商务关系，同时不断加强这种社会关系。从长远的观点看，关系推销人员能在经济利益和人际关系两个方面使个人和企业都获得满意的结果；而交易推销人员则会发现，很难插足有关市场。交易推销人员往往发现，自己终日在忙忙乱乱地寻找新的交易机会，进行令人疲惫的激烈竞争，并被迫进行高风险的交易。为了确保能从长远客户关系中获得收益，推销人员应善于与顾客发展关系，并善于运用适当的关系推销方法。

第 2 节　赢得客户的策略和促成交易的方法

一、促成交易的重要性

尽管推销人员应该将促成购买决定视作提供帮助的一次机会，而不是一场战斗，但这并不能减弱促成购买决定的必要性。推销人员如果指望潜在顾客主动前来签订购销协议，是注定要失望的。在做出了完善的介绍和展示以后，许多推销人员以为潜在客户会采取主动，无须邀请便会做出购买决定。这种情况有时会发生，但不常见。无论潜在顾客对所展示的产品具有多么强烈的需求欲望，仍有可能具有一些否定购买的考虑。对于可能的损失（花钱买了不起作用的产品）的考虑，或担心亲友反对的顾虑，往往会阻止购买。此时，潜在顾客通常会考虑其他的替代需求，如考虑是加入网球俱乐部还是加入高尔夫球俱乐部，这样他们就不得不推迟购买。不管是出于什么样的特定理由，到了需要做出购买决策的这一刻，潜在顾客心中都会产生一种“购买者危机感”。你可以回想一下你上一次购买 iPad、汽车或其他大件产品的情景。你可能正是一方面知道自己非常强烈地想拥有这一产品，另一方面却未能很快地做出购买的最佳决定。在这种情况下，许多购买者需要推销人员的帮助。对此，推销人员应该有所行动，引导潜在顾客进行决策。如果没有这种帮助，消费者就不能在购物过程中受益和得到满足。此时，推销人员应就促成购买决定采取行动，以尽快结束消费者头脑中“是与否”的冲突。

二、营造信任的五要素

如果建立关系是销售成功的关键，那么信任就是基础。如果问顶级的推销人员他们成功的关键，他们会告诉你与消费者建立信任是至关重要的。但是如何建立信任呢？通常情况下，这是你随手可以做的产生变化的小事，我们称之为建立信任的因素。以下五点能帮助你和消费者建立牢固的关系。

（一）原则

我们能做一些丢失生意的事情：没有准时地完成工作；没有有效地沟通；没有及时地跟进。但是从对消费者的观察来看，说谎是最容易失去信任和失去生意的一种方式。在有些情况下，给消费者的回答会危害销售，但是有时候暂时的失去反而会赢得最终的胜利。

（二）诚信

这是信任开始建立的要素。你对消费者的信息反馈做出回复的时候，你都是在建立信任。你对消费者收到你的服务或产品后进行跟踪的时候，你就是在建立信任。每一次，你及时地解决问题，用正确的方式解答，你就是在建立信任。

（三）理解

当你花费时间理解消费者需求、企业情况、竞争状况等时，你就是在建立信任。每天显得有兴趣地问生意方面的问题。经常去见一些在一个销售团队里最高效完成任务的人是值得的，问他们的消费者为什么要买他们的产品或服务。

（四）服务

作为销售成功最重要的基础，问自己这些问题：

- 如果我的顾客离开，我知道这是为什么。
- 如果我不知道为什么，我是不是问了？
- 我是不是问了我的每一个顾客我们是不是有一些事情没有做到更好？
- 我是否给顾客提供了我的资源，甚至是在与我的生意不相关的范围内？
- 我是否给顾客创造了超过期待的价值？
- 我是否帮助顾客寻找了帮助提高底线价值的方式？

（五）耗时

建立信任不是一蹴而就的事情，是需要从一点一滴做起的，帮助你保持持久的信任。跟踪所有的询问和拜访、解决问题、及时交货和无数次的感谢都很重要。

三、促成交易的基本策略

成交是推销工作的根本目标。实现成交目标取决于推销人员是否真正掌握并灵活运用促成交易的基本策略和技术。

（一）坚持推销同理心原则

同理心，就是进入并了解他人的内心世界，并将这种了解传达给他人的一种技术与能力。它又叫作换位思考、神入、移情、共情，即透过自己对自己的认识来认识他人，也就是站在对方的角度去理解对方，想对方所想，感觉对方的感觉。这样可以真正地感觉到对方所传达的真实信息。

推销人员只有与顾客保持同理心，真正理解顾客的真实需求，才能促成交易。顾客就可以感觉到你已经理解他了，你是在关注他的需求，你在试图解决他的问题，而不是只为做生意。

作为一个专业推销人员，你必须坚信你可以并且能够满足顾客的需求，你必须站在顾客的角度来观察你的产品的利益、特性和缺陷，你必须与顾客保持同样的价值观，而不是以你自己的价值观来评价自己的产品或服务。你必须弄清楚，什么是顾客最关注的因素，你的顾客是你前进的指南针。

因此，当你觉得你的顾客的需要已经得到满足，你就可以考虑交易了，这时做出成交决定，其成功率就会很高。

（二）善于识别顾客的购买信号，把握最佳成交时机

购买信号是指顾客在语言、表情、行为等方面所流露出来的打算购买的一切暗示或提示。在实际推销工作中，顾客为了保证自己所提出的交易条件，取得心理上的优势，一般不会首先提出成交，更不愿主动、明确地提出成交，但是顾客的购买意向总会通过各种方式表现出来。对于推销人员而言，必须善于观察顾客的言行，捕捉各种购买信号，及时促成交易。

顾客表现出来的购买信号主要有语言信号、行为信号、表情信号等。

1. 语言信号

指顾客通过询问使用方法、价格、保养方法、使用注意事项、售后服务、交货期、交货手续、支付方式、新旧产品比较、竞争对手的产品及交货条件、市场评价、说出“喜欢”和“的确能解决我的这个困扰”等表露出来的购买信号。以下几种情况都属于购买的语言信号：

- 顾客对商品给予一定的肯定或称赞；
- 询问交易方式、交货时间和付款条件；
- 详细了解商品的具体情况，包括商品的特点、使用方法、价格等；
- 对产品质量及加工过程提出质疑；
- 了解售后服务事项，如安装、维修、退换等。

语言信号种类很多，推销人员必须具体情况具体分析，准确捕捉语言信号，顺利促成交易。

一个卖电脑记事本的女孩去拜访一位公司经理，她向经理推荐和介绍了她的产品，并拿出产品向这位经理做了演示。这位经理接过她的产品在手上摆弄了半天，很喜欢。过了一会儿，这位经理说：“我有几本名片簿，要把这些名片信息输进电脑记事本中，需要多长时间?”

显然，这句话是客户通过语言表达出来的购买信号，因为它牵涉到一个产品的使用问题。如果客户不想购买的话，他怎么会问一个产品的使用问题呢？试想，如果这位经理同意女孩把名片簿带回家去替他输入电脑记事本，不就意味着成交了嘛！

2. 行为信号

指顾客细看说明书、要求推销人员展示样品，并亲手触摸、试用产品等所表露出来的购买信号。例如，一位女士在面对皮衣推销员时，虽然是大热天，但她仍穿着皮衣在试衣镜前，足足折腾了一刻钟。她走来走去的样子好像是在做时装表演，而当她脱下皮衣时，两手忍不住又去摸皮毛，两眼放光。从该例可以看出，这位女士的行为属于强烈的购买信号。

顾客在地上踱步，突然放慢脚步，这说明他开始对购买决策进行分析和衡量；

如果突然加快脚步，说明他的购买思路兴奋起来；

假如他突然问了许多问题，说明他对你的产品感兴趣了；

他开始询问合同或交易的详细事项，说明他开始决定要购买了。

正因为通过顾客的这些行为可以发现许多顾客发出的购买信号，作为一位推销人员，应尽力使顾客成为参与者，而不是旁观者。在这种情况下，通过细心观察，就很容易发现购买信号。比如，当顾客一次次触动按钮、抚摸商品或围着产品看个不停的时候，难道你还不能从中看出什么吗？当你捕捉到了购买信号时，再稍做努力就可以成交了。

3. 表情信号

指从顾客的面部表情和体态中所表现出来的一种购买信号，如微笑、下意识地点头表示同意你的意见、神色活跃、对推销的商品表示关注等。例如，一位保险推销员给顾客讲述了一个充满感情的、很有说服力的故事，竟让顾客忍不住双目含泪。

顾客的语言、行为、表情等表明了顾客的想法。推销人员可以据此识别顾客的购买意向，及时地发现、理解、利用顾客所表现出来的购买信号，促成交易。

把握成交时机要求推销人员具备一定的直觉判断与职业敏感。一般而言，下列几种情况可视为促成交易的较好时机：

- 当顾客表示对产品非常有兴趣时；
- 当推销人员对顾客的问题做了解释说明之后；
- 在推销人员向顾客介绍了推销品的主要优点之后；
- 在推销人员恰当地处理了顾客异议之后；
- 在顾客对某一推销要点表示赞许之后；
- 在顾客仔细研究了产品、产品说明书、报价单、合同等情况下。

（三）保留一定的成交余地，适时促成交易

保留一定的成交余地，有两个方面的内涵。

一是在某次推销面谈中，推销人员应该及时提出推销重点，但不能和盘托出。这是因为顾客从对你的推销产生兴趣到做出购买决定，总是需要经过一定过程的。到成交阶段，推销人员如能再提示某个推销要点和优惠条件，就能促使顾客做出最后的购买决定。为了最后促成交易，推销人员应该讲究策略，注意提示的时机和效果，留有一定的成交余地。

二是即使某次推销未能达成交易，推销人员也要为顾客留下一定的购买余地，希望日

后还有成交的机会。因为顾客的需求总是在不断地变化，他今天不接受你的推销，并不意味着他永远不接受。一次不成功的推销之后，你如果留下一张名片和产品目录，并对顾客说："如果有一天你需要什么的话，请随时与我联系，我很愿意为你服务。在价格和服务上，还可以考虑给你更优惠的条件。"那么，你就会经常发现回心转意的顾客。

（四）避免试图走捷径达成交易

有些人企图通过走捷径来成交，急于求成。事实上推销过程的急于求成会导致大多数交易失败，或者给销售造成额外损失。特别是在你求而不成之后，想弥补回来几乎是不可能的。

当你感觉到顾客有成交的意思时，你可以向顾客提些试探性问题来证实你的成交推断，之后会有两种情况发生。

第一种情况，顾客会给你直接的肯定回答，或间接的回答而进一步达成交易。

第二种情况，顾客直接就否定了，或进一步问你一些问题以做最后决定。

那么在你的试探性问题之后，到顾客给你一个回答，中间就有一个间隙。如果在顾客给出确切的答案之前你就先开口，那么你就会失去谈判的主动权，交易将会失败。你会处于一种很尴尬的状况，你既无法往前走也不能停止你的推销，最终失去成交的机会。

比如，你在感觉到顾客发出成交信号之后，马上提出一个试探性问题，"你打算 15 号发货还是 30 号发货？"此时顾客会停下来，考虑到底是哪天发货。而你对此时的沉默很不自在。想是不是他不想要了？你急于求成，就会脱口说出："要不价格给你再降 5%。"这就额外地损失了收入，因为顾客本来就没打算要这个利润，他只是在考虑如何回答你的问题而已。这就是在顾客开口之前不要说话的原因。总之，在顾客做出反应之前，你最好保持沉默。

另外，如果你开始到处转转、坐立不安，你的行为就会让顾客感觉到，他们就会知道你急于求成，就会趁机提出更苛刻的条件，导致你的意外损失，或者干脆就失去成交机会。

（五）保持积极的心态，正确对待失败

成交的障碍主要来自两个方面：一是顾客异议；二是推销人员的心理障碍。推销人员由于自身知识、经验、性格、爱好以及所面对的顾客特点的不同，在推销过程中难免会产生或多或少的退缩、等待、观望、紧张等不利于成交的消极心理。这就是所谓的推销心理障碍。一般来说，来自顾客异议方面的障碍比较明显，而来自推销人员自身的对待推销的心理态度则比较隐蔽，是影响成交的极大障碍。

推销人员应以积极、坦然的态度对待成交的失败，真正做到不气馁。现实中有些推销人员经历了几次失败之后，担心失败的心理障碍愈发严重，以至于产生心态上的恶性循环。实际上，即使是最优秀的推销人员，也不可能使每一次推销洽谈都导致最后的成交。在推销活动中，真正达成交易的只是少数。充分地认识到这一事实，推销人员才会鼓起勇气，不怕失败，坦然接受推销活动可能产生的不同结果。

（六）诱导顾客主动成交

诱导顾客主动成交就是要设法使顾客主动采取购买行动。这是成交的一项基本策略。一

般而言，如果顾客主动提出购买，说明推销人员的说服工作十分有效，也意味着顾客对产品及交易条件十分满意，以致顾客认为没有必要再讨价还价，因而成交非常顺利。所以，在推销过程中，推销人员应尽可能地引导顾客主动购买产品，这样可以减少成交的阻力。

通常，人们都喜欢按照自己的意愿行事。由于自我意识的作用，对于别人的意见总会下意识地产生一种排斥的心理，尽管别人的意见是正确的，也不乐意接受，即使接受了，心里也会感到不畅快，因此，推销人员要采取适当的方法与技巧来诱导顾客主动成交，并使顾客觉得购买行为完全是个人的主意，而非别人强迫，这样在成交的时候，顾客的心情就会轻松和愉快。

（七）充分利用最后的成交机会

大量的推销实践和推销学研究成果表明，许多生意就是在推销人员与顾客即将告别的那一刻成交的。比如在推销人员忙于收拾推销工具，重新包装产品样品时，眼看推销人员就要起身告辞了，顾客会自觉或不自觉地减少了些许成交的心理压力，开始轻松愉快起来，开始对“可怜”的推销人员产生出那么一点点同情心，甚至会产生购买产品的念头。这时，推销人员要善于察言观色，捕捉顾客心理活动的瞬间，抓住时机，充分利用这一最后的机会促成双方最终达成产易。美国有位推销员就特别擅长利用这一最后的时机达成交易。每当他要告别顾客时，便慢慢地收拾东西，有意无意地露出一些顾客未曾见过的产品样品，试图引起顾客的注意和兴趣，从而达成交易。在实际推销工作中，许多推销人员往往忽视这一最后的成交机会，而使一些本该达成的交易失之交臂。

扩展阅读

策略（strategy）是成功的助推器，一个人如果想要赢得友谊和获得业务，策略的作用是无法估量的。优秀的商人往往把策略看成他成功诀窍中最重要的一个，其他三个是：热情、关于商品的知识和装饰。

策略可以使你通过哨兵、大门和护栏，进入神圣的私人处所，这是无策略的人永远也无法进入的地方。使用策略可以得到听取意见的机会，而单凭天才却不能做到这些；依靠才能被拒绝时，使用策略则可能被接受；没有策略，单凭能力也不能得到听取意见的机会。

策略通常被定义为“根据周围环境的需要，或者为了适应周围环境，在说话或行动中所表现出来的特殊技巧”；“紧要时刻调动起所有精神力量的能力”；“它是迅速、坚定、良好的准备状态、和善和熟练等各种特点的结合”。韦氏大辞典对策略的解释是“善于处理对方的感情；敏感地判断并做出在当时条件下最合适的举动”。孙子兵法中的谋略就是策略，就是知己知彼，百战不殆。

在处理顾客感情的过程中，有策略的人就可以取得令人瞩目的成效。理解顾客的情绪和愿望，把顾客放在一个平等的位置上，设身处地地为顾客考虑。

培养一种策略的行为方式的最好办法是，设身处地地为你的潜在顾客考虑，然后为他做在同样的情况下你希望别人为你做的一些事情。

策略绝不是进攻性的，它往往是一种安慰物，可以减少怀疑，让人更加平和，使人心情愉悦，它是非常有价值的，它看上去是花言巧语，但还是诚实的。没有策略的推销员……可能会说出一些不受欢迎的话，或做出一些不受欢迎的暗示。他们不是对人性深有研究的好学生，他们会发表一些拙劣的评论，对有不同成见、不同年龄和不同倾向的人都说同样的话。换句话说，他们没有策略，实际上一直是在使自己走向失败，并犯一些会使他们失去业务的大错误。

资料来源：奥里森·马登，等．推销之神全集．北京：中国发展出版社，2006.

四、促成交易的方法

在推销洽谈的最后阶段，推销人员除应密切注意成交信号、做好成交的准备外，还要学会运用不同的成交技巧与方法。所谓成交技巧与方法，是指在最后成交过程中，推销人员抓住适当的时机，启发顾客做出购买决定，促成顾客购买的推销技术和技巧。

（一）优惠成交法

优惠成交法是推销人员向顾客提供各种优惠条件来促成交易的一种方法。这种方法主要是利用顾客购买商品的求利心理动机，通过销售让利，促使顾客成交。推销人员可以选择的优惠条件有广告补助、批量折扣、赠品、优先供货优待、提供特殊服务等。

采用优惠成交法，既使顾客感觉得到了实惠，增强了顾客的购买欲望，同时又改善了买卖双方的人际关系，有利于双方长期合作。但是，采用此法无疑会增加推销费用，减少企业的收益，运用不当还会使顾客怀疑推销品的质量和定价。因此，推销人员应合理运用优惠条件，注意进行损益对比分析及销售预测，遵守国家有关政策、法规，并做好产品的宣传解释工作。

（二）假定成交法

假定成交法是推销人员假定顾客已经做出购买决策，只需对某一具体问题做出答复，从而促使顾客成交的方法。假定成交法不谈及对方是否购买这一敏感的话题，减轻顾客购买决策的心理压力，以暗度陈仓的方式，自然过渡到实质的成交问题。

假定成交法是一种积极的、行之有效的方法，它自然跨越了敏感的成交决定环节，能够适当减轻顾客决策的压力，便于有效地促使顾客做出决策，节省推销时间，提高推销效率。但是，如果使用的时机不当，会阻碍顾客的自由选择，产生强加于人、自以为是的负面效应，引起顾客反感。

推销人员运用假定成交法时，应尽量营造和谐融洽的洽谈气氛，注意研究观察顾客的购买心理变化，捕捉顾客成交的信号，然后采用此法促成交易。顾客对推销产品兴趣不大或还有很多疑虑时，推销人员不能贸然采用此法，以免失去顾客。同时，推销人员应善于分析顾客，对于较为熟悉的老顾客或个性随和、依赖性强的顾客，可以采用假定成交法，而对于自我意识强、过于自信或自以为是的顾客，不宜采用此法。

（三）从众成交法

从众成交法是推销人员利用从众心理来促成顾客购买推销品的成交方法。

在日常生活中，人们或多或少都有一定的从众心理。从众心理必然导致趋同的从众行为。人们的购买行为当然受到自身性格、价值观念、兴趣爱好等因素的影响，同时又受到家庭、参照群体、社会环境等因素的影响，因而顾客在购买商品时，不仅要依据自身的需求、爱好、价值观选购商品，也要考虑全社会的爱好，以符合大多数人的消费行为。从众成交法正是抓住了人们的这一心理特点，力争创造一种时尚或流行来鼓动人们随大流，以便促成交易。

从众成交法主要适用于具有一定时尚性的商品推销，且要求推销对象具有从众心理。如果商品流行性差，号召力不强，又遇到自我意识强的顾客，就不宜采用此法。在具体运用从众成交法时应注意把握以下要点：

（1）使用从众成交法推销商品前，应先期发动广告攻势，利用名人，宣传品牌，造成从众的声势。

（2）寻找具有影响力的核心顾客，把推销重点放在说服核心顾客上，在取得核心顾客合作的基础上，利用他们的影响力和声望带动、号召大量具有从众心理的顾客购买，同时还要注意为顾客提供证据。

（四）解决问题成交法

解决问题成交法是指在成交阶段，顾客异议已经产生，推销人员针对顾客异议设法予以解决，促使推销成功的一种方法。一般情况下，这时候推销人员可通过异议探测，有针对性地消除顾客的疑虑。如果这时顾客的异议是真的，他会慎重选择推销人员提供的方法，从而促成交易；如果顾客的异议是假的，自然会以其他借口搪塞，这时推销人员就知道该如何处理了。

（五）对比平衡成交法

对比平衡成交法也称 T 形法，即运用对比平衡方式来促使顾客做出购买决策。在一张纸上画出一个“T”，推销人员需要在潜在顾客的参与下共同完成对比分析，可以将购买的原因列举在 T 形的右边，同时将不购买的原因列举在 T 形的左边。推销人员在与潜在顾客共同制作好对比表以后，还要向顾客逐一说明，然后邀请成交和提出诸如“对此您感觉如何”的坦率问题。

推销人员可根据轻重缓急对需要解决的问题进行排序，客观全面地列出购买或不购买的原因，最好邀请潜在顾客一起参与，这样不仅提高了推销人员的可信度，而且进一步激发了潜在顾客的购买愿望。这种方法适用于驾驭型和分析型顾客，因为这样做符合他们强调沟通、理性的风格。

（六）小点成交法

小点成交法是指推销人员通过解决次要的问题，从而促成整体交易达成的一种成交方法。推销人员运用小点成交法时，要注意顾客的购买意向，慎重选择小点，以利于创造和谐的气氛，保证以小点的成交促进整体交易的实现。从顾客的购买心理来说，重大问题往往会产生较强的心理压力，顾客往往比较慎重，不会轻易做出购买决策，如在购房、买汽车、买高档家电等方面尤为突出。而在比较小的交易问题面前，如购买日用品，顾客往往信心十足，比较果断，容易做出成交的决定。小点成交法正是利用顾客的这种心理规律，对大型的交易，先就局部或次要问题与顾客成交，然后在此基础上，再就整体交易与顾客取得一致意见，最后成交。

小点成交法采取先易后难、逐渐推进的方法，避免大笔交易给顾客带来的心理压力，运用较为灵活。但是此法如果运用不当，容易分散顾客的注意力，不利于突出推销品的主要优点，顾客会因次要问题纠缠不清，导致交易失败。

（七）总结利益成交法

总结利益成交法是推销人员在成交阶段，向顾客汇总阐述其推销品的优点，激发顾客的购买兴趣，促使交易实现的一种方法。这种方法是在推销劝说的基础上，进一步强调推销品的良好性能和特点，以及给顾客带来的多方面利益，使顾客更加全面地了解推销品的特性。

总结利益成交法能够使顾客全面了解商品的优点，便于激发顾客的购买兴趣，最大限度地吸引顾客的注意力，使顾客在明确既得利益的基础上迅速做出决策。但是采用此法，推销人员必须确实把握住顾客的内在需求，有针对性地汇总阐述产品的优点，不能将顾客提出异议的方面作为优点予以阐述，以免遭到顾客的再次反对，使汇总利益的劝说达不到效果。

（八）循循善诱成交法

循循善诱成交法与总结利益成交法有类似之处，但推销人员不直接总结产品的利益，而是提出有关利益的一系列问题让顾客回答以促进成交。

值得注意的是，使用这一方法，应该认识到某些潜在顾客也可能先假装同意推销人员所陈述的所有产品利益，但当推销人员提出购买请求时却出人意料地拒绝，有意想看到推销人员惊奇的表情。此外，多疑的顾客可能会把循循善诱成交法视为陷阱，或看成是对他们智商的伤害，无助于购买决策。无论对于哪类顾客，心平气和地看待和处理是推销人员必须具备的职业素养。

（九）请求成交法

请求成交法是推销人员直接要求顾客购买产品的一种成交技术。在洽谈出现以下三种情况时，可以果断地向用户请求成交。

1. 洽谈中顾客未提出异议

如果洽谈中顾客只是询问了产品的各种性能和服务方法，推销人员都一一做了回答后，对方也表示满意，但却没有明确表示购买，这时推销人员就可以认为顾客心理上已认可产品，应适时主动向顾客提出成交。

2. 顾客的担心被消除之后

洽谈过程中，顾客对商品表现出很大的兴趣，只是还有所顾虑，当通过解释已经消除了顾虑并取得了顾客认同，就可以迅速提出成交请求。

3. 顾客已有意购买，只是拖延时间，不愿先开口

此时为了增强其购买信心，可以巧妙地利用请求成交法适当施加压力，以达到直接促成交易的目的。

请求成交法的优点在于若能正确运用的话，能够有效地促成交易。因为从顾客心理来看，顾客一般不愿主动提出成交要求。为了有效地促成交易，就要求推销人员把握时机，主动提议，说出顾客想说又不愿说的话，从而促成交易。另外，采用请求成交法，可以避免顾客在成交的关键时刻故意拖延时间，贻误成交时机，从而有利于节约推销时间，提高推销活动的效率。

但是，请求成交法也存在局限性。若推销人员不能把握恰当的成交机会，盲目要求成交，很容易给顾客造成压力，使顾客产生抵触情绪，破坏本来很融洽的成交气氛。此外，若推销人员急于成交，就会使顾客以为推销人员有求于自己，从而使推销人员丧失成交的主动权，使顾客获得心理上的优势。还有可能使顾客对本来已认可的条件产生怀疑，从而增加成交的难度，降低成交的效率。

（十）选择成交法

选择成交法是推销人员为顾客提供一种购买选择方案，并要求顾客立即做出购买决策的方法。此法是在假定顾客一定会购买的基础上为其提出购买决策的选择方案，即先假定成交，后选择成交。选择成交法适用的前提是：顾客不是在买与不买之间做出选择，而是在产品属性方面做出选择，如产品价格、规格、性能、服务要求、订货数量、送货方式、时间、地点等都可作为选择成交的提示内容。这种方法表面上是把成交主动权让给了顾客，而实际只是把成交的选择权交给了顾客，无论怎样选择都能成交，同时有利于充分调动顾客决策的积极性，较快地促成交易。

（十一）以退为进成交法

以退为进成交法一般是指推销人员提出第一项方案被顾客拒绝后，再提出第二项方案，顾客就会认为对方已经做出让步。以退为进促成交易方式的基本出发点是由于社会成员间存在着互动共荣的特点，推销人员改变方案意味着已经接受了异议或拒绝，重新提出的成交方案肯定比第一项方案有所让步，否则不可能成交。

（十二）试用成交法

试用成交法是推销人员把产品留给顾客试用一段时间以促成交易的方法。统计表明，如果顾客能够在实际承诺购买之前先行拥有该产品，交易的成功率将会大为增加。此法是基于心理学的一个原理：一般情况下，人们对从未有过的东西不会觉得是一种损失，但当其拥有之后，尽管认为产品不那么十全十美，然而一旦失去总会有一种失落感，甚至产生缺了就不行的感觉。所以，人们总是希望拥有而不愿失去。国外有试验显示，产品留给10家使用，往往有3～6家购买，更何况顾客在使用试用产品后，总觉得欠推销人员一份人情，若觉得产品确实不错，就会买下产品来还这份人情。

试用成交法主要适用于顾客确有需要，但疑心又较重、难下决心的情况。此法能使顾客充分感受到产品的好处和带来的利益，增强其信任感和信心，一旦购买也不会产生后悔心理，并且有利于改善推销人员和顾客间的人际关系。但试用期间要经常指导顾客合理使用，加强感情沟通，使用后要讲信誉，允许顾客退还且不负任何责任，才能提高成功率。

（十三）机会成交法

机会成交法是推销人员向顾客提示最后成交机会，促使顾客立即购买的一种成交方法。人们一般都有“机不可失，时不再来”的心理认识，遇到有利机会一旦错过，将后悔莫及。机会成交法正是抓住顾客在最后机会面前的犹豫，将其变为果断购买。机会成交法利用人们害怕不能够得到某种利益的心理，极大地刺激了顾客的购买欲望，减小了推销劝说的难度，增强了顾客主动成交的压力，促使交易尽快完成。但是，运用此法要求推销人员必须实事求是，不能欺骗和愚弄顾客，否则会影响企业的信誉和顾客对推销人员的信任。

值得注意的是，利用机会成交法对顾客施加压力并不是强迫顾客购买商品，而是运用一种心理战术，使顾客无形中感到一种压力，这种压力是他们自己产生的，他们感觉不出是推销人员造成的。推销人员在进行商品推销时，要想方设法先使顾客感到紧张，然后再进行推销。推销人员应该具有高度的说服力，要使所说的话深得人心，能引起顾客的共鸣。

（十四）保证成交法

保证成交法是推销人员通过向顾客提供售后保证而促成交易的一种方法。顾客成交有多种不同的心理障碍，有的担心购买后商品质量有问题，有的担心送货不及时，无人上门安装修理等。如果不消除顾客的这些心理障碍，顾客往往会拖延购买或以此为借口拒绝购买。保证成交法是针对顾客的忧虑，通过提供各种保证增强顾客购买的决心，有针对性地化解顾客异议，有利于顾客迅速做出购买决定，有效地促成交易。

采用此法促成交易，要求推销人员和推销企业必须做到“言必信，行必果”，否则会失去顾客的信任。

（十五）肯定成交法

肯定成交法是推销人员以肯定的赞语坚定顾客的购买信心，从而促成交易实现的一种方法。肯定的赞语对顾客而言是一种动力，可以使犹豫者变得果断，拒绝者无法拒绝，从而使顾客别无选择地成交。推销人员采用肯定成交法，必须确认顾客对推销品已产生浓厚兴趣。赞扬顾客时一定要发自内心，态度要诚恳，语言要实在，不要夸夸其谈，更不能欺骗顾客。

肯定成交法先声夺人，减小了推销劝说的难度。推销人员由衷的赞语是对顾客的最大鼓励，有效地促进了顾客做出购买决定，有利于提高推销效率。但是这种方法有强加于人之感，运用不好可能遭到拒绝，难以再进行深入的洽谈。

第 3 节　后续推销，建立联系

一、持续成交邀请

一份市场营销研究报告显示，在工业品销售促成交易的总数中，有 60％是在第五次邀请成交时或在做了更多次的成交邀请之后才最终完成的；报告还显示，仅有 12％的推销人员能坚持不懈地多次邀请成交，最终促成了交易。需要注意的是，持续成交邀请的行为不能做得过火。有关关系推销的研究表明，在每项推销业务洽谈中，促成购买决定的意图仅能明确表达一两次。

推销人员必须避免留下令人讨厌的印象，在持续邀请成交时，一定要避免表现得过于急迫，否则将破坏与顾客建立长期关系的机会。对于和蔼可亲、乐于助人的人，人们是很难拒绝的。推销人员真诚友好地为顾客的利益着想，提出的成交邀请次数越多，顾客也就越难拒绝。

再次向顾客推荐某一产品或服务的最好方法是最简明地进行如下解释：由于在此之前已经向顾客进行了展示，现在仅向顾客说明自上次以来推销人员在有关产品或服务上所获得的新信息。考虑到在两次邀请顾客成交的间隔时间里顾客对有关产品或服务的印象淡化，推销人员可以有重点地再次介绍有关特点和优越之处，但应避免使顾客产生厌烦情绪。另外，再次邀请顾客成交时的价格应有所变化，略降一点是比较适当的。自从上一次与该顾客进行洽谈之后，推销人员可能已与其他顾客做成了几笔交易，推销人员可以介绍一下这些顾客对有关产品或服务的赞赏情况。也就是说，可以使用不直接提请顾客做购买决定的方法，与顾客维持商务关系。再次邀请顾客成交不一定必须当面洽谈，信函、电话、电传等也是有效的途径，且更不容易使顾客产生抵触情绪。

二、告辞与回访

在成功地完成了一次销售之后，推销人员还需做两件事：告辞与回访。这两件事往往被许多推销人员忽视，但这两件事对于发展以后的业务却是很关键的。

（一）告辞

构筑未来销售的基础，应始于本次成功后的告辞。在成功地完成了销售之后，推销人员应对顾客的合作表示感谢。谢意的表达必须是真诚的，不掺杂任何屈尊或恩赐之意。推销人员应让顾客感到，交易的达成是值得庆贺的，顾客随时都会受到认真的接待。

在准备与顾客告辞时，有一个较难处理的问题：什么时候离开顾客的办公室。在达成交易后，许多老于世故的推销人员会尽快地与顾客说再见。他们认为，再待下去会使顾客有机会提出新的疑问，甚至有可能发生取消交易的糟糕情况。这种观点有一定的道理，但推销人员应当注意，不要走得太匆忙。有关交货、安装及操作培训等方面的细节，必须一一安排妥当。如果顾客表现出要继续洽谈的倾向，特别是有关交易以外的某些事项，推销人员应以尊重、真诚的态度听取对方的意见，回答对方的问题。

（二）回访

交易达成以后继续与顾客保持联系，对于开拓多次性重复销售具有重大意义。试想一下，当你完成购买行为后就此不见推销人员的踪影，你会有什么样的感觉？向顾客传递问候的信息是个好办法。对于推销人员的销售行为，顾客无法施加影响，但推销人员的回访肯定能给顾客留下深刻的印象。推销人员的回访显然有其自身利益的因素，但总会给顾客带来帮助；若无其他消极因素的影响，推销人员的回访极少会受到顾客的抵制。回访的目的应是尽可能地确保顾客满意。许多人在购买以后，往往会有一种“是否该买”的疑问。许多购车人在比较了各种车型并决定购买其中的一款后，仍然无法决定。他们会想：那些被否定的车型也许有一款实际上更好？精明的汽车销售人员通过回访顾客来确认顾客是否满意。通过回访来减轻顾客可能产生的悔意，对于像汽车这样的高价值产品的销售是很重要的。

除了对顾客表示关心之外，还有以下一些重要的事情需要推销人员通过回访顾客进行处理。

1. 核对交易事项

有时可能出现能否按约交货的问题，例如由于产品已无库存而不得不延迟交货，这时推销人员必须及时与顾客进行沟通。

2. 调整交易量

顾客可能决定购买更多的数量，推销人员应考虑扩大交易的可能性。

3. 安装

正确安装对于满意使用十分重要。例如计算机产品，由于安装涉及专门程序，而且要花时间来清除病毒，因而有时顾客会产生焦躁情绪。对此，推销人员应随时解决顾客的问题，以确保销售成功。

4. 培训

推销人员应在操作人员培训方面提供帮助。

5. 票据与文书工作

推销人员开错票据的严重后果无须赘言。为避免因票据制作有误而使顾客产生误解，影响双方的关系，推销人员必须确保所制作的文件无误，包括产品的型号、代码、价格、折扣、佣金率、折价及税费等事项。另外，推销人员还应核对特价期是否已过，顾客是否享有消费税免征待遇；反复核对各项数字，以确保手写字迹清晰。在使用汇票时，推销人员应知道顾客单位里由谁接受汇票，以便在汇票上准确注明收票人。如果汇票投递有误，推销人员必须立即做出反应。推销人员还应注意检查支付事项，若存在延迟支付的可能，就应在延付通知发生之前采取适当的行动。

在进行回访联络时，推销人员应进一步巩固与顾客的关系。推销人员可以向顾客提供新的商务机会，提出增加利润的建议，并对顾客在市场上所处的地位做出个人分析。推销人员也可以向顾客提供其他公司的信息，但必须小心。一位有经验的医疗服务推销人员曾帮助许多病人重新找到了工作，这位推销人员当然获得了巨大的优势。在竞争激烈的世界市场上，关系推销使某些企业获得了异乎寻常的高利润。

三、服务质量的五个因素

（一）可靠性

可靠性是可靠、准确地履行服务承诺的能力。可靠的服务行为是顾客所期望的，它意味着服务以相同的方式、无差错地准时完成。可靠性实际上是要求企业避免在服务过程中出现差错，因为出现差错给企业带来的不仅是直接意义上的经济损失，而且可能意味着失去很多潜在顾客。这方面从淘宝平台的众多商户“七天无理由退货”的承诺就可以体现。

（二）响应性

响应性是指帮助顾客并迅速有效地提供服务的愿望。让顾客等待，特别是无原因的等待，会对质量感知造成不必要的消极影响。出现服务失败时，迅速解决问题会给质量感知带来积极的影响。对于顾客的各种要求，企业能否给予及时的满足将表明企业的服务导向，即是否把顾客的利益放在第一位。同时，服务传递的效率还从一个侧面反映了企业的服务质量。研究表明，在服务传递过程中，顾客等候服务的时间是一个关系到顾客的感觉、服务企业形象以及顾客满意度的重要因素。所以，尽量缩短顾客等候时间、提高服务传递效率将大大提高企业的服务质量。

（三）保证性

保证性是指员工所具有的知识、礼节以及表达出自信和可信的能力。它能增强顾客对企业服务质量的信心和安全感。当顾客同一位友好、和善且学识渊博的服务人员打交道时，他会认为自己找对了公司，从而获得信心和安全感。友善态度和胜任能力两者是缺一不可的。服务人员缺乏友善的态度会使顾客感到不快，而如果他们的专业知识太少也会令顾客失望。保证性包括如下特征：完成服务的能力、对顾客的礼貌和尊敬、与顾客有效的沟通、将顾客最关心的事放在心上的态度。

（四）移情性

移情性是设身处地地为顾客着想和对顾客给予特别的关注。移情性有以下特点：接近顾客的能力、敏感性和有效地理解顾客需求。

（五）有形性

有形性是指有形的设施、设备、人员和沟通材料的外表。有形的环境是服务人员对顾客更细致的照顾和关心的有形表现。对这方面的评价可延伸到包括其他正在接受服务的顾客的行动。

顾客从这五个方面将预期的服务和接受的服务相比较，最终形成自己对服务质量的判断，期望与感知之间的差距是服务质量的量度。从满意度看，既可能是正面的，也可能是负面的。

四、成交后跟踪

由于顾客需要的多样性，成交后跟踪所包含的内容是非常丰富的，这里主要介绍与顾客建立和保持良好的关系、售后服务和回收货款三个方面。

（一）与顾客建立和保持良好的关系

在交易达成后，仍应保持冷静，不要得意忘形，谨防乐极生悲，要用诚挚的语言对顾客的合作表示感谢。如“能跟您达成这笔交易，我感到万分地高兴，谢谢您的支持。”但推销人员也应认识到，交易的达成是对购买双方都有利的事情，是一项互惠互利的交易，也不必过分地表示感谢。你帮助顾客解决了他们所遇到的问题，同时也获得了订单，是“双赢”的好事。

1. 与顾客保持良好关系的作用

在达成交易、告别顾客后，推销人员应抓紧时间去落实买卖合同中的各项条款，应该认识到合同对推销人员的约束作用，推销人员在整个推销过程中自始至终都要坚持以顾客为中心，开辟与顾客之间的沟通渠道，并确保通道的畅通，保持与顾客的接触和联系，了解顾客对购买的满意状况，更重要的是利用通道来解决顾客的不满，发展并维持与顾客的长期合作关系。与顾客保持良好关系的作用表现在以下两个方面：

（1）便于获取顾客对产品的评价信息。一方面，通过与顾客保持联系，可以获取顾客各方面的反馈信息，以作为企业正确决策的依据；另一方面，通过做好成交的善后处理工作，能使顾客感觉到推销人员及其所代表的企业为他们提供服务的诚意，便于提高推销人员及其企业的信誉。

（2）有利于发展和壮大自己的顾客队伍。成交之后，经常访问顾客，了解产品的使用情况，提供售后服务，与之建立并保持良好的关系，可以使顾客连续地、更多地购买推销品，并且可以防止竞争者介入，抢走顾客。同时，老顾客还会把他的朋友介绍给推销人员，使其成为推销人员的新客户，使顾客队伍不断发展壮大。

推销人员应该清楚认识到，生意在很大程度上取决于人与人之间、公司与公司之间的关系。推销人员应当发展、培养和维系这种关系，只有这样才能使生意兴隆。

德国著名的奔驰汽车公司的销售服务措施简直就是撒向全国乃至全世界的两张网。它的第一张网是推销服务网：任何一位顾客或潜在顾客在它的推销处或推销人员那里都可以对汽车的样式、性能、特点等有全面的了解。而且，根据顾客的不同需求和爱好，对诸如车型、空间设备、车体设备、车体颜色，甚至不同程度的保险钥匙等，都可以分别给予满足。第二张网是维修网：奔驰公司在国内共设了 1 000 多个维修站。维修站的工作人员技术娴熟、态度热情、修车速度快。在任何一条公路上，汽车出了故障，车主只要给就近的维修站打个电话，维修站就会派技术人员来修理，或者将车拖到站里进行修理，一般的修理项目当天就能完成，不影响车主使用。

21 世纪的企业竞争，“产品”已不是唯一的制胜法宝，唯有运用“服务”策略，才能赢得更大的竞争优势。奔驰汽车的成功不仅仅在于其产品质量的精良，更重要的是它所提供的全方位的售后服务。可以预料，随着汽车市场竞争的加剧，它将带给顾客更多的利益和需求的满足。

2. 与顾客保持联系的方法

推销人员应积极主动地、经常地深入顾客，加强彼此之间的联系。联系的方法多种多样，主要有以下几种：

（1）通过信函、电话、走访、面谈、电子邮件等形式。通过这些方式既可以加深感情，又可以询问顾客对企业产品的使用情况、用后的感觉、是否满意、是否符合自己预期的要求、有关意见和建议，并及时将收集到的信息反馈给企业的设计和生产部门，以便改进产品和服务。

（2）通过售后服务、上门维修的方式。

（3）在重大喜庆日子或企业举行各种优惠活动时，邀请顾客参加，寄送资料或优惠券等。如新产品开发成功、新厂房落成典礼、新的生产流水线投产、产品获奖、企业成立周年庆典、举办价格优惠或赠送纪念品活动等，都是很好的机会。

（4）在国家规定的节日或者传统的节日到来之前，向顾客致以节日的问候。问候可以是电话、邮件，也可以是联谊活动或者赠送小礼品。

（5）在属于顾客个人的节日，如生日、结婚纪念日等有特殊意义的时刻，向他们致以节日的问候，将会给顾客留下十分深刻的印象并迅速拉近与顾客的距离。但是要做到这些，需要推销人员做个有心人。

上述这些实用的方法有利于推销人员与顾客相互记住对方，更重要的一点是无论做什么事都要富有人情味。送一张贺卡、一份剪报或一篇文章的复印件并不需要周密思考，也不需要花很多的时间和精力，关键是给顾客留下深刻印象，其秘密就是亲自动笔写的几句话。

3. 了解顾客的满意度

顾客满意度是指顾客对购买活动及其购买物品的感受，即推销过程及推销品满足顾客期望的程度。如果实际感受与购买预期相吻合，顾客就会满意；如果实际感受与购买预期有较大的反差，顾客就会不满意。如果顾客满意，就会倾向于继续购买推销人员所推销的其他物品并保持高度的品牌忠诚。

顾客满意度对于推销人员本人或者其所代表的公司都是非常重要的，为了及时收集顾客对购买过程的感受，许多公司设立了专门的售后服务部门对顾客使用情况进行跟踪和管理。作为推销人员本身，也应该高度重视与顾客的售后联系，随时准备解决顾客使用产品过程中遇到的问题，争取顾客重复购买或者介绍朋友购买。

（二）售后服务

售后服务是指企业及其推销人员在商品送达消费者后，为保证顾客正常使用而继续提供的各项服务。售后服务的目的是为顾客提供方便，保证顾客满意，促进企业的推销工作。随着人们收入水平的提高，顾客不仅要求买到中意的商品，而且要求能够方便地使用。

1. 开展售后服务的原因

（1）服务是产品价格的一部分。购买者所支付的产品价格本身就包括服务的费用，他们有权享用，也应当得到完善的服务享受。当然，服务的范围、程度要视推销品的技术复杂程度、销售额大小、长期合作的可能性而定。

（2）售后服务是顾客对产品正常使用的必备条件。确保产品能够正常使用是推销人员分内之事，不管所售产品是什么，只要购买者有售后服务的要求，需要运输与安装、调试、示范及培训，需要了解有关的特殊知识和操作技巧，推销人员就有义务做好善后工作。

（3）售后服务是与顾客建立信任关系的基础。不管顾客是一次性购买还是多次惠顾，良好的售后服务都能够不同程度地提高顾客满意度，增强顾客对推销人员及其所代表的公司的信任。

（4）售后服务是稳定企业及其推销人员业务的有力保障。要扩大销售额，有两条基本途径：一是找到新顾客；二是出售更多的产品给老顾客。良好的售后服务对这两种增加销售额的途径都有很大帮助。

2. 售后服务的内容

售后服务包括的内容非常丰富。随着竞争的加剧，新的售后服务形式更是层出不穷，提供给顾客更多的利益和需求的满足。售后服务主要包括下列内容。

（1）送货服务。对购买大件商品，或一次性购买数量较多、自行携带不便以及有特殊困难的顾客，企业均有必要提供送货上门服务。原来这种服务主要是提供给生产者用户和中间商的，如今已广泛地应用在对零售客户的服务中。例如，在激烈的市场竞争中，一些家具经销商十分重视及时送货上门。这种服务大大地方便了顾客，刺激了顾客的购买。

（2）安装服务。有些商品在使用前需要在使用地点进行安装。由企业的专门安装人员上门提供免费安装，既可当场测试，又可保证商品质量。同时，上门安装还是售后服务的一种主要形式。例如，著名的海尔公司销售空调后，会为顾客提供免费安装。安装人员为了不给顾客带来麻烦，他们自带鞋套，自带饮水，安装完毕后帮助顾客将室内收拾整齐，同时向顾客仔细讲解使用、保养方法，耐心解答顾客的疑问，深受顾客欢迎。

（3）包装服务。商品包装是在商品售出后，根据顾客的要求，提供普通包装、礼品包装、组合包装、整件包装等的服务。这种服务既为顾客提供了方便，又是一种重要的广告宣传方法。如在包装物上印上企业名称、地址及产品介绍，能起到很好的信息传播作用。

（4）"三包"服务。"三包"服务是指对售出商品的包修、包换、包退的服务。企业应根据不同商品的特点和不同的条件，制定具体的"三包"方法，真正为顾客提供方便。

实际上，无论包换还是包退，目的只有一个，那就是降低消费者的购物风险，使其顺利做出购买决策，实现真正意义上的互惠互利交易。当顾客认识到企业为顾客服务的诚意时，包退、包换反过来会大大刺激销售。这不仅提高了企业信誉，还赢得了更多的顾客。

（5）帮助顾客解决所遇到的其他问题。推销人员必须像对待自己的问题那样对待顾客的问题，因为从长远看，只有顾客获得成功，才能再次与自己进行交易，扩大自己的成交额。同时，推销人员处理顾客所遇到的问题的速度也体现了其对顾客的重视程度。

（三）回收货款

销售的目的就是在顾客获得所需的产品的同时，企业也能够快速收回货款。收不回货款的推销是失败的推销，会使经营者蒙受损失，所以在售出货物后及时收回货款，就成为推销人员的一项重要工作任务。

在现代推销活动中，赊销、预付或者为中间商铺货作为一种商业信用，在销售中扮演着非常重要的角色，是企业占领市场、扩大销售额的重要手段。及时、全额地收回货款是降低企业经营风险的关键因素。要做好货款的回收工作，需要从下列几个方面加以注意。

1. 在商品销售前进行顾客的资信调查

顾客的资信主要包括顾客的支付能力和信用记录两个方面。在推销前，从多方面了解顾客的资信状况，是推销人员选择顾客的重要内容，同时也是能够及时、全额地回收货款的安全保障。否则，虽然销售了产品，但是由于顾客资信不良而造成坏账，反倒不如没有成交。

2. 在收款过程中保持合适的收款态度

如果因为采取不恰当的态度而影响货款收回将是得不偿失的。推销人员应针对不同的客户、不同的情况，采取相应的收款态度。一般情况下，收款态度过于软弱，就无法收回货款；收款态度过于强硬，容易引起冲突，不利于企业形象，而且会影响双方今后的合作。所以，推销人员在收款时，要态度认真、有理有节。这样，既有利于货款的回收，又有利于维持双方已经建立起的良好关系。

3. 正确掌握和运用收款技巧

推销人员掌握一定的收款技巧，有利于货款的回收。例如：

- 成交签约时要有明确的付款日期，不要给对方留有余地；
- 按约定的时间上门收款，推销人员自己拖延上门收款的时间，会给对方再次拖欠以借口；
- 如果不能及时收款，就以公司有规定为由暂停有关的产品安装程序，从而引起顾客的重视而早日付款；
- 注意收款的时机，了解顾客的资金状况，在顾客账面上有款时上门收款；
- 争取顾客的理解和同情，让顾客知道马上收回这笔货款对推销人员的重要性；
- 收款时要携带事先开好的发票，以免错失收款机会，因为顾客通常都凭发票付款；
- 如果确实无法按约收款，则必须将下次收款的日期和金额在顾客面前清楚地做书面记录，让顾客明确认识到这件事情的严肃性和重要性。

这里介绍的只是一些常用的收款技术。在实际工作中，还需要推销人员针对不同的顾客，灵活机动，临场发挥。无论采用何种技术，目的是明确的，即及时、全额地收回货款。

小贴士

乔·吉拉德有一句名言："我相信推销活动真正的开始在成交之后，而不是之前。"推销是一个连续的过程，成交既是本次推销活动的结束，又是下次推销活动的开始。推销员在成交之后继续关心顾客，将会既赢得老顾客，又吸引新顾客，使生意越做越大，客户越来越多。

"成交之后仍要继续推销"，这种观念使得乔把成交看作推销的开始。乔在和自己的顾客成交之后，并不是把他们置于脑后，而是继续关心他们，并恰当地表示出来。

乔每月要给他的1万多名顾客寄去一张贺卡。1月祝贺新年，2月纪念华盛顿诞辰日，3月祝贺圣帕特里克日……凡是在他那里买了汽车的人，都收到了乔的贺卡，也就记住了乔。

正因为乔没有忘记自己的顾客，顾客才不会忘记乔·吉拉德。

资料来源：百度百科．

基本概念

交易推销	关系推销	促成交易	优惠成交法
假定成交法	解决问题成交法	对比平衡成交法	小点成交法
总结利益成交法	选择成交法	试用成交法	售后服务

思考题

1. 推销成交失败的原因有哪些？
2. 促成交易需要哪些条件？
3. 促成交易的方法与技巧有哪些？

4. 成交之后的工作有哪些？

5. 与顾客建立联系和售后服务是一回事吗？为什么？

案例分析

投其所好

一天，一位大娘到水果摊前要买水果，看到又大又好看的杏就问："这杏怎么卖?"摊贩说："又大又甜的杏，16 元一斤。"大娘没搭茬，又往前走，到了第二个摊位前，摊贩说："大娘买杏吗？大、小、酸、甜口味的都有，您要买哪种?"大娘说："我要酸点的。"摊贩称了 2 斤给大娘并问："人家都喜欢甜的，您为什么要酸的?"大娘听到摊贩用敬语问她，心想这个人很懂礼貌，就回答说："给儿媳妇买的，她怀孕了，喜欢吃酸点的。"摊贩说："您可真是个好婆婆，像亲妈一样关心儿媳妇呀。"大娘听了摊贩的话心里美滋滋的，拿上买的杏乐呵呵地往前走。走到前面的摊位时，摊贩说："您可以买点猕猴桃啊，酸酸甜甜的，对怀孕的人有好处，可以补充多种维生素，大人补充了营养，胎儿就补充了营养，一举两得呀。"大娘听说的有道理，就又买了 2 斤猕猴桃。

问题：

1. 结合本章简述的促成交易的方法与技巧，谈谈你从上述材料中受到了什么样的启发。

2. 分析与大娘成交的两个商贩的话术。第一个商贩为什么没能成交？

第 6 篇

销售管理篇

第 15 章

销售组织管理

本章要点

- 掌握推销人员的管理方法；
- 掌握推销人员的组织结构；
- 了解推销人员的激励理论；
- 掌握推销绩效评估方法。

引例

工作重点是为了顾客的利润

当人们提到“推销员”会是一种什么印象呢？一般是这样：到处出差，油嘴滑舌，面带笑容，对顾客死缠烂打，推销他的产品。但是，现在的推销员已经不是这样的了。大多数专业推销员是接受过良好教育和专业培训的，致力于与顾客建立一种长期的以价值为导向的关系，他们的成功不是通过嘴来推销，而是通过分析顾客的需求和问题，解决顾客的问题，满足顾客的需求。美国的李尔公司就是拥有这样一支销售队伍的典型公司。

李尔公司是世界最大的汽车零部件厂家之一，其总部位于美国密歇根州绍斯菲尔德市，其世界领先的产品是由遍及全球 33 个国家和地区的 115 000 多名员工设计和制造的。李尔公司在《财富》500 强企业中排名 150 名以内。李尔公司在汽车内饰系统的集成模块技术方面处于世界领先地位。

李尔公司的顾客导向销售理念表现在从设计到销售每一个环节，但不可否认，李尔公司尤为突出的是公司杰出的销售队伍。“顾客激励，顾客中心”是公司的销售工作宗旨。李尔公司的销售队伍曾被《销售和营销管理杂志》评为美国最佳销售队伍之一。那么，是什么促成了这样一支销售队伍呢？李尔公司的答案是，优秀的销售只不过是正确做好区域销售管理，促进销售队伍的团队合作，与顾客建立良好的关系，为顾客提供最好的服务，从而激励顾客购买公司的产品。

李尔公司的销售是完全建立在顾客成功的基础上。公司一位经理说，如果汽车公司卖不出去汽车，那么李尔公司的零部件也卖不出去。所以，李尔公司的销售人员努力要做的不只是销售，更重要的是顾客要获得利润。事实上，李尔公司的销售人员不是“销售代表”，而是“客户经理”，不是盯着订单，而是解决顾客的问题。那位经理说：“我们的销售人员没有事实上的完成交易，他们一直与顾客讨论，一起工作来了解顾客到底需要什么，什么时间需要。”顾客的问题解决了，顾客获利了，李尔公司也就获利了。

李尔公司的成长和发展一直是伴随对顾客问题的良好解决和对顾客需求的满足。李尔公司从生产座椅扩大到汽车领域的各个部件，成为汽车行业的全方位供应商。在全面满足汽车制造商需求、解决它们的问题而带给汽车制造商利润的同时，李尔公司也获得了巨大的利益。公司的一位经理说：“我们长期与顾客合作，帮助他们解决问题，从顾客那里得到一点利润就够了，我们在这种与顾客的良好关系中，做到经营自如。”

李尔的强大顾客导向销售理念打破了公司的传统结构，致力于服务顾客所需。公司设有四个部门和一个汽车综合部门，每一个部门都是利润中心。在各个部门内部，就是一个高水平的“平台团队”，这个平台包括销售人员、工程师和项目经理，与顾客方的相关部门紧密合作，并密切地受制造、财务、质量和技术开发等功能部门支持。

这样的平台使李尔公司对顾客的需求有很快的响应。1999年，市场对轻型但内部装饰比较豪华的厢式车需求量很大，如果按一般技术条件，厂家全新开发这样的厢式车需要两三年时间。李尔公司的汽车综合部得知这一市场信息很快就做出了反应，决定用现有的厢式车外壳，配上豪华皮椅、平板显示屏，提高新技术应用程度。这样，李尔公司就走在竞争者前面，在市场上推出了新的厢式车。

李尔公司将销售队伍集中在几个主要大顾客上，这样可以让销售人员更有针对性，更有精力与顾客紧密接触，为顾客服务。他们的工作不是为了接订单，而是与顾客的各个部门相联系。李尔公司的销售人员经常将办公室设在顾客的工厂里。他们说，我们不是待在那里接订单和签合同，我们必须与顾客同步前进，从产品设计到产品上市。

李尔公司的销售实践证明，与顾客一起工作，使顾客得到利润，比只是为了推销与顾客微笑一下、握个手要重要得多。这里的销售人员不是传统上的推销员。在这样的销售队伍中，要获得成功，必须经过培训教育、提升销售技能、为顾客的利润着想。

评析：推销是现代企业营销中的一项重要工作，它的流动性强、弹性大、可控性低。加强对推销行为的组织与管理，完善对推销行为的监督与控制，是非常必要的。推销管理的目的在于把整个推销活动纳入企业的科学化、现代化管理，提高推销效率，降低推销成本，巩固推销成果。推销管理的范围相当广泛，包括推销人员的选拔与培训、推销组织的设计与推销规模的确定、客户管理、推销绩效的评估等。全面加强推销管理工作，无疑会促进推销目标的实现。

第 1 节　销售管理过程

一、学习销售管理的必要性

推销人员在外要直接面对激烈的市场竞争，对内肩负着销售企业产品、实现企业产品价值的重任，在其负责的推销区域内，他是公司的首席代表，也是与顾客联系的友好使者。这些因素使得推销人员在公司内外受到普遍的关注，也使他的工作更重要、更特殊。而推销工作的性质决定了推销人员通常要独当一面，独自一个人在公司外工作，部门经理乃至公司高层领导者不便对其进行具体指导。公司在放手让推销人员外出开拓市场，为他们的工作提供种种便利条件的同时，也必须加强和规范对推销人员的选拔与管理。

二、销售管理的定义

对于销售管理，美国印第安纳大学的达林普教授定义如下：销售管理从市场营销计划的制定开始，销售管理工作是市场营销战略计划的一个组成部分，其目的是执行企业的市场营销战略计划，其工作的重点是制定和执行企业的销售策略，对销售活动进行管理。

关于销售管理的含义，中外专家和学者的理解有所不同。西方学者一般认为，销售管理就是对销售人员的管理（sales force management）。营销学权威菲利普・科特勒认为，销售管理就是对销售队伍的目标、战略、结构、规模和报酬等进行设计和控制。美国学者约瑟夫・P. 瓦卡罗（Joseph P. Vaccaro）认为，销售管理就是解决销售过程中出现的问题，销售经理应该是知识渊博、经验丰富的管理者。拉尔夫・W. 杰克逊和罗伯特・D. 西里奇在《销售管理》中认为，销售管理是对人员推销活动的计划、指挥和监督。我国学者李先国等人认为，所谓销售管理，就是管理直接实现销售收入的过程。由此可见，销售管理有狭义和广义之分。

狭义的销售管理专指以销售人员（sales force）为中心的管理；广义的销售管理是对所有销售活动的综合管理。

三、销售管理的过程

（一）制定销售计划及相应的销售策略

企业在确定营销策略计划之后，销售部门便需要据此制定具体细致的销售计划，以便开展、执行企业的销售任务，实现企业的销售目标。销售部门必须清楚地了解企业的经营目标、产品的目标市场和目标客户，对这些问题有了清晰的了解之后，才能够制定出切实有效的销售策略和计划。

在制定营销策略的时候，必须考虑市场的经营环境、行业的竞争状况、企业本身的实力和可分配的资源状况、产品所处的生命周期等各项因素。在企业制定的市场营销策略的基础上，销售部门制定相应的销售策略和战术。

根据预测的销售目标及销售费用，销售部门必须决定销售组织的规模。销售人员的工作安排、培训安排、销售区域的划分及人员的分派、销售人员的工作评估及报酬都是销售部门在制定销售计划时必须考虑的问题。

销售计划必须包括销售人员的工作任务安排。每一个地区的销售工作都必须安排具体的人员负责。销售计划必须做到具体和量化，明确每一个地区或者每一个销售人员需要完成的销售指标。

（二）建立销售组织并对销售人员进行培训

销售部门需要研究如何组建销售组织架构，确定销售部门的人员数量、销售经费的预算、销售人员的招聘办法和资历要求。

在销售计划的制定和执行的过程中，如何组织销售部门、划分销售地区、组建销售队伍和安排销售人员的工作任务是一项非常重要的工作。销售部门需要根据目标销售量、销售区域的大小、销售代理及销售分支机构的设置情况、销售人员的素质水平等因素，确定销售组织的规模和销售分支机构的设置。

（三）制定销售人员的个人销售指标，将销售计划转化为销售业绩

销售工作，或者说销售人员与目标客户进行接触的最终目的，是出售产品及维持与客户的关系，从而为企业带来销售业务及利润。

销售人员的销售业绩一般以销售人员所销售出的产品数量或销售金额来衡量。此外，销售人员所销售出的产品的利润贡献是衡量销售人员销售业绩的另一个标准。对于需要重复购买产品的客户，销售人员要维持与这类客户的关系。维持与客户的业务关系的能力及对客户的售后服务质量也是一个重要的考核因素。

销售部门需要按照销售计划去执行各项销售工作，要紧密地跟进和监督各个销售地区的销售工作进展情况，要经常检查每一个地区、每一个销售人员的销售任务完成情况。发现问题立刻了解处理，指导、协助销售人员处理可能遇到的困难，帮助销售人员完成销售任务。销售部门需要为销售人员的工作提供各种资源，支持和激励每一个销售人员去完成他们的销售指标。

（四）对销售计划的成效及销售人员的工作表现进行评估

销售人员的工作表现评估是一项重要的工作，销售部门必须确保既定的工作计划及销售目标能够完成，需要系统地监督和评估计划及目标的完成情况。销售人员的工作表现评估一般包括检查每一个销售人员的销售业绩，这当中包括产品的销售数量、完成销售指标的情况和进度、对客户的拜访次数等各项工作。对销售人员的销售业绩的管理及评估必须定期进行，对评估的事项必须制定明确的准则，使销售人员能够有章可循。而评估的结果必须向销售人员进行反馈，以使他们知道自己做得不够的地方，从而对工作做出改进。

工作评估最重要的不仅在于检查销售人员工作指标的完成情况和销售业绩，更重要的是要检查销售策略和计划的成效，从中总结出成功的经验或失败的原因。成功的经验和事例应该向其他销售人员进行推广，找出的失败原因也应该让其他人作为借鉴。对销售业绩好的销售人员应当给予适当奖励，以促使他们更加努力地做好工作；对销售业绩差的销售人员，应当向他们指出应该改善的地方，并限时改善。

根据销售人员的工作表现情况和业绩评估结果，销售部门需要对公司的市场营销策略

及销售策略进行检查，以便发现需要进行改善的地方，对策略和计划进行修订。与此同时，也应该对公司的销售组织结构和销售人员的培训及督导安排进行检查并加以改善，以提高销售人员的工作水平和销售工作的效率。

销售管理者应创造一个公开、公平、公正的企业环境，对所有销售人员要“一碗水端平”，不能因为个人的好恶而有失公允、有所偏袒，要对事不对人，合法、合理、合情地对待每一位下属。销售管理者采取不合理的管理策略收到的效果肯定是事与愿违。销售管理工作要合理化，企业上下要达成全员共识，形成共同的经营理念，打造优秀的企业体制及文化。

第 2 节　推销人员的招聘、选拔和规划销售队伍

一、推销人员的招聘

推销人员的选拔程序通常是：应征人员先填写应征表格，包括年龄、性别、受教育程度、健康状况、工作经历、本人特长、联系方法等基本项目，据以判断是否符合事先确定的候选人的基本条件，然后进行面试。面试可由企业销售经理、人事负责人和资深推销人员主持，以考察应征人员的语言能力、仪表风度、推销态度、临场应变能力、健康状况以及所具有知识的深度、广度等。

招聘销售人员，无非就是两种。一种是具有销售经验的人员，另一种是那些对行业、产品了解的有技术背景的人员，然后对他们进行销售培训。

对于已经有销售经验的人员，好处就是不必进行销售培训，而且有利于带销售新手。但是，销售经验太丰富的销售人员灵活性更差，不容易听从指导和建议，从而会影响其他销售经验少的人员。这不是说不能聘用有销售经验的人员，只不过要防止这些问题的发生。

如果聘用有行业技术而想新加入销售队伍的人员，那么应该挑选具有个性、目标导向和善于处理人际关系的人员。具有行业技术的人员通常可以成为超级销售人才，而优秀的销售人员往往不必学那么多技术。当然，如果能找到两种技术都具备的人员，那就是拣到宝了。同时，具有技术背景的销售人员不但容易受到顾客欢迎，也可以给销售队伍带来相当的技术知识背景。

二、推销人员的招聘渠道

推销人员的来源主要包括两个方面：一是从企业内部选拔业务能力强、素质高的人员充实到销售部门；二是从企业外部招聘。从企业外部招聘主要有以下几种途径。

1. 大中专院校及职业技工学校

这是招收应届毕业生的重要途径，这些学校能提供大量高素质的人才。企业可以有选择地去物色人才，派人到有关学校召开招聘洽谈会或参加学校组织的专场人才交流会，以便于学生了解企业，招聘优秀学生到企业来工作。招聘人员应向学生详细介绍企业情况及工作性质与要求，最好印发公司简介小册子，或制作录像带、VCD 光盘，印制介绍图片等。

2. 人才交流会

各地每年都要组织几次大型的人才交流洽谈会，如春季或秋季人才交流会、外资企业人才交流会、学生专场人才交流会等，到场应聘者动辄就是上万人，甚至数万人。企业缴纳一定的费用就可进场摆摊设点进行招聘，花费少、时间短、见效快。

3. 职业介绍所

许多企业通过职业介绍所来获得所需的推销人员。使用这种方法招聘时，最好制作详细的工作说明，让职业介绍所的专业顾问帮助遴选，以使招聘工作简化，尽快找到合适的人选。

4. 各种招聘广告

最普遍的招聘广告是刊登在报纸上的分类广告，或者刊登在各类专门杂志上的广告。也可利用电视、互联网刊登招聘广告。

5. 行业协会

如市场协会、营销协会、各行业商会等。它们经常访问制造商、经销商、销售经理和推销人员，对各方面的情况比较了解，企业可通过它们的介绍或推荐来获得希望转职的推销人员。

6. 业务接触公司

在开展业务过程中，会接触到客户、供货商、竞争同行及其他各类人员，这些人员都是推销人员的可能来源。

三、推销人员的选拔

企业都想招聘能够联系客户，提供客户所需服务，有能力学习并具备某些品质、技能和知识，能够把握成功机会，忠于职守，愿与公司共同发展的推销人员。招聘方对推销人员的素质一般有如下要求。

（一）品质

“品质第一，能力第二”，这是很多公司选聘推销人员的准则。成功的推销人员，其个人品质尤为重要，尽管品质有所差异，但在大多数方面还是有共性的。下面这些品质是成功地从事推销职业的基础。

1. 个性

个性远比经过培训和具备经验更重要。优秀销售人员需要的是能热心地与人打交道的杰出才能。他们必须是目标导向和乐于竞争，不会轻易泄气，敢于面对艰难时刻的人才。他们把“每一个”和“没有一个”都看成迈向成功的台阶。技术可以学会，个性是不可以学的，所以选拔销售人员首先应该选择具有良好个性的人员。

2. 忠诚

推销人员是企业的财富，是企业其他人员的“衣食父母”，只有他们把产品推销出去，其他人员才有事可做，有饭可吃。他们手中经过的是大量的产品和货款。如果推销人员不能忠于职守，或在企业历练成熟就跳槽，甚至内外勾结，侵吞钱物，后果不堪设想。

3. 移情性

即从他人角度来理解和判断局势的能力。这种能力使推销人员在与客户打交道时，能够预测客户的想法，并对客户可能的行为做好准备，能帮助推销人员与客户建立密切的关系，因理解客户而更容易被客户接受，更易处理好双方的分歧。

4. 自我调节能力或韧性

即走出失败阴影，重新焕发出斗志的能力。推销人员就是与“拒绝”打交道，一天中遇到的“拒绝”比正常人一周、一月遇到的都要多。优秀的推销人员必须能调整好心态，不受这些“拒绝”的影响，并将这些挫折转化为动力。

另外，品质还包括以下内容：诚实和正直的做人原则、智力学识、创造性、变通性、适应能力、个人动机、持续性、个人气质、可依赖性等多个方面。

（二）技能

成功的推销人员比那些不成功的人员更能有效地使用专门技能，最普遍的技能包括：

1. 沟通技能

说和听是沟通的基本技能。一个推销人员应有一副好口才，能够根据顾客需要说出顾客接受的话语，能够与顾客建立友好的关系，能够说服顾客购买自己的产品；推销人员更应有一双“好耳朵”，善于积极、认真地倾听顾客的声音，体会顾客的感受，理解顾客所讲的信息。

例如，很多超市经常搞一些促销活动。但促销人员大多是从学校放假的学生中临时招聘的，没经过什么正规培训。他们在接待顾客时根本不知道怎么做，或一味地对每一个经过的顾客进行喋喋不休的、无效的、程序化的产品介绍，给人以死缠烂打的感觉；或表情冷漠、无精打采地眼望顾客离去，既不会说，也不会听。他们除了会说“欢迎光临”“谢谢”“再见”这几句程式化的语言，根本不知道如何与客户打交道，以至于促销活动表面红火，实则无效。

2. 组织分析能力

推销人员每天接触大量的信息，必须能够进行归类、分析、去粗取精、去伪存真，透过繁杂无序的事物表面深入问题核心，这样可以收到事半功倍的效果。

3. 时间安排技能

即正确安排必要的时间和一天活动优先顺序的能力。推销人员的时间、精力是有限的，而有待处理的事务又是大量的，必须进行合理安排，将主要精力放在工作上，放在重点客户身上。这是因为一个推销人员往往只有 1/3 的时间在进行面对面的推销，其他时间都用在路途、等候等活动上，只要能挤出更多的时间与客户面谈，就一定能提高销售额。同时，我们知道商界有一个“80/20”原则，即销售量的 80%往往来自 20%的客户。因而，在尽力拓展客户的同时，要优先考虑、照顾、联系主要客户和老客户。

（三）知识

宽广的知识面、渊博的知识也是推销人员成功的必备条件。一个合格的推销人员主要应掌握以下几类知识：产品知识、客户知识、行业知识、竞争知识、本公司知识等。

成功的推销人员的条件因行业、公司和产品类型而有所不同。在公司的招聘材料中，通常可以发现对成功推销人员的描述。例如：

宝洁公司希望聘用显示较强的解决问题能力，具备领导艺术，能按其所做工作进行有效沟通的学生。

国民保险公司寻求诚实，渴望成功，具备企业家精神、领导才能、服务导向和决策能力的人。

大型分销商（向五金店和杂货店做销售）寻求具备较强领导才能、出色的人际交流技能、解决问题能力、沟通能力和良好品质的人。

四、推销人员的培训

社会中确实有一些具有很好的个人才能并善于从事多种工作的人员，但是更多的人通过训练也是可以做到的，甚至做得更好。因此，不应该只重视招聘新人而忽略对现有员工的培训。倘若不经过训练，即使最好的人才也不可能一下子就干得很好。推销人员必须了解公司，熟悉所推销的产品，善于接近客户、接待来访、争取订单，还需要随时更新产品知识，挖掘个人推销潜力。即使是原有的推销人员，也应定期组织培训，以掌握企业新的营销计划、营销策略和有关新产品的知识。

（一）推销人员培训的目标

推销人员培训的目标主要包括以下几个方面：(1) 提高推销人员的政治素质和业务素质，这是培训的最重要的目标。(2) 以较低的推销成本获得最大的推销量。(3) 稳定推销力量，降低推销人员的流动率。(4) 同顾客建立良好的关系。

在这种总目标下，还要根据推销人员的任务或推销工作中出现的问题，确定培训项目，作为每一阶段培训的特殊目标。

（二）推销人员培训的内容

对推销人员的培训，要根据培训目标、参加培训人员的原有水平和企业的营销策略等拟定培训计划，确定培训的具体内容。培训一般包括以下内容。

1. 思想品质教育

思想品质教育主要是指对推销人员进行职业道德教育和职业荣誉感教育，以增强其事业心和自信心。同时，还要进行全心全意为顾客服务和遵纪守法的教育等。

2. 产品知识

这是推销人员培训的基础。推销人员必须对本企业的产品有彻底的认识，只有这样，在其推荐、介绍产品时，才能取得顾客的信任。推销人员应了解产品的特殊功能、使用方法、制造程序、生产成本及利润情况。

3. 企业知识

熟悉企业的发展历史、组织结构、经营方法、财务制度、营销战略，主要产品的销售情况、价格、运输、安装和服务的政策与程序。通过掌握这些知识，能尽快地消除新招聘人员的陌生感，提高推销人员的销售信心。

4. 市场知识

介绍消费者地区分布及经济状况、消费者购买动机与购买习惯、影响消费者购买的有关因素、消费者所喜欢的产品形态、企业在市场竞争中所处的地位等。

5. 竞争者资料

介绍竞争对手的推销战略及新产品开发情况，竞争产品的特点、性能、利润、使用方法及与本企业产品的比较、分析。

6. 推销技巧

介绍销售程序和责任，讲授推销实务，进行推销实践训练（示范、表演观察等），分析和把握顾客心理等。

7. 交易知识

介绍记账、使用支票、提款、汇款、计算利息等业务知识，有关分期付款、寄售等方面的知识等。

8. 政策、法律培训

从一定意义上讲，市场经济就是法制经济。在社会主义市场经济条件下，推销人员要顺利完成推销任务，必须了解有关政策、法律。例如，经济合同法、反不正当竞争法、商标法、专利法、产品质量法、税法等。

五、规划销售队伍

企业如何配置推销力量，设立何种推销组织，关系到企业能否取得最大的推销效果。因此，企业应根据实际情况，采用一定的方法来组建推销组织。归纳起来，组建企业推销组织的形式主要有以下几种。

（一）职能结构式

职能结构式是按照需要完成的推销工作或推销职能来建立的推销组织形式，是推销部门最常见的组织形式（见图 15-1）。企业的规模不同，其具体的组织形式也有所不同。下面两种形式分别适用于不同规模的企业。

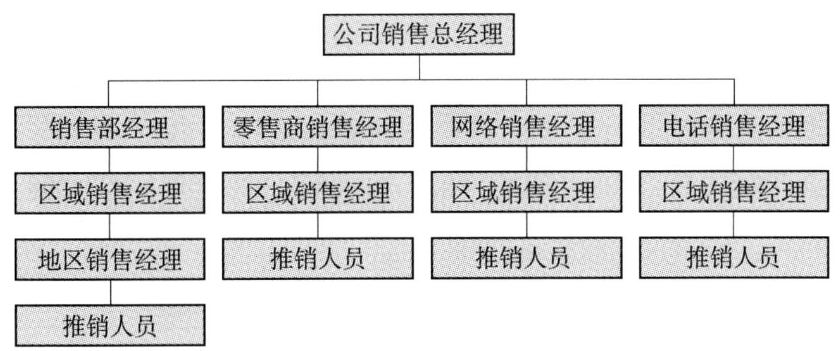

图 15-1 职能型推销组织模式

对于规模小的企业，由最高推销主管人员直接负责管理推销职能部门，协调各部门之间的工作。

对于规模大的企业，最高推销主管人员无暇顾及过多的职能部门，可将这些职能部门再按照业务职能与规划职能划分。那么，最高推销主管人员就不必再考虑事务性的工作，只需集中精力抓好业务与规划工作，而具体的规划和业务则分别由推销业务经理和推销规划经理来承担。

（二）区域结构式

区域结构式是一种最简单的推销组织形式，它是按照产品的销售区域来建立推销组织机构，并由专人负责某一市场区域的推销活动（见图15-2）。

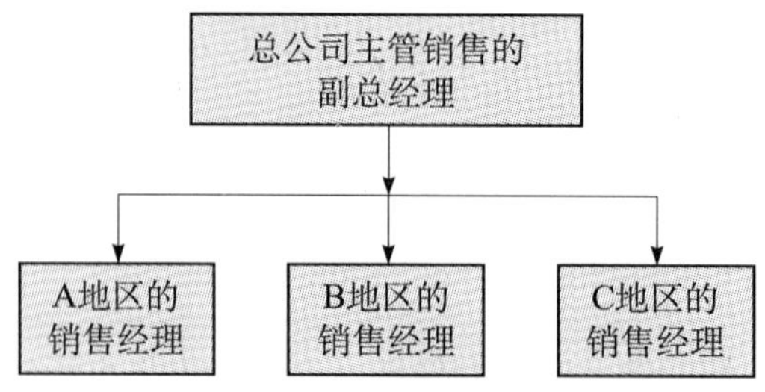

图15-2　区域型推销组织模式

这种推销组织形式具有以下好处：

（1）推销人员责任明确，有利于激励推销人员努力工作。当企业能够正确评估各地区的销售潜力时，这种形式更为有利。

（2）有利于推销人员与当地企业界及其公共关系部门建立联系，加强协作往来，便于推销业务的连续进行。

（3）由于推销人员常驻某地，费用相对较省。

（三）产品结构式

产品结构式是按照产品线来建立的推销组织形式，推销人员只负责某一种或某一类产品的推销工作（见图15-3）。

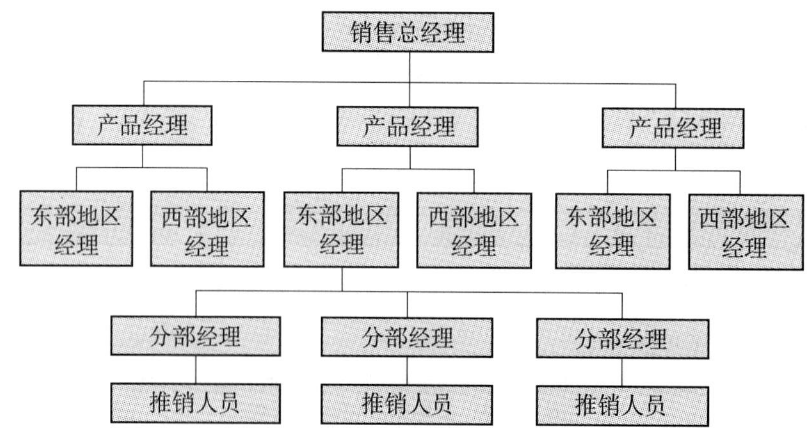

图15-3　产品型推销组织模式

通常，在下列条件下采用此种推销组织形式较为适宜：

（1）产品技术性强，生产工艺复杂，要求不同产品线的推销人员有各自专门的知识，否则很难有效地把产品推销出去。

(2) 企业产品种类繁多，用途各异，推销人员难以顾及各种类型的顾客。但也有一种特殊情况，即企业的产品和种类繁多而买主却是共同的。在这种情况下，以产品组织形式所建立的推销组织就会显示出极大的欠缺。首先是很不经济，有些费用会重复发生；其次是不同产品部门的推销人员争取同一客户，但由于不同产品的营销策略和推销方针不同，会导致客户的误解，影响销售全局。

(四) 顾客结构式

顾客结构式是按照顾客的类别来建立的推销组织形式，指派专人负责不同顾客的推销业务。这种形式以市场为基础，对不同类型的顾客分类管理，以少数购买力最大的顾客为推销组织的核心。顾客的分类方法主要有：按产业类别分类、按规模分类、按分销途径分类以及按个别公司分类等。按照顾客类别组建推销组织的最大好处是，推销人员易于深入了解特定用户的需求，有利于在推销中有的放矢，提高工作效率，稳定顾客队伍。其缺点是，如果顾客在地域上较为分散，则会给推销工作带来许多不便，也会相应增加推销费用。顾客结构式适用于那些产品种类不多、变化不大，顾客相对稳定而购买批量大的企业（见图 15-4）。

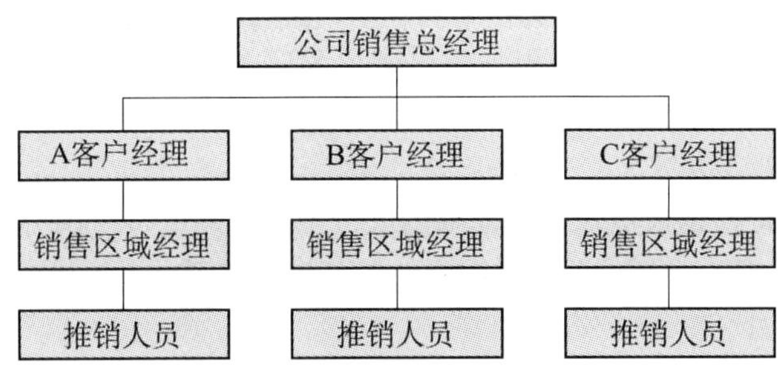

图 15-4　顾客型推销组织模式

以上是组建推销组织的四种基本形式，确定合适的销售组织结构类型既重要又困难。组织销售队伍并没有最佳方法，合适的组织结构应视推销情形的特征而定。当销售情形改变后，销售组织的结构类型也需要随之发生改变。在 Pinacor 公司重组的案例中，公司改变销售组织以适应组织战略的改变就是一个很好的例证。在实践中，企业很少只用一种组织形式，大多数企业特别是大中型企业通常将上述四种推销组织形式结合运用，采用复式推销组织形式，即按区域-产品、区域-顾客、产品-顾客，甚至按区域-产品-顾客来建立推销组织结构，分派推销人员。在这种情况下，一个推销人员往往对数个产品经理或顾客经理负责。这种复式推销组织形式有利于节约费用，提高工作效率。

六、推销组织人员规模的确定

推销人员是进行有效推销的关键因素。推销人员规模是否适当，直接影响着企业的经济效益。推销人员过少，不利于企业开拓市场和争取最大销售额；推销人员过多，又会导致成本增加。因此，合理地确定推销人员的规模，是设置推销组织的重要问题之一。推销人员规模的确定方法有如下两种。

（一）销售能力分析法

销售能力分析法，即指通过测量每个推销人员在范围大小不同、销售潜力不同的区域内的销售能力，计算在各种可能的推销人员规模下公司的总销售额及投资报酬率，以确定推销人员规模的方法。

1. 测定推销人员在不同的销售潜力区域内的销售能力

销售潜力不同，推销人员的销售绩效也不相同。销售潜力高的区域，推销人员的销售绩效也高。但是，销售绩效的提高与销售潜力的提高并不同步，前者往往跟不上后者。

例如，通过调查发现，某公司推销人员在具有全国1%销售潜力的区域内，其销售绩效为16万元；而在具有全国5%销售潜力的区域内，其销售绩效为20万元，即每1%销售潜力的平均绩效仅为4万元。因此，必须通过调查测定各种可能的销售潜力下推销人员的销售能力。

2. 计算在各种可能的推销人员规模下公司的总销售额

计算公式如下：

公司总销售额＝每人销售额×推销人员数

例如，公司配备100位推销人员在全国范围内进行推销。为使每位推销人员的推销条件相同，可将全国分成100个具有相当销售潜力的区域，每个具有全国1%的销售潜力，其销售绩效为16万元。依以上公式计算可得，该公司的总销售额为：

16×100＝1 600(万元)

公司若配备20位推销人员在全国范围内进行推销，即可将全国分成20个具有相当销售潜力的区域，每个具有全国5%的销售潜力，其销售绩效为20万元。依公式计算可得，该公司的总销售额为：

20×20＝400(万元)

如此类推，可以根据各种可能的推销人员规模，测算出每个推销人员在不同销售潜力的区域内的销售绩效，从而计算出各种可能的推销人员规模的总销售额。

3. 根据投资报酬率确定最佳推销人员规模

根据上述方法计算得出各种可能的推销人员规模的总销售额（即销售收入），以及通过调查得出各种相应情况的销售成本和投资情况后，即可计算各种推销人员规模的投资报酬率。

计算公式如下：

投资报酬率＝（销售收入－销售成本）/投资额

其中，投资报酬率最高者即为最佳推销人员规模。

运用这种方法来确定推销人员规模，首先必须有足够的地区来做相同销售潜力的估计，运用时比较困难。另外，在研究中仅将地区的销售潜力作为影响销售绩效的唯一因素，忽略了地区性顾客的组成、地理分散程度及其他因素的影响。

因此，只有当其他因素相当，且各种可能的推销人员规模的销售潜力资料很容易取得时，才采用此法。

（二）工作负荷量法

工作负荷量法是根据推销人员需要完成的工作量的大小来确定推销人员数量的方法。

这种方法的应用步骤如下：

1. 确定总工作量

首先将所有的顾客进行分类，然后确定每类顾客每年需要进行访问的次数。根据顾客的分类和每类顾客每年的访问次数，即可知道企业每年应进行的总访问次数，根据总访问次数即可确定企业推销人员的总工作量。

2. 确定每位推销人员的年工作负荷

根据不同顾客的分布情况、每访问一个顾客需要花费的时间等因素，确定每位推销人员每年的平均访问次数，以此平均访问次数作为每位推销人员的年工作负荷。

3. 确定推销人员数量

企业每年推销人员的总工作量除以每位推销人员的年工作负荷，即为企业所需的推销人员数量。用公式表示如下：

$$\text{企业所需的推销人员数量}=\frac{\text{第 } i \text{ 类顾客的数量}\times\text{第 } i \text{ 类顾客每年的平均访问次数的和}}{\text{每位推销人员每年的平均访问次数}}$$

例如，某企业共有各种客户 1 200 个，这些客户可分为三类，其中第一类客户有 200 个，每年需进行 24 次访问；第二类客户有 400 个，每年需进行 18 次访问；第三类客户有 600 个，每年需进行 12 次访问。如果每位推销人员每年的平均访问次数为 300 次，该企业共需推销人员多少名？

根据公式：

$$S=(200\times24+400\times18+600\times12)/300=64(\text{名})$$

即该企业需要 64 名推销人员。

企业每年推销人员的总工作量也可根据每类顾客访问一次所需的时间，将总访问次数折算成总访问时间得出，然后再根据每位推销人员每年可用于访问的时间，最后算出所需的推销人员数量。

第 3 节　激励和评估推销人员

一、激励推销人员的重要性

企业销售目标的实现有赖于推销人员积极、努力地工作。如果推销人员的主动性、创造性得到充分的调动，就能创造良好的推销业绩。对于大多数推销人员来说，经常给予表彰和激励是非常必要的。从主观上说，绝大多数人的本性是追求舒适、轻松的工作和生活，而回避需要付出艰苦努力的劳动。只有给予物质的或精神的激励，人们才能克服与生俱来的惰性，克服种种困难，满腔热情地投入工作。从客观上说，推销工作的性质使得推销人员常年奔波在外，远离企业、同事和家人，极易产生孤独感；推销工作的时间没有规律，会对推销人员的身心健康产生不利影响；推销工作竞争性很强，推销人员常常和竞争对手直接接触，时时感受到竞争的压力；推销人员在工作中被顾客拒绝是常有的事，即使付出艰苦的努力也不一定能得到订单，经常受挫会使他们的自信心受到伤害。因此，管理部门应当充分认识推销工作的特殊性，经常给予推销人员激励，才能使推销人员保持旺盛的工作热情。

二、激励推销人员的原则

激励推销人员的措施必须科学、合理，否则不仅起不到调动、鼓舞推销人员工作积极性的作用，相反还会挫伤其工作热情。推销管理部门在对推销人员进行激励时，应当根据企业、产品、销售地区、推销环境和推销人员的不同情况制定合理的激励方案。激励推销人员应遵循的原则如下。

（一）公平性

企业员工对薪酬的公平感，也就是对薪酬发放是否公正的认识和判断，是设计薪酬制度和进行薪酬管理时要考虑的首要因素。公平的赏罚是取得员工信任、争取员工支持并为企业做出更大贡献的基础。当员工为企业努力工作、业绩突出时，无论他是企业的骨干还是一般员工，也不论他以前曾有过什么过错，都应该公平地给予奖励。对于在同一个部门工作的员工，如果他们为企业做出的贡献大小相同，且其他因素也相近，那么就应该付给他们相同的或相近的薪酬。这样，员工才不会抱怨企业的薪酬制度不公平，不至于削弱士气。

在企业薪酬管理中，薪酬公平可以通过以下四个途径实现。

1. 外部公平（external equity）

即同一行业、同一地区或同等规模的不同企业中类似岗位的薪酬应基本相同。因为此类岗位对员工的知识、技能与经验要求相似，员工付出的脑力和体力也相似，薪酬水平应大致相同。如天津市场上 TCL、康佳、长虹的彩电推销人员，属于同一行业、同一地区且规模相当的不同企业中的类似岗位，薪酬水平具有外部可比性。在这种外部比较中，推销人员可以得出自己的薪酬是否具有外部公平性。外部公平是企业吸引和留住员工的一个重要因素。

2. 内部公平（internal equity）

在同一企业中，不同岗位的员工所获得的薪酬应与其各自为企业所做出的贡献成正比。工作评价是衡量内部公平的重要依据。

3. 团队公平（team equity）

许多岗位和绩效的评定不是以员工个体而是以团队为单位的，因此，内部公平还体现在不同的团队之间。维护团队之间公平的措施是建立科学和严格的集体绩效评估体系，按照团队内部公平的原则进行成员之间的报酬分配。

4. 个人公平（employee equity）

即同一企业中相同岗位的员工所获得的薪酬应与其贡献成正比；同样，不同企业中岗位相近的员工，其薪酬水平也应基本相同。

为了保证推销人员薪酬制度的公平性，企业的高层主管应注意以下几点：

（1）薪酬制度要有明确一致的原则做指导，并有统一的、可以说明的规范做依据。

（2）薪酬制度要有民主性和透明性。当员工能够了解和监督薪酬制度的制定和管理，并对制度有一定的参与和发言权时，猜疑和误解便易于消除，不公平感也会显著降低。如天津 TCL 电器销售有限公司设计并实施了推销人员的绩效与奖金挂钩的方案，并将方案与员工共同探讨、修正，使员工了解奖金的发放办法。推销人员每个月的奖金是在员工的监督下计算出来的，不是老板拍脑门拍出来的，具有民主性和透明性。

(3) 销售经理要为员工创造机会均等、公平竞争的条件，并引导员工把注意力从结果均等转向机会均等。如果机会不均等，单纯的收入与贡献比均等并不能代表公平。如北京TCL 电器销售有限公司就没有给推销人员创造均等的机会，使推销人员在付出同等努力和劳动的情况下，彩电的推销人员平均月薪在 1 万元左右，而白色家电的推销人员平均月薪只有 4 000 元。机会不均等，收入也不均等，使企业的薪酬制度失去公平性，带来很多负面影响。

(二) 竞争性

它是指在社会上和人才市场中，企业的薪酬标准要有吸引力，才足以战胜竞争对手，招聘到企业所需的推销人员，同时留住优秀的推销人员。

企业薪酬的竞争力直接和企业的外部薪酬政策相联系。企业外部薪酬政策主要是处理企业与外部市场的关系。薪资政策的制定反映了企业决策层是否将薪资作为提高企业竞争力的一个有效手段。在分析同行业的薪酬数据后，企业可以根据自身状况制定不同的薪酬水平。同产品定位相似，在薪酬定位上，企业可以选择领先策略或跟随策略。薪酬上的领头羊未必是品牌最响的公司。因为品牌响的公司依靠其综合优势，无须最高的工资也可能找到最优秀的人才。往往是那些后起之秀最易采取高薪政策，它们多数在创业初期或快速上升期，希望通过挖到一流人才来快速拉近与巨头公司的差距。

薪酬政策制定时常用的专用术语是 25P，50P，75P。假如有 100 家公司（或职位）参与薪酬调查，薪酬水平由低到高排名，它们分别代表排名第 25 位（低位值）、第 50 位（中位值）、第 75 位（高位值）。如摩托罗拉（中国）公司这样一个采用 75P 薪酬政策的公司，需要雄厚的财力、完善的管理、过硬的产品支撑，因为薪酬具有刚性，降薪几乎不可能，一旦企业的市场前景不妙，将使企业留人变得困难。不同的企业有不同的薪酬政策。尤其是推销人员的薪酬政策，差异特别大，且与企业中其他岗位的薪酬政策也不同。以天津 TCL 电器销售有限公司为例，推销人员与其他员工有着不同的薪酬政策。公司中一般员工，薪酬水平为 60P，即市场平均水平略偏上；核心干部，薪酬水平为 75P，即市场中上水平；推销人员，薪酬水平为 80P，即市场较高水平。

如果企业所需的推销人员属于技术型推销人员（如 IBM 中国公司的推销人员），且供给量有限，那么就应该使薪酬在同行业中处于较高水平，这样才能得到自己所需要的高素质人才，并使他们真正为企业所用，充分挖掘其潜在的人力资源。即使是普通的推销人员（如饮用水的推销员），供给量丰富，企业的“开价”也应不低于市场平均水平，这样才能使薪酬具有竞争力。例如思科公司薪酬的原则是中间值偏上，奖金是上上，股票价值是上上上，加起来在业界的水平是上上。在业界流传的一个笑话是：思科的薪酬太具有鼓励性，担心大家实现了个人经济目标，提早退休。据说竞争者对思科比较敏感，因为思科的薪酬水平非常有竞争力。

(三) 激励性

在企业内部，不同职务、不同级别、不同销售业绩的推销人员之间的薪酬水平应该有一定的差距，以不断地激励员工提高工作绩效，因为当他们业绩突出时，将获得更高的薪酬。此外，适当拉开不同销售业绩的推销人员之间的薪酬差距，还可以吸引其他企业有时甚至是竞争对手企业中的优秀推销人员到本企业来工作，不仅增强了自身的实力，而且削弱了对方的竞争力，从而使本企业在竞争中处于有利地位，不断扩大市场份额，不断成长。

具有激励性的薪酬可以增强员工的责任感，并调动他们的积极性和工作热情，创造一种奋发向上、积极进取的企业氛围。员工责任感指的是员工所感觉到的工作的发挥程度、被管理组织的有效程度、在工作中的满意程度。只有在这样一个充满员工责任感的组织氛围中，企业才会不断成长为著名的管理学家彼得·圣吉在《第五项修炼》中提出的学习型组织。相反，如果企业内部推销人员之间的销售业绩不同而薪酬差距却不大，不足以产生足够的吸引力，员工便失去了奋斗的目标，优秀的、能力出众的推销人员不甘于埋没自己的才华，常常会辞职而去。而那些没有辞职的员工多半工作的积极性也不高。

（四）经济性

推销人员的薪酬一般包括基本薪资（保底薪资或固定薪资）和佣金（或奖金）。基本薪资应计入企业的人力成本，而佣金或奖金往往计入销售费用。由于基本薪资在大部分推销人员的薪资中所占比重不高且不是此处讨论的重点，所以这里所说的经济性主要指推销人员的佣金（或奖金）部分。提高推销人员的佣金水准，可以提高其竞争性与激励性，同时也不可避免地导致企业销售费用的上升和销售利润的下降，这一点在销售类企业中尤为重要。因此，佣金水平的高低不能不受经济性的制约，即要考虑销售的毛利率的大小。此外，行业的性质及成本构成也影响着销售佣金的高低。在诸如家电等毛利率比较低的行业中，销售佣金在总销售费用中的比重可高达50%，这时，佣金水平稍有提高，会使销售成本明显提高，但在手机等销售毛利率较高的行业中，佣金却只占销售成本的10%～20%，而推销人员的工作热情与革新性、开拓性却对企业在市场中生存与发展起着关键作用，因此可以适当提高佣金水平。当然，企业的高层主管在考察销售费用时，不能仅看佣金水平的高低，还要看员工的绩效水平。实际上，员工的绩效水平对企业产品竞争力的影响会大于销售费用的影响。总之，经济性的原则就是：花最少的钱办最多的事。

（五）合法性

它是指企业推销人员的薪酬制度必须符合现行的法律法规。如在天津市场上，一些中小企业的推销人员的薪酬往往是1 500元左右的底薪加提成，推销人员如果该月没有业绩，就只有那么一点点底薪，这就不符合天津市最低工资标准的规定（天津市2018年最低工资标准为2 050元）。有的老板不仅不为推销人员缴纳社会保险，而且在员工到岗25天时以“试用期不合格”为由炒掉员工，克扣推销人员的收入，这些做法都严重违反了薪酬制度的合法性。《劳动法》是我国一部重要的法律，但在目前的情况下，有些国有企业和私营企业没有真正落实《劳动法》及各地的相关劳动法规，这主要是由于劳动力的供求失衡造成的。劳动用工的法制化建设还有很长的路要走。

第4节　推销人员薪酬制度的理论基础

很多激励理论都在推销人员薪酬中得到了应用，本节讨论的是应用最广泛的两种理论：公平理论和激励-保健理论。

一、公平理论在推销人员薪酬管理中的应用

J. 史坦斯・亚当斯（J. Stancy Adams）提出的公平理论（equity theory）说明了为什么公平性对于企业薪酬制度十分重要。这种理论提出，人们会思考自己从工作中得到的（产出）以及投入到工作中的（投入），然后把自己的投入产出比与其他相关人员的投入产出比做比较。

如果员工的比率与相比较的其他人的比率相等，那么就是公平状态。当员工感到比率不相等时，就会产生公平紧张。而这种消极的紧张状态能提供一种动机，使人们采取行动纠正这种不公平。

员工选择的参照物使公平理论更复杂。证据表明，所选择的参照物是公平理论中的一个重要变量。员工可以选择四种参照物：

（1）自我-内部。员工与本组织中不同职位或不同销售业绩的人员相比较。

（2）自我-外部。员工与本组织以外的不同职位或不同销售业绩的人员相比较。

（3）别人-内部。员工与所在组织中的其他人或群体相比较。

（4）别人-外部。员工与所在组织以外的其他人或群体相比较。

员工可能把自己与朋友、同事或其他组织中的成员相比较，也可以与自己过去的工作经验相比较。员工采用哪种参照对比方式，不仅受到员工所掌握的有关参照人员的信息的影响，而且受到参照人员的吸引力的影响。我们在这里关注四个中间变量——性别、任职期、在组织中的地位和受教育或职业化程度。在企业中任期短的员工可能不太了解组织中其他人的信息，所以他们依赖于自己的个人经历。但是，任期长的员工更多地用同事做比较。高层次的员工——受教育程度较高的人员和销售经理——可能具有更加全球化的态度，掌握更多的关于其他组织中员工的信息。因此，这些类别的员工进行更多的别人-外部比较。

基于公平理论，当员工感到不公平时，会采取以下六种选择之一：

（1）改变自己的投入（如不再那么努力地提高销售额）。

（2）改变自己的产出（如推销人员单纯通过加大铺货来增加销量并增加自己的收入）。

（3）改变自我认知（如“我曾认为自己的销售业绩一般，但是现在我意识到我比其他人工作都更努力”）。

（4）改变对其他人的看法（如“小孙的工作不像我以前认为的那样令人满意”）。

（5）选择另一个不同的参照对象（如“白色家电的推销人员可能不如彩电的推销人员收入高，但却比手机推销人员的收入高”）。

（6）离开工作场所（如辞职）。

公平理论认为，个人不仅关心自己经过努力所获得的报酬的绝对数量，也关心自己的报酬和其他人报酬的关系。他们对自己的投入与产出和其他人的投入与产出的关系做出判断。在一个人投入（如努力、经验、教育水平和能力）的基础上，对产出（如工资水平、加薪、认可和其他因素）进行比较，当人们感到自己的产出投入比和其他人的产出投入比不平衡时，就会产生紧张感。这种紧张感又会成为他们追求公平和公正的激励基础。

公平理论提出了与推销人员不公平报酬有关的两种观点：

（1）如果以时间计酬，那么推销人员的报酬就表现为单一薪资制，即在一段时间内，薪酬为一固定值，不随推销人员绩效的改变而改变。报酬过高的推销人员会通过提高业绩以保证公平，而报酬过低的推销人员会降低自己的业绩，或通过增加自己的灰色收入以保证公平。

（2）如果以销售业绩计酬，那么推销人员的薪酬就表现为佣金制，报酬过高的员工会通过规范客户渠道、优化库存结构等投入增加去寻求平衡，而报酬过低的员工会通过透支市场或违规操作来提高销量，从而提高收入，保证公平。

这些观点已被现实中普遍存在的事实支持，但要附加一些辅助的限制条件。第一，在大多数工作环境中，报酬过高带来的不公平看来对行为没有显著的影响。很显然，和低报酬带来的不公平相比，人们更能容忍报酬过高带来的不公平，或者说，更能使之合理化。第二，不是所有的人都对公平敏感。第三，虽然本节关于公平理论对推销人员薪酬的影响着眼于工资和佣金，但推销人员更容易从组织的其他报酬或销售费用的分配中寻求公平。例如，很多证据表明，灵活的通信费、招待费等销售费用在大多数推销人员的公平方程中起到产出的作用。

近期研究多指向扩展公平或公正的含义。从历史上看，公平理论着眼于分配公平（distributive justice），即个人间可见的报酬的数量和分配的公平。但是，公平也应考虑程序公平（procedural justice）——用来确定报酬分配的程序的公平。证据表明，分配公平比程序公平对员工的满意度有更大的影响，相反，程序公平更容易影响员工的组织承诺、对上司的信任和流动意图。所有管理者考虑分配的决策过程应公开，遵循一致和无偏见的程序，采取类似的措施增加程序公平感。通过增加程序公平感，员工即使对工资、晋升和其他个人产出不满意，也可能以积极的态度看待上司和组织。

总之，公平理论表明，对大多数推销人员而言，激励不仅受到绝对报酬的影响，还受到相对报酬的影响。

二、激励-保健理论在推销人员薪酬管理中的应用

激励-保健理论（motivation-hygiene）由心理学家弗雷德里克·赫兹伯格（Frederick Herzberg）提出。他本着这样的信念：个人与工作的关系是一种基本关系，他对工作的态度在很大程度上将决定其成败。

根据赫兹伯格的观点，带来工作满意的因素和导致工作不满意的因素是不相关的和截然不同的。因此，管理者若努力消除带来工作不满意的因素，可能会带来平静，却不一定有激励作用。他们能安抚员工，却不能激励他们。因此，赫兹伯格把公司政策、监督、人际关系、工作环境和工资这样的因素称为保健因素（hygiene factors）。当具备这些因素时，员工没有不满意，但是它们也不会带来满意。如果企业想在工作中激励员工，要强调成就、认可、工作本身、责任和晋升，这些因素是激励因素（motivation factors）。

赫兹伯格的激励-保健理论在推销人员的薪酬制度中有着重要的应用。企业在设计推销人员的薪酬制度时，应充分运用激励-保健理论，既要考虑保健因素，使员工有一部分稳定的收入，增强员工责任感及组织承诺，减少不满意，又要考虑激励因素，给每个推销人员充分发挥个人能力的空间，增加满意。激励因素和保健因素在薪酬总额中所占的比例要经过细致的市场调查来确定，只有这样才能建立合理、有效的薪酬制度。

绝大多数企业对推销人员实行“低底薪、高提成”甚至“无底薪”的薪酬制度，这意味着推销人员的收入不稳定，缺乏保障。有的企业甚至不与推销人员签订劳动合同，没有社会保险，这种薪酬制度忽略了保健因素。当保健因素在员工总薪酬中所占比例太低甚至没有时，员工对组织和所销售的品牌几乎谈不上认同，员工的销售行为也大多表现为短期行为，流动率加大，对企业的不满情绪严重。尤为重要的是，事实上，销售工作的业绩由许多非人为因素决定，一个推销人员即使费尽百般口舌，做出万般努力，最终也有可能一无所获。此时，再完善的激励因素也成为空中楼阁，真正对员工有意义的是保健因素，1 500 元的保健因素显然是不合理的。

合理地分配推销人员薪酬中的激励因素和保健因素具有重要意义。以天津 TCL 电器销售有限公司为例，公司在改革推销人员的薪酬制度时，调查了推销人员希望如何分配保健因素（基本薪资）及激励因素（奖金）在总薪酬中的比例。调查结果表明，推销人员对保健因素的希望比例是 50%上下，即一半左右，而激励因素占剩下的一半。该比例实施后，产生了积极的效果。当销售经理对推销人员的工作质量进行与薪酬挂钩的绩效管理时，得到了员工的认可与支持。因为往最坏处打算，即使推销人员对销售网络的管理差到得不到奖金，推销人员也有基本薪资这个保健因素，况且对自身的工作绩效进行与奖金挂钩的绩效管理，有利于提高员工的业务能力及职业化水平，有利于企业的长期发展，有利于提高推销人员的总薪酬。

激励-保健理论的良好运用会使薪酬更有意义。薪酬对每个员工除了有财务方面的影响外，还有精神上的作用。对一些人来说，他们从薪酬中看到的只是金钱，对另外一些人来说，薪酬意味着对他们的价值的承认。这说明，在进行推销人员的薪酬管理时，既要考虑他们的保健因素，又要照顾他们的激励因素。企业应努力为员工提供多维的薪酬回报。

薪酬计划的价值取决于它是如何设计的，它的主要特征被员工理解的程度如何，它如何为参与计划的员工提供反馈，以及经理为支持它付出了多大的努力。其中如何为参与计划的员工提供反馈尤为重要。为员工举行庆祝仪式或筹划特殊活动，以表彰他们取得的成绩，这种薪酬计划反馈强调了激励因素在员工中所起的积极作用，它创造的价值大于财务奖励或其他有形的奖品，并且能够从正面强化公司文化的影响。而那些直接给员工发奖金，很少或没有其他贡献承认方式的组织可能需要花更多的钱才能收到同样的效果。

因此，良好地运用激励-保健理论，组合应用财务和非财务的薪酬支付方法，能够产生乘数效应，从而使薪酬更有意义。

管理部门可以根据企业自身情况和内部人员状况，灵活地运用多种激励推销人员的方法，以便激发推销人员的潜能，保证推销目标的实现，促进企业的发展。具体地说，激励推销人员的方法主要有以下几种。

（一）目标激励法

企业首先建立一些重要的推销目标，如销售数量指标，规定推销人员一定时期内访问顾客的次数。这样使推销人员感觉工作有奔头、有乐趣，体会到自己的价值与责任，从而增加努力上进的动力，使企业的目标变成推销人员的自觉行动。采用这种方法，必须将目标与报酬紧密联系起来，达到目标就及时兑现。

（二）强化激励法

强化激励法有两种方式：一是正强化，对推销人员的业绩与发展给予肯定和奖赏；二是负强化，对推销人员的消极怠工和不正确行为给予否定和惩罚。通过奖惩分明、奖勤罚懒，激励推销人员不断努力。

（三）反馈激励法

推销管理部门定期把上一阶段各项推销指标的完成情况、考核成绩及时地反馈给推销人员，以此增强他们的工作信心和成就感。

（四）推销竞赛

管理部门根据企业经营、市场和推销人员的具体状况组织各种推销竞赛，激励推销人员付出比平时更大的努力，促进销售任务的完成。

第5节　推销人员的报酬管理

建立合理的报酬制度，对于调动推销人员的积极性和主动性，保证推销目标的实现，有着重要意义。推销人员的工作能力、工作经验和完成任务的情况是确定报酬的基本依据。企业付给推销人员的报酬主要有三种形式。

一、薪金制

薪金制即付给推销人员固定的报酬。这种制度简便易行，可简化管理部门的工作。推销人员也因收入稳定而有安全感，不必担心没有推销业务时影响个人收入。但这种制度缺少对推销人员激励的动力，容易吃“大锅饭”。

二、佣金制

佣金制，即企业按推销人员实现销售量或利润的大小支付相应的报酬。这种制度相比薪金制有较强的刺激性，可以使推销人员充分发挥自己的才能，管理部门也可根据不同的产品和推销任务更灵活、更有针对性地运用激励的手段。但这种制度不能保障企业对推销人员的有效控制，推销人员往往不愿接受非销售性工作，而且常常出现为追逐自身经济利益而忽视企业长远利益的现象。

三、薪金加奖励制

薪金加奖励制，即企业在付给推销人员固定薪金的同时付给不定额的奖金。这种形式实际是上述两种形式的结合，一般来讲，它兼有薪金制和佣金制的优点，既能保障管理部门对推销人员的有效控制，又能起到激励的作用。但这种形式实行起来较为复杂，增加了管理部门的工作难度。由于这种制度比较有效，目前越来越多的企业趋向于采用这种方式。

第 6 节　推销绩效评估

推销绩效的评估是指企业或推销人员对一定时期内推销工作的状况进行衡量、检查、评价，目的在于总结经验和教训，进一步制定新的推销计划，改进推销工作，取得更好的推销业绩。

推销绩效的评估是现代推销技术的一个重要组成部分。现代推销技术和传统推销技术的一个重要区别就是强调推销的科学性。运用科学的方法和手段对推销计划的执行情况和推销工作进行分析和评估，不仅是决策的重要参考指标，也是对企业政策与计划的考核。通过绩效评估可以找出推销工作成功和失败的原因，较快地提高推销人员的工作能力和推销绩效。

一、推销绩效的评估内容

（一）销售量

销售量是指企业或推销人员在一定时期内实际推销出去的产品数量。它是推销绩效评估的主要内容之一。推销人员推销出去的产品越多，其推销成绩就越大。

要正确评估销售量，首先要对销售量的范围进行准确的界定，确定销售量所包含的内容，运用统一的统计口径，包括合同供货方式和现货供货方式、已售出的产品数量以及尚未到合同交货期提前在报告内交货的预交产品数量，但要扣除销售退回的产品数量。其次，要运用一定的方法考察销售量的变化，准确地评价推销人员的工作业绩，如通过对产品推销计划完成情况、不同品种的销售量、对新老用户的销售量等情况进行考察，进一步分析原因以及销售量和市场占有率的变化发展趋势等。

（二）销售额

销售额是以价值形式反映产品销售情况，既考虑产品数量，也考虑产品价格。在评估销售额时，应先根据各推销产品的不同价格和销售量计算出区域内推销人员、各种产品、不同消费者群或推销对象的销售额，累加求出总的销售收入，再依据一定的方法进行比较分析。

（三）推销费用

推销费用是指在推销产品过程中发生的费用。通过对推销人员完成推销任务所支出的费用进行考核，可以及时发现费用开支中的问题，有利于把费用控制在预算范围内，提高费用使用效率。进行推销费用评估常用的指标有：

1. 产品推销费用率

指一定时期内推销费用与推销额的比例。推销费用包括与产品推销活动紧密相关的成本、费用开支，如推销项目可行性调研的费用、有关资料的印刷费、广告费、交通费、通信费、业务招待费、展销场地租赁费等。

2. 推销费用降低率

指一定时期内推销人员实际支出的推销费用与计划核定的推销费用限额之间的比例。它反映推销费用节约或超支的程度。

费用的评估可以按总费用或各分类费用结合各类别的费用配额进行。

（四）销售利润

销售利润是推销成果的集中体现。将销售收入与销售成本和费用进行比较，就可以看出推销人员为企业创造的利润是多少。在分析销售利润时，不仅要分析销售利润的计划完成情况，而且要进一步分析其变化的原因，分析不同因素（如销售量、产品价格、销售成本和销售结构等）对销售利润的影响，以便于及时发现问题，提出改进的措施。利润的评估也可以按总利润及各分类利润进行分析。利润评估可以加强高利润区域、高利润产品、高利润消费者群的工作，保证公司利润的实现。毛利目标实现情况的考核公式为：

$$毛利目标达成率=\frac{实现毛利额}{毛利额目标}$$

（五）推销效率

评估推销效率可以更全面地评价推销人员的工作程度和效果，把握推销人员之间存在的差距，并通过奖勤罚懒，提高推销人员的工作努力程度，促进推销工作。

评估推销效率的指标主要有：配额完成率、推销人员人均推销额、用户访问完成率、订单平均订货量、订货合同完成率等。

二、推销绩效评估的方法

推销绩效评估的方法很多，常用的有以下几种。

（一）纵向分析法

纵向分析法是指通过推销指标绝对数值的对比确定数量差异的一种方法，其作用在于揭示客观存在的差距，发现值得研究的问题，为进一步分析原因指明方向。依据分析的不同要求，主要可进行三种比较分析，即将实际资料与计划资料对比，说明计划完成情况；将实际资料与前期资料对比，考察推销活动的发展变化；将实际资料与先进资料对比，找出差距和原因，挖掘潜力。

（二）横向对比分析法

推销人员绩效的横向对比分析是指企业对所有推销人员的工作业绩加以相互比较。正确运用横向对比分析法，必须在充分考虑各地市场潜力、工作量、竞争激烈程度、企业促销配合等因素的基础上制定合理的目标。但在实际评估中，推销管理部门很难面面俱到地考虑所有的影响因素，在目标的制定上有一定的主观偏差，如果仅用这种分析方法，则容易引起误解。因此，配合纵向分析法，能够更全面、准确地评估推销绩效。

（三）尺度考评法

尺度考评法是将考评的各个项目都配以考评尺度，制定一份考核比例表加以考评的方法。在考核表中，可以将每项考评因素划分出不同的等级考核标准，然后根据每个推销人员的表现按依据评分，并对不同的考评因素按其重要程度给予不同的权数，最后核算。

基本概念

推销组织管理　　推销队伍规划　　推销激励　　推销评估

思考题

1. 推销人员的培训方法有哪些？
2. 推销人员的培训内容包括哪些方面？
3. 简述组建推销组织的依据及基本形式。
4. 设立区域型推销组织应该考虑哪些因素？
5. 什么是产品型推销组织？
6. 什么是顾客型推销组织？
7. 什么是职能型推销组织？
8. 激励推销人员的基本原则是什么？
9. 如何有效地激励推销人员？
10. 推销人员的绩效评估方法有哪些？

案例分析

CWD 公司管理人员选聘之路

CWD 公司为了达到新的销售目标，选聘销售经理成了最迫切的任务。公司管理层认为销售经理必须具备较高的销售管理能力，比如做长期和短期计划，与商业伙伴、政府和教育机构打交道等。因此，对于销售经理的选聘，公司认为要做三个方面的工作。第一，根据公司目前销售队伍实际，依据职位需求培训销售经理；第二，通过内部筛选产生新的销售经理候选人；第三，通过销售经理的选聘工作全面提高销售队伍的管理工作水平。随着公司的发展，制定出更详细、标准化和可衡量的工作规程就显得很重要，同时也是这次选拔销售经理的一个任务。

为了落实这三方面工作，公司决定成立销售管理项目小组，负责销售经理选聘和销售管理发展全面工作，以保证整个项目成功完成。

一般公司选聘销售经理都是从本公司的销售队伍中的销售人员选出优秀者。然而，不可否认，一些为销售工作做出贡献的其他部门的优秀人员也是可以成为销售经理的。

销售管理项目小组把工作重点放在销售经理的筛选、培训和入职培训。他们需要在现有的经理和选拔对象中进行挑选。现任的经理有第一线职位上工作的经验和技能，但他们长期工作在这个职位上，会产生职业麻木而无所建树，这对销售管理的新突破是不利的。通过这次经理选拔活动，要让他们达到既是管理精英，也是销售线上的技术能手。把重点放在销售管理过程上，系统地完善销售经理这个角色，并以此作为选拔和考察销售经理的标准。

CDW的成功做法在于努力吸收大量的有才能和有高度责任心的销售精英分子，使公司的销售队伍融进了强大的有生力量，从而使公司的销售达到新的水平。

通过这个新的项目，CDW公司通过内部招聘，提拔了一批新的销售经理，强化了销售队伍，当年收入增加5 000万美元，达到历史新高。

问题：

1. 销售管理和销售技能是对立统一体，在销售队伍建设中，如何正确处理这两者的关系？

2. 内部招聘销售经理，可以重新任用原有的经理，也可以从销售人员中提拔，你认为这两者有什么优缺点，应该如何处理？

第 16 章

推销人员自我管理

本章要点

- 掌握推销人员自我管理的内容；
- 掌握销售人员的时间管理方法；
- 掌握顾客管理的主要内容；
- 掌握处理顾客投诉的程序。

引例

杰克的难题

快到年底了，杰克计划着完成全年的销售任务，得到一笔年终奖。就在 9 月底，杰克得知一家电脑组装公司的业务员想向杰克的竞争对手公司购买一套商务电脑系统。听到这个信息，杰克立即给这位想购买电脑的潜在客户打了个电话并邀请见面。

通过第一次会见，杰克了解到，这位潜在客户已经打算购买竞争对手的商务电脑系统，但还是希望能看看杰克的电脑系统。杰克还了解到，竞争对手的电脑系统配上软件报价 30 000 美元，据说是他们公司的最低报价，而使杰克感到为难的是他的公司无法把价格降到对手那个价位。但杰克第二天又来见这位潜在客户，并带来一份电脑系统配置和工作方案，根据这份方案，杰克建议该潜在客户购买一台小型电脑中心机带五个工作站，配备三台监视器和键盘以及两台打印机。其中三个工作站可以分别放置在会计室、订单部和仓库。一台打印机放在会计室作为日常入账之用，而另一台打印机可以放在订单部或仓库。另外，杰克发现该潜在客户在今后两年中绝对有发展的趋势，该电脑系统有继续扩容的可能。经过进一步商谈，杰克了解到该潜在客户的一个要求是所有的电脑系统和工作站必须在年底安装完毕。那么现在，杰克担忧的不单单是价格无法满足，在年底安装也是不可能的。

跟潜在客户见面后一周，对于这个潜在客户的低价位和迫切的发货安装时间，杰克几乎感到绝望。正在这时，杰克的公司开发出一种新型商务计算机，正好能满足那个潜在客户的要求。该新型商务计算机是可以带五个工作站的小型机，并可以配套任何监视器和键盘以及打印机，并且价格可以低于30 000美元，同时能够在两个月内发货安装。杰克马上制作出该电脑系统的配置、安装等技术方案，报价为32 000美元，并配套相关的应用软件系统。同时，杰克也知道这样的报价和技术配套应该只能满足该客户的现时要求，无法满足今后扩容的需求，但杰克对潜在客户隐瞒了这一点。

经过与杰克竞争对手的方案比较之后，潜在客户对杰克的产品方案很满意，于是下了订单，杰克带着满足的心情离开了客户的办公室。最后成交的一秒钟使他丰厚的提成和年终奖成为现实。事情进展一切顺利，机器发运，安装，调试，使用。

此时，其实杰克心里有些恐慌，因为他知道卖给顾客的电脑系统已经达到最大容量，如果顾客想扩充工作站容量，这套系统就不能用了。但杰克还是心存侥幸，他想顾客的系统升级至少得两年以后，那个时候公司又会推出新的大容量系统。顾客也告诉杰克，一旦想增加工作站，他会立刻告诉杰克，让杰克随时准备接单。

想不到新年的第一天，杰克就听到一则好消息和一则坏消息。好消息是客户给杰克打来电话，告诉杰克电脑系统运行很好，他很满意。然后，就是坏消息了，客户告诉杰克他想扩充电脑系统，增加工作站，让杰克马上报价，他要马上来见杰克商量这事。

杰克该怎么办？他很清楚地意识到，他会面临客户和公司两方的不满。客户会知道自己购买的电脑系统不能扩容，会有被欺骗的感觉；而公司会指责杰克严重欺骗顾客，给公司带来很大的声誉损失。

而此时，客户正在等待杰克的回复……

评析：从本案叙述内容来看，推销员违背了诚实原则，误导了顾客。撇开顾客知道技术上无法扩容的现实后会做出怎样的决定不论，推销员杰克的自身修养尤其是道德品质修养的滑坡是更可怕的，因为这会导致公司信誉和杰克个人的信誉双受损！他将会被认为是一个唯利是图的“小人”，而不是训练有素、为顾客解决问题和值得信赖的推销员。那么，你认为推销人员应该如何进行自我修炼？你认为顾客关系管理的哪些方面更重要？

第1节　个人行动管理

推销人员的销售活动大部分是在公司所在地以外的场所进行的，也就是离开了主管可直接控制的领域，而投入顾客所在的领域。推销人员都“必须”或“偏好”单兵作战、独立作业，因此推销人员的活动除了开会时间、中午休息时间有机会被观察了解外，其他时间，推销人员的活动完全处于开放自由的状态。

销售行动的管理并非束缚或掌握、控制推销人员的活动。行动管理只是销售目标管理及效率管理的辅助工具与做法，目标能否达成、效率的高低等完全视销售行动而定。换言之，行动管理的最终目的是销售的业绩和效率，只要目的达到，行动的内容不必拘泥于形式。

个人行动管理最有效的做法之一是填写销售日报表制度。销售日报表是每位推销人员每天的行动报告书，也是所有行动在人、事、时、地、结果、进度等方面的总记录。填写日报表不仅是对销售人员行动管理的手段，也是改进销售工作的主要依据。

一、销售日报表的管理

（一）销售日报表的作用

销售日报表的作用表现为：

- 市场需要及其动向的把握；
- 竞争者情报的把握；
- 技术情报的收集；
- 目标达成程度的评价；
- 推销人员的行动管理；
- 顾客调查情报的收集；
- 洽谈技术上问题点的把握；
- 遭遇问题的分类；
- 销售统计的制作；
- 推销人员的自我管理；
- 地区特色的把握。

销售日报表可作为拟定推销计划的基础，也是领导者发出指令的依据。如果没有推销日报表所带来的情报，就和听从盲人的指挥而去乱闯没有两样。

（二）销售日报表的内容

一般销售日报表包括：访问地点、单位；对方决策人及职务；实际工作时间；访问人数及次数；面谈或介绍产品次数；对方需求；对方相关技术现状；可行性；目前进展。

（三）填写销售日报表的条件

推销人员填写销售日报表的第一个条件是销售经理及其主管对日报表的关心。第二个条件是要下功夫研究，使这份日报表很容易填写，因为推销人员都是经过忙碌、辛苦的访问之后，拖着疲惫的身体回来的，尽可能不要把繁重的担子交给他们。不过，日报表也要尽可能提供丰富、具体的情报。

二、制定销售计划

要使销售行动富有效率，就必须制定完善的销售计划。计划是行动的开始，为了使销售活动产生良好的效果，销售人员要做的第一步是做一份周密的销售计划。那么，销售计划究竟是什么？它需要包括哪些内容？

简单地说，销售计划是指销售人员在一定期限内要开展的活动及所要达成的目标。销售人员在制定销售计划时应考虑以下三个因素：确保接触顾客的时间最大化；明确所要达成的最终目标；明确达成目标所需的资源。在执行销售计划时，销售人员必须持严谨、认真的态度，必须对自己的计划负全责。此外，销售人员还应定期评估计划的执行情况，并随时督促自己把握好进度，以达成最终目标。

（一）制定销售计划的基本原则

确保接触顾客的时间最大化。没有接触，就没有业绩，销售人员和准顾客面对面的接触时间决定了他的业绩。销售计划的第一个检查重点是，是否安排了足够的时间来接触足够多的准顾客。

明确所要达成的最终目标。在制定计划前，销售人员必须先了解自己的目标，也就是常说的指标。目标是公司对销售人员的期望，也是销售人员需要完成的任务，这些目标通常必须遵循公司的策略性目标及优先顺序。

充分了解所能利用的资源及其优劣势。要达成目标，销售人员必须充分了解有哪些资源可用及这些资源的优劣势。下列项目可协助销售人员检讨自己的资源状况：产品知识；价格权限；现有顾客关系；准顾客资料库；销售区域；销售辅助器材。

（二）如何制定周密的销售计划

好的销售计划首先是切实可行并有效率的计划。销售人员应该知道要去拜访谁、何时去拜访、每次拜访的目标及方法，争取做到充分利用时间。为了制定有效的销售计划，应充分考虑以下事项并统筹安排时间。

1. 制定拜访计划

制定拜访计划时，应根据提供服务的多少和自己的能力来确定拜访次数，并计划好每月和每日的拜访次数（包括每日新拜访次数、每日重复拜访次数、每月新拜访次数、每月重复拜访次数）。

2. 制定路线计划

好的销售路线是指销售人员能在规定时间内到达规定地点并消除不必要的往返的拜访路线。通常，销售路线有直线形、四叶草形、螺旋形、地带形4种。具体来说，直线形适用于顾客基本位于一条直线上的情形；四叶草形适用于销售区域很大并需要好几天时间才能走遍的情形；螺旋形常用于顾客很分散的情形；地带形要求将整个区域划分成一定数量的地带。

3. 计划约见顾客的时间

计划好通过电话、销售信函等方式约见顾客所需的时间。

充分运用有效的时间段。一般来说，上午10：00—11：30和下午2：00—5：00之间是与顾客会面的最佳时间段，销售人员应充分利用。

4. 做销售准备的时间

具体来说，包括建议书撰写、资料准备等工作。

5. 顾客投诉处理时间

销售人员应认识到尽快处理顾客投诉的重要性，并留出专门的时间来处理。

6. 培训时间

参与公司内部培训的时间。

7. 会议

参加公司会议的时间。

以上各种因素表明，做好销售计划并不是一件简单的事情。专业与非专业的差别体现在哪里？非专业的销售人员相信运气，运气好时会带来很多的业绩，没有业绩是因为运气不好；专业的销售人员每月都能产生稳定的业绩，他相信每一点业绩都是有计划地逐步耕耘得来的，虽然有些业绩的产生要经过长时间的追踪、等待，但通过有效的规划来追踪顾客才是带来稳定业绩的最重要的基础。也只有借助于计划，才可以进行追踪、检讨与改善，这样销售效率才能逐步提升。

三、销售分析与评价

（一）销售分析与评价的作用

现代商品市场瞬息万变，竞争异常激烈。企业要想在国内外市场竞争中取胜并得到不断的发展，就必须加强和改善经营管理，推行现代科学管理。而销售分析与评价是现代科学管理的重要一环。它的作用在于：

1. 通过销售分析与评价，有利于企业经营管理水平的提高

销售分析与评价作为认识实践的重要方法，可以帮助销售管理人员正确认识各项销售活动的内在联系，明确影响销售活动的各种原因，找出销售活动中存在的关键问题。这就为销售措施的改进和新的销售战略的制定提供了科学依据。在销售战略的实施过程中进行销售分析与评价，既可监督、检查战略的实施情况，又能考察销售战略是否符合实际和有效。

2. 通过销售分析与评价，有利于目标管理的推行

企业根据市场需要，实行目标管理，要做到“人人有事做，事事有人做”，不能出现人浮于事或有事无人做的现象。企业在实现目标的过程中，离不开销售分析与评价，需要经常检查计划目标的完成情况，分析影响计划完成的原因，找出有利于完成计划的积极因素和阻碍计划完成的消极因素，正确评价企业各项销售工作，从而为制定改进措施或调整计划目标提供依据。同时，开展销售分析与评价能把影响销售活动的主客观原因区分开来，查清各责任单位对销售成果的影响，从而分清责任和贡献大小，有利于把经济责任和经济利益结合起来。

3. 通过销售分析与评价，有利于目标利润的实现

企业以目标市场需求为中心，不断满足顾客需要，其目的在于扩大销售，获取利润。企业开展销售分析与评价，通过对影响利润形成的各种因素的分析比较，可以衡量企业销售活动取得的成果与存在的差距，判断各项销售措施的得失。同时，通过对人力、物力、财力等资源利用情况的分析，可以找出优化资源利用的方法，这对企业不断提高经济效益、实现预期利润具有重要作用。

（二）销售分析与评价的程序

销售分析与评价作为销售工作的重要一环，要有组织、有秩序地进行。因此，应遵循一定的程序。具体来说一般有以下几个步骤。

第一步：确定分析计划。为了提高销售分析的准确性，销售分析应有计划地进行。分析计划要确定分析的目的和要求、分析的内容和范围、分析工作的组织和分工、分析的资料来源、分析的方法等。在分析计划的执行过程中，如果出现新问题、新情况，应及时加以补充和修改，以确保分析工作的正常运转，提高分析质量。

第二步：收集分析资料。分析资料是进行销售分析的重要依据，分析人员应全面、系统、完整地收集各方面的资料。一般来说，分析资料主要包括：各项销售计划、预算、定额、责任指标等计划资料，各项业务核算资料，各种内外部报表资料，同行业有关资料，有关合同，协议、决议等文件报告资料，以及各种环境状况、市场状况、顾客意见等销售调查资料。

第三步：研究分析资料。资料收集要进行整理、分析和研究。对不正确的或失实的资料应剔除；对于不可比的资料要进行调查或淘汰。对符合实际的、有用的资料，要进行归纳、分类和整理。运用不同的分析方法进行比较分析，找出实际与计划、与上期、与先进水平的差距，确定应当研究的重点问题，然后分析形成差异的各种原因，分清主次，测定各种因素的影响程度，以找到问题的关键，最终为解决问题提供思路。

第四步：得出分析结论。进行销售分析与评价主要是为了肯定成绩、总结经验、发现问题、吸取教训、挖掘潜力，制定最佳销售组合，实现更多的利润。在得出分析结论时，对各项销售业绩的评价应当切合实际，并对其中的问题提出切实可行的改进措施、建议和实施方案。同时，还应对以往分析中提出的改进措施、建议和实施方案的实施效果做出分析和评价。

第五步：编写分析报告。销售分析报告是销售人员向销售主管部门及有关领导汇报分析情况的全面书面资料。分析报告的编写因分析内容不同而有所区别。如有的是全面分析，有的是专题分析，有的是定期分析，有的是日常分析，侧重点都是不一样的。但其基本要求是一致的，即要实事求是，客观全面；重点突出，防止面面俱到；对情况的说明要真实准确，得出结论要有根据，避免主观臆断；提出的改进措施、意见和方案要具体可行；文字力求简明扼要，图表力求清晰易懂。另外，销售分析报告应及时送达有关部门和人员，提高其时效性，真正为提高销售管理水平、扩大销售业绩做贡献。

（三）销售分析与评价的方法

销售分析与评价的方法很多，这里仅选择几种常用的方法来进行说明。

1. 绝对分析法

绝对分析法是通过销售指标绝对数值的对比确定数量差异的一种方法，它是应用最广泛的一种方法，其作用在于揭示客观存在的差距，发现值得研究的问题，为进一步分析原因指明方向。

依据分析的不同要求主要可做三种比较分析，即将实际资料与计划资料对比、与前期资料对比、与先进资料对比。

（1）与计划资料对比，可以找出实际与计划的差异，说明计划完成的情况，为进一步分析指明方向。

（2）与前期资料对比，如与上月、上季、上年同期对比，可反映销售活动的发展动态，考察销售活动的进展情况。

（3）与先进资料对比，可以找出同先进水平的差距，有利于吸收和推广先进经验，挖掘潜力，提高工作效率和利润水平。

在运用绝对分析法时，要注意对比指标的可比性，对比双方指标的内容、计算方法以及采用的计价标准和时间单位应当一致。在与其他企业比较时，还要考虑各种不同因素的影响。

2. 相对分析法

相对分析法是指通过计算、对比销售指标比率，确定相对数差异的一种分析方法。利用这一方法，可以把某些不同条件下不可比的指标变为可比指标，进行对比分析。依据分析的不同目的和要求，可计算出各种不同的比率进行对比。主要有：

（1）相关比率分析。这是将两个性质不同而又相关的指标数值相比，求出比率，从销售活动的客观联系中进行分析研究。如将纯利润与企业全部投资相比，求出投资收益率；将销售费用与销售收入额相比，求出销售费用率等。然后，利用这些经济指标再进行对比分析。

（2）构成比率分析。这是计算某项销售指标占总体的比重，分析其构成比率的变化，掌握该项销售指标的变化情况。如将一种产品的销售额与企业总的销售额相比，求出它的构成比率，然后将它的前期构成比率和其他产品的构成比率相对比，能发现它的变化情况和变化趋势。

（3）动态比率分析。这是将某项销售指标不同时期的数值相比，求出比率，以观察其动态变化过程和增减变化的速度。由于采用的基期数值不一样，计算出的动态比率有两种，即定基动态比率和环比动态比率。定基动态比率是指某一时期的数值固定为基期数值计算的动态比率。计算公式为：

$$\text{定基动态比率}=\frac{\text{比较期数值}}{\text{固定基期数值}}\times 100\%$$

环比动态比率是指以每一比较期的前期数值为基期数值计算的动态比率。计算公式为：

$$\text{环比动态比率}=\frac{\text{比较期数值}}{\text{前期数值}}\times 100\%$$

3. 因素替代法

因素替代法是指通过逐个替代因素，计算几个相互联系的因素对经济指标变动影响程度的一种分析方法。

在运用因素替代法时，要保持严格的因素替代顺序，不能随意改变。分析前必须研究各因素的相互依存关系。一般来说，有实物量指标和货币量指标，应先替换实物量指标，后替换货币量指标，因为实物量指标的增减变化一般不会改变货币量指标的变化。就数量指标和质量指标而言，应先替换数量指标，后替换质量指标。这是因为数量指标的增减变化，在其他条件不变的情况下，一般不会改变质量指标的变化。如果同类指标又有各种因素，则应分清主要和次要的因素，依据其依存关系确定替代顺序。这样有利于分清各个因素对销售指标变动的影响程度，判断有关方面的经济责任，公正评价销售管理部门的工作。

4. 量本利分析法

量本利分析法是依据销售量、销售成本和利润之间的相互关系，测量三者之间变量关系的分析方法。

量本利三者之间的关系是：销售收入与销售成本之间的差额为利润（或亏损）。销售成本包括固定成本和变动成本两类。固定成本不随销售量的增减而变动，但每单位产品的固定成本随销售量的增减而变动。变动成本随销售量的增减而增减，而每单位产品的变动成本不变。

运用量本利分析法，首先要测算保本点即盈亏平衡点，在此基础上进行分析。盈亏平衡点是指销售收入额正好抵补销售成本额，既无利润也无亏损的状态。如果销售量大于盈亏平衡点就能获得一定的利润，如果销售量小于盈亏平衡点就会亏损。

那么怎样确定盈亏平衡点？根据量本利之间的关系，盈亏平衡点的销售收入额等于该点的变动成本总额与固定成本总额之和。即

盈亏平衡点的销售收入额＝盈亏平衡点的变动成本总额＋固定成本总额

假设：Q_0 表示盈亏平衡点销售量；P 表示单位产品价格；C 表示单位商品变动成本；F 表示固定成本总额。

上述公式可表示为：

$$Q_0 \times P = Q_0 \times C + F$$

整理得

$$Q_0 = F/(P-C)$$

例如，某企业销售部销售某种产品，单价为每件5元，单位产品变动成本为4元，每月固定成本总额为50 000元。根据量本利分析法，可计算出盈亏平衡点的销售量：

$$Q_0 = F/(P-C) = 50\,000/(5-4) = 50\,000(\text{件})$$

原计划每月盈利30 000元，销售80 000件，但由于市场行情变化，单位售价调整为4.8元，要实现预期利润目标，销售量必须达到什么水平？

$$Q_0 = (50\,000+30\,000)/(4.8-4) = 100\,000(\text{件})$$

也就是说要销售100 000件。

以上所讲的是几种常用的分析方法。企业和销售人员应根据自己的具体情况选择不同的分析方法。

第2节　销售人员自我管理

一个销售人员要做的两件事，一是提高销售效果，二是在推销时高效率地利用时间和精力，提高销售水平。为达到这样的效果，销售人员需要做好时间管理和路线规划。

一、时间管理

时间是最宝贵的资源，时间对任何人都是公平的。对推销人员来说，珍惜时间就是提

高效率、创造价值。推销人员的时间管理就是推销人员自己行为的管理，合理安排时间，以使时间这一资源的配置达到最优，从而实现其价值的最大化。因此，从这一意义上说，时间管理就是自我管理。优秀的推销人员总是善于管理并控制自己合理地利用时间，进而创造最大的时间价值。

作为一个优秀的推销人员，必须分清楚有关时间的一些基本概念，比如花费时间与投资时间；单位时间的价值与工作效率等之间的关系。推销人员时间管理理论的演变说明了随着市场竞争的加剧，对时间管理的要求日益看重。推销人员早期的时间管理仅限于备忘录式的时间管理，注重利用便笺和备忘录安排时间，比如何时开会，何时拜访客户，何时撰写报告等。第二代的时间管理发展到强调利用日程表和预约表安排时间。第三代的时间管理与前两代相比，强调应首先确定自己的价值观，即“我到底要的是什么?”然后据此设定长、中、短期目标和实施计划，同时还导入优先排序理念，做事情时能分清轻重缓急。最新一代的时间管理理论则是在前三代理论基础上的一种全新拓展，主张时间管理的关键在于自我管理，强调以自然原则为核心，将做事情的重心从事情的“急迫性”转向“重要性”，注重通过团队中的有效授权、沟通等手段来提高时间的利用效率。

（一）时间分配管理

1. 建立现有顾客访问的规范

企业可用销售利润的潜力或增长的潜力将现有顾客分成几类，并规定每类顾客在一定时间内应接受访问的次数。假如每年访问 24 次和访问 12 次，其销售量和利润都是一样，访问 12 次的效率比访问 24 次的效率更高，因为企业可节省销售费用和时间。

对利润反应与次数无关的顾客，只需访问几次；需访问较多次数才有较佳的利润反应的顾客，则需要较多访问。

2. 建立潜在顾客的访问规范

除了访问现有顾客外，推销人员也应发掘新客户，增加企业的销售额和个人的收入。推销人员不愿在新客户身上花费时间是由于访问成功的机会往往不大。因此有些企业会限定推销人员访问新客户的最少数目。若已访问一潜在客户 3 次而依然失败，应要求推销人员对该潜在客户审查，以便将之在潜在客户名单上剔除。

在研究发展新客户所耗用的时间的同时，还要注意研究发展哪一类新客户。

3. 制定顾客访问计划

顾客访问计划有利于推销人员合理地安排工作时间，增加成功的机会，提高每次访问的销售量，有利于大客户的开发和费用的减少，从而大大提高推销人员的业绩。

4. 推销人员时间活用分析

一出公司就到处奔走的推销人员，其主管对他们的活动实在难以掌握。就推销人员来说，因为自己的成绩靠时间的分量相当大，所以为了提高业绩，必须妥善地安排自己的时间，适当控制自己的活动。

与推销人员业绩有直接关系的时间是洽谈时间，这对推销人员来说是黄金时间。把一天的活动详细加以分析，就可知道他对时间运用的情况，如果花在洽谈上的时间比其他时间多（这当然也与销售技巧有关），则获得较好的业绩的可能性也更大。

（二）5A时间管理模型

作为一个优秀的推销人员，对时间管理不能停留在肤浅的理解上，而应该有成熟的、规范的时间管理模型可以参照、使用。下面讲述的5A时间管理模型就是推销人员常常用到的时间管理模型。

5A时间管理模型从了解（aware）、分析（analysis）、分配（assign）、消除（avoid）、安排（arrange）共五个角度进行研究，该模型为推销人员进行有效的时间管理提供了思路和方法。

第一是了解。在时间管理中，推销人员第一步需要做自我了解与了解自我，比如自我的愿望与目标、自我优势与劣势、性格特征与沟通风格等；接下来需要对工作进行了解，比如顾客需要、类型、销售目标和要求等。

第二是分析。通过分析日常时间安排表和工作时间安排表，推销人员可以对自己的时间运用情况进行灵活的调配。通常情况下，日常时间安排表是推销人员自制的以周为单位的时间计划表，主要包括下述内容，比如工作、睡眠，以及与家人、朋友相聚，个人爱好、兴趣或社会活动等时间计划。由于工作占据着推销人员生活的主要部分，因此其他活动的时间一般都要围绕工作时间安排表来安排，而销售工作头绪多、耗时长，所以找到提高工作效率的办法就意味着在其他方面有更多的时间。

第三是分配。推销人员需要掌握一些常用的时间分配方法。首先是优先排序法，这是一种利用重要性和紧迫性合理配置时间、金钱等资源的方法；其次是重点关注法，也就是通常所说的80/20法则；此外，还有效率模式分配法，该法要求推销人员根据自身的工作效率分配工作与时间。通常情况下，每个人在一天当中的不同时段，精神和体能有很大差别，有工作效率高的时候，也有工作效率低的时候。这些时段每天发生的时间大致相同，这就构成了所谓的个人工作效率模式。

第四是消除，即消除浪费时间的工作和生活陋习。这就要求推销人员养成良好的工作习惯，加强自律，学会有效授权，在有些时候学会说“不”，学会有效沟通等技巧。

第五是安排。尽管时间管理是推销人员的自我管理，但是当面对千头万绪的销售工作时，推销人员可以寻找外援来帮助自己合理安排时间与节省时间。主要的方法有设立销售内勤、运用现代信息技术手段统筹安排等。

小贴士　时间管理四象限

1. 重要观念

时间管理理论的一个重要观念是应有重点地把主要的精力和时间集中地放在处理那些重要但不紧急的工作上，这样可以做到未雨绸缪，防患于未然。在人们的日常工作中，很多时候往往有机会去很好地计划和完成一件事，但常常又没有及时地去做，随着时间的推移，造成工作质量的下降。因此，把主要的精力有重点地放在重要但不紧急这个象限的事务上是必要的。要把精力主要放在重要但不紧急的事务处理上，需要很好地安排时间。一个好的方法是建立预约。建立了预约，自己的时间才不会被别人占据，才能有效地开展工作。

2. 四个象限的界限

如果把要做的事情按照紧急、不紧急、重要、不重要的排列组合分成四个象限，这四个象限的划分有利于我们对时间进行深刻的认识及有效的管理。

(1) 第一象限。这个象限包含的是一些紧急而重要的事情，这一类事情具有时间的紧迫性和影响的重要性，无法回避也不能拖延，必须首先处理、优先解决。它表现为重大项目的谈判、重要的会议等。

(2) 第二象限。这一象限不同于第一象限，这一象限的事件不具有时间上的紧迫性，但是具有重大的影响，对于个人或者企业的存在和发展以及周围环境的建立维护，都具有重大的意义。

生活工作中很多重要的工作都需要在事件出现之前做好准备，这就是制定计划的原因。制定计划的目的是把那些重要而不紧急的事情按部就班地高效完成。因此要学会怎样制定计划，怎样做准备。计划、准备、学习、培训等事情都是重要的预防或者是重要的储备工作。

(3) 第三象限。第三象限包含的事件是那些紧急但不重要的事情，这些事情很紧急但并不重要，因此这一象限的事件具有很大的欺骗性。很多人认识上有误区，认为紧急的事情都显得重要，实际上，像无谓的电话、附和别人期望的事、打麻将“三缺一”等事件都并不重要。这些不重要的事件往往因为紧急，就会占据人们的很多宝贵时间。

(4) 第四象限。第四象限的事件大多是些琐碎的杂事，没有时间的紧迫性，没有任何的重要性，这种事件与时间的结合纯粹是在扼杀时间，是在浪费生命。发呆、上网、闲聊、游逛，这是饱食终日、无所事事的人的生活方式。

3. 四个象限的关系

第一象限和第四象限是相对立的，而且是界线分明的，很容易区分。

第一象限是紧急而重要的事情，每一个人包括每一个企业都会分析判断那些紧急而重要的事情，并优先解决。

第四象限是既不紧急又不重要的事情，有志向而且勤奋的人断然不会去做。

第二象限和第三象限最难以区分，第三象限对人们的欺骗性是最大的，它很紧急的事实造成了它很重要的假象，耗费了人们大量的时间。

依据紧急与否是很难区分这两个象限的，要区分它们就必须借助另一标准，看这件事是否重要，也就是按照自己的人生目标和人生规划来衡量这件事的重要性。如果它重要，就属于第二象限的内容；如果它不重要，就属于第三象限的内容。

4. 走出第三象限

具有假象的第三象限因为它的紧急性往往使人们难以脱身，所以人们经常会跌进第三象限而无法自拔。例如，打麻将的时候“三缺一”，只要一玩起来就很难脱身，而且要耗费很长的时间才能打出结果。

第一象限的事情必须优先去做，第四象限的事情人们不会去做。第三象限的事情是没有意义的，但是又很难缠，因此，必须想方设法走出第三象限。

5. 投资第二象限

第一象限的事情重要而且紧急，由于时间原因人们往往不能做得很好。第二象限的事情很重要，而且会有充足的时间去准备，有充足的时间去做好。可见，投资第二象限，它的回报才是最大的。

走出毫无意义的第三象限，把有限的时间投入最具收益的第二象限，不要再在第三象限做那些紧急但是不重要的无聊事情。

二、路线规划

每一位被指派在特定区域的销售人员要充分利用区域特点，更大限度开发区域优势，节省时间和资源，获取最大的利润。销售人员的区域自我管理内容主要是两个部分：一是对顾客进行分类，即根据潜在的市场量以及本区域的市场资源进行顾客分类。具体原理及做法我们将在第3节详述。二是路线规划设计。路线规划是确定销售人员在各自区域活动时应遵循的正式模式。合理的路线规划可以节约时间、降低销售费用，并确保有序且全面的市场覆盖。

路线设计应遵循以下原则：

（1）路程设计应该是闭合回路式；

（2）路程不能有交叉；

（3）拜访顾客的路程来回不能是同一条路；

（4）相邻的位置应该是你要拜访的下一位顾客。

对于每位销售人员，如何选择业务路径是区域管理的内容之一。一般来说，最有效（最短）路程选择有以下两种，如图16－1所示。其中，苜蓿叶式路线比较符合上述路线规划原则。它需要的移动时间比较短。当然，前提条件是在这个区域就有这样现成的道路。

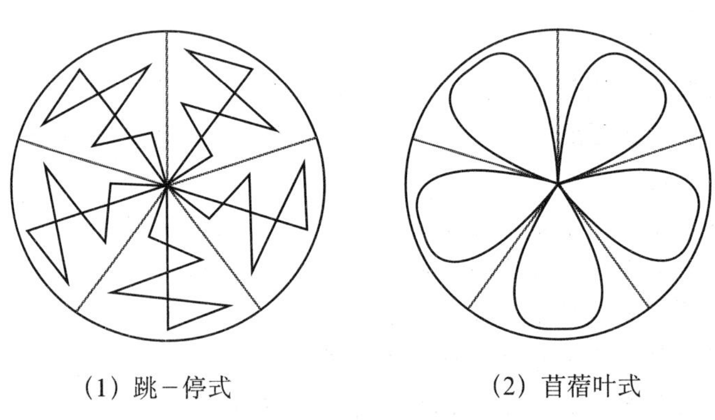

（1）跳－停式　　（2）苜蓿叶式

图16－1

上述两种闭合路线模式的基本特征是把区域平均分成五个相等部分，而且都集中到中心点即圆心。如果销售公司处于中心点，这种路线规划模式是最合适的。销售人员可以将对客户的拜访分配到一周，每天一个部分，从路线到时间安排上是很合适的，也很规范。

如果拜访客户比较固定，则路线设计就比较规则，可以通过许多数学方法来确定区域内最短路线，但如果每天都拜访不同的客户，实际路线是不断地变化的，那么，我们不可能每一种路线都实地试一下，上述路线规划方式就不实用了，我们仍然可以通过其他方式来选择较短的路线，比如最大角度模式和最近邻点模式。

（1）最大角度模式。如图16－2所示，如果要从点A到点B拜访客户。此时有C和D两个客户，你选择再拜访哪一个呢？根据最大角度模式，你应该选择D。当使用最大角度模式来选择线路时，总是选择与出发地点的连线形成最大角度的地点。这种模式符合线路规划的闭合原则和高效率原则。

（2）最近邻点模式。如图16－3所示，你从点A到达点B，如果要继续拜访客户，那

么你选择点 C 还是点 D 呢？根据最近邻点模式，应该选择拜访点 D，也就是选择离你目前地点最近的一点。

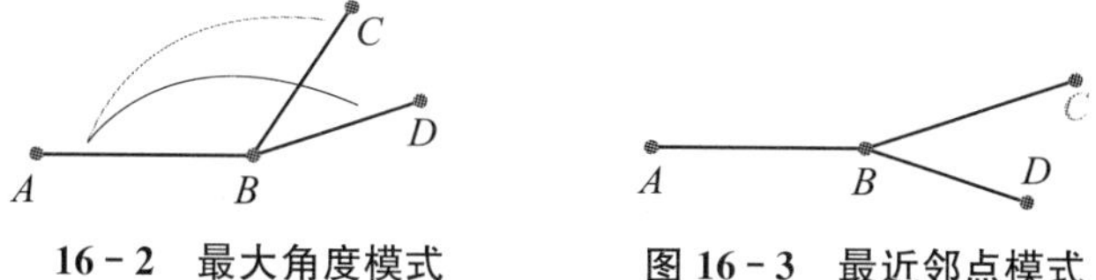

16－2　最大角度模式　　　　图 16－3　最近邻点模式

这两种模式可以得到效率较高的线路，那么是用最大角度模式还是最近邻点模式好呢？没有最佳的答案。找到较好选择的唯一方法就是在计算机上逐一选择，这其实是一种很费时的做法。对于一个销售人员来说，一个很现实的做法就是每天选择一条比较合适的路线。如果照搬这些方法，就会找不到最优选择，可以根据实际情况选出一条用时最少的线路。

在应用这些模式时，销售人员可以同时使用向前看方法，即不要简单看路线的下一个点，而是看前方两点，然后使用上述模式来决定前往哪一个点。

第 3 节　确立客户关系管理的观念

客户关系管理是推销人员的重要职责之一，通过参与对客户科学而有效的分析与管理，推销人员可以从中了解客户整体的销售状况及其发展动态，对市场需求做出正确的判断。客户关系管理是指通过培养企业的最终客户、分销商和合作伙伴对企业及其产品更积极的偏爱和偏好，留住他们并以此提升企业业绩的一种营销策略。

客户关系管理的目的在于促使企业从以一定的成本赢得新顾客转向想方设法留住现有顾客，从取得市场份额转向取得顾客份额，从发展一种短期的交易转向开发顾客的终身价值。总之，客户关系管理的目的是从实现顾客和企业两方面利益考虑，追求顾客价值的最大化。资料显示，获取一个新顾客的成本是保留一个老顾客成本的 5 倍，一个公司如果将其顾客流失率降低 5％，其利润就能增加 25％～85％，企业利润率就会提高。

一、客户关系管理的内容及原则

（一）客户关系管理的内容

为赢得顾客的高度满意，建立与客户的长期良好关系，在客户关系管理中应开展多方面的工作。

1. 顾客分析与识别

客户关系管理的目的不是对所有与企业发生关系的顾客都一视同仁，而是从所有这些顾客中识别哪些是一般顾客，哪些是主力顾客，然后依此分类，有针对性地提供合适的服务，使企业价值目标与顾客价值目标相协调。因此，企业对客户的管理，首先就是要分析谁是自己的顾客，分析顾客的基本类型（个人购买者、分销商还是制造商），分析顾客的需求特征和购买行为，分析顾客差异对企业利润的影响等。对顾客差异化的分析方法可采用美国数据库营销研究所休斯教授的 RFM 模型。

R—recent，顾客最近一次购买的情况。对顾客最近一次购买情况的信息进行收集和跟踪，用以分析顾客在沟通之后是否能够持续购买，从而了解顾客对企业提供的产品和服务是否有所反应。

F—frequency，购买频率，即顾客在测试期间的购买次数。高消费频率意味着更大的市场感召力。如果将该信息与最近一次购买情况和花费金额相参照，就能够准确判断一定区域和时期内的一般顾客和主力顾客，使企业的营销策略更有针对性。

M—monetary，花费金额。花费金额能够为企业提供顾客在一定时期的需求量信息。如果将该信息与其他信息相参照，可以准确预测一定时期、一定区域内的销售量、市场占有率等信息，从消费金额中确定哪些人的需求量大，原因是什么，为企业生产、采购提供依据。

2. 企业对顾客的承诺

承诺的目的在于明确企业提供什么样的产品和服务。顾客在购买任何产品和服务时，总会面临着各种各样的风险，包括经济利益、产品功能和质量以及社会和心理方面的风险等，因此要求企业做出某种承诺，以尽可能降低顾客的购买风险，获得最好的购买效果。企业对顾客承诺的宗旨是使顾客满意。

3. 与客户交流信息

企业与客户之间的交流是一种双向的信息交流，其主要功能是实现双方的互相联系、互相影响。实质上，客户关系管理过程就是企业与客户交流信息的过程，实现有效的信息交流是建立和保持企业与客户良好关系的途径。

4. 以良好的关系留住客户

为建立和保持企业与客户的长期稳定关系，首先需要良好的基础，即取得顾客的信任；其次要区别不同类型的客户关系及其特征，并经常进行客户关系情况分析，评价关系的质量，保持企业与客户的长期友好关系。

（二）客户关系管理的原则

对客户关系进行管理应遵循以下原则。

1. 客户反馈管理

客户反馈在衡量企业承诺目标实现的程度、及时发现顾客服务过程中的问题等方面具有重要作用。投诉是客户反馈的主要途径，如何正确处理客户的意见和投诉，对于消除顾客不满、维护客户利益、赢得顾客信任非常重要。应及时更新过时的或已经变化的资料，补充新的资料，对客户的变化进行跟踪，使客户关系管理保持动态性。

2. 突出重点原则

有关不同类型的客户资料很多，要透过这些资料找出重点客户的重点资料。重点客户不仅要包括现有的客户，而且应包括未来客户或潜在客户，为企业选择新客户、开拓新市场提供必要的资料帮助。

3. 灵活运用原则

客户资料的收集管理，其目的是在销售过程中加以运用。所以，在建立客户档案、客户数据库之后，不能束之高阁，要以灵活的方式及时全面地提供给推销人员及其他有关人员，为其决策提供依据，提高客户管理的效率。

4. 专人负责原则

许多客户资料都是保密的，只能供内部使用，不能落入竞争者之手。所以，客户关系管理应规定明确的管理办法，客户关系管理系统应由专人负责管理，严格控制对客户资料的利用和借阅。

二、客户分析

（一）确定客户组合

客户关系管理中有一条重要的原则，即帕累托的 80/20 原则。根据这一原则，企业80％的利润来自 20％的客户；企业 80％的麻烦来自 20％的客户；企业付出的 80％的时间只带来 20％的优质服务。因此，通过 80/20 原则对客户进行分析，可以发现其中的某些客户及其给企业带来的影响，以便找出不同类型的客户：给企业带来大部分利润的客户、只买某些产品或某种服务的客户、需要最多服务的客户及最少服务的客户。得到这些信息后就会发现，最费时间、花费又多的服务是为很小一部分客户提供的服务；最大宗的买卖及最大的利润来自相对很少的一部分客户。当知道某些客户比其他客户给企业带来的影响更大时，企业就可以做出正确的决定：如何使用有限的资源提供更加有效的服务。

为此，要按照不同的方式划分出不同类型的客户，根据其需求特点、需求方式、需求量的不同，采取不同的管理方式。划分客户意味着企业将向不同客户提供不同的服务，采用不同的销售模式。

划分客户的方法很多，推销人员可以考虑按不同的因素划分客户类型，如按客户所在地、客户所购买产品的类型、客户在企业的采购额度；也可以按客户的收入、年龄与个性特征，客户购买的频率等；还可以按客户与公司的交易数量、客户的经营范围等。

在划分客户类型的基础上，企业所选择的客户类型构成了企业的客户组合。在确定客户组合时，有三种策略可供企业选择。

1. 集中策略

企业对市场上所有的客户不加区别地对待，把构成市场的客户群当作一个整体。选择这一策略的前提是，所有的客户都为企业创造相等的价值。企业之所以假设所有的客户给企业创造了相等的价值，是因为鉴别不同客户的价值会花费很大的成本，或者按不同客户的价值选择企业的行动方案会耗费很高的成本。

在这种客户组合中，买者和卖者之间的关系经常是可以替代的，并且以宽泛的同质性和自我选择为基础，所以比较适合大规模物品营销的企业。

2. 区分策略

企业把精力集中于能给企业带来更大总体收益的特殊销售区域或者某种类型的客户。企业要这样做，需要更充分的客户信息资料，以对客户进行有价值的划分，即使这样也不可避免地会带来一部分利益损失。此外，企业将自己的命运放在一部分客户身上，也会使企业营销的风险增大。

企业可以选择对一个市场内的几个客户群提供服务，前提是企业生产的产品在吸引其他客户群的同时，不削弱或破坏对企业最好客户群的吸引力。

3. 个性化策略

当企业所面对的客户在关系价值、偏好或者需求上存在很大差异时，企业可以以单个客户为对象，管理其关系组合。这比其他管理策略需要更深入的客户信息，而且需要更成熟的联系技术。随着信息技术的改进以及客户模型的完善，企业完全有可能对大量客户进行管理，实现一对一营销。

（二）客户分析方法及程序

进行客户关系的管理，不仅要对客户资料进行收集，而且要对客户资料进行多方面的分析，包括客户构成分析、客户与本公司的交易业绩分析、不同产品的销售构成分析、不同产品销售毛利率的分析、产品周转率分析、交易开始与终止的分析等。

1. 客户构成分析

将自己负责的客户按不同的方式进行划分，如可以分为批发店、零售店、代理店、连锁店、专营店等。

首先，小计各个分类客户的销售额。然后，合计各分类客户的总销售额。最后，计算各个客户销售额占分类销售额的比重及其在总销售额中的比重。

运用ABC分析法将客户分为三类：A类客户，企业的重点客户，占企业总销售额的80%；B类客户，企业未来的潜力客户，占企业总销售额的15%左右；C类客户，企业的小客户，占企业总销售额的5%左右。

2. 客户与本公司的交易业绩分析

掌握各客户的月交易额或年交易额，方法是：直接询问客户、查询有关资料、由本公司销售额推算、咨询有关机构等。

统计各客户与本公司的月交易额或年交易额，计算出与各客户的交易额占本公司总销售额的比重，检查该比重是否达到了本公司所期望的水平。

3. 不同产品的销售构成分析

将自己对客户销售的各种产品按销售额由高到低排列，合计所有产品的累计销售额。计算各种产品销售额占累计销售额的比重。检查是否完成了公司所制定的产品销售任务，分析不同客户产品销售的倾向及存在的问题，检查销售重点是否正确，将畅销产品努力推销给潜力客户，并确定以后产品销售的重点。

4. 不同产品销售毛利率的分析

将自己所负责的对客户销售的产品按毛利额大小排序，计算各种产品的销售毛利率。

5. 产品周转率分析

核定客户经销产品的库存量。通过对客户的调查，将月初客户拥有的本公司产品库存量和月末客户拥有的本公司产品库存量进行平均，求出平均库存量。将销售额除以平均库存量，得出产品周转率。

6. 交易开始与终止的分析

交易开始。企业应制定详细的推销人员客户访问计划。推销人员如果访问客户5次以上而无进展，则应从访问计划表中删除。如果访问成功，则开始交易。开始交易时，推销人员应填写客户交易卡。客户交易卡由企业统一印制，一式两份，有关事项交由客户填写。客户交易的主要项目包括：客户名称、总部所在地、交易对象所在地、通信地址及电话、开业时间、资本额、职工人数、管理者人数、设备、经营者年龄、信用限度申请额、基本约定、回收条件等。推销人员向销售主管提交客户交易卡，得到认可后向销售经理提交报批手续，然后才能与客户进行交易。无论是新客户还是老客户，都可依据信用调查结果设定不同的附加条件，如提供个人担保、提供连带担保或提供抵押担保等。

交易终止。在交易过程中，推销人员如发现自己所负责的客户信用状况发生变化，应及时报告上级主管，采取对策，甚至停止交易。例如，当遇到客户的票据或支票被拒付或延期支付时，推销人员要尽一切可能收回货款，将损失降到最低。如确需停止交易，则经销售经理指示后，通知客户。

三、客户管理的流程

（一）建立客户档案

在实施客户关系管理之前，首先要做好客户信息的收集，即建立客户档案。为了控制资金回收，必须考核客户的信誉，对每个客户建立信用记录，规定销售限额。对新老客户、长期或临时客户的优惠条件也应有所不同。客户档案一般应包括以下三方面的内容。

1. 客户原始记录

即有关客户的基础性资料。它往往也是企业获得的第一手资料，具体包括以下内容：客户代码、名称、地址、邮政编码、联系人、电话号码、银行账号、使用货币、报价记录、优惠条件、付款条款、税则、付款信用记录、销售限额、交货地。

2. 统计分析资料

主要是通过客户调查分析或向信息咨询业购买的二手资料，包括客户对企业的态度和评价，履行合同情况与存在的问题、摩擦，信用情况，与其他竞争者的交易情况，需求特征和潜力等。

3. 企业投入记录

企业与客户进行联系的时间、地点、方式（如访问、打电话）和费用开支，给予哪些优惠（价格、购物券等），提供产品和服务的记录，合作与支持行动（如共同开发研制与客户产品配套的零配件、联合广告等），为争取和保持每个客户所做的其他努力和费用。

以上是客户档案的一般性内容。要注意，无论是企业自己收集资料，还是向咨询业购买资料，都需要一定的费用，各企业收集信息的能力也是不同的。所以，客户档案应设置哪些内容，不仅取决于客户管理的对象和目的，而且受到企业的费用开支和收集信息能力的限制。各企业应根据自身管理决策的需要、顾客的特征和收集信息的能力，确定不同的客户档案内容，以保证档案的经济性、实用性。

（二）监测客户信息

企业必须了解客户的需求。企业通过建立一种实时的客户信息监测系统，可以将客户信息和服务融入企业的运行，从而有效地在企业内部传递客户信息，尤其是在销售部门和生产部门之间。

企业经常会发现不同的客户存在不同的服务要求：大公司允许较长的供货期，而小企业则要求在一两天内供货。根据客户需求，企业可以建立大型分销中心和产品快速供应中心，将销售、订单处理和管理集成在一起，将客户服务和销售结合在一起，建立起一种既提高服务水平又降低成本的方法。

（三）采取适当行动

获知客户的偏好和需要并采取适当行动，建立并保持顾客的忠诚度。这是做起来事半功倍但也是最容易忽视的一项工作。如果企业与顾客保持广泛、密切的联系，价格将不再是最主要的竞争手段，竞争者也很难破坏企业与客户之间的关系。例如，在你为母亲的生日订购蛋糕后，店员会于次年你母亲生日到来之前提醒你；当你打电话给一家酒店的客房服务部时，他们可能以你的名字来向你问候。通过提供超过客户期望的服务，可将企业极力争取的客户发展为忠实客户，因为争取新客户的成本要远远超过保留老客户。而且，随着客户和企业间的来往，客户的个别需求和偏好也会变得更详细明了。

客户关系管理如此重要，以至于许多企业已经把它作为当前工作的重点。但是也应该看到，要维护完整、即时且跨部门的客户信息是一项较难完成的工作。

四、顾客投诉的处理

处理顾客的投诉是顾客管理的一项重要内容。出现顾客投诉并不可怕，问题是如何正确看待和处理顾客的投诉。一个企业要面对各种各样的顾客，每天进行大量复杂、烦琐的销售业务，要使每一项业务让每一位顾客感到满意是很难的。因此，推销人员要加强与顾客的联系，倾听他们的不满，不断改正推销业务中的错误与不足，弥补和挽回给顾客带来的损失，维护企业的声誉，提高产品品牌的知名度，为不断巩固老客户、吸引新顾客而努力。

（一）顾客投诉的种类

在销售业务中出现的顾客投诉主要表现在以下几个方面。

1. 产品及其质量方面的投诉

顾客对产品质量的投诉主要包括产品在质量上有缺陷、产品规格不符、产品技术规格超过误差标准、产品故障、产品品牌、产品式样、花色品种以及产品包装等方面的内容。

2. 买卖合同投诉

买卖合同投诉主要包括产品数量、等级、产品规格、交货时间、交货地点、交易条件、结算方式与原买卖合同的有关条款不符等。

3. 货物运输投诉

货物运输投诉主要包括产品在运输过程中发生超规定的损坏、丢失和变质或因包装、装卸不当而造成的损失等。

4. 服务投诉

销售服务有着丰富的内容，既有业务技术方面的服务，也有满足顾客心理需要的服务。顾客在这些服务项目上都可能产生不满，进而投诉。对销售服务的投诉具体包括：对质量保证的投诉，对安装、调试及检修等现场服务的投诉，对产品供应服务的投诉，对技术培训服务的投诉，以及对满足心理需要服务的投诉等。

（二）处理顾客投诉的流程

当发生顾客投诉时，推销人员应该从顾客的角度考虑问题，不应推诿搪塞，更不能责怪顾客，要本着有效化解纠纷和抱怨的原则来处理问题。为此，要遵循以下程序。

1. 认真倾听顾客的抱怨

当顾客对企业产生抱怨或投诉时，其情绪一般都比较激动，推销人员要冷静、认真地倾听顾客的不满，不要做任何解释，要让顾客将抱怨完全发泄出来，等顾客心情平静下来，再询问细节，确认问题所在。

在倾听时，要运用一些肢体语言，表达自己对顾客的关注与同情。例如，目光平视顾客、表情严肃地点头，使顾客充分意识到推销人员在默认他的问题。

2. 同情顾客的遭遇

在倾听了顾客的抱怨以后，要站在顾客的立场来看待、处理问题，即支持顾客的观点，使顾客意识到推销人员或企业非常重视自己，他的问题对企业来说很重要，企业管理层将全力以赴来解决问题。对有关问题的询问，语言要尽量婉转，不要使顾客产生被审问、被怀疑的感觉。例如，“非常抱歉，我对事情的整个过程不了解，请您复述一遍好吗?”“对不起，有一个细节我想核实一下，请您……”

3. 真诚地道歉

不论责任是否在企业，推销人员都应该以“顾客永远是对的”为原则，真诚地向顾客道歉，并感谢他们发现了企业经营中存在的问题，必要时还可以聘请他们做企业的顾问，请他们参与企业的经营活动。对企业而言，如果没有顾客的投诉或抱怨，常常认识不到自身的不足与问题，也难以有效完善其经营管理活动。因此，正确地处理顾客的投诉与抱怨，也是企业的一种公关途径。以顾客为鉴，可以了解目标市场的需求趋势，洞察自身的不足与缺点，调整自己的经营策略，为企业在激烈的市场竞争中赢得优势。

4. 提出解决方案

对顾客的投诉与抱怨，企业管理层应该提出解决方案。在制定解决方案时，要考虑以下问题：

（1）了解并掌握问题的关键所在，分析发生问题的严重性。通过倾听顾客对抱怨的阐述来判断问题的严重性，了解顾客对企业的期望。例如，顾客对购买了企业的不新鲜或变质的食品进行投诉，就必须了解顾客是否已经食用，食用量有多少，给顾客造成的危害程度，顾客希望企业给予怎样的赔偿，赔偿金额是多少等。

（2）确定责任归属。有时顾客投诉的责任不一定在销售部门，可能是生产厂家造成的，也可能是顾客自己的缘故。例如，顾客没有看包装上的说明而将产品生食，造成肠胃不适，误以为是产品质量有问题；罐装饮料中有异物等。如果责任在生产厂家，销售部门要协助解决；如果责任在顾客，企业要有使顾客信服的解释；如果责任确实在销售部门，在合理的范围内，应该给顾客一个满意的答复。

（3）按照企业既定的办法与规定处理。在产品销售过程中，发生顾客投诉与抱怨的情况是难免的，企业对此一般都事先制定了处理办法与规定。事件发生时，对于常规性的抱怨，可以按照既定的办法处理，如退换产品等；例外事件发生时，要遵循既定的原则处理，同时要有一定的弹性，使对方满意，因为例外事件影响较大，一经媒体曝光会造成难以估量的损失。

(4) 明确划分处理权限。企业要视顾客投诉或抱怨的影响程度（或危害程度）来划分处理的权限，如产品退换，推销人员就可以办理；对顾客的赔偿问题，则必须由销售管理人员或其他管理人员来处理。顾客投诉和抱怨一旦发生，根据其影响程度的大小来确定处理人员，可以使顾客的问题迅速得到解决，为企业赢得主动。

(5) 与顾客协商处理方案，使他们同意处理方法。通常情况下，顾客的要求与企业的应允会有一定的差距，这就需要对顾客做耐心的说服工作，使顾客从实际出发，放弃不切实际的想法，冷静地坐下来共同协商、处理问题。

5. 执行处理结果

处理方案一经协商同意，就要尽快执行。首先要拟定有关协议，协议一式三份，企业与顾客各一份，中间人一份。顾客方面的签字者必须是当事人，或者是当事人委托的代表；企业方面的签字人必须是法人代表，或者是法人代表委托的有关人员。协议一旦签订，就具有法律效力，受法律保护。

如果顾客的投诉已被新闻媒体报道过，要将处理结果及时通报给有关媒体，这不仅能够澄清视听，而且可以从正面树立企业的形象，提高企业的知名度。

6. 反省检讨

对顾客的每一次投诉，企业都应该指派专人登记备案，并定期分析、检查产生问题的原因。如果责任在产品推销人员，应追究其责任，并制定有关规定，杜绝此类事件的再次发生；如果是例外事件，应制定处理的原则，以便以后有章可循。

第4节　推销你自己

不同的推销人员面对同一个客户，或一个推销人员面对不同的客户，除了产品的服务，自己在客户心里的可信度也很重要。那么，作为一个成功的推销人员，学会推销自己至关重要。其实在现实生活中，每个人都是天生的推销人员，随时随地都在推销自己，如何能让大家喜欢自己，如何得到自己想要的。作为一名推销人员，就要考虑如何在销售中获得成功。要把产品卖出去，作为一个推销人员，自己就是一张代表公司的金名片。客户是否接纳这张名片，能看到他的亮点从而感兴趣，这里就包含推销自己的技巧。

一、怎样把自己推销给自己

所有成功的推销人员都是先推销自己。在你成功地把产品推销给顾客之前，你必须把自己先推销给别人；而要能成功地把自己推销给别人，则先必须把自己推销给自己。

要喜欢自己、相信自己，彻底认清自我价值，相信“世界上没有任何一个人和我一模一样”。世界上没有一个人可以等同于你，没有人的指纹、声音、特征、个性和你完全一样。从这一意义出发，要相信你是“第一号”的。著名作家罗伯说过：“假如你要在别人那里建立一个胜利者的形象，你就必须先建立一个胜利者的形象。”

假如你自己都不相信自己是第一号的人物，那谁还会如此相信你呢？所以请把一张写着“我是第一号”的小卡片挂在你每天可以看到的地方，听从诺曼博士的建议，每天早上告诉自己：“我是最好的推销员。”

作为“第一号”人物，不仅要喜欢自己，还要遵循以下原则：

（1）“相信你自己。”记住一句有力量的话：“如果你觉得你能，你就能。”

（2）“结交有信心的人。”远离消极、怯懦的人。切记信心产生信心。

（3）“使你的信心发挥最大的功效。”假如你的信心机器保持清洁，它便会一直有效率地工作下去。

（4）“做你自己的主宰。”坦诚面对你的自我挑战。

（5）“保持忙碌。”在一个忙碌的人身上，恐惧和自我疑惑是不存在的。

若能遵守这五条原则，你就能远离恐惧与害怕，在失败面前相信自己会成功。一旦你喜欢你自己，任何时候都有坚定的自信，认为自己是第一号人物，你就成功地把自己推销给了自己。

二、怎样把自己推销给别人

我们卖出去的每件产品都有一个买主，要把自己推销出去也不例外。所以你要先站在买主的角度，问一问自己：有人愿意买你吗？

为了成功地推销自己，你必须使自己成为大家最想要的样子，要让大家和你有相同的看法，让大家喜欢你、敬爱你。为此，必须注意以下几点。

（一）注重外表形象，衣着整洁、仪表端正、文明礼貌、服务热情

要达到这一目的，你必须留给别人好的印象，从内在和外表上都要做得很好。

（二）学会倾听

对于推销人员来说，倾听是了解客户的基本功，懂得倾听的人更容易推销自己。

美国最伟大的财政专家巴纳德·巴路克就是位最伟大的听众，因为他懂得去听，所以他把自己推销给了商人、将军、国王、平民、阁员、总统，甚至担任过三届政府的顾问——威尔逊、罗斯福、杜鲁门。

不管在哪个行业做销售工作，学会倾听都很重要！要倾听客户的思想、心情、所需。你要先站在买者的位置，像别人在向你推销一样，专注地倾听对方，最后达到成功的目的。

（三）要说真话

记住，说真话是获得别人信任和尊敬的唯一方法。

一个推销人员做事的下下之策是绕着真实要把戏，渲染它或歪曲它。一个说谎话或半说真话的推销人员很快就会发现自己没有前途、没有顾客，同时也没有了工作。不论是假意的奉承还是骗人的借口，人们是不会为他们留有余地的。

你可以以你优雅的风度、社会的高位、仁慈的行为、丰富的知识和经历等去赢得他人的尊敬。但是，只要你讲的一个谎话被拆穿，你所有的其他优点马上会被一扫而光。

只有说真话才能获得客户的信任，而客户的信任是推销人员生存的基本条件。

（四）学会微笑

微笑是一张推销自己的金名片。用微笑改变气氛、振作精神——微笑可以点亮天空。对推销人员来说，有时微笑真的能带来一笔大交易。

有一次，一场巨大的汽艇展示会在底特律的哥堡大厅举行，展示包括小帆船到豪华的巡洋舰在内的各种船只。一位来自某中东产油国的富翁停在一艘陈列的大船前面，向推销员说："我要买价值2 000万美元的船。"这是任何推销员求之不得的事情。可是，那位推销员只是看着这位有购买潜力的顾客。

"没问题。"这位推销员仍然微笑着。"我会为你展示我们的系列。"他这样做的同时已把世界上最伟大的产品——他自己推销出去了。这位富翁当场付了定金，第二天送来一张2 000万美元的支票，而这位有着灿烂微笑的推销员获得了他该得的部分——高达20%的佣金。

当然，谈成一笔交易，绝不仅仅是有微笑就够了，但我们要说的是，微笑是不可或缺的，否则，你就会把一个准备购买的顾客赶到竞争者那里去。

（五）强化记忆

一个推销人员最令人悲哀的一句话是"我忘了……"它会使推销工作触礁。有时，只是记得一个人的名字，就能为你打开一道门，使他马上站到你那边，给你一个有利的形势。相反，忘掉了那个名字，就会关了那道门，把你隔离在外。同样，忘记了跟别人约好的时间、地点，也会使你失去成交的机会。因此，推销人员就要具备一定的记忆能力。

（六）把持自我

任何时候，可以推销自己，但绝不要出卖自己，更不要出卖别人。时间会证明：出卖自己的人虽然会获得一时的好处，但最终获得胜利的，是那些守得住原则、能把持自我的人。

能做到以上六点，你就能很好地把自己推销给别人，你的产品也就很容易让人接受了。

基本概念

自我管理　　　　时间管理　　　　顾客管理

思考题

1. 一般销售报表包括哪些内容？
2. 如何制定销售活动计划？
3. 销售活动分析应该遵循哪些程序？
4. 什么是时间管理？
5. 阐述5A时间管理模型。
6. 什么是顾客管理？

7. 阐述顾客分析方法和内容。

8. 将顾客划分为 A，B，C 三类的主要依据是什么？

9. 你认为处理顾客投诉时应该掌握什么原则？

10. 简述处理顾客投诉的流程。

案例分析

新的区域销售方案

美国弗斯帕西公司是一家机电设备制造公司，最近面临着销售额下降和严重的现金流问题。

盖都是弗斯帕西公司的销售经理。在公司的年度销售会议上，盖都提出一个计划以改变现状。按照盖都的计划，公司的优秀销售员都要从他们所负责的销售额高的地区调往目前销售额低的地区。他解释说，这意味着经验丰富的销售员能够在销售额低的地区集中精力打开销路，增加销售额；而经验不足的销售员则可以不费力地在发达的区域开展工作。盖都的计划遭到了公司新老销售人员的一致反对。

一些资深销售员认为，自己花了好几年的时间才在负责的区域打开局面，现在要把这个区域交给新手，然后到一个新的地区重新开始，这样很不公平。

一些年轻的销售员则认为，把他们调离未开发区的建议让他们感到非常泄气，似乎公司正在把他们看成失败者。

尤其是当盖都提出，在新区域发展新客户并不会得到额外奖金，同时今后销售提成奖金的发放将与应收账款的回收联系在一起时，销售员们更是觉得难以容忍。

会议在一片争吵喧闹中不欢而散。

盖都把当天会议的情况及时向总经理里昂做了汇报。他们准备商讨一个问题的解决方案，以便在第二天的会议上向销售员们推出，希望能够得到销售员们的认可，并进一步鼓舞士气。

问题：

你认为他们应该坚持原来的计划还是有所改进？公司面临的问题怎样才能得到有效的解决？

参考文献

［1］侯铁珊．推销原理与技巧．大连：大连理工大学出版社，1994.

［2］柳思维．现代推销学．北京：中国商业出版社，1997.

［3］雷鸣．现代人员推销学．广州：中山大学出版社，1999.

［4］罗纳德·B. 马克斯．人员推销：第6版．北京：中国人民大学出版社，2002.

［5］周宏，等．现代推销学．4版．北京：首都经济贸易大学出版社，2008.

［6］吴健安，等．现代推销学．3版．大连：东北财经大学出版社，2011.

［7］托马斯·N. 英格拉姆，等．专业化销售——基于信任的方法：第4版．北京：中国人民大学出版社，2009.

［8］刘子奇．世界上最伟大的推销员．哈尔滨：哈尔滨出版社，2009.

［9］李霞，荆秀芳．社交礼仪．北京：北京大学出版社，2014.

［10］奥里森·马登，等．推销之神全集．北京：中国发展出版社，2006.

［11］杨宜苗．现代推销学．大连：东北财经大学出版社，2010.

［12］李桂荣．现代推销学．4版．北京：中国人民大学出版社，2008.

［13］易开刚．现代推销学．2版．上海：上海财经大学出版社，2004.

［14］吴金发，等．现代推销理论与实务．大连：东北财经大学出版社，2002.

［15］张雁白，等．消费者行为学．2版．北京：机械工业出版社，2017.

［16］王官诚．消费心理学．北京：电子工业出版社，2005.

［17］埃里克·阿诺德，等．消费者行为学：第2版．北京：电子工业出版社，2007.

［18］徐萍．消费心理学教程．2版．上海：上海财经大学出版社，2007.

［19］荣晓华，孙韶馥．消费心理学．3版．大连：东北财经大学出版社，2008.

［20］黄维梁．消费者行为学．北京：高等教育出版社，2005.

［21］菲利普·科特勒，等．市场营销：原理与实践：第16版．北京：中国人民大学出版社，2015.

［22］尹彬．现代推销技术．北京：高等教育出版社，2007.

［23］李津．销售商务礼仪．北京：同心出版社，2004.

［24］吴健安．现代推销理论与技巧．北京：高等教育出版社，2005.

［25］叶生洪，等．市场营销经典案例与解读．广州：暨南大学出版社，2006.

［26］王军旗，张蕾．市场营销——基本理论与案例分析．北京：中国人民大学出版社，2009.

［27］张雁白，苗泽华．市场营销学概论．2版．北京：经济科学出版社，2010.

［28］崔永春．现代推销中的新顾客开发探析．商场现代化，2006（32）.

［29］林森．潜在顾客挖掘法．企业改革与管理，2001（10）.

［30］赵清．潜在顾客挖掘术．企业改革与管理，2006（12）.

[31] 郭秀芬，王晓蕾．销售人员如何正确寻找潜在顾客．中国林业企业，2005 (3).

[32] 朱亚萍．推销实务．3 版．北京：中国财政经济出版社，2011.

[33] 彭娅菲．浅谈房地产直接邮寄广告的设计要点．科协论坛（下半月），2012 (12).

[34] 钟立群．现代推销技术．2 版．北京：电子工业出版社，2009.

[35] 陈守则，等．现代推销学教程．北京：机械工业出版社，2010.

[36] 赵志江．推销实务．杭州：浙江大学出版社，2010.

[37] 樊建廷．商务谈判．2 版．大连：东北财经大学出版社，2007.

[38] 何志毅．战略管理案例．北京：北京大学出版社，2001.

教师教学服务说明

中国人民大学出版社管理分社以出版经典、高品质的工商管理、统计、市场营销、人力资源管理、运营管理、物流管理、旅游管理等领域的各层次教材为宗旨。

为了更好地为一线教师服务，近年来管理分社着力建设了一批数字化、立体化的网络教学资源。教师可以通过以下方式获得免费下载教学资源的权限：

在中国人民大学出版社网站 www.crup.com.cn 进行注册，注册后进入“会员中心”，在左侧点击“我的教师认证”，填写相关信息，提交后等待审核。我们将在一个工作日内为您开通相关资源的下载权限。

如您急需教学资源或需要其他帮助，请在工作时间与我们联络：

中国人民大学出版社　管理分社

联系电话：010－82501048，62515782，62515735

电子邮箱：glcbfs@crup.com.cn

通讯地址：北京市海淀区中关村大街甲 59 号文化大厦 1501 室（100872）